犹太文丛

RISE AND DECLINE OF CIVILIZATIONS

LESSONS FOR THE JEWISH PEOPLE

文明兴衰与犹太民族

文明互鉴的视角

[以色列] 沙洛姆·萨洛蒙·瓦尔德　　著

卢彦名　　译　　　宋立宏　　校

浙江人民出版社

图书在版编目（CIP）数据

文明兴衰与犹太民族：文明互鉴的视角 /（以）沙
洛姆·萨洛蒙·瓦尔德著；卢彦名译. — 杭州：浙江
人民出版社，2022.6

ISBN 978-7-213-10575-3

Ⅰ. ①文… Ⅱ. ①沙… ②卢… Ⅲ. ①犹太人-民族
文化-文化史-研究 Ⅳ. ①K18

中国版本图书馆 CIP 数据核字（2022）第 064919 号

浙江省版权局
著作权合同登记章
图字：11-2019-179号

文明兴衰与犹太民族：文明互鉴的视角

[以色列] 沙洛姆·萨洛蒙·瓦尔德 著 卢彦名 译 宋立宏 校

出版发行：浙江人民出版社（杭州市体育场路 347 号 邮编 310006）

市场部电话：(0571)85061682 85176516

责任编辑：汪 芳

营销编辑：陈雯怡 陈芊如

责任校对：何培玉 姚建国

责任印务：程 琳

封面设计：秦 达

电脑制版：杭州大漠照排印刷有限公司

印 刷：杭州富春印务有限公司

开 本：880 毫米×1230 毫米 1/32

字 数：414 千字

版 次：2022 年 6 月第 1 版

书 号：ISBN 978-7-213-10575-3

定 价：118.00 元

印 张：17.375

插 页：6

印 次：2022 年 6 月第 1 次印刷

如发现印装质量问题，影响阅读，请与市场部联系调换。

谨以此书纪念母亲雷吉娜-里夫卡·瓦尔德-拉克瑟(Regina-Rifka Wald-Lakser)，她经历了艰难的颠沛流离和死里逃生，于 1989 年去世，也以此纪念父亲拿单·纳赫曼·瓦尔德(Nathan Nachman Wald)、父母的兄弟姐妹及其配偶和孩子，以及 1941—1942 年在纳粹大屠杀中丧生的所有其他近亲。

佩雷斯总统序

    在本书中,通过探讨研究文明兴衰原因的历史学家的著作,沙洛姆·萨洛蒙·瓦尔德博士带领我们开启了一段引人入胜的旅程。书中的各种观点反映了历代最活跃的思想家的面貌。他们不仅叙述了各自时代的事件,而且试图洞察这些事件所体现出的模式和秩序,由此可以作为我们更好地了解世界的指南,并可能为未来提供更清晰的洞察力。

    研究文明兴衰的历史,可以让我们叩问自己决定命运的能力。如果"一切都是预先决定的",那么我们对自己的命运就没有任何影响,只能任由支配国家和民族兴衰的冷酷的决定论摆布。

    犹太民族的命运对人民没有能力影响历史进程的观念提出了重大挑战。我们的民族甚至能够从最可怕的灾难中恢复过来。对犹太人来说,"从浩劫到重生"这句话不仅仅是陈词滥调或祷告词,更是一个非常真实的行动计划。

    阿基瓦拉比(Rabbi Akiva)断言:"一切都是预先决定的,但我们可以自由选择。"这句隽语表达了历史和人类之间奇妙的辩证法。事实上,我们的民族已经证明,人类仍有相当大的空间来塑造自己的明天,无论结果是好是坏。

    以色列在经历了 2000 年的流亡和可怕的大屠杀之后重获新

生,这是犹太民族有能力抗拒历史决定论的光荣证明。我有幸和以色列最伟大的领导人大卫·本-古里安一起工作。他既尊重历史,又研究历史。他拒绝接受熟悉的思维模式。他选择了"自由选择"而不是"一切都是预先决定的"。

随着时间的推移,我们对历史事件的看法也在不断变化。事件终会过去,但引发这些事件的价值观保持不变。

对历史的教训不可掉以轻心,但我们应避免从几乎总是各不相同的过程和事件中得出僵化的结论。

同时还应防止对我们影响历史进程的能力过于悲观。这种悲观主义不切实际,也经不起历史的检验。

瓦尔德博士把自修昔底德以来最优秀的历史学家们关于文明兴衰背后原因的真知灼见交给我们使用。这一成果引人注目,使我们能够为那些在危机中穿行并引领其人民走向繁荣的领导人描绘"哪些该做,哪些不该做"。

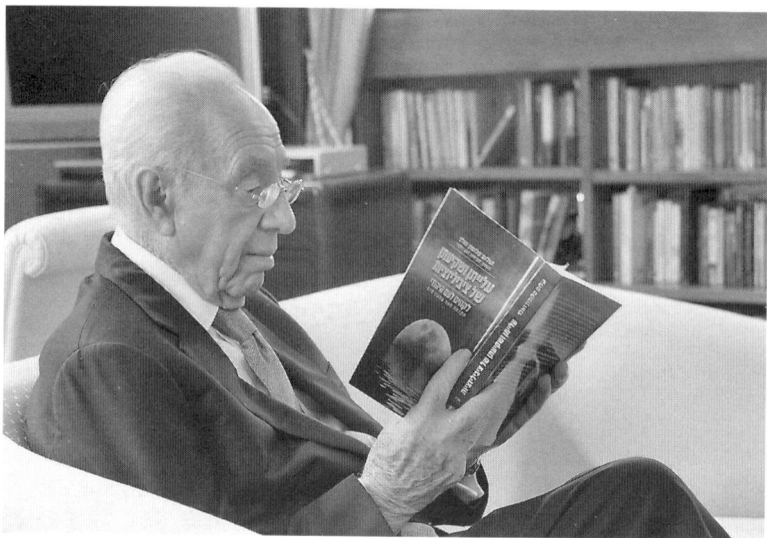

　　这些务实的见解应该成为每份领导者指南的组成部分,尤其是针对犹太-以色列的事务,相关历史仍在生成。以色列的安全必须通过与邻国的和解来加强,这一事实促使我们支持"自由选择"而不是"一切都是预先决定的"。因此,犹太文明将在尊重历史的同时继续繁荣,但同时不断驳斥"衰落是不可避免的"言论和"一切都是预先决定的"原则。

　　通过由一些最伟大的历史学家所写就的历史篇章,本书读者可以期待一段激动人心的旅程。在这段学习经历和鼓舞人心的旅程中,瓦尔德博士为我们充当了出色的向导,值得我们致以最深切的感谢。

以色列国总统　西蒙·佩雷斯

耶路撒冷

2013 年 2 月

致中国读者(2019)

　　我心满意足且自豪地将这些话写给本书的中国读者。2003年,我访问了中国,这不是我第一次访问中国,而是我第一次代表耶路撒冷的犹太民族政策研究所"正式"访问中国。我的任务是与中国的专家、学者和官员讨论如何改善犹太人和以色列国同中国政府和人民之间的关系。① 2000年,以色列不得不取消与中国签订的向中国提供两架预警机的合同。已经开始为飞机付款的中国很不高兴,我们的关系恶化了。在我采访的中国专家中,有一位已经退休的中国驻以色列前大使。他对我的提问回答如下:"我们两国都历史悠久。我们都有四五千年的历史,还有更多的岁月等着我们。你们不必着急,慢慢来,一步一步走,就会看到我们的关系改善。你来这里已经迈出了第一步。欢迎你来中国!"从那以后的16年历程表明他是对的。我希望我的这本书能使那些对民族命运感兴趣的中国读者进一步了解犹太人和以色列。

　　我年轻时就对中国产生了兴趣,但已记不清始于什么时候和

---

　　① 这次访问的主要成果是《中国和犹太民族:新时代中的古文明》(*China and the Jewish People: Old Civilizations in a New Era*, by Dr. Shalom Salomon Wald, JPPI, Jerusalem-New York: Gefen Books, 2004)一书的出版。此书有大象出版社 2014 年中译本,张倩红、臧德清译。——校注

出于什么原因。也许这与我童年的主要经历——纳粹大屠杀有关。纳粹德国杀害了欧洲三分之二的犹太人，其中包括我在法国、波兰和乌克兰的几乎全部家族成员。相比之下，中国人从来没有迫害过我们。这或许能解释我早期对中国的关注。1955 年，我开始在瑞士巴塞尔大学学习。很快我就听了反纳粹的德国大哲学家卡尔·雅斯贝尔斯教授的讲座。在他最著名的一本著作中，雅斯贝尔斯认为当代文明在精神层面上是由他所称的"轴心时代"塑造的。大约在公元前 6、5 世纪，四个文明古国同时出现了新的思想家：古希腊的哲学家，古以色列的先知，古印度的佛陀和中国古代的孔子、老子。他们所有人都有一种新的对"人性"的感觉，即理解何者为人，思考我们的极限，并渴望从痛苦和死亡中解脱。此前，纳粹不允许雅斯贝尔斯移民，因为他拒绝与犹太妻子离婚。他对我们学生说，"我那时住在中国"，意思是说他把自己隔离起来，花了数年时间研究中国哲学和历史。

关于犹太历史的书籍有很多。我的书可能是其中唯——本经常出现以中国为背景的——每当这两个文明之间有相似之处的时候。什么是"文明"？关于犹太文明的概念也是通向中国的一扇窗户。在西方，包括犹太历史学家和作家在内，很少有人用"文明"一词来形容犹太人，但是有几个重要的例外，特别是摩迪凯·开普兰(Mordecai Kaplan)的《犹太教：一种文明》(*Judaism as a Civilization*，1934)[1]。那些不把犹太教视为一种文明的人往往无法理解犹太历史跨越时代和跨越各大洲的统一性。但一些中国历史学家确实理解这点。他们用"文明"一词描述中国人和犹太人的历史。事实上，中国人和犹太人的文明观是可比的。文字

---

[1] 有山东大学出版社 2002 年中译本，黄福武、张立改译。——校注

传递了语言、信仰、文化和记忆,保证了中国人和犹太人的文明源远流长。

本书选择了23位历史学家,听取他们对兴衰的解释,这些解释对犹太人也是有效的。在被我所叩问的著名历史学家中,就有中国的"太史公"司马迁。用司马迁来探索犹太人的历史似乎很奇怪。他生活在公元前2世纪,从未听说过犹太人,也从未见过任何一个犹太人。他怎么能理解犹太人的文化和历史?我认为可以这样做,因为司马迁深受孔子及其理性和人文主义的影响,尊重至高权力和"天命",还呼吁贤明和道德的领导。这些都是伟大的犹太先知们在几千英里之外的同一时期所宣扬的价值观。其他一些儒家的格言,如果拉比们听到也会感到很熟悉。孔子强调,要使文明发扬光大,言、意、行必须协调一致,道德必须由规范日常生活和行为的严格规定的仪式来支撑。这些也是传统犹太教的精髓原则。

2015年11月,我向在中国不同地区的两所大学学习犹太历史和文化的学生介绍了犹太文明兴衰的原因。令我惊讶的是,学生们回答说,大多数原因对中国同样有效。同样的原因可以解释一种文明的成功——"兴",以及另一种文明的失败——"衰"。例如,像犹太人这种小民族怎么能在如此多领域发展其创造力和创新能力?根据本书第四部分第三章,犹太人的高水平教育和外部压力起到了很大的作用,但对创新来说,还有一点更为关键:犹太人倾向于理解不同文化和挑战既定真理,敢于破坏传统的权力结构并质疑传承下来的习俗和信仰——用一位美国社会学家的话说,他们有那种"创造性的怀疑"。怀疑是一种危险的倾向,能招致自我毁灭,但它无疑是犹太人给世界带来许多变化的根源,从《圣经》的一神教到卡尔·马克思的共产主义，再到以色列的创新性的防御技术。这是犹太人成功的真正源泉，而不是像一些肤浅的中文书籍所宣称的那样，在《塔木德》（古老的犹太律法书）中能找到如何致富的把戏。当一个文明扼杀"创造性的怀疑"以防止它破坏统治力量时，它就有可能破坏自身的长期繁荣。

本书第四部分第九章讲述了中国一个最成功的统治者的故事。汉武帝（公元前 140—前 87 年在位）用了半个世纪的时间深入西亚，开辟了丝绸之路，使中国的领土扩大了一倍，传播了中国文化。他的故事表明，一个国家或文明，只要有卓越、稳定的领导和远见，就能取得巨大成就。卓越的治国可以促进一个文明的发展，而糟糕的治国会破坏或摧毁一个文明。与中国形成对比的是，迄今为止，在古代以色列和犹太民族的悠久历史上，鲜有例子能显示出稳定而长期的领导能力、治国方略和地缘政治远见。犹太人总是在一个地方兴起，在另一个地方衰落。

这就引出了本书的主题：兴衰。犹太人对兴起与衰落的主题感兴趣，因为他们不止一次经历了这个主题。本书的希伯来文版本非常成功。一本厚厚的历史书能在以色列的小市场上卖出 1000 册，便是"畅销书"。本书卖了三四千册。在美国，英文原版的销量不如预期。一位睿智的美国人解释了原因：美国人更喜欢结局美满的书。毕竟，自第一次世界大战以来，美国已经兴盛了 100 年。因此，像美国这样的伟大文明有一天会开始衰落，而另一个文明却在兴起，这种想法让美国人深感不安。他们没有经历过中国人和犹太人这两个有数千年历史的文明的周期性起伏。我希望中国人能像以色列人一样对这本书感兴趣。中国人和犹太人是否有相似的历史观？

给读者最后一点建议：这本书又长又复杂。如果觉得篇幅过长，请省略理论部分，阅读叙述部分，即阅读第二部分"历史学家论兴衰"和第四部分"文明兴衰的驱动力：总体观察与犹太历史"。

沙洛姆·萨洛蒙·瓦尔德
耶路撒冷犹太民族政策研究所
2019 年 2 月 5 日
希伯来历 5779 年舍巴特月(Shevat)30 日
中国农历"猪年"大年初一

目　录

第五部分
转型的驱动力：两个案例研究

导语：一次思想实验

本书是一次前所未有的思想实验。犹太民族①和犹太教的未来问题引起普遍兴趣，也困扰着许多领导人和一些犹太民众。犹太民族政策研究所已经警告说，犹太民族正处于"兴衰之间"的十字路口。[1]

与此同时，每天都会有 20 种或更多种语言的关于犹太教、犹太历史、犹太文化和以色列的新的通俗读物或学术书籍和文章出现。犹太教和犹太历史学术研究的数量与质量所达到的水平史无前例。这些著作的作者大多数是犹太人，他们贡献的作品大部分涉及特定的学科、地方历史、特定的事件或特定的时期，他们根据当前西方历史编纂学的主流学术趋势，撰写专门史或微观历史。许多令人印象深刻的成果都是专家写给专家看的。

但有些东西似乎缺失了。与许多历史学家的观点一致，本书的主要假设是，从历史中学习不仅可能，而且必要，因为人类的本性自远古以来几乎没有什么改变。然而，对犹太人及其未来的一般兴趣，与去理解那些可以解释他们的过去和可能再次影响他们未来的因素不可同日而语。新的方法，即这里的思想实验，是去叩问一些历史学家，他们当中除了个别例外，都不是犹太人，也不曾专门研究过犹太历史，但

---

① "犹太民族"一词将贯穿全文，包括作为一个犹太国家的以色列。"犹太领导人"一词包括以色列的犹太领导人。

他们都从长时段的角度写过其他文明和国家的兴衰；本书将反思他们的发现是否也适用于犹太民族。我们不会"叩问"任何历史学家个人，一切都让他们的著作说话。因此，重要的是要记住，本研究的起点不是对当代犹太人状况及其动态的系统回顾，而是对关于其他文明和国家历史兴衰的书籍的研究。当然，人类做不到完全的客观性。我们哪怕在读玛雅文明在中美洲的终结，犹太人的命运其实也徘徊在相关背景中的某个地方。

这种对非犹太历史的暂时信任也许会受到批评，但这不是一个新问题。大卫·甘斯（David Gans）是前现代最早的犹太历史学家之一，也是他那个时代两位伟大精神领袖——克拉科夫的摩西·伊塞勒斯（Moses Isserles）拉比和布拉格的马哈拉尔（Maharal，即犹大·勒夫[Judah Loew]）拉比——的学生。他在1592年写道："我预料，许多人会说我坏话，谴责我，认为我有罪，因为我从非犹太作家那里汲取素材。……我认为，《圣经》允许我们在非犹太书籍中搜索对我们有一定帮助的事件记录。"[2]正如海因里希·格雷茨（Heinrich Graetz）[3]、西蒙·杜布诺夫（Simon Dubnow）[4]和其他犹太历史辩护者所说，犹太文明在不利条件下的寿命在已知的历史上是无法比拟的，犹太民族不能与其他民族相比，因为他们没有一个永久的地理家园，而且没有其他民族能够在如此长时间的离散和迫害中幸存下来。这种论点因而认为，其他文明的兴衰对犹太人来说没有任何可取的经验教训，犹太人最好求助于自己的历史学家。在本书中，有关犹太历史的著作经常会被用来理解一些特定的问题，但这些著作都不算本书的原始资料，因为犹太历史学家通常不会以其他文明的兴衰来看待犹太历史。

在非犹太人中，犹太民族的源远流长常常让一些人感到惊奇，也遭到许多人的否认、怀疑或敌意。然而，犹太人的这种例外并不意味着犹太历史的起伏、犹太教领导者的成败、犹太人集体努力的得失也是独一无二的，也不意味着不能和其他文明比较。只要够谨慎，就可以比较。犹太历史上的片段拼凑起来可能是独一无二的，但对于许多拼图片段而言，其他文明和国家的拼图中也有类似的片段。

我们试图将从通史中收集到的因素应用于犹太人的过去和现在，而我们的努力所产生的假设不太可能满足学术研究的全部标准。许多学者会对一篇涉及如此多不同学科的评论感到不安：宗教史、战争史、经济学、遗传学、人口学、科学、环境政策等。学术界讨厌边界打破者，往往认可和提拔那些待在本学科疆域内而不经常去陌生领域探索的专家和学者。但是，尊重学科界限可能越来越妨碍了对犹太历史的全面理解。

我不认为本书是犹太民族的历史。它提供了建议和假设，而不是对深入研究的总结。要写一部新的综合历史，需要的不仅仅是见多识广的非专家，而且是其他人将不得不接受的挑战。我所提出的一些假设可以作为有用的起点，促进进一步的讨论。

也许是时候回想一下阿哈德·哈阿姆（Ahad Haam，1856—1927）在 20 世纪早期出版的那本影响深远的散文集《十字路口》（*Al-Parashat Derachim*）。今天和那时一样，犹太人站在历史的十字路口，可以走向不同的方向。他们未来的发展轨迹既取决于自己（即他们的改变能力和采取行动的意愿），也同样取决于外部因素。

第一部分

定义和方法问题

导　言

　　"文明兴衰与犹太民族"这个标题使用了四个术语来提出定义问题：犹太民族、文明、兴起和衰落。"谁是犹太人"这一永恒的问题并不在这里讨论。我们将采纳专家意见，根据犹太人自我认同的不同模式来定义。它包括父母之中至少有一个犹太人的那些人，自称是犹太人的那些人，也包括那些皈依犹太教的人，但不包括那些皈依其他宗教或拒绝被当作犹太人的人。现有数据显示，2011年生活在世界各地的犹太"核心"人口超过1300万。[1]

第一章　文明还是文化

因为缺乏更好的术语,我们姑且称犹太教为"文明",这个概念是1934年由摩迪凯・M.开普兰等人提出的。[1]"犹太文明"一词并非不言自明,因为在大流散时代的多数现代非正统派犹太人属于几个重叠的文明。同样,在罗马帝国晚期的许多犹太人也是如此。犹太教对许多人来说是一种"兼职的文明":他们既是美国人又是犹太人,既是法国人又是犹太人,诸如此类。

我们将以色列和犹太人民的整个历史都包括在"犹太文明"之中:我们用它来指称犹太社团在时间上的连续性和空间上的联系。在任何一种西方语言中都找不到一个无可争议的术语来形容这个不断变化和分化的、自称有超过3000年历史的群体。一些中国历史学家使用了中文的"文明"一词,认为它最适合犹太人,因为他们注意到后者的悠久历史,并将其与自己的悠久历史进行比较。直到18世纪末,所有人都称犹太人为"民族"(people)或"国族"(nation),尽管他们并没有领土基础。这个民族以独特的宗教而著称。自从哈斯卡拉(Haskalah,犹太启蒙运动)和解放运动开始,"国族"这个词就成了问题。除了以色列之外,这个词不再有用,因为散居的犹太人已经作为平等的公民加入了世界各国。在19世纪,"宗教"成为唯一在政治上和社会上可以接受的指代西方犹太人的方式。这个标记方法现在看来也有问题。

"民族"仍然是犹太人普遍接受的一个术语，本研究将它与"文明"互换使用。开普兰和其他一些人，如作家阿哈德·哈阿姆，认识到许多犹太人想保留犹太人身份，尽管他们不再守教，而犹太教的一些组成部分也并不根植于宗教，或只是部分根植于宗教。开普兰在他的著作《犹太教：一种文明》中写道，除了宗教之外，这些组成部分还包括"历史、文学、语言、社会组织、民俗约束、行为规范、社会精神理想、审美价值"，并在下一页指出，一个文明包括"知识、技能、工具、艺术、文学、法律、宗教和哲学的积累"，[2]第二个定义似乎包括了物质因素、经济因素和技术因素。开普兰认为，所有这些文明的组成部分都可以在犹太民族身上找到。此外，和其他人一样，开普兰也认为，在巴勒斯坦重新建立一个(如《贝尔福宣言》所称的)民族家园是确保犹太教未来能作为一个文明存在的必要答案。但即使对开普兰来说，"文明"一词也更像是一个假设，而不是一个现实。以色列社会学家艾森斯塔特(Eisenstadt)促成了该术语的广泛使用，因为宗教、国家甚至民族的概念都不足以理解犹太人的历史。他们的历史也必须被视为一个文明的历史，因为这才能使其与其他持久的文明进行比较。[3]毫无意外，寻找合适的术语的努力在继续。大约在 2000 年的某个时候，一个新术语出现在书面文化上："民族性"(Peoplehood)，抑或希伯来语中的对应词 amiut。[4]时间将会告诉我们，这一描述犹太人的新词是否会发展成英语口语或书面语。[5]

文明以及有时与之难分难解的宗教，是世界历史上最大和最持久的实体。它们经常比国家和帝国更持久。今天，对文明的兴趣正在从学术界扩散到政府和更广大的公众，已经有人以预言的方式发出世界可能会进入"文明的冲突"的警告。"全球政治是文明间的政治。"塞缪尔·亨廷顿如是说。[6]早在"文明史"这个术语被使用之前，历史学家和哲学家就写出过文明的比较史。最著名的例子是古希腊"历史之父"

希罗多德(约公元前 484—前 425),他的《历史》描述了希腊人所知的每一个文明,以及当时最重要的"文明冲突"——希波战争。在 18 世纪,有两位伟大的思想家(以及其他人)写了世界文明史,虽然他们从来没有提到"文明"这个词,但仍然涵盖了开普兰提到的所有表现形式。还有一本是伏尔泰于 1756 年完成的《风俗论》(*Essay on the Customs and Spirit of Nations and the Main Facts of History from Charlemagne until Today*)①,另一本是赫尔德于 1784—1791 年写作的《人类历史哲学的观念》(*Ideas on the Philosophy of History of Mankind*)。这些书在其产生时代颇负盛名并被广泛阅读,其中就包含了对国家和文明兴衰的反思。"文明"这个名词是欧洲启蒙运动的产物。它出现在 18 世纪中叶以后的英语、法语和德语等欧洲主要语言中,是由早期的动词"教化"(to civilize)衍生而来的。② 文明是要把进步的世界与更加"原始的"人或"黑暗时代"区分开来的,这是已经被当今世界部分或全部抛弃的一种价值判断。在英语和法语中,文明通常是一个跨界的概念,它包括一个民族的物质、文化或非物质的成就及其风俗习惯和政治结构。在这两种语言中,文明有双重含义。每个民族都有一个单独的文明或属于一个密切相关的文明家族,如拉丁文明,但也有一个共同的人类文明,包括了科学、技术、工业甚至文化潮流和成就,所有的

---

① 有商务印书馆 1995 年中译本,梁守锵译。——校注

② 在意大利语中,名词 civiltà 意为城市生活,与古老的乡村原始生活相对应。它出现在 14 世纪,也许可以追溯到但丁。在古老的语言如希伯来语(见第一部分第二章)、希腊语和拉丁语中,没有"文明"一词的确切同义词。中文里的"文明"一词,字面意思是"美丽的书写",它表达了中国人对文字的巨大尊重。在希伯来语中,对应中文"文明"的确切同义词是 kitve kodesh,意为"神圣的经文",这是《密释纳》和其他早期拉比犹太教文献中使用的一个术语,指的是《圣经》中的一些书卷,后来扩展到指代整个《圣经》的经文。中文术语比西方术语更接近虔诚的犹太教徒对自己"文明"的根基和目标的理解。关于 kitve kodesh,参见 Menachem H. Schmelzer, "How was the High Priest Kept Awake on the Night of Yom Ha-Kippurim," in *Studies in Jewish Bibliography and Medieval Jewish Poetry* (New York: Jewish Theological Seminary, 2006), 214ff。

民族都能参与其中。然而，在德语中，"文化"（kultur）却比"文明"（zivilisation）更高级。"文化"代表了精神和艺术成就，比单纯的技术和物质成就具有更高的价值，后者主要被概括为"文明"。本研究采用了广义的英语或法语术语，包括其双重含义。

文明根据自己的自我形象以及为自己设定的目标来界定自己的范围。这一范围仍然会发生变化，当有竞争关系的意识形态的成员表示不赞同时，这一范围也会引起争议。它可以是包罗万象的，例如某些宗教公开宣称其任务是让全世界皈依，也可以是有限的，例如许多部落文明。此外，一个文明的定义也可以取决于具体的学术学科的标准。[7]同一个文明可以用多种方式表达自己。它可以是一个地理空间、一个社会、一个经济体、一种集体心态、一种历史连续性，或者是所有这些因素的集合。在社会科学文献中，"文化"一词的使用与"文明"一词一样广泛，但两者之间的分界线并不总是清晰的。即使在英语中也是如此：当英国的人类学家在 19 世纪开始使用"文化"一词时，他们模糊了分界线。当他们谈到土著文化或"原始"文化时，通常是指这些群体的所有方面，包括通常归因于文明的物质和技术表现。[8]

虽然只有一个犹太文明，但有许多犹太文化。大卫・比尔（David Biale）在其 2002 年出版的重要著作《犹太文化》（*Cultures of the Jews*）中指出，许多不同的犹太文化是从犹太社群与其东道国文化、语言和宗教的互动中产生的。[9]重要的是要牢记犹太历史的双重性质：它是一种文明，也是多种不同但相关的文化，或曰"在表面上单一的犹太集体内运行的多种文化"。[10]

语言是个问题。现代希伯来语中的 zivilisatzia 是一个很晚才从意第绪语或俄语中转借的新词。与之最接近的希伯来语原始术语是 tarbut，可以翻译为文化，在希伯来《圣经》中只出现过一次，而且是一种非常消极的意思：摩西责备他的人民是"一个罪人的种族（tarbut）"。[11]

拉比犹太教继续以"教育、养育"的意思使用这个希伯来语，有时是贬义的，有时是中性的。[12]阿哈德·哈阿姆是 20 世纪早期最杰出的一位犹太作家，他很关心犹太人的未来。他通常用"民族"或"国族"来描述犹太人，并担心他们可能已经失去了"民族感"，但对于描述犹太人集体或遗产最合适的术语，他似乎并不感兴趣。[13] 20 世纪初，tarbut 一词在中欧和东欧的犹太文化与希伯来语运动中变得重要起来。不止一家当地的文化协会或希伯来走读学校在名称中包含 tarbut 一词。大卫·比尔将犹太文化定义为"人类为了赋予其意义而表现出他们的生活经历的多种表达方式，包括书面或口头的、视觉或文字的、物质或精神的表达"。[14]必须补充的是，犹太文化不仅表达"生活经验"，而且还表达先辈的经验。否则，比尔对文化的定义几乎就等同于这个术语在英语或法语中较为严格的含义。[15]

第二章 十字路口：难以捉摸的兴起、繁荣和衰落

　　所谓"兴起"或"衰落"的时期，以及"繁荣"（尽管该术语不常使用）这个介于两者之间的时期，首先是一种价值判断：它揭示了观察者的来历。个人主观性的问题如影随形。但兴衰不仅仅是价值判断。它们通常是客观的历史趋势，可以通过目击证人和其他同期记录加以谨慎地证实，并且能更可靠地通过统计数据和（或）考古发掘加以证实。但这并不意味着兴起或衰落总是容易被识别。如果所讨论的时期比较接近我们自己的时代，那么历史学家搜集证据比搜集遥远时代的证据要容易得多。例如，我们会在下文讨论到乔纳森·以色列，他搜集了大量详细的记录和统计数据，证明了荷兰共和国从 16 世纪末到 18 世纪初在经济、军事、文化和艺术领域的非凡崛起以及随后的衰落。[1] 他的论述无可置疑。另一个例子：罗马帝国的衰落从一开始就被当时的人们记录下来，但是一些历史学家在 20 世纪 70 和 80 年代挑战了传统的叙述，取而代之的是一个和平的"过渡"和"转变"的故事。通过大量新近的考古发现，布莱恩·沃德-珀金斯（Bryan Ward-Perkins）有力地驳斥了这一解释，这些发现表明，西罗马帝国的灭亡确实是一场血腥和灾难性的崩溃。[2] 但在其他情况下，证据要么含混，要么难以获得。一个历史学家不可避免地会受限于他本人所处的时间和空间，以及受到他一生中影响他生活的事件或不久之前发生的事件的影响。本书

研究的历史学家知道他们个人参与了历史,这在某些情况下降低了主观性的风险,但并非全都如此。"兴起"与"衰落"这两个术语适用于以上列举的所有实体,不仅包括文明,还包括文化、帝国、国家等。对于所有这些实体来说,决定兴衰的原因都是相似的。

除了自身的主观性之外,历史学家还必须应对现有资源的主观性,这也会阻碍客观判断。有以下五种类型的问题:同一历史时期相互矛盾的趋势、当前或过去的意识形态、视觉失真、自我感知的困难以及从衰落到转型的过渡。

相互矛盾的趋势

在同一个文明中,经常有相互矛盾的趋势。兴起和衰落可以同时发生在同一地理空间。最著名的矛盾类型是在政治衰落、国内动乱或军事失败期间或之后的文化和艺术生活。事实上,这些案例频繁发生,足以引发关于这两种趋势之间是否存在隐藏的因果关系的合理性问题。外部灾难是否刺激了文化创新和创造力? 这方面的例子既有古代史的也有近现代史的。中国人认为蒙古人摧毁大宋王朝是一场可怕的国难,将蒙古人创立的元朝(1271—1368)视为巨大的耻辱,但元朝却在中国艺术特别是绘画和陶瓷领域展开了一场巨大的创造性复兴运动。几个世纪以来,元代的风格和创新一直具有权威性。这是兴起还是衰落? 同样地,作为一个有着独特的管理形式、文化、自我意识和方言的城邦与小文明,威尼斯从 16 世纪开始衰落,这是因为它不得不让位给其他更强大的新崛起的海上力量,而且国际贸易路线也发生了变化。在随后的三个世纪里,威尼斯逐一失去了所有的贸易、政治和军事势力,但却发展出许多令后世景仰的美妙的文学、艺术和精致的生活。这是兴起还是衰落? 同样在这几个世纪里,奥斯曼艺术和文学蓬勃发展,而同时期奥斯曼军队却节节败退,帝国急剧衰落。近现代的例子包括,在 1870 年普法战争中战败以及随后的国内流血事件后不久，法国文学、音乐、印象派绘画、建筑和其他艺术呈现出惊人的繁荣，以及在第一次世界大战战败和随之而来的经济灾难之后，德国文学、艺术和戏剧的蓬勃发展。

意识形态

历史学家必须注意政治的意识形态和宗教的意识形态，这些意识形态会给某些时期打上"兴起"或"衰落"的标签。在这种情况下，兴起和衰落这两个术语对价值观的依赖性是明显的。兴衰意识形态的捍卫者通常都信誓旦旦地说，与他们不一致的证据永远不会出现。古代帝国和近现代独裁政权都是这门语言艺术的大师。意识形态上的"标签"可以从相关时期开始，或是从许多代人以后开始，在那时，古代历史作为一种工具被用于政治和宣传目的。在许多情况下，后续的世代还会把标签切换到相反的位置。纳粹宣称，德国历史上最伟大的崛起始于 1933 年，但结果却证明是最大的衰落。虽然有许多例子，但大多数都没有德国的例子那么醒目。

即使没有政治审查或宗教审查，文明也并不总能在各自的历史问题上达成共识。政治标准和道德标准随着时间的推移而变化，这可以从根本上改变人们对自身及其过去的理解。对当代人来说是荣耀和成功的东西，可能会让他们的后代回想起来觉得是衰败的开始，反之亦然。当彻底的变革（例如帝国统治的终结、外国占领、革命和内战）在一个民族的集体记忆中留下持久的不和谐时，这一点表现得尤其明显。参加法国大革命和拿破仑战争的法国人把这个时期看作是一个兴起和强大的时期。接下来的几代人，特别是复辟王朝时期的人，对同一事件的判断就不那么积极了。中国历史提供了一个相反的案例。按最客观的标准来说，强大的汉武帝（约公元前 156—前 87）长久统治时期是一个崛起的伟大时期。中国领土扩大，精英的物质文化显著发展,儒家思想以及艺术和诗歌也蓬勃发展。但当时中国伟大的历史学家司马迁却并不认为这是中国历史上一个伟大的时期。他注意到经济的枯竭,战争之后百姓的痛苦,以及许多官员的腐败和惨无人道。

视觉失真

第三个问题是视觉失真,它产生于兴起、繁荣和衰落概念的时间相对性。这三者中的每一个之所以成为它的样子,都是因为它与其他两者的关系,三者都是时间的函数。与之前或之后相比,兴起是上升,衰落是下降。当一个文明或一个国家的衰落导致其崩溃和衰亡时,情况似乎很清楚。但有些案例并不清楚,特别是当被后人视为衰落的时期是漫长的过程时。黄金时代的视觉影响对此后的所有时期都是不利的:它们不可避免地会变成"衰落"时期。对于吉本来说,罗马帝国的衰落持续了几个世纪,直到 1453 年君士坦丁堡的陷落,但这一过程中也包括拜占庭几个世纪的军事胜利和经济、文化与宗教的繁荣。

对伊斯兰文明也有类似的观察。许多人认为,自 13 或 14 世纪以来,伊斯兰文明持续衰落。正如马歇尔·霍奇森所言,这是因为他们把所有的伊斯兰历史都拿来与之前的哈里发帝国黄金时代做了错误的比较。[3]在一个漫长而持续的历史时段中,视觉失真和断代困难的问题尤为严重。"西方社会消亡后……西方的历史将只会以一个整体展现。"汤因比写道。[4]犹太历史也是如此。每一代人都可以重新解读它,并根据最近发生的事件来看待过去的兴衰,而大多数文明史都是在其即将终结时,或是在终结之后很久书写的,诚如黑格尔所说:"密涅瓦的猫头鹰①只有在黄昏降临后才展开翅膀。"

---

① 希腊神话中智慧女神雅典娜与一只猫头鹰共同守护雅典的平安,猫头鹰也成了哲学的代称。罗马人征服雅典后带来他们的智慧女神密涅瓦。"密涅瓦的猫头鹰"从此流传于世。——译注

自我感知的困难

没有任何一个文明或国家能够完全客观地审视自己，就像任何人都做不到这点一样。虽然错误的自我感知也可以成为一种意识形态，但自我感知的困难与意识形态或视觉失真并不相同。意识形态包括为政治或宗教目的而故意改写和歪曲历史，而错误的自我感知并非是故意的。视觉失真会困扰那些观察遥远时代文明的人的观点，而错误的自我感知则是一个同时代的、内在的问题。一个文明可以在不知不觉中衰落，因为这个过程缓慢而不易察觉。吉本指出，生活在 2 世纪和 4 世纪之间的罗马人是幸福的，他们不知道自己的文明正在衰落。[5]但罗马人并不是唯一犯错误或自满的人。

当一个文明达到权力和繁荣的顶峰时，它就无法理解衰落的可能性。帝国时代的中国在 18 世纪中叶达到了这样的高峰，但从那个世纪末开始，它就陆续受到国内叛乱、外国干预和经济危机的打击。它的统治者和大多数知识分子都没有意识到中华帝国正在瓦解，直到 19 世纪末，他们还自以为中国面临的只是暂时的灾难。

衰落促成转型

在一个有着开放未来的持续历史（例如犹太历史）中，包含了一个超越兴衰的重要问题：历史性转型的问题。未来的未知事件将决定下一代如何评价历史，例如评价 20 世纪的犹太历史。它是否包括了自第二圣殿被毁以来最大的灾难和漫长历史的终结，历史的终结是否被最后的巨大努力和短暂的希望延迟了短短几十年？还是说自第二圣殿倒塌以来最大的灾难导致了犹太民族近 2000 年来所知的一次彻底的变革和最长时间的民族文化崛起？是衰落和灭亡，还是转型和新崛起？如果观察者在经历重大的历史性转型后立即回顾过去，会更容易看到衰落、断裂和灭亡，而不是看到转型。它可能需要一个更敏锐的历史眼光和更长的时段来发现旧有的、持久的特点以新的形式重新融合。即使时隔多年，当尘埃落定之后，历史学家也会有不同的观点。雅各布·布克哈特认为文艺复兴是对过去的一种突破，是我们近现代世界的开始。[6]约翰·赫伊津哈反驳他的观点，并不断重复说，在从中世纪走向一个新时代的过程中，没有泾渭分明的边界，有的只是一个衰落时代缓慢而深刻的转型。[7]历史性转型有几种类型，有的缓慢渐进，有的快速激进。犹太历史两者兼而有之。第五部分第一章和第二章将讨论 17 世纪的荷兰共和国与 20 世纪的土耳其这两个相对近现代的案例中快速和彻底变革的驱动力。这里应该明确指出，由相互矛盾的趋势、意识形态、视觉失真、自我感知问题和转型问题引起的困难，并不会使兴起或衰落的客观本质失效。相反，它们指出了历史学家在大多数情况下可以避免的陷阱，如果历史学家注意的话。

第三章　选取历史学家的三个类别

扫罗王[1]在战败自杀的前一天晚上,把先知撒母耳的亡魂从死者中召回,向他询问以色列的未来。我们会向 13 位"预言家"死后的亡魂再加上九个活着的人询问类似的问题。可以确认的是,这其中除了三个人(伯纳德·刘易斯、乔纳森·以色列、贾雷德·戴蒙德)之外,其他的都是非犹太人,并且只有两个人(伯纳德·刘易斯和乔纳森·以色列)有研究特定时期犹太历史的能力。这些人中包括一些最著名的历史人物,也包括一些当代历史学家和政治学家。这些历史学家和哲学家属于三个不同的类别,尽管他们中的一些人处于临界并且可以被归到其中两类。

专门史

其中 11 位作者研究了一到两个文明的兴衰。他们是修昔底德(希腊)、司马迁(中国)、吉本和沃德-珀金斯(罗马)、伊本·赫勒敦(伊斯兰和阿拉伯)、布克哈特(君士坦丁大帝时代、意大利文艺复兴时期)、霍奇森(伊斯兰)、刘易斯(土耳其)、赫伊津哈(北欧文艺复兴时期、荷兰共和国)、布罗代尔(法国、地中海——注:布罗代尔也可以归入后两个类别)以及乔纳森·以色列(荷兰共和国、17 世纪的犹太人)。他们都认为,他们的故事的相关性超出了他们正在调查的少数几个案例,而且通过对其中一个文明的深入研究,可以掌握对许多文明历史普遍有效的原则。修昔底德最坦率地说出了这一点。[2]吉本也这么认为,但没这么坦率。对伊本·赫勒敦来说,很明显,他在研究民族历史和信仰时发现的模式适用于所有文明的民族。[3]在我们的样本中,近现代历史学家并没有公开这样说,但他们的结论和概括无疑也是在个别历史中寻找更广泛的意义。过度专业化的学院派历史学家可能只为其他专家而写作,但大多数历史学家希望他们的著作具备超越特定的群体、城市或民族的意义。

比较历史

其他作者则不是从一个文明开始,而是从几个文明的比较开始,目的是发现类似或相同的发展模式,包括兴起和衰落的模式。他们认为,这种相似性表达了可能同样适用于许多其他文明的历史模式。奥斯瓦尔德·斯宾格勒(也可以被安排在下一组)、阿诺德·汤因比、保罗·肯尼迪和贾雷德·戴蒙德都属于这一组,马克斯·韦伯也可有保留地属于这一组。韦伯认为,尽管有不同的方式,宗教可以影响每一个文明的经济史。布克哈特和布罗代尔也要包括在这一组,因为除了专论,他们也做比较。

由单一原则支配的普遍历史

第三类作者寻找的是一个能指导和阐明所有历史的单一原则。这就必然要有一个宏大主旨,每个文明都各得其所,所有人都在相同音乐中跳舞。对历史的总体原则的探索由来已久:它起源于宗教,并在历史哲学中生存下来。我们挑选的作家包括几个寻求综合历史理论的人:皮蒂里姆·索罗金、约瑟夫·泰恩特、彼得·图尔钦、克里斯托弗·蔡斯-邓恩、托马斯·D. 霍尔和曼瑟·奥尔森。包括贾雷德·

戴蒙德在内，这些作者都不是学院派历史学家，而是地理学家、人类学家、数学家或经济学家，他们使用不同的方法来看待兴衰。他们从一扇侧门进入历史，这本身就是一个令人鼓舞的新发展，可以为旧学科带来新的视角。除了索罗金之外，这些人都认为文明的历史是由社会经济和其他物质因素驱动的，或是由不变的经济规律、机械规律或数学规律决定的。他们书写"定量的"或"结构性的"历史。这个群体的作者不承认犹太教是一种文明，它在他们的地理地图上看不见，也没有永久性的经济上的子结构。除其他因素之外，犹太文明是立基于精神上的连续性和创造性的引领力，但上述作者不承认这些因素是历史的自主驱动力。这类理论还有很多，对新理论的探索可能会一直进行下去。①

选择过程回顾

这三个群体的作者都有一个共同点，那就是他们属于一小部分"宏观历史学家"，即研究长期趋势和大规模历史现象（如兴衰）的历史学家。

我们当然有可能对作者名单的选择提出质疑。选他们是对的吗？还可能有更好的选择吗？几乎所有这类选择都会包括一些最著名的名字：修昔底德、伊本·赫勒敦、吉本、斯宾格勒、布克哈特、汤因比和布罗代尔。其他学者可能会选择本书所包括的一些当代学者，比如伯纳德·刘易斯和乔纳森·以色列，但又会选择其他人。许多描述主要

---

① 这一类的重要著作包括威廉·麦克尼尔（William H. McNeill）的《西方的兴起：人类共同体史》（*The Rise of the West: A History of the Human Community*, Chicago: University of Chicago Press, 1963），这在许多方面是黑格尔主题的一种变体，而最近的著作是贾雷德·戴蒙德的《枪炮、病菌与钢铁：人类社会的命运》（*Gun, Germs and Steel: The Fates of Human Societies*, New York: Norton, 1997），它认为整个欧亚历史都是由地理、人口、生态和食物等共同主导的。

文明兴衰的古今历史学家的缺席当然是本书的一个缺陷。一些本该得到关注的历史学家既包括古希腊、古罗马、中国、拜占庭和奥斯曼的作家,也包括 19 世纪和 20 世纪没有遵循当前专业化趋势的历史学家。犹太世界主要历史学家的遗漏已经在上文解释过了:他们没有把普遍历史上的兴衰教训应用到犹太人身上,而这正是本书的目的。相反,他们认为犹太历史是一个独特的、连续的、正在进行的过程。19 世纪的哲学家纳赫曼·克罗赫马尔(Nachman Krochmal)确实看到了犹太历史的兴衰,但他的作品影响不大,今天基本上已被人遗忘。本书所选的大多数作家的作品都出现了兴衰的主要因素。无论如何,不同的选择不太可能显著改变调查结果。无论再读多少本其他书籍,都不太可能改变这里选定的作者所总结出的主要历史教训。选择不同的作者可能会改变一些主要因素的相对权重,或者再加上一两个要素,但不太可能改变总体情况。

第四章　论历史哲学

许多着眼于长时段的历史学家坚持一个普遍的概念，或一种历史哲学。循环论和线性论是两种主要的传统哲学。

循环论和线性论

最早的一股思潮认为，历史永远在循环中前进，没有可预见的结局。这个概念在希腊、印度、中国以及其他古代东方文明中都有。第二种哲学认为历史不是循环的而是线性的：它有开始和结束，也有其目的。许多人认为犹太人是线性历史的发明者，或者至少是其最著名的信徒和最有效的解释者。罗马尼亚宗教史学家米尔恰·埃利亚德（Mircea Eliade）认为，犹太先知是第一批克服长久以来占主导地位的"永恒往复"历史观的人。犹太人发现历史是单一神的意志的持续表现。埃利亚德认为，一神论是线性历史写作的前提。[1]晚近的历史哲学家试图把这两种理论结合起来：他们既相信一个开始和结束，又相信两者之间存在循环。汤因比和索罗金就是这方面的代表。

所有的历史哲学最初都是宗教哲学，线性历史观也是如此。人类历史是渐进的；它是救赎的历史，是神的意志或人类对它的反应的表现。这个概念从犹太教传播到基督教和伊斯兰教，并从那里得到各种世俗的解释，这些解释在过去三个世纪里主导了历史学和政治学思想。在 18 世纪,启蒙运动在人类明显不可阻挡的道德和文明"进步"中看到了这种线性关系。到了 20 世纪,这一思想第二次世俗化,并转化为目前普遍以经济增长率作为衡量"进步"的标准。在 19 世纪,黑格尔提出了线性历史观最直接的哲学版本。他在 1837 年出版的《历史哲学讲演录》中把世界历史描述为理性精神的不断进步,从希腊人和罗马人开始,由欧洲基督教世界和德意志民族向着不断扩大的自由胜利推进。在黑格尔那里,基督教仍然是人类进步的旗手。马克思采纳了黑格尔的线性观,声称他所宣传的共产主义革命将带来我们所知道的"历史的终结",开创一个平等、正义与和平的时代。

犹太历史哲学

传统犹太教认为,在宗教精神动因和事件的推动下,历史沿着线性方向前进。对于《圣经》《塔木德》和中世纪的历史编纂,甚至对于 19 世纪德国的第一部世俗犹太历史著作来说,这种观念一以贯之。[2] 历史有零点,即创世那一刻;也有高点,即托拉的启示,虽然《塔木德》里的贤士们宣称,在以色列从西奈山上接受律法之前,律法已经存在并得到先祖们的遵守。[3] 接下来的历史,就是神的律法的传播。这种历史观的典范就是《密释纳》中著名的《阿伯特》的第一段:"摩西从西奈接受了托拉,传给约书亚,约书亚传给长老,长老传给先知,先知传给大议会的成员。"[4] 1000 年后,西班牙犹太历史学家亚伯拉罕·伊本·达乌德(Abraham Ibn Daud)以完全相同的方式继续讲述着传承的故事,仿佛在公元前 2 世纪到公元 12 世纪之间没有发生过其他重要的事情。[5] 《密释纳》的圣贤们把律法传给了《革马拉》的圣贤们,《革马拉》的圣贤们把它传给了"萨波拉"(Saboraim)们,"萨波拉"们把它传给了"高昂"(Geonim)们,"高昂"们最终把它传给了西班牙的犹太圣贤伊本·达乌德的同代人。

即使在 19 世纪，极具影响力的海因里希·格雷茨（1817—1891）在写下近代第一部犹太通史时，也将犹太历史单一地视为宗教思想的一面镜子。犹太历史首先是犹太教的历史，而不是犹太人的历史。犹太教是对异教的否定，是一个超验的灵性上帝的启示。在下一位伟大的犹太世界历史学家西蒙·杜布诺夫（1860—1941）的著作中，我们可以发现这个古老的传统正在瓦解。杜布诺夫对单一的观念提出了质疑，他在关于犹太民族的世界历史的主要著作中，提出了一种基于民族而不是主要基于宗教的犹太历史观念。他的书名讲的是"犹太民族"，而格雷茨的书名讲的是"犹太人"。杜布诺夫花了很长时间才到达这个分水岭。在此之前，他在 1903 年出版的一本小册子中阐述了一种将精神观念推向极端的犹太历史哲学。"犹太人在任何时候，甚至在政治独立时期，都是一个卓越的精神民族。……犹太人……不能遭受毁灭：肉身形体可能被摧毁，灵魂却是不朽的。"[6]此后，他放弃了这种哲学。1941 年，在里加（Riga），杜布诺夫和拉脱维亚绝大多数犹太人一起遭到了纳粹的屠杀，他的死没有证明他想象中的"没有犹太人的犹太永生"，而是证明了这种想法的危险性和荒谬性。

加利西亚哲学家纳赫曼·克罗赫马尔（1785—1840）是已知的唯一一位提出历史循环理论的犹太作家，尽管这种循环论总是在传统的有始有终的线性结构内。人们通常将克罗赫马尔与犹太启蒙运动联系在一起。他在《时代困惑指南》（*Moreh Nebukhe ha-Zman*）[7]一书中解释说，所有民族都必须首先经历"萌芽和成长"的阶段，然后是"权力和成就"的阶段，最后必然是"分解和灭绝"的阶段。除了犹太人之外，这场灭绝对每个群体都是不可避免的。他们也必须经历这个循环，但每一次结束后都有一次"更新"。犹太人的历史迄今为止已经完成了三个周期：第一周期从亚伯拉罕到公元前 586 年第一圣殿的毁灭，在这中间以所罗门时期为高潮；第二周期从巴比伦之囚到公元 138 年贝塔(Beta)的陷落，以马卡比起义的成功为高潮；第三周期从公元 138 年到 1648—1649 年的乌克兰大屠杀，以犹太教在西班牙的历史为高潮。三个周期都有"权力和成就"，类似于黄金时代，但克罗赫马尔没有使用这个术语。他的书没有写完；他的第三周期只是一个草图，不清楚他是否相信一个新的周期已经开始。

轴心时代

本书偶尔会提到一个在 20 世纪影响深远的关于全球历史的哲学理论。德国哲学家卡尔·雅斯贝尔斯在《论历史的起源和目标》(*On Origin and Goal of History*)①一书中对此做了介绍。[8]雅斯贝尔斯把我们的世界看作是人类历史上一场最伟大的精神和伦理革命的结果，一个从大约公元前 600 年持续到公元前 400 年的"轴心时代"比任何其他历史时期都更为根本性地改变了我们的思维方式和感觉。他把这个时代称为世界历史的"轴心时代"。1945 年以后，雅斯贝尔斯在寻找一种新的、统一的世界历史精神原则，这种精神原则是全人类共同的，是超越文明差异的。这不再是西方基督教对世界历史的看法。他引用了黑格尔的一句名言，这句话也是基督教观点的基础："所有历史都出自基督，上帝之子的出现乃是世界历史的轴心。"[9]雅斯贝尔斯打破了这一轴心，拒绝了黑格尔的历史观，但保留了他的术语。他认为，是古代犹太人和他们的先知、中国人和他们的孔子与老子、印度人和他们的佛陀，以及希腊人和他们的伟大哲学家们，在两三个世纪时间里，共同且相互独立地决定了人类文明的精神进程。正是由于这些伟

---

① 有华东师范大学出版社 2018 年中译本，李雪涛译。——校注

大的哲学和道德传统的共同性，作为他们的精神继承人的早期历史学家（如修昔底德或司马迁）都怀有某种人文主义，一种超越自己种族的道德观念和对苦难的敏感。与他们生活在同一时期的犹太先知虽然与他们素昧平生，但应该可以理解和赞同他们的观点。

第五章　预见的障碍

被选定的 23 位历史学家忽略了一些塑造未来的重要趋势,当他们试图展望未来时,犯下了预见性的错误。由于历史进程的内在不可预测性和人类思维的局限性,预测历史是极其困难的。

未来不会像过去一样

古今作家能否看到决定未来兴衰的新因素,是一个关键问题。20 世纪世界的变化比此前 1500 年中任何一个世纪都要快,到 21 世纪变化只会越来越快。1900 年的读者会对 2000 年的世界感到震惊和困惑;2000 年的读者如果能瞥一眼 2100 年的世界,可能就再也认不出自己的星球了。1967 年,赫尔曼·卡恩(Herman Kahn)出版了一本曾经著名但现在已经被遗忘的书——《2000 年: 未来 33 年的总体预测》(*The Year 2000: A Framework for Speculation on the Next Thirty-Three Years*)。它没有提到的环境问题在 2000 年会是一个重要问题,也几乎没有触及从根本上改变世界经济和社会的信息学革命的开端,但它确实预测了 2000 年日本的经济将超过美国。不用说,许多其他关注文明进步的 20 世纪作家也无法预见全球历史背景下的环境危机。总的来说,进步速度越来越快的科学技术及其应用的不可预测性,将使预见变得越来越困难。1987 年,保罗·肯尼迪预言了美国力量不可避免的衰落,因为美国的军事开支显然正在削弱其经济。[1]他却无法比赫尔曼·卡恩更好地预见到,信息学革命的萌芽将极大地促进美国生产力的发展和经济的增长。

还有哪些未被今人发现但将影响未来兴衰的重大问题隐现? 核武器可能终结所有文明的危险令汤因比深感不安,[2]但他认为这完全是东西方对抗的结果,并投入了所有公关努力改善东西方关系,并迁就苏联。但他显然从来没有想到,苏联可能会消失,可怕的武器可能会落入不稳定的小国家和恐怖分子手中。这是前人没能想象到的新变数吗? 少数恐怖分子能用末日武器消灭整个人类文明吗? 还有一个更深层次、更缓慢的问题已经开始改变我们的文明。那就是女性在社会中的必然崛起。世界上每一个国家每天发生的有关妇女权利的小冲突,都很容易让人忘记这一趋势是多么的迫近和革命性:历史上第一位女博士于1849年获得学位,第一位女律师于1869年被律师协会录取,第一位化学专业女学生于1873年被美国麻省理工学院录取。我们选取的23位作者中只有两位对女性有所关注。只有乔纳森·以色列和雅各布·布克哈特这两个例外,他们见证了文化大发展的时期,同时也见证了妇女的教育和自由的巨大进步。[3]许多政策分析人士都认为,妇女的状况正在成为衡量一个社会的竞争力和成功与否的关键指标。这对于整个文明的兴衰可能意味着什么,我们还无法理解。在一些国家,女大学生数量已经超过男大学生,在科学、工程、法律和管理领域,女大学生的比例正在稳步上升。影响文明未来的一切重大公共决策,如对外政策和国内政策、战争与和平、宗教、经济、科学等,是否有可能像过去5000年那样,继续几乎完全由男子做出? 或者,女性会以与男性相同的方式和动机做出决定吗?

良好的理论不能保证准确的预测

许多人认为,一个良好的文明理论将对未来有一个相当准确的预测。历史学家费尔南·布罗代尔就是这么认为的,但事实往往并非如此。[4]布罗代尔本人提出了一套基于日常事件背后的"长时段"力量的引人注目的历史理论,但他自己对 1962 年以后的未来预测大多是错误的。汤因比的一些历史理论,如"挑战与应战"的思想,相对来说是令人信服的,但他的许多预测都与事实相去甚远,有些甚至是荒谬的。[5]相反,斯宾格勒没有发展出令人信服的历史理论。他认为,世界由八种独立的文化组成,它们像所有生物一样诞生、生长和死亡。与其说这是历史学理论,不如说是一种诗意的或生物学的隐喻。然而,在本书研究的所有学者中,他却对我们文明的未来趋势做出了一些最准确的预测。

　　理论和预测不一致有几个原因。其一,即使是好的理论也不包括意外的发展,因为这些发展从本质上可能会使特定的预测失效。其二,做出好的预测需要特殊的直觉,而不是明确的理论,还可能需要预测者突破他的文化和知识背景。斯宾格勒突破了他的文化和知识背景。德国有权势的大学教授们拒绝并嘲笑他,他也鄙视他们。相比之下,汤因比和布罗代尔在他们国家的精英大学里享有盛名,并参与各种公共事务和政府政策事务。直觉是不容易获得的,突破自己的背景可能是一个代价高昂的过程,而且不能保证它会促成更好的历史理解。

文化偏见

　　本书的一个立论,正如在引言中强调的那样,是犹太历史受有形的兴衰因素的影响。从这个角度来看,犹太历史不是孤立的:它与其他文明有相似之处。但并不是每个人都接受这个立论。犹太人是最早热烈讨论这个问题的人。发生争论的痕迹可以在公元 2、3 世纪和随后几个世纪的《塔木德》中找到。"汉尼拿拉比(Rabbi Haninah)说:'星辰(即在古代信仰中决定人类命运的黄道十二宫)给予智慧,星辰给予财富,而以色列则臣服于星辰。'约哈南拉比(Rabbi Yohanan)说：
'以色列并不臣服于星辰。'约哈南拉比的观点是前后一致的,因为他
说：'我们从哪里知道以色列不受制于星辰？因为经文上记载着(引述
《耶利米书》10∶2)：耶和华如此说,不要学行列国的道,也不要因天上
的风声惊惶,愿列国因他们惊惶。'"[6]这个讨论和其他的讨论表明,正
如当时人们所理解的那样,历史规律是存在的,但对于同样的规律是
否适用于犹太人,大家却没有一致的意见。大多数人持否定观点。本
书第二部分提到的许多历史学家并不了解犹太历史,一些分析各种文
明的学者忽略了犹太人。也许这种空白是出于某种文化偏见。这种
偏见与《塔木德》先哲们的信仰或许不同,但在历史思想上却有着相似
的结果。没有人能比学术生涯接近尾声时的汤因比更坦率地面对这
个问题,当时汤因比做出了一次非同寻常的忏悔,在史学史上几乎无
人可比：

> 在基督教传统中长大的人很难摆脱正统基督教意识形态的
> 束缚。他可能在每一点上都有意识地抛弃了基督教教义,但在这
> 一点(犹太人问题)上,他可能会发现自己仍在潜意识中受到煽
> 动。……如果我是在穆斯林传统而不是基督教传统中长大的,毫
> 无疑问我的人生观也会受到相应的影响。……我知道我忽略了
> 以色列、犹大、犹太人和犹太教。我忽略的这些与它们的真正重
> 要性不成比例。当犹太评论家指责我不是通过犹太人的眼睛,而
> 是通过基督教的眼睛看犹太教的时候,……我必须低头认罪。[7]

有人可能会说,在基督教、穆斯林、自由派或左翼文化环境中长大的历
史学家不可能完全客观地对待犹太人,因为犹太历史为他们制造了意
识形态问题。同样,对于一个犹太历史学家来说,完全中立地研究犹
太民族的兴衰也同样困难。

第二部分

历史学家论兴衰

导　言

本书的写作得益于 23 位历史学家的启发。由于其中两位是合著者(蔡斯-邓恩和霍尔),本部分用 22 章分析他们有关兴衰的理论。这些历史学家的排序大体反映了他们的重要性,以及他们对当时和后世历史思想的影响。到乔纳森·以色列为止的前 14 位,已经做出了持久的贡献,其思想贯穿本书。接下来的 3 位(肯尼迪、戴蒙德和沃德-珀金斯)对特定的兴衰案例进行了额外的、创新性的分析。20 世纪末的最后 5 位(如果蔡斯-邓恩和霍尔分别计算,则为 6 位)提供了各种据称具有普遍有效性的单一因果的兴衰解释。但这些解释对于理解犹太历史几乎毫无用处。

在深入阅读本文所讨论的每一位历史学家之前,让我们先简要地介绍一下。

1. 修昔底德(希腊,约公元前 460—前 400):《伯罗奔尼撒战争史》一书的作者,分析了雅典的自我毁灭和沦陷。

2. 司马迁(中国,约公元前 145—前 90):中国史学之父,坚持认为历史是循环的,领导素质起着至关重要的作用。

3. 伊本·赫勒敦(突尼斯,1332—1406):提出关于文明出现的详细理论;认为阿拉伯文明的衰落是由于科学和学术的缺失。

4. 爱德华·吉本(英国,1737—1794):《罗马帝国衰亡史》一书的作者,认为罗马的毁灭主要是因为内部原因。

5. 雅各布·布克哈特(瑞士,1818—1897):《意大利文艺复兴时期的文化》一书的作者,认为黄金时代是短暂而无法解释的。

6. 马克斯·韦伯(德国,1864—1920):《宗教社会学》一书的作者,认为宗教可以创造或扼杀一个文明。

7. 奥斯瓦尔德·斯宾格勒(德国,1880—1936):《西方的没落》一书的作者,认为所有文明都必须像活的有机体一样兴起、没落和消亡。

8. 约翰·赫伊津哈(荷兰,1872—1945):《中世纪的秋天》一书的作者,强调历史的主要推动者是缓慢的转型,而不是断裂。

9. 阿诺德·汤因比(英国,1889—1975):认为世界历史是 23 个文明的故事,这些文明都是对"挑战"的"回应"。

10. 皮蒂里姆·索罗金(美国,1889—1968):认为历史是唯物主义和唯心主义之间的周期性交替。

11. 费尔南·布罗代尔(法国,1902—1985):认为历史是由"长时段"的深层力量而非兴起或衰落决定的。

12. 马歇尔·G. S. 霍奇森(美国,1922—1968):《伊斯兰的历程》一书的作者,认为伊斯兰教的兴起和"衰落"都受到外部力量的制约。

13. 伯纳德·刘易斯(美国,1916—2018)①:《现代土耳其的兴起》一书的作者,该书描述了土耳其从衰落和崩溃到转型和新崛起的道路。

14. 乔纳森·以色列(美国,1946—　):《荷兰共和国:兴起、伟大和衰落》一书的作者,该书分析了小国向大国的转变及其随后的衰落。

15. 保罗·肯尼迪(美国,1945—　):《大国的兴衰》一书的作者,认为大国失去战争和走向衰落仅仅是因为经济。

16. 贾雷德·戴蒙德(美国,1937—　):《崩溃》一书的作者,描述

---

① 伯纳德·刘易斯于 2018 年去世。——译注

了破坏自然环境的文明的自我毁灭。

17. 布莱恩·沃德-珀金斯（英国，1952— ）：认为罗马的沦陷导致了一个伟大的物质文明的终结，而这可能再次发生。

18. 曼瑟·奥尔森（美国，1932—1998）：认为兴衰可以用 GDP 增长率来解释。

19. 彼得·图尔钦（美国，1957— ）：认为宏观历史受制于数学规律。

20. 克里斯托弗·蔡斯-邓恩（美国，1944— ）和托马斯·D.霍尔（美国，1946— ）：认为兴衰取决于整个大陆或全球的趋势。

21. 约瑟夫·A.泰恩特（美国，1949— ）：认为文明的衰落是由与日俱增的复杂性造成的。

22. 阿瑟·赫尔曼（美国，1956— ）：认为衰落理论是欧洲文化悲观主义产生的意识形态。

第一章　修昔底德(希腊,约公元前 460—前 400)¹

修昔底德的《伯罗奔尼撒战争史》①是已知的关于伟大文明的文化中心衰落与沦陷的最早描述,也是有史以来最引人注目的此类著作之一。这场战争持续了近 30 年(公元前 431—前 404),造成了希腊大部分地区的毁灭,包括雅典及其许多敌人。雅典的破产和独立性的丧失,标志着被普遍认为是希腊文化和艺术最具创造性阶段的结束,尽管希腊哲学和文学仍在继续,希腊文明以多种形式存在,甚至在地理上还有所扩展。雅典的古典时期及其权力已经终结,不久马其顿就会吞并希腊剩下的一切。

修昔底德被称为历史学的奠基人。他把历史从神话的领域中解放出来,第一次清楚地指明,人的命运是由自己的行为和社会组织决定的,三个世纪后中国的司马迁也阐明了这一点。修昔底德出生于古老的雅典贵族家庭,与两代人之前帮助打败波斯人的米提亚德(Miltiades)有亲属关系。他在色雷斯拥有一座金矿,自称既富裕又有权势。他是一名参战的将军,曾带着七艘船出海,试图从斯巴达将军布拉西达斯(Brasidas)手中拯救一座城市,但却到晚了几个小时。作为惩罚,雅典将他驱逐了 20 年。他简明扼要地提到了这一幕,既没有怨天尤人,也

---

① 有上海人民出版社 2012 年中译本,徐松岩译;中国社会科学出版社 2017 年中译本,何元国译。——校注

没有自我辩护，而且恭敬地谈论了他的敌人。[2]后来的希腊评论者认为，他对雅典的主要批评是一种个人报复行为，但后世的历史学家驳斥了这种认为修昔底德心胸狭窄的质疑。修昔底德的人生是不完整的，它戛然而止，这使人们相信他是被谋杀的。

在修昔底德看来，对权力的渴望支配着人性，从而支配着整个人类历史。一个想解释国家命运的历史学家必须了解权力的心理，它如何影响人类的思想和行动，以及为什么它经常导致悲剧。修昔底德在被流放期间，寻求接触参与伯罗奔尼撒战争的各方，追问所有的见证者，并不断寻找有关真相。他写道，这是非常困难的，因为不同的目击者告诉他的关于同一事件的内容，因他们的政治偏见和记忆而迥异。然而，他不懈的追问最终使他找到了驱动双方交战的秘密原因。交战的希腊各城邦为卷入这场战争提供了许多理由，但却隐藏了最真实和最深刻的理由：斯巴达对雅典不断增长的势力的潜在恐惧。修昔底德说，他的写作并不是为了娱乐，而是为了给那些希望更清楚地看到过去，以便更好地了解未来的人们提供"永久庇护"。[3]历史有永恒的规律，因为人性是不变的，它将确保相似的原因总会产生相似的结果。他对决定这场战争的人类的激情、欺骗、幻想、恐惧和贪婪的分析，对西方史学思想产生了长远的影响。

修昔底德从一开始就预计到这场战争将"比所有早期的战争更令人难忘"，"我可以说，这是希腊人和一部分蛮族甚至全人类迄今为止最强烈的骚动"，[4]比波斯战争更重要，这表明当时的人很难理解他所目睹的这件大事的长远历史影响。所有后来的历史学家都会赞同，希腊人战胜波斯人不仅在希腊历史上，而且在欧洲和世界历史上都是一个更具决定性的分水岭，然而修昔底德显然没有看到这一点。

雅典的兴起和荣耀

修昔底德没有详细阐述一个关于兴起、繁荣和衰落的立论，但这三个主题都存在于他的著作中。他从阿提卡的兴起开始叙述。一个地区越富裕，就越容易易主，因为肥沃的土壤激起了国内的争斗，招徕了外来侵略者的贪婪。相比之下，雅典由于土地贫瘠，长期以来没有内乱。它吸引的不是贪婪的入侵者，而是那些被其他是非之地驱逐出去并寻求安全避难所的人。他们成了公民，大大提升了城市的规模和财富。阿诺德·汤因比(II,7)将接受修昔底德的理论，并解释说，不仅是阿提卡的"干旱土壤"，还有以色列的"干旱土壤"，都是可能导致伟大文明出现的那种"挑战"。[5]

修昔底德认为，雅典繁荣和成功的原因可以从公元前431年伯里克利(Pericles)为战死者所作的著名葬礼演说的总结中得到启示。[6]修昔底德以钦佩的姿态记录了伯里克利对城邦发展最高峰的赞美，认为他是这个城市有史以来最伟大的政治家。伯里克利看到了雅典的宪政之伟大，雅典的尊重法治，雅典公民的自由和平等，以及不同信仰和生活方式的邻居之间的宽容气氛。它为每个人的自由发展提供了最大的机会，伯里克利称赞它的独特性。它的民主宪政不遵循任何外邦法律。公共的威望是通过功绩而非出身来积累的，贫穷并不妨碍任何人为城市做出贡献。唯有雅典人，他们的个人幸福感和城市的福祉是同等重要的，不参与公共事务的人，不被称为"不出声的"公民，而是被称为"坏"公民。即使在战争中，雅典人也与众不同：他们不向任何人关闭城市，也不因为害怕间谍活动而驱逐任何外国人，因为"我们不太相信……欺骗，更相信行动的渴望和勇气"。[7]伯里克利赞赏他的城邦的帝国政策。雅典通过自己的胆识实现了与每个国家和每片海洋的接触，它在广阔的世界中创造的一切将永远作为其努力的纪念碑。由于这些原因，雅典成为所有希腊人的榜样，并吸引了世界其他地区的优秀事物。

修昔底德对后来被称为雅典黄金时代的描述(也是伯里克利的描述)可能美化了现实，但它令人难忘，因为它并不强调权力、扩张和财富——大多数其他黄金时代的标志，而是强调了城市的公民素质。没有人排斥外邦人，但也没有那种在吉本看来摧毁了罗马帝国的"多元文化主义"，[8]也没有感受到维护文化边界和身份的必要性。伯里克利的话表明了他对雅典无可置疑的优越性和吸引力的坚定信念。

领导力在雅典兴衰中的作用

修昔底德展示了他所爱的城市和它的力量，以及它的荣耀是如何被摧毁的。毫无疑问，在他看来，领导力是国家和文明兴衰的最重要因素。伟大的领导者可以拯救一个国家，确保它的福祉；糟糕的领导者会将其摧毁。两者雅典都有。修昔底德用几句话勾勒出最伟大的领导者的特质，以及最危险的领导者的特质。特米斯托克利（Themistocles）从波斯人手中拯救了希腊，伯里克利保持了雅典的伟大，并在伯罗奔尼撒战争中取得了最初的胜利，但亚西比德（Alcibiades）却导致了雅典的衰落。从修昔底德的刻画中，我们可以得出好的领导和差的领导的类型。他说："在没有事先指示或随后深思熟虑的情况下，由于他天生的聪明才智，他毫不犹豫地认识到必须立即解决的问题。他评估长期内可能发生的事情的能力是无与伦比的。他即使缺乏经验，也不缺乏正确的判断。即使在不确定的情况下，他也能预见善恶的可能性。一句话：凭借天才的力量，在几乎没有受过教育的情况下，这个人在当时灵感的指引下，本能地做出正确的决定，这一点比其他任何人都要出色。"[9]特米斯托克利的天赋是他的本能。世界历史上也有其他伟大的统治者，他们没有受过什么教育，只有第六感和超常的直觉，特别是在危机和战争的情况下。他们的出现是罕见的、偶然的，他们的技能不易获得，也不易事先得到承认。

伯里克利的天赋是另一种特质。他受过良好的文化教育，生性谨慎，具有敏锐的分析能力，对人类的心理和各种知识博闻多识。他的特质在战争前就已经很明显了,"他以温和的方式引导他的城市,维护它的安全"。[10]战争爆发时,他发现他"正确地计算了力量间的平衡"。他死后,他的远见显得越发清晰。修昔底德深信,如果雅典人听从伯里克利的建议,他们本可以赢得战争。伯里克利曾警告他们要保持谨慎,不要在战争持续期间扩张自己的帝国,也不要高估自己的兵力,要在敌人势力弱小的海上进攻敌人,而不是在敌人势力强大的陆地上。但雅典人所做的恰恰相反。在伯里克利活着的时候,他"以他的威望和智慧统治着群众,因为他没有污点,也没有被金钱腐蚀"。修昔底德强调,没有腐败是领导者伟大和执政能力的条件,这点值得注意,因为他指出了一个横贯古今的持久问题。但修昔底德的主题不是道德,而是权力政治。伯里克利在私生活和财务上被认为是无可指责的,正因如此,他才能心直口快地对人民说话。他并没有为了继续掌权而说迎合他们的话,而是有足够坚定的立场平息他们的愤怒。当他们过于自信时,他使他们感到不安;当他们过于焦虑时,他又让他们放心。"名义上这是一个民主国家,事实上这是首席执政官的统治。"伯里克利死于战争第三年,当时雅典瘟疫横行,士气低落,而此时正值他的领导最不可或缺之际。

他的侄子亚西比德是他的主要接班人。亚西比德对雅典的崩溃负有责任,因为他说服雅典人去占领西西里岛,想借以统治整个地中海。亚西比德年轻英俊,但也虚荣、鲁莽、反复无常。他对战争的支持,与其说是基于深刻的信念,不如说是出于机会主义的考虑。修昔底德承认亚西比德魅力非凡、智慧出众,但他所做的一切都是出于过分的个人野心,而不是出于对自己城市福祉的原则性承诺。"首先,他想成为指挥官,因为他希望征服西西里岛和卡塔戈(Cartago),如果取得成功,会给他带来金钱和名誉。"[11]马是他的挚爱,他也喜爱其他奢侈品。人们害怕他与众不同的生活方式,担心他会成为暴君。他们解除了他的权力,并在战争期间将权力移交给其他人——正如修昔底德所承认的那样，这是一个影响深远的错误，但亚西比德是咎由自取。西西里岛的冒险以一场毁灭雅典及其盟邦的灾难而告终。五万人的远征军被歼灭，其中包括许多雅典最优秀的青年。希腊的失败是自己的错，不是因为外来的侵略。伯罗奔尼撒战争是在同一个文明中进行的，他们讲着同样的语言，崇拜着同样的神。

政府形式

领导素质的高低与政府的形式以及人民群众的素质密切相关。正是这种相互作用使伯里克利和亚西比德都赢得了民主选举，但伯里克利保护了雅典，而亚西比德摧毁了雅典。很难说修昔底德偏爱哪种形式的政府。他支持伯里克利，钦佩他对人民的统治不像反对他的雅典贵族；他厌恶亚西比德的蛊惑。他知道群众的浮躁、情绪化、记性差是民主的主要缺点。因此，伯里克利告诫人们要坚持下去，害怕他们的情绪会因每一次新的事态发展而改变。一些读过修昔底德在伯里克利葬礼上的演说的人会说修昔底德支持民主；其他人，如在 1642 年英国内战期间支持保皇党事业的托马斯·霍布斯，则引用他的演说作为对民主的警告和对君主制的辩护。法兰西学院的杰奎琳·德罗米利（Jacqueline de Romilly）强调了伯里克利对城邦公共事业的献身精神和亚西比德肆无忌惮的自我中心主义之间的区别，并将其与第二次世界大战后几十年的法国政治家进行了比较。[12]修昔底德的发人深省在历史学家中罕有其匹。他超越了政党和意识形态，很可能认可一种温和的贵族制度。他知道，没有一种政府形式能够单独保证经济增长和防止衰落。除其他因素外，这取决于统治者及其与人民的互动。

道德的重要性

尼采称赞修昔底德，说他是一个明白世界是由权力驱动的伟大的马基雅维利主义者,但尼采忽略了重要的一点。[13]修昔底德描述了战争的紧张和残酷是如何腐蚀传统伦理规范的。他非常详细地报道了发生在克尔基拉(Kerkira)的内战及其所有的恐怖和流血事件。他强调了语言的颠覆和腐化(用今天的话说就是宣传战),这同时构成克尔基拉道德崩溃的症状和原因:"他们为了各种事由武断地改变了迄今为止恰当可取的词义。"[14]

　　他之所以细述双方所犯下的难以言表的残酷行径,以及在这场战争中对无助平民的毫无战略意义的大规模屠杀,还有其他原因。诚然,他很少明确谴责一方或另一方,但他的恐惧显而易见,他坚信道德至关重要。这不是一种宗教道德:他不相信那些奖励道德行为和惩罚不道德行为的神,他被称为希腊第一批"无神论者"之一。相反,他看到了战争的野蛮破坏了正确的判断力。小岛米洛斯(Melos)被不必要地摧毁就是雅典人狂妄的一个例子。米洛斯没有给雅典带来危险,它唯一的缺点是它想保持中立。尽管很弱小,米洛斯岛人还是恳求雅典人公平地对待他们,但这是徒劳的。他们告诫雅典人,建立不人道的先例并不符合雅典的利益,因为"如果你们崩溃了,你们自己就可能成为别人可怕复仇的对象"。[15]修昔底德在开始讲述不计后果和命运多舛的西西里远征的故事之前,提到对无助的米洛斯岛人的无端屠杀,这绝非巧合,后者最终导致了雅典青年遭遇的大屠杀。

命运与运气

　　修昔底德和所有古代思想家一样,都知道命运会在人们最不期待的时候介入历史。他目睹了毁灭雅典和带走伯里克利的瘟疫。他本人也受到感染,但很幸运地康复了。然而,很快他又交上厄运,这永远改变了他的生活和史学编纂。作为舰队指挥官,他没能从斯巴达手中拯救一座城市。我们把修昔底德的《伯罗奔尼撒战争史》归功于爱琴海变幻莫测的海风以及作者因此被放逐。修昔底德是一位政治史和道德史的大师。社会经济和宗教因素只有在充当权力政治的工具或借口时才会让他产生兴趣。托马斯·霍布斯称赞他为"有史以来最具政治性的历史学家"。[16]

第二章　司马迁(中国,约公元前 145—前 90)[1]

　　司马迁是中国第一位伟大的历史学家,中国的史学之父。他的《史记》回顾了比他早 2000 多年的传说中的黄帝直到他自己时代的历史。

　　司马迁的生卒年代几乎与汉武帝的统治时期(公元前 140—前 87年在位)重合。武帝是汉代(公元前 206—公元 220)最具活力和意志力的统治者。他在位 54 年,在中国王朝史上是第三长的。他几乎把中国的领土扩大了一倍,建立了一个强大的中央集权国家,并将儒家思想确立为一种国家学说和道德准则。他的许多成就持续了 2000 多年。他面临的最严重的外部问题是游荡在中亚大草原上的突厥匈奴部落,他们可能是匈人的祖先。公元前 166 年,匈奴骑兵的突袭几乎到达首都,在最后一刻才被遏制,入侵给中国人民造成了巨大的痛苦,资源和士兵损失惨重。几个世纪以来,中国一直以和约、赏赐和统治家族之间的联姻安抚匈奴,但也使用武力。汉武帝宁愿通过征服而不是防御来解决边境问题。为了确保通往中亚的道路,他对匈奴进行了激烈的消耗战。他的战争、奢侈消费和腐败一度削弱了中央的控制力并损害了经济。在统治后期,汉武帝似乎变得更加暴力和反复无常,这也许是一种偏执狂的迹象。在现代观察家看来,他的个性充满矛盾。汉武帝博学,喜欢文学和诗歌,偶尔也写写诗,但他还是一个暴君。他求贤若渴，但他的许多官员都因犯了一些小错误或莫须有的错误而被处决和株连。[2]在官方层面，他拥护儒家理性世俗的教义，但对追求长生不老非常痴迷，不惜把大量财富挥霍在方士和炼金术士身上。这让他的儒家官员们感到沮丧。后人对汉武帝的评价就和皇帝本人一样矛盾。[3]

在汉武帝统治时期，中国最伟大的历史学家发挥了杰出的作用。他的父亲司马谈曾是汉武帝的太史令，负责掌管帝国典籍和历法。司马迁曾在父亲临终前答应继续他的工作，即《史记》的编撰。他从公元前 109 年开始写作，后来成为一名高级官员，为汉武帝治国谏言献策。公元前 99 年，他卷入了一个有争议的事件。当时李陵将军在与匈奴部落进行的一场实力悬殊的战斗失利后向匈奴部落投降。其他政府官员为了安抚愤怒的皇帝，都谴责李陵，司马迁却独自为他辩护，认为李陵没有做错任何事。皇帝非常生气，把司马迁交给了廷尉，廷尉判处他腐刑。司马迁没有钱为自己赎罪——这在当时的法律上是可行的。受他对已故父亲的承诺的约束，他也不能像其他许多遭遇类似情况的人那样自杀。在经历了磨难和三年的牢狱之灾后，他再次得到了皇帝的任命，这次他有了一项新的"特权"：作为宦官，他现在甚至可以在后宫里会见皇帝。他在公元前 91 年完成了《史记》，大约一年后去世，比汉武帝早去世三年。我们永远不会知道司马迁的个人经历如何影响他对汉武帝的判断。不知道为什么，他对汉武帝统治的描述在导言一段之后就停止了，也不包含奉承之词。他间接地阐明了他对皇帝及其统治的看法。在与孔子毫无关联的一章结尾处，他出人意料地评论说，哲人孔子在书写早期君主的统治时是坦率的，但写到他自己的时代时却"辞微而指博"。[4]每一位中国读者都立即明白，司马迁不是在说孔子，而是在说他自己。

总的来说，司马迁的传记把他放在中国和东亚的历史与史学语境中。本书则把他与书写文明兴衰的西方历史学家和阿拉伯历史学家相提并论。司马迁并不认识外国的历史学家。当时的中国人与任何非中国人缺乏已知的思想联系,因此中国人与《圣经》或希腊人对历史进程抱有相似见解的地方就非常令人着迷了。如本书第一部分第四章所述,这些相似性可能是因为"轴心时代"在中国、希腊、以色列和印度留下了可比较的精神和道德遗产。童世骏最近引用卡尔·雅斯贝尔斯的"轴心时代"理论,断言中国人和犹太人之间确实有着共同的古老精神遗产,并在这一背景下提到了司马迁。[5]

司马迁将他的《史记》分为 130 篇,但它们并没有遵循由远及近的时间顺序。有些篇描述过去或现在的自然或经济状况、境外部落的民族志、官方的祭祀仪式、音乐、商业等。许多篇都是对过去或现在的重要领导者、文职官员、将军和包括妇女在内的王朝成员的批判性传记。司马迁有时会将两个人物并列比较,这一点与普鲁塔克(Plutarch)的做法如出一辙。另一些是集体传记,涉及跨时代比较,或同一时代不同人物之间的比较。

长期趋势与历史周期

汉代早期哲学认为存在天人感应。司马迁和他的父亲一样,也是宫廷占星家。他根据星象、地理事件或灾异,为政府决策提供建议。人类与历史和自然的进程息息相关。根据古老的中国式人文主义,星象并不像古代其他东方居民和希腊人所相信的那样决定人的命运。相反,根据这个古老的中国观点,星象预兆表明帝国或统治者出了问题。"天命论"[6]解释了天与人的关系。当他们失去了道德上的统治权时,王朝就垮台了,这是上天赋予的一种压倒一切的宇宙力量。

司马迁没有提出明确的大历史观,但在他看来历史是有模式、有规律、有法则的。变化是普遍而不可避免的,但它的深度和长度并不是注定的。兴衰令司马迁念念不忘。在他看来，中华文明本身没有问题，它比历史更古老，而且将持续下去。但朝代、王国和国家兴衰更替不息。必然是这样吗？如果是，为什么？如果我们找到了原因，就能保持幸福和防止衰落吗？历史中的许多力量是深刻而持久的。我们永远不会明白所有这些力量："明道若昧……大音希声。"①7 对于司马迁来说，布罗代尔所说的"历史长波"或"历史长时段"是一个显而易见的事实。例如，他指出，早期统治者的"美德"，即他们所传授的伦理、艺术和技能，对他的那个时代仍然有益。他相信他能察觉到传说中第一个王朝夏朝（约公元前 2100—前 1600）的统治者的美德，因为两千年以来，夏王朝的影响一直存在于他们居住地区的居民性格特征中。8 然而，在两个时代之间的漫长时期里，王朝的历史是周期性的。历朝历代都经历了相似的兴衰交替。"每一个新王朝开始之初的统治者，从来没有不带着敬畏和崇敬的态度行事的。但是，他们的后代却一点一点地陷入懒惰和虚荣之中。"9 司马迁用变化的公式解释兴衰，每一个都增加了一个新的解释元素："物盛则衰，时极而转，一质一文，终始之变也。"10 当统治者比较优秀时，周期可以很长；当统治者异常邪恶时，周期也可以很短。司马迁把缓慢衰落比作"瓦解"，把一个王朝的突然垮台比作"土崩"，汉之前的秦朝因其残暴而在几年中就"土崩"垮台了。因此，决定历史循环的不是生物法则、星象或是天意，而是人类的本性。正如修昔底德所说，同样的人类态度一次又一次地产生同样的历史结果。

历史由人创造：领导与治理

司马迁把历史从神话中抽离出来："学者多言无鬼神。"11 在他对兴衰的解释中，有一个结论在各种表述中反复出现："且欲兴圣统，唯

---

① 转引自《道德经》。——译注

在择任将相哉！唯在择任将相哉！"[12]（重复强调了两遍）。出于谨慎，司马迁在这里没有提"贤君"，但他清楚地知道，"存亡在所任"。[13]

　　与孔子一样，司马迁也认为高官具有劝诫统治者的重要作用。他称赞那些因诤谏而受到惩罚的正直官员，至今这仍是一个重要的考量因素。他通过引用其他官员的诗歌或言论间接地批评了汉武帝。例如有一位勇敢的官员①抱怨皇帝："陛下内多欲而外施仁义。"[14]第二种方法是泛泛地说，"将欲治人，必先治己"。[15]从理论上讲，他只是回忆了孔子的一句话，[16]但他脑海里可能还有其他无法直接提及的东西：汉武帝的易怒性格。中国古代讽谏的第三种方法是批评前朝的皇帝——在这里是批评秦朝的帝王——以警告当下的统治者。司马迁问道，什么样的人是好皇帝？一个像备受敬仰的汉朝开国者一样"礼贤下士"的人，[17]一个"不恶切谏以博观"的人，[18]一个追求的不仅仅是自己世代的"赞许与喜悦"的人，一个能为远近带来和平的人，一个"从衰败和毁灭中扭转垂死的时代"的人。[19]换言之，伟大的皇帝在位长久，确保国家的崛起，扭转其衰落。在司马迁看来，汉武帝有没有这样做呢？这位史学家对汉武帝给予了肯定，因为他"外攘夷狄，内修法度"，[20]把儒家思想奉为唯一的国家哲学和道德准则，他还寻找了最优秀的人才来为他的政府服务。司马迁的判定很复杂，并非完全肯定。他知道汉武帝是一个伟大的统治者，但不能为了确保一个人的伟大而忽视这么多人的苦难。

　　然而，单靠皇帝并不能创造帝国。他有一个朝廷和许多官员。他制定政策，而官员和内廷有执行政策的巨大权力。司马迁认识他们中的大多数，也鄙视其中许多人。《史记》第 119 卷《循吏列传》介绍了中国的好官员，随后的第 122 卷《酷吏列传》介绍了糟糕的官员。[21]前一章

_____

　　① 汲黯。——译注

所说的"循吏"都生活在远古时代，而后一章中的"酷吏"都生活在他自己所处的汉武帝时代。酷吏阿谀奉承，只为个人荣誉而奋斗，而且苛刻、专横、狡诈、腐败。同样糟糕的还有那些无才无德、察言观色，而且"舞文巧诋"（这个抱怨非常令人惊讶，因为它写于 2100 年前！），但对政府的滥权却束手无策的官员们。好官员宽宏大量，拒绝贿赂，对任上犯下的错误负责，"不徇私情"。[22] 司马迁也知道，好的政府不仅取决于少数人的素质问题，还取决于执政体制和执政能力。他没有提供一个全面的治理理论，但他的传记和轶事包含了这样一个理论的许多要素。他写的一些故事令人难忘，也表明了他本人对善治的看法，比如他引用了一位雄心勃勃、胆大敢言的高级官员的话，这位官员①告诫皇帝："陛下用群臣，如积薪耳，后来者居上。"[23]

地理与经济：历史的物质暗流

司马迁对地理和经济条件有敏锐的洞察力。单独来看，它们并不能解释兴起或衰落的原因，但它们在两者中都扮演着重要的角色。司马迁注意到许多地理细节，并用整整一章（《史记》第 29 卷《河渠书》）的篇幅论述江河和堤防，因为离开了江河，就无法了解中国的国运。这就是为什么他亲自去江河边："余南登庐山，观禹疏九江。……曰：甚哉，水之为利害也！余从负薪塞宣房，悲《瓠子》之诗而作《河渠书》。"[24] 司马迁注意到各州郡的行业活动和经济产品，记录了通货与财富创造，当他写到皇帝对官员的任命时，有时会加上新官员的薪俸水平和其他报酬，因为这些细节并非无关紧要。

军事、外交扩张和腐败导致的经济枯竭是王朝没落与衰亡的主要原因。司马迁不赞成汉武帝为了战争和奢侈品所需而实行的中央集

---

① 汲黯。——译注

权的经济调控政策。他解释说,一个繁荣的帝国需要繁荣的经济。为了实现繁荣,他呼吁制定今天被公认为自由市场经济的政策:社会需要农民、工匠和商人,"此宁有政教发征期会哉?……故物贱之征贵,贵之征贱,各劝其业,乐其事,若水之趋下,日夜无休时,不召而自来,不求而民出之"。[25]当然,只有中央控制的经济才能给汉武帝提供充足的战争资源和奢侈品资源。司马迁并没有这么说,他的自由市场哲学背后隐藏的原因,会不会是想限制皇帝的资源?当他解释说创新和创造性思维是致富的最可靠途径时,他似乎最具现代感。他断言,最富有的人的钱不是从封地、政府或犯罪中获得的,而是来自对未来形势的精明猜测。他们"设智巧,仰机利""富无经业,则货无常主"。[26]

战争与外交关系

司马迁和中国的古典哲学家一样,憎恶无序和混乱。只有和平和谐的社会关系和经济力量的自由流动才能防止混乱。司马迁并不认同其他前现代统治者和历史学家的观点,即战争是正常的,即使不是有益的现象,也是朝廷事务的合法组成部分。司马迁认为,和平是正常的,而战争不是。统治者的最高使命是带来和平。司马迁参加了汉武帝的一次军事战役,知道战争的可怕代价。他清点士兵、牲畜、金钱和劳工的损失,记录人民的痛苦,并点名提到被敌人俘虏和斩首的官员。战争源于错误的政策,导致经济危机,摧毁王朝。在他看来,攻击匈奴部落是没有意义的,因为他们分布太广了。"何至令天下骚动,罢弊中国而以事夷狄之人乎!"[27]他引用一位志同道合的官员①的话这样质问皇帝。

---

① 汲黯。——译注

司马迁毫不怀疑中华文明优于其他一切文明，并且认为非中国人也有这种看法。汉朝派遣使者到中亚后，"（西域各国）见汉之广大，倾骇之"。[28]但《史记》并不蔑视任何人。它有几章是关于境外地区和部落的，其中一章是关于匈奴的。它提供了这些境外民族和敌人的客观的地理、民族志和政治细节，并讲述了战争和谈判。但是没有一句辱骂可怕的敌人的话，这与罗马历史学家塔西佗（Tacitus）在描述打败犹太人的作品中所写的那些话不同。司马迁被错误地比作塔西佗，至少在他对待敌人的态度上跟塔西佗不一样。① 司马迁在谈到夷狄和敌人时，他的人性就显现出来了：在他看来，中国并没有对善政的垄断权。"越虽蛮夷，其先岂尝有大功德于民哉，何其久也！"[29]关于敌人，司马迁说："祸莫大于杀已降。"[30]

巧合与运气的作用

有些兴衰的原因不是人类可以预见和干预的。司马迁深知，运气和巧合在历史上起着很大的作用。他记录了一个不幸被毁灭的王国的故事：一位帝国信使被派往一个蛮夷的国度，在那里他尝了一些枸酱，并看到了他想要的其他产品。他非常喜欢枸酱，便说服皇帝征服这个国家。[31]"然南夷之端，见枸酱番禺。"②司马迁想告诉我们，历史事

---

① 塔西佗关于犹太人的文字中充斥着有关犹太教的荒谬传言，相形之下，司马迁却给出了一些关于匈奴状况的中立数据，其中一个让历史学家很感兴趣。公元前 121 年，一位汉朝将军［霍去病——译注］打败了一位匈奴王，"破得休屠王祭天金人"。有人认为"金人"可能是一尊佛像。如果真是这样的话，司马迁的笔记将是儒家中国与传播中的佛教之间遭遇的证据之一。一些伟大的文明首先在战场上相遇。

② 法国汉学家谢和耐（Jacques Gernet）对同一个故事给出了截然不同的解释，尽管他除了司马迁之外没有其他史料。谢和耐在费尔南·布罗代尔（II，9）之后写作，坚持"结构性"的历史观。与可能见证并熟悉故事中人物的司马迁相反，谢和耐并不认为随机事件可以决定历史。只有长期的社会经济趋势才能做到这一点。因此，他认为异国枸酱的轶事是汉朝经济和军事不断扩张的表现，枸酱证实了另一条对外贸易路线的存在，皇帝觉得必须加以征服。参见 Jacques Gernet, *Le monde Chinois* (The Chinese World) (Paris：Armand Colin, 1999)，120。

件可以由一个人的任性决定。历史并不总是有意义的。司马迁和西方历史学家一样清楚,伟人的出现有时是运气的问题。他在谈到汉武帝时代最伟大的官员之一公孙弘时说,他"行义虽修,然亦遇时"。[32] 当时的皇帝、他所处的王朝和中国都是幸运的。

第三章　伊本·赫勒敦(突尼斯,1332—1406)[1]

　　许多人称赞伊本·赫勒敦,说他是世界上最伟大的阿拉伯历史学家。他在《历史绪论》(*Muqqadimah*)①一书中发展了一些关于文明兴衰的最初的普遍理论。他出生在突尼斯,多次从事官方外交和学术活动,并广泛游历阿拉伯世界,特别是摩尔人的西班牙、北非和埃及。他活跃于阿拉伯和伊斯兰世界的严重危机时期,这对他的思想产生了很大的影响。他不知道奥斯曼土耳其人刚刚开始建立下一个伟大的伊斯兰帝国。在他死后很长一段时间里,他的作品受到高度尊崇。1400年,他前往耶路撒冷、伯利恒和希伯仑朝圣。1401年,在他生命即将结束的时候,他前往大马士革会见了令人生畏的帖木儿(Tamerlane)。作为蒙古人和鞑靼人的苏丹,帖木儿已经征服了半个伊斯兰世界。伊本·赫勒敦记录说,两人就巴比伦国王尼布甲尼撒毁坏耶路撒冷的故事交换了不同的意见。[2]

　　从伊斯兰和其他民族广阔而多样的过去中,伊本·赫勒敦提炼出了一套普遍的文明模式。修昔底德和司马迁在写历史的时候提到了普遍有效的规则,但伊本·赫勒敦却超越了这些规则,朝着进一步的系统化和概括化迈进。他的主要资料来源是伊斯兰文献,但他也知道

---

① 有宁夏人民出版社 2015 年中译本,李振中译。——校注

犹太、希腊、波斯等前伊斯兰文明和一些基督教历史。像修昔底德和司马迁一样，经过几十年的不懈努力，他在生命的最后几年完成了自己的工作。他也告诉读者，寻找真理是多么的艰难。"历史的内在意义……涉及猜测和试图得到真相、对事物存在的原因和起源的微妙解释，以及对事件如何发生和为什么发生的深刻认识。……人们几乎没有去努力弄清真相，批判性的眼光通常不够敏锐。"[3]

与修昔底德不同，伊本·赫勒敦是宗教信徒。他对伊斯兰教神圣起源和优越性的坚定信仰，以及其他偏见，不止一次阻碍了他做出更好的判断。他把非洲黑人比作"愚蠢的动物"，[4] 他看不起后《圣经》时代的犹太人，并且因为他提到基督教的"无信仰教义""玷污"了他的书页而向他的读者道歉。[5] 但是，除了他那个时代和地方的偏见，人们也从他的作品中发现了超越了他那个时代几个世纪的惊人的历史洞察力。

文明的出现

伊本·赫勒敦用理性的理论取代了关于文明起源的传统神话，因而他的作品被阿诺德·汤因比称赞为"有史以来最伟大的作品"。[6] 他对文明的定义是最宽泛的。他关于"文明"的阿拉伯术语来源于动词"建立"或"发展"。文明等同于人类社会组织。没有人能够完全离群索居。当少数人需要齐心协力时，他们就创造了文明。文明有不同的阶段。人口规模越大，文明程度越高；最高水平的文明需要大量固定的人口。文明并非到处都有。伊本·赫勒敦研究了有利或不利的地理和气候条件，以及不同食物对人类性格的影响。但他的理论的核心概念是生物学的和人类学的。文明的核心即凝聚群体、宗族和民族的黏合剂是"阿萨比亚"（asabiya），可以翻译为群体情感、群体意识或团结。群体情感越强烈，其所渗透的人民力量就越大，取得对其他民族统治的机会也就越大。群体情感产生自我防卫和自我保护的能力，并提出自己的主张。最深的群体情感来自"血缘关系或与之相对应的东西。……尊重血缘关系在人类是很自然的事"，[7]但后来，当一个文明或社会组织牢固地建立起来后，其他没有血缘关系的人可以加入这个群体，分享这个群体的团结。伊本·赫勒敦认为，文明至少在一开始就依赖于其成员之间某种隐藏的共识或"超理性"的纽带，而不仅仅依赖于理性的物质利益。他凭直觉发现了血缘关系和利他主义之间的联系。自达尔文以来，生物学家们就开始猜想这种联系，并最终在20世纪末证明了人类和许多动物物种中利他主义的基因进化基础。个体可以对与自己有亲缘关系的其他人表现出利他主义的行为，哪怕这种行为违背了他们的切身利益，甚至牺牲了自己的生命，但只要这样做可以确保自己的一些基因能够生存，他们就会这样做。[8]伊本·赫勒敦的"阿萨比亚"在早期阶段就要求这种利他主义。

成功与繁荣的条件：皇室权威

当社会组织或文明达到一定规模时，只有在强大的统治者的帮助下，才能将此维持，因为必须有人抑制人类天生的侵略性，保持人类的凝聚力。这就是为什么会出现王朝或国家的原因。王朝和国家是同义词，王朝消失时，国家就崩溃。"皇室权威……对人类来说是绝对必要的。"[9]根据赫勒敦的看法，群体情感总是促成皇室权威。一开始，统治者必须和人民有同一血统或血缘关系；后来，当王朝正式建立时，就不再总是必要的了，甚至可以暂时去除群体情感。统治者的道德品质至关重要；除其他原因外，它是一个民族或国家福祉的先决条件，因为每个民族的风俗习惯"取决于其统治者的习惯"。[10]好的统治者的主要品质之一是温和，"过分严厉对皇室权威有害……并导致它的毁灭"。[11]一个更成问题的伊斯兰假设是，政治和宗教统治必须统一，"这样掌权人就可以同时将可用的力量用于两者"，因为"'圣战'是一种宗教责任"。[12]

伊本·赫勒敦提到了维系伟大文明的其他因素：宗教、经济、战争、科学和学术。他把很多时间花在对文明至关重要的经济活动的探讨上，把农业放在底层，把商业放在中间，把以技能为基础的手工业放在最上层，这是一种相当现代的眼光。他断言利润和资本的最终来源是人力劳动。[13]欧洲人花了 400 年的时间才抛弃重商主义、重农主义和其他经济教条，发展出了类似的劳动价值理论（如亚当·斯密、大卫·李嘉图和卡尔·马克思的理论）。[14]

战争

由复仇和嫉妒引发的战争是"人类之间的自然现象。没有国家……能幸免"。[15]伊本·赫勒敦用很多篇幅论述战争，因为胜利对于一个文明的生存至关重要。无论统治者采用何种技术、战术和战略（伊本·赫勒敦对其中许多技术、战术和战略进行了评述），战争的胜利最终取决于运气和机会，隐藏的因素至关重要，而其中最具决定性的是诡计。[16]即使是阿拉伯人的最初胜利，包括穆罕默德的胜利，也主要是由于这些隐藏的原因。伊本·赫勒敦的信念与许多其他人的观点相呼应，但令人惊讶的是，他作为一位虔诚的穆斯林如此坦率地表达了这些信念。

其中最有趣的一章是关于"历代'刀'与'笔'……的不同意义"。[17]"刀"与"笔"是统治者使用的工具，在一个王朝开始的时候，权力尚未稳固，"刀"比"笔"更重要，到了王朝衰弱、受到威胁的时候，也同样如此。到了王朝中期，当统治权稳固后，"笔"作为一种权力工具，会有更多的权威，也会更有效率。那么，"笔"将享有更高的等级。"刀"与"笔"是必要的，也是相辅相成的。善于统治的人必须知道什么时候该用哪一个。伊本·赫勒敦的解释在实质上和细节上预测了当代关于使用军事力量与外交的一些政策讨论。

学术与科学

伊本·赫勒敦一个有远见的贡献是，他坚持将学术，尤其是自然科学，作为崛起和创造力的关键条件。《历史绪论》超过三分之一的篇章致力于讨论物理学、逻辑学、数学、天文学、力学、几何学、光学、医学、农学和法学，同时也研究形而上学、神学、哲学、语言学、音乐、书法和诗歌。伊本·赫勒敦强烈反对占星术和炼金术，认为这些是有害的伪科学。[18] 书中许多篇幅涉及教育学。它们涵盖了诸如"教育儿童""严厉对待学生会伤害他们""正确对待科学教育的态度""一个学者的教育可以通过旅行寻求知识和会见他那个时代的权威导师而得到极大改善"等理念。[19] 伊本·赫勒敦斥责那些不懂科学方法的人："他们认为科学习惯等同于记忆知识。但事实并非如此。"[20] 他还斥责某些学者，他们应该远离政治，因为他们比任何人都不了解政治。他对他们非常了解，因为他本人就是学者，对政治和外交也有深入的了解。

文明的衰落

文明的存续取决于皇室权威或王朝，这就是任何伟大的文明都不能长久存在的原因。每一种文明都有物质生命，"就像任何人都有物理生命一样"。[21] 一个人活到 40 岁就停止生长，很快会衰落。文明也是如此，"因为有一个不能逾越的极限"。伊本·赫勒敦认为历史是周期性或有机的，就像他之前和之后许多其他人的观点一样。没有一个荣耀的王朝能持续三到四代人。[22] 有些王朝可能会持续更长时间，但从第五代开始，他们就是衰败的王朝。高贵的亚伯拉罕、以撒、雅各和约瑟就是这个"历史法则"的证明：约瑟是他显赫的王朝的终结者。

伊本·赫勒敦肯定受到了当时阿拉伯世界动荡的王朝政治的影响，但他认为王室和王朝过了三代人之后就退化的观点即使超越了血缘关系也可能是正确的,它适用于极权主义和民主政体中的政治"朝代"。20世纪的历史提供了几个例子。伊本·赫勒敦并没有提出一个完全一致的衰落理论,人们不应该试图为他构建一个理论;他提供的观察和假设并不总能相互印证。

伊本·赫勒敦分析了文明毁灭的具体原因。最常见的原因就是不公正。经济上的不公正,如强迫劳动、没收财产和过度征税,"导致文明的毁灭",因为它驱使人们陷于绝望,继而反叛。[23] 另一个原因是他那个时代的阿拉伯人所经历的学术和科学的衰落,这将在下面讨论。第三个原因是风俗习惯的变化,这种变化来自一个民族征服另一个民族,但双方都想保留自己的风俗习惯。伊本·赫勒敦还强调自然原因,他目睹了14世纪中叶黑死病在全世界造成的可怕的人类毁灭,这是一场"毁灭性的瘟疫,摧毁了各国,导致人口消失"。[24] 他的父母都死于瘟疫。值得注意的是,伊本·赫勒敦并不强调外来因素造成的不幸,这些因素常常是今天阿拉伯人辩论的核心。他认为,一个文明衰亡的原因总是内在的,而不是外来的。他提到蒙古人的入侵和地中海地区日益增长的基督教势力是对阿拉伯文明的挑战,但并没有将阿拉伯世界的衰落归咎于他们。1258年,成吉思汗的孙子、蒙古统治者旭烈兀可汗洗劫了巴格达,处决了阿巴斯帝国的最后一位哈里发,并屠灭了该城的人口,其中包括相当一部分阿拉伯学者,这一灾难足以摧毁任何文明。但伊本·赫勒敦并没有抱怨这一次或任何其他外国侵略:这位历史学家从不怨天尤人。

阿拉伯人

伊本·赫勒敦对科学和学术的重要作用深具洞察力,这来自他对阿拉伯文明状态的绝望,他认为阿拉伯文明正在消亡,因为它抛弃了科学和学术这两者。作为一个出身显赫的阿拉伯人,伊本·赫勒敦对阿拉伯人的看法很暧昧，有很多抱怨。他发现，在他们征服的地方，文明就会崩溃。他的愤怒集中在阿拉伯人学术精神和科学精神的衰落上。他们的科学活动已经消失，除了少数"由正统宗教学者控制"的残余活动。[25] 他几次重复这种抱怨："除了少数例外，大多数穆斯林学者，无论是在宗教还是知识科学领域的学者，都是非阿拉伯人。即使某个学者是阿拉伯人出身，他在语言和教养方面也不是阿拉伯人，而且有非阿拉伯裔教师。"[26] 因此，不可避免地，"阿拉伯统治的时代已经结束"，权力被土耳其人、柏柏尔人和欧洲人夺取。[①]

伊本·赫勒敦与犹太人

伊本·赫勒敦提到犹太人、犹太教和《圣经》的次数比提到任何其他非伊斯兰文明的次数都要多。他的观点是分裂的，几乎是精神分裂的。《圣经》中的犹太人是一个伟大的民族。《历史绪论》对古代犹太历史和耶路撒冷历史的总结相对没有偏见，尽管并不总是准确的。[27] 我们读到，大卫和所罗门是历史上最荣耀的两位统治者，希伯来语的语言和文字具有很高的威望，因为律法是用希伯来语写的。伊本·赫勒敦毫不犹豫地为犹太人辩护，反对最阴险的穆斯林诽谤：说犹太人篡改了他们的托拉文本的指责是站不住脚的，一个天启宗教的信徒根

---

① Ibn Khaldun, 25f. 罗森塔尔（Rosenthal）对伊本·赫勒敦作品的英文翻译冒犯了阿拉伯人，他们认为伊本·赫勒敦原著中的"阿拉伯"不是一个种族术语，而是"骑骆驼的游牧民族"。马歇尔·霍奇森对罗森塔尔的译作表示遗憾，说他让伊本·赫勒敦"自相矛盾地诋毁阿拉伯人"。参见 *The Venture of Islam*（Chicago/London：University of Chicago Press，1974），2，481，footnote 13。批评自己人好像并不是许多伟大历史学家的典型做法。根据霍奇森的说法，达伍德（Dawood）将阿拉伯语中的"阿拉伯"一词尽可能翻译成"贝都因人"。因此，伊本·赫勒敦原文中"屈服于阿拉伯人的地方很快就被摧毁了"，在达伍德的译文里就成了"屈服于贝都因人的地方很快就被摧毁了"。在有些情况下，用"贝都因人"一词令人费解，例如伊本·赫勒敦写的这句话"阿拉伯伊拉克的波斯文明同样被彻底摧毁"。伊本·赫勒敦笔下的"阿拉伯人"通常就是指阿拉伯人。当他痛惜"阿拉伯科学"的衰落时，他当然不是指"贝都因科学"。

本不会用这种方式对待他们的圣书。[28] 但后《圣经》时代的犹太人并不享有同等的尊重。关于伊斯兰世界的犹太人，伊本·赫勒敦所能说的最好的话是，他们在许多手工艺和学科方面都很有知识与技能。他认为犹太人的骄傲是不可接受的，并且不能忍受犹太人的"自欺欺人"，因为他们声称即使在他那个时代，他们仍然是"最高贵的家族的成员"。[29] 犹太人的国家被打败了。他们的皇室权威已消失，因此他们既没有群体团结也没有文明。一旦落入别人的枷锁中，他们就不可避免地养成了一种"坏性格"，包括"不真诚和欺骗"。[30] 伊本·赫勒敦对他那个时代的犹太人的蔑视，反映出的不仅仅是宗教偏见；这是他对文明定义的逻辑结果。文明是政治主权、皇权和领导权的物质与精神的表现。没有它们，任何文明都无法生存。事实上，伊本·赫勒敦所了解的文明——阿拉伯人、波斯人、蒙古人、欧洲基督徒和中国人的文明——都有领土基础和某种形式的政治主权。犹太人是主要的例外。对于像伊本·赫勒敦这样博览群书、游历广泛的学者来说，不难发现犹太人仍然保持着真正的文明所拥有的其他重要标志，例如强大的群体团结和独特而坚定的精神遗产，但在这里，他的观察力屈服于他对文明的简化定义和伊斯兰的偏见。

第四章　爱德华·吉本(英国,1737—1794)[1]

　　爱德华·吉本的《罗马帝国衰亡史》①是所有英文历史著作中最为经久不衰的畅销书。罗马帝国代表和传播了一个伟大的文明,其影响千百年来一直回荡至今。用吉本的话来说,它的陨落是"人类历史上最伟大或许也是最可怕的一幕"。[2]吉本一再提到罗马伟大的根基。它们不是他的主要研究对象,但他需要它们来与随后衰落时代进行对比。了解是什么造就了罗马的伟大,也是了解罗马衰亡的关键。他将罗马的兴盛和扩张追溯到公元前 4 世纪或公元前 5 世纪,其最伟大的时期是公元头两个世纪,如果把西罗马帝国的灭亡作为罗马文明的终结,则其衰落从公元 200 年持续到 476 年,如果结束点是东罗马帝国的陷落,则这一过程持续到 1453 年。1200 多年的衰落期是太长了,迫使读者反思兴起和衰落概念的相对性以及它们对时间的依赖性,正如本书导语中所提到的那样。

　　吉本关于罗马末日的思想令后人着迷,因为一个伟大文明的衰老和死亡是对人类生命的隐喻。吉本解释说,没有哪个帝国可以永垂不朽,最终罗马不是被敌人毁灭的,而是被它自己毁灭的。汤因比经常提到吉本,他自己也会得出这个结论,这一点我们后面将要讨论。吉

---

① 有吉林出版集团有限责任公司 2008 年中译本,席代岳译。——校注

本与本书所评述的一些古典历史学家有一点不同：他不像其他历史学家那样受自己命运和国家命运的驱使，也不受他那个时代其他重大事件的影响，除非我们把他视作参观罗马废墟的游客，把他哀叹往昔之伟大的思想看作一个"事件"。[3]另外，与修昔底德、司马迁和伊本·赫勒敦不同的是，吉本在他所研究的任何事件中都没有扮演任何角色。在他有生之年，他的祖国英格兰打了四场战争，其中最重要的是与北美殖民地的战争，但这些战争发生在同一个文明里，甚至没有划破它的价值观和原则。罗马帝国的终结造成了西方历史上独一无二的断裂，这是无可比拟的。

吉本没有对他的主题提出统一的学说，没有明确的定义，也没有全面的结论。他对衰落和灭亡的解释可以在许多地方找到，例如：

——他的作品正中间一篇经常被引用的摘要：《西罗马帝国衰亡的一般评述》。[4]

——在他的作品的最后，有几页解释了罗马城（而不是整个帝国）的衰落和残败。

——在他作品的最后一页，他用几句话概括了衰败和没落的八个因素。[5]

——在他的作品中，有成百上千条关于罗马强盛或衰落原因的评论。

在研究历史的过程中，吉本的观点在 20 年的时间里不断演变。当他最终把他的书付诸"公众的好奇心和公正"时，[6]他的观点与他一开始所持的观点不再完全相同。吉本不断变化的观念，缺乏严格连贯性的叙事，以及已确定的衰落原因的表述上的变化，都令人困惑。这些变化有其客观原因，应当加以解决。首先，衰落的原因是多方面和复杂的。吉本没有寻找单一的终极原因，因为根本没有；他也没有构建一个宏大的兴衰理论。像罗马这样一个庞大、多变、持久的实体的衰落，不可能有单一的原因，只有不断变化的各种原因的结合和相互作用。吉本会嘲笑当今的一些简单化、伪科学的解释，这些解释声称找到了罗马衰落的原因，例如疟疾或铅中毒。但是，即使不同的原因在不同的世纪里运作，或者承载着不同的份额，它们中的一些还是反复出现。这些可以称为关键因素，其中许多是相互联系的，有些可以互补。

统治者和精英的政治与道德

导致衰落最突出的原因是政治与道德。公元 2 世纪以后，罗马统治者和精英的素质不断恶化，产生了巨大的负面影响。"几乎每一任统治都以同样令人厌恶的叛国和谋杀而结束"，[7] 拜占庭皇帝不过是"一个堕落的王族"。这个严苛评判在今天没有历史学家会去重复，因为这些"王公"的军事和外交技巧在很大程度上仍然维持了一个帝国的运转。如果"罗马的伟大……是建立在罕见和几乎不可思议的美德与财富的联盟之上"，[8] 那它就无法从美德的毁灭中幸存。永久的、毫无意义的"花费鲜血与财富"的后果是灾难性的。[9] 罗马统治者的腐败和专制，以及他们对自由的普遍限制，在很大程度上解释了罗马的衰落。

自由与共和精神的丧失

吉本认为，罗马是一个由平等、自由的公民组成的共和国，因而崛起为一个世界强国。自由是公共美德和个人美德、良好的治国方略、军事力量和政治权力的终极保障。它显著地保证了罗马社会的凝聚力，而不是依靠强迫。只要罗马是自由与共和的，"公民对彼此、对国家的忠诚都能由教育习惯和宗教见解所确认"。[10] 后来许多皇帝的暴政扼杀了罗马的自由。吉本将雅典的自由与衰败的东罗马帝国的"死一般的统一"以及"束缚行动甚至思想的精神专制"加以对比。在雅典的自由下，"每个雅典人都渴望达到国家尊严的水平"。[11] 他断言，雅典的自由可以与早期罗马媲美。但雅典的古典荣耀持续了不到 100 年，而拜占庭所谓的"衰败"——吉本对其充满敌意——却持续了 1000 多年。吉本对雅典和早期罗马自由的赞美是 18 世纪启蒙哲学的产物。启蒙运动将现代欧洲政治自由的理想投射到雅典和早期罗马，但这并没有准确反映历史现实。

尚武精神的丧失

军事误判是罗马的衰亡的重要祸端。与修昔底德和司马迁不同，吉本从未参加过战争，但他坚信，如果没有永久性的军事准备和力量，任何国家或帝国都无法生存。"人民的军事热情"是罗马兴起和巩固的必要条件。它的武德，根植于每个公民"为国家事业拔剑"服 10 年兵役的义务。在他们最好的时期，罗马人知道原始的军事力量往往不公正，不可能光靠武力来管理和维持他们的征服；它必须与其他品质相平衡，"谨慎和勇敢的政治美德有助于防范对正义的侵犯"。[12] 但是后来，所向披靡的军团开始在遥远地方的战争中染上了"陌生人和雇佣兵的恶习，首先压迫共和国的自由，后来又侵犯了紫色［帝王的颜色］的威严（即谋杀了一些皇帝）"，[13] 军团变成了一支"蛮族雇佣军"，导致了帝国的灭亡。

帝国的扩张与公民身份范围的扩大

驱动包括上述问题在内的许多其他问题的核心问题，是帝国的扩张和罗马公民权扩展到整个帝国的居民。并非所有的扩张都是有害的，拒绝接受和融合新来者也会造成同样的伤害。吉本认为，雅典和斯巴达对公民身份的限制过于严格，加速了它们的毁灭。罗马也加速了它的毁灭，但原因恰恰相反：它没有节制地扩张帝国和扩大公民身份范围。"数以百万计的奴隶……在没有接受罗马精神的情况下，得到了罗马人的名字。"[14]他们给罗马带来了"矛盾的态度"——"多元文化主义"一词在18世纪还未出现——结果古罗马的美德消失了。西奥多·蒙森(Theodor Mommsen)在19世纪写了德国最著名的古罗马史著作。他认为罗马的命运是一个自然的、不可避免的过程的展开：罗马城必须扩展到整个意大利，然后从一个国家扩展到一个帝国。吉本不同意这种观点，但他没有具体说明罗马不应该超越的边界，也没有解释一个帝国如何能够扩张的同时不以自相矛盾的方式吸收不同的民族。罗马通过其"过分的伟大"播下了毁灭自己的种子。罗马的衰落在很大程度上是自己造成的。

帝国的分裂

帝国分裂为西罗马帝国和东罗马帝国是一个完全破坏性的事件，加速了两者的毁灭。西罗马帝国和东罗马帝国并没有互相合作，而是互相嫉妒、互相争斗、互相削弱。

基督教的发展

宗教是晚期罗马帝国命运和最终衰落的决定性因素。吉本对基督教因素表现得犹豫不决，矛盾重重。他并不掩饰他对这一新宗教的许多代表的蔑视，并谴责一些神职人员的狂热、对权力的贪欲、腐败和残忍，使帝国濒临灾难的边缘。他对宗教专制的恐惧不亚于对政治多样性的恐惧："罗马的世界被一种新的暴政所压迫。"[15]即使最无辜的基督教信仰表达也逃不过他尖刻的讽刺。他的一些话可能出自伏尔泰的反教士之笔："那种财富要用于慈善和奉献的似是而非的要求"被那些"只能为节欲和贞操的优点辩护的人"奉为圭臬。[16]这些都不是罗马需要自卫的积极美德。然而，在其他地方，也许在他写作的后期，吉本改变了语气。诚然，君士坦丁大帝皈依基督教加速了帝国的衰落，但至少"他那胜利的宗教打破了衰败带来的暴力"。[17]吉本认识到,基督教一旦成为国家宗教,就有一定的价值,因为它支持了帝国。他的书的最后几页显示了他最初敌意的进一步缓和。罗马的宗教变革不是通过"民众的骚动"实现的,而是通过"当时皇帝、元老院的法令"和平合法地实现的。而罗马的主教们,也就是他所说的早期教皇们,毕竟是"最谨慎、最不狂热的"。[18]对于伊斯兰教,吉本没有类似的矛盾心理:他认为伊斯兰教对东方帝国的影响完全是毁灭性的。

蛮族的作用

在吉本的思想中,蛮族的作用甚至比基督教更模糊。诚然,蛮族的入侵造成了巨大的破坏和流血,"威胁到每个人的幸福和安全",但这些入侵也许不仅仅是原因,而且也是帝国先前存在的弱点的结果。蛮族最终在罗马公民中占了多数,在罗马军团中占绝大多数。他们真的毁灭了帝国吗?蛮族最终和其他人一样说拉丁语,他们"更倾向于欣赏,而不是废除更光明时期的艺术和研究"。[19]他们只想做个好罗马人,维护帝国。他们"既没有足够的野蛮,也没有足够的教养"来心存"毁灭和复仇"的想法。

隐秘而遥远的衰落原因

罗马人并没有意识到他们的衰落,这本身就是衰落的一个原因。"当代人的眼睛几乎不可能在公众的欢乐中发现衰亡的潜在原因。"[20]此外,他们无法发现来自遥远地方的危险。吉本提到了中国对匈奴人的胜利,匈奴人因此被驱赶到相反的方向并入侵罗马帝国;[21]阿拉伯人远征战胜了基督教的阿比西尼亚,使受到阿拉伯人入侵的拜占庭帝国暂时获得了解脱。今天的历史学家可能会质疑这些故事的细节,但这些故事很有趣,因为它们显示出吉本对可能产生巨大影响的间接地缘政治行动的关注，特别是如果人们没有及时发现或理解它们的话。

吉本提到了经济、农业和金融的发展，但并不认为经济是衰亡的主要原因之一。然而，他确实谈到了环境和气候因素。例如，他写了很长的一章，讲述了寒冷气候对德国人性格可能造成的影响，还记录了自然灾害。但在其作品的主要部分中，他并不认为这些自然原因对帝国的命运有决定性的影响。关于一场严重的地震，他写道："人类所害怕的不仅仅是来自大自然的震荡，更是来自人类同胞的震荡。"[22] 但他似乎在即将完成著作时改变了主意。最后，他给出了罗马城毁灭的四个原因：[23]

——"时间和自然的伤害"，意思是几个世纪以来，火灾和洪水等自然灾害对城市及其人民的物质文化财产造成的巨大破坏。

——"蛮族和基督徒的敌意攻击"。

——"物质的使用和滥用"，意味着罗马的物质基础设施被长期故意破坏，以转化为新的建筑材料和其他用途。

——"罗马人的内部争吵"。

其中第二和第四个原因在吉本历史著作的前几章中已广为人知。另外两个完全是新的和出乎意料的，似乎与吉本早先的说法相矛盾，给读者留下更多问题而不是答案。吉本的好奇心强，头脑冷静灵活，一直在刨根问底。也许最后一页快速列举的八个衰败和没落的原因，包含了我们可以称之为他的最终答案的内容。[24] 其中四个原因是内部政治因素（军事专制、君士坦丁堡的建立、帝国的分裂、民法——意思可能是公民身份资格的扩展），三个是宗教因素（基督教的诞生、教皇的世俗权力、伊斯兰教），一个是外部政治因素（蛮族入侵）。归根结底，两个是外部因素（伊斯兰教和蛮族入侵），六个是内部因素。事实上，这种搭配反映了吉本最深刻的信念。

自由的丧失、共和精神的丧失、军事道德和公共道德的丧失，以及外来习俗所造成的损害,都不是唯一的解释,但它们是吉本反思衰亡的关键。他显然受到了古典时期罗马历史学家的影响,尤其是共和时期的历史学家撒路斯提乌斯(Gaius Sallustius Crispus,公元前86—前34)和李维(Titus Livius,公元前59—公元17)。[25]这两人都非常悲观。然而,当他们对共和制罗马的衰落感到痛惜时,吉本却描述了几个世纪后罗马帝国的衰落。撒路斯提乌斯和李维无法预见吉本所知道的历史,即恺撒大帝和奥古斯都都会将罗马共和国的衰落转变为西方最庞大、最强盛、最持久的帝国的崛起。吉本生活在撒路斯提乌斯和李维之后将近1800年,他们对衰落的看法集中在不同的时期。然而,吉本认为公元2世纪后罗马衰落的原因与撒路斯提乌斯和李维在公元前1世纪提到的原因非常相似。这三个人都认为,由战争而孕育又由于和平与繁荣而削弱的道德品质问题,是罗马历史的核心。三人都声称,和平与繁荣导致奢侈、丧失公共精神、傲慢、邪恶的外来影响和腐败,最终走向衰亡。三人都认为腐败是一种批判性和启示性的文化现象,而不是人性的固有特征。

李维的影响是长远的,在吉本的著作中也可以找到。在16世纪到18世纪之间,除修昔底德外,据说没有哪位古代历史学家比李维对西方政治思想的影响更深远。马基雅维利在1531年出版了《李维史论》(*Discourses on the First Ten Books of Titus Livius*),比他的《君主论》①出版还早一年,这本书也被包括统治者及其顾问在内的人们广泛阅读。[26]这些论述有力地捍卫了共和政体,并敦促以研究罗马历史作为解决意大利文艺复兴时期的混乱政治状况的最佳指导。李维对因道德素质、腐败等问题而导致的文明衰落的解释,通过吉本直接或间接地流传了下来,并一直流传到21世纪。吉本受到李维的影响并不

　　① 马基雅维利这两本书合为一册的中译本曾由吉林出版集团有限责任公司2011年出版,潘汉典、薛军译。——校注

意味着他对罗马帝国灭亡的分析具有真实性和独立性。也许两者在各自的时期都是对的，而且衰落的原因确实相似。

吉本和犹太人

吉本在许多章节中提到了犹太人，尤其是在涉及基督教背景的文字中。他对基督教诞生的泛泛描述并不敌视犹太人，他还提到后来基督教对犹太人的迫害。但关于犹太文明，他没有任何实质性的补充。

第五章　雅各布·布克哈特(瑞士,1818—1897)[1]

　　雅各布·布克哈特出生于瑞士巴塞尔,是一位新教牧师的儿子。他以艺术史学家的身份开始研究工作,被后世称为"文化史之父"。他是这一领域最早和最有影响力的倡导者之一,并帮助将文化史确立为一门学科。布克哈特也是 19 世纪伟大的文化悲观主义者之一,就像尼采一样。当他和尼采都在巴塞尔大学任教授时,他和尼采有着思想上的联系。他认为欧洲文化正在急剧衰落,并预言更糟的情况还会出现。他拒绝接受"历史哲学",特别是黑格尔的"历史哲学",后者用一种先入为主的理论来处理历史。随着他不断发现历史上的相似性和重复的典型模式,布克哈特自己也成了某种历史哲学家,尽管他是一个务实和谨慎的哲学家。在他对未来的态度中可以发现另一个矛盾。他警告说,"提前知道未来是荒谬的",[2] 然而他的作品充满了对未来趋势的先见之明。所有这些预见都是悲观的,但许多都实现了。

　　布克哈特关于兴衰的观点可以在他的《君士坦丁大帝时代》①和《意大利文艺复兴时期的文化》②中找到,这两本书确立了他的国际声誉,并一直是 19 世纪以来最受欢迎的历史著作之一。此外还有他死

---

① 有上海三联书店 2017 年中译本,宋立宏、熊莹、卢彦名译。——校注
② 有商务印书馆 1979 年中译本,何新译。——校注

后发表的《世界历史沉思录》①，这本书的内容是基于他在 1870—1871 年的公开演讲。总的来讲，自从 1996 年塞缪尔·亨廷顿的《文明的冲突》②出版以来，文化史，特别是雅各布·布克哈特的文化史，获得了复兴，因为文化再次被当作世界历史的原动力。历史学家彼得·伯克 (Peter Burke) 最近写了一篇关于"布克哈特的回归"的文章，暗示人们对他重新产生的兴趣将使"高等文化"的历史再次出现。[3]

布克哈特对文化的概念是流动性的，没有严格遵守德语传统，这种传统将高贵的"文化"与不那么有名的、技术—经济性的"文明"分开。他的文本包括了文化中的经济、农业、工艺甚至技术。[4]然而，更为狭义的文化，即一个社会持久的艺术、知识、文学和音乐创作，以及道德、习俗、社会生活和社会制度，才是一个时代的真实写照。它强调的是个体文化之间的联系。因为文化是一种精神的延续，文化史研究中最困难的任务之一就是解析某个单元，以便单独考察各个组成部分。在德国哲学中，整体单元的概念由来已久。斯宾格勒后来把这个想法变成了一种教条主义的形式。布克哈特则随意用了一下。例如，他展示了艺术史如何提供隐喻来阐释一个时代的总体历史。《意大利文艺复兴时期的文化》中有一章"作为艺术品的国家"，这意味着这一时期"发明"了现代国家，就像创作一件艺术品一样，是一种"有计划、有意识的创造"。[5]另一章分析了"作为一种艺术品的战争"。

历史的"未知数"与史学家的主体性

布克哈特一直强调，我们对历史的深层次了解非常少，试图找出其因果关系非常危险。例如，古典时代晚期越来越关注死后世界，人

---

① 有北京大学出版社 2007 年中译本，金寿福译。——校注
② 有新华出版社 2013 年中译本，周琪等译。——校注

们给出的原因有很多,但最终"这种新趋势从无法探究的深度中汲取了它们的基本力量;它们无法从之前的情况中推断出来"。[6]另一个例子是,意大利公众对教会滥用权力的厌恶与德国公众一样强烈,但是为什么意大利从来没有产生马丁·路德式的人物。有一些很好的解释,但最终"精神运动,它们的突然爆发、扩张以及终结,对我们来说仍然是个谜,因为我们知道这个或那个驱动力,但从来没有了解全部"。[7]大多数"潜在力量"都在我们面前隐藏了起来。

历史的未知数与历史学家主体性的问题更为复杂。布克哈特深知史学不可能完全客观。每位历史学家都处于一个决定自己判断的时间和地点。他谦虚地预测,未来的历史学家也许有一天会采用与他在某一特定时期收集的数据完全相同的数据,并描绘出一幅完全不同的图景。当我们把一个文明当作"母亲"文明时,主观判断尤其不可避免,比如意大利文艺复兴时期之于布克哈特。历史学家不可能像马克斯·韦伯后来所要求的那样是"不带价值判断的",在历史学中,没有任何一个分支比文化史更不可能做到价值无涉:因为文化要表达的就是价值和道德。布克哈特是保守的人文主义者,但不是民主派。他对暴政、暴力和残忍感到厌恶。他承认他的文化价值观是古希腊、古罗马和文艺复兴时期的。他对残暴统治者罪行的谴责是无情的,有时甚至是呵斥。他说罗马皇帝卡拉卡拉(Caracalla)是"最可怕的怪物",皇帝埃拉伽巴路斯(Elagabalus)"令人厌恶和不知所谓"。[8]即使是最有名的人物也逃脱不了他的谴责。他谴责西班牙国王费迪南和查理五世的军队所犯下的"暴行":"两人都了解自己的爪牙,但仍然纵容他们。"[9]

兴起、衰落与转型

兴起、衰落与转型的问题如同水印一样,贯穿了布克哈特的全部作品。布克哈特免除了历史学家对文明起源和兴起进行推测的必要性，但这并不妨碍他对文艺复兴的文化起源进行精彩描述。文艺复兴的根源——其中一些可以追溯到文艺复兴之前几个世纪——是个人主义的发展，古典文化的复兴，以及关于世界、自然和人类的发现。文艺复兴的辉煌是短暂的。后来的观察者倾向于将这一时期和类似的时期理想化，这些时期被错误地视为"幸福"的，并主要根据它们对自身文化的持续影响来判断它们：我们认为自己比实际重要得多，布克哈特这样指出。相比兴起，他对衰落更感兴趣，尽管他对我们探测其原因的能力持怀疑态度，但他一直在寻找原因。

外部原因可能会起作用。《君士坦丁大帝时代》和《意大利文艺复兴时期的文化》都以当时的政治状况为内容展开了大量的章节，这些章节惊人地相似。这两个时期的特点都是无能、邪恶和残暴的统治者，以及分裂、流血、战争和普遍的不安全感。同样的条件能解释第一种情况下的文化衰落和第二种情况下的文化兴起吗？正如吉本所暗示的那样，布克哈特问道，好的统治者是否能够阻止晚期罗马帝国及其文明的衰落，但他对"最好的统治者的善意和智慧是否能够治愈老态龙钟国家最积重难返的弊病"表示了怀疑。[10]然而他承认，文艺复兴时期的意大利分裂成许多小型专制国家和共和国，是早期意大利和后来欧洲个人主义发展的最重要来源之一。他不强调外因，经济原因也不在其中。布罗代尔后来批评说，遗漏经济因素是布克哈特的主要缺点之一，[11]但这种遗漏是故意的，而不仅仅是由于缺乏数据。文化的终极驱动力是文化。如果能够确定的话，文明兴衰的最深层次原因，不在经济或政治运动中，而是在精神、文化，特别是宗教运动中，而这些运动可能可以解释，也可能无法解释。《君士坦丁大帝时代》和《意大利文艺复兴时期的文化》都以对当时宗教状况的长篇大论而结尾。在这两种情况下，旧信仰正在衰落或已经崩溃，取而代之的是犬儒主义和迷信、魔法以及占星术的泛滥。君士坦丁大帝在将基督教作为罗马帝国的新国教时，对新的宗教形式和内容也有着强烈的形而上学的渴望。这是古代文明终结的开始。布克哈特认为，文艺复兴文化的终结也有重要的宗教原因：信仰的普遍退化和动荡，随之而来的是反宗教改革的开始及其对知识自由的反对。

从长远来看，这两个"终结"都是真正的转型。君士坦丁大帝的公元 4 世纪是一个转型时期，它塑造了基督教 1500 年的历史；意大利辉煌的公元 15 世纪首先被打断，但随后又发生了一场转型，诞生了我们的现代世界。布克哈特对文明的长期存在的兴趣丝毫不亚于一个世纪以后的布罗代尔，他和布罗代尔一样想了解控制我们生活的力量是什么时候以及如何开始的，是什么支撑了长期的趋势，以及如何能用古代历史解释今天的历史。然而，他的回答却不同于布罗代尔。

权力与国家

人们常常忘记，布克哈特不仅是一位文化历史学家，而且还是一位看重强权的历史学家。他对修昔底德的崇拜超过了对其他历史学家的崇拜，这绝非巧合。他认为现代国家包罗万象的权力和"自私"是文艺复兴的直接遗产，但"没有犯罪就没有权力产生"，"权力本身就是邪恶的。……这是一种渴望，是一种无法实现的欲望"。[12] 布克哈特认为，我们的未来将由权力问题而不是文化问题决定，国家将越来越多地控制文化。

历史性的伟大

像所有古典时代的历史学家一样，布克哈特认为，好的或坏的领导人可以决定国家的成败。他提到了许多伟人，但只分析了君士坦丁这一位伟人。布克哈特对"这个凶残的利己主义者"[13]的性格没有任何幻想，然而，君士坦丁也是高瞻远瞩的杰出政治家。君士坦丁塑造了接下来几个世纪的未来，因为他抓住了基督教的重要性，征服了罗马世界，使之与新宗教和解，并在各个重要方面重组了罗马世界。布克哈特不相信可以"培养"出伟人，他知道"真正的伟大是一个谜"，[14]但他还是列出了杰出领导者所需的所有优点：综合分析突出问题的非凡能力，心无旁骛，在其他人感到困惑时有清晰的视野，完美的现实感和力量感，不受日常杂音的影响，对干预时机的准确预期等。所有文明国家都需要伟人。伟大有一种"神奇的运作方式"，千百年来一直对我们起作用。

现代性的先兆

布克哈特渴望探索塑造我们现代世界的力量的起源，这给了他惊人的洞察力。佛罗伦萨是现代欧洲的"典范和最早的显现"。[15]佛罗伦萨在各个领域的成功，包括不断增长的财富，都与佛罗伦萨的大学和学校密切相关。除政治影响之外，美第奇统治者对佛罗伦萨的最大影响在于他们在推动教育方面的领导作用。在 15 世纪，没有哪个地方像佛罗伦萨那样，把教育作为最高的公共目标而孜孜以求：教育成为文艺复兴繁荣时期的伟大的平衡力量。更具先见之明的是，布克哈特发现，现代性的发展与自然科学和数学的进步息息相关。他在关于"意大利自然科学"的一章指出，现代科学研究可能最早出现在意大利，而在 15 世纪末，意大利在科学和数学方面是"无与伦比"的。[16]十年后，在 1870—1871 年，布克哈特重申了他的主张：数学的发明是历史上最非凡的事实之一，科学和数学是"衡量当时天才的关键标准"，[17]我们必须扪心自问，它们日益重要的地位将如何与我们这个时代的整个命运相互作用！

布克哈特发现了文艺复兴时期文化创造力的另一个条件与现代性的源泉：女性的崇高地位。文艺复兴时期的哲学将女性视为等同于男性，给予她们同样的教育，并允许她们弘扬同样的个人主义。布克哈特不知道意大利文艺复兴也在有限的时间和空间内改善了犹太妇女的地位。①

布克哈特与犹太人

布克哈特是本书这项研究中唯一持反犹主义态度的历史学家。这一点在他自己出版的书中并不明显：其中为数不多的提到犹太人的几处还算中立和客观。他的真实想法流露在他给朋友的信中，这些信是在他死后未经他事先同意而发表的。在这些信中，他重申了反犹主义的陈词滥调，说犹太人拥有巨额财富，这些财富支撑着他们恶意势力，还说犹太人拥有 90％ 的德国报纸——这是个荒诞的说法。1872年，他预言欧洲对犹太人的敌意将越来越大；1880 年，他预言"自由主义者"不会总是继续为犹太人辩护，给予他们平等权利的法律将会改变，犹太人将不得不为他们"无理干涉一切"付出代价；激进的反犹变革可能来得相当突然，德国人民将在 1882 年以自由公投的方式用压倒性多数票赞成驱逐犹太人。[18]事实上，布克哈特所有的预言都会在半个世纪后实现。

布克哈特之所以令人不安，是因为他代表了一种可能持续存在但通常是隐藏的"高级"反犹主义知识分子，他们不可能不知道犹太教对他们口口声声珍视的价值观的贡献。布克哈特对人文主义者乔瓦尼·皮科·德拉·米兰多拉（Giovanni Pico della Mirandola）的崇拜超

---

① 1480 年，曼图亚的拉比亚伯拉罕·法利索（Abraham Farissol）编了一本符合意大利风格的希伯来文祈祷书（*Siddur Shalem Mikol Ha'Shana Kefi Minhag Italiani: An Italian Rite Siddur*），其中包含了对晨祷祝福语的彻底修改。传统上，男人感谢上帝"没有让我成为女人"，而女人感谢"按照他的意愿创造我"。而在法利索的祈祷书中，女人感谢上帝"让我成为女人而不是男人"！参见 R. Weiser and R. Plesser, eds., *"Treasures Revealed": From the Collections of the Jewish National and University Library in Honor of the 75th Anniversary of the Hebrew University of Jerusalem 1925 – 2000* (Jerusalem: R. Plesser, 2000), 99。

过了对任何其他文艺复兴时期的学者的崇拜，并大量引用了皮科在
1486 年发表的《论人的尊严》演讲，他称之为整个文艺复兴时期"最高
贵的遗产之一"。[19] 皮科的演讲引用了许多希伯来《圣经》和拉比犹太教
神秘主义作品。皮科非常尊重犹太人和犹太教。犹太学者伊利亚·德
尔·梅迪戈(Elia del Medigo)向他介绍了希伯来语和《圣经》相关文
献，包括《塔木德》、卡巴拉，也许还有米德拉什。[20] 布克哈特知道皮科
与犹太人的联系，但他对此唯一的评论是"皮科拥有一个博学的拉比
的全部《塔木德》和哲学知识"，这是极度的夸大其词。[21] 所有的功劳都
归于皮科，犹太人却没有。这位持怀疑态度的巴塞尔学者鄙视群众的
粗俗，却爱上了当时最庸俗的偏见。他曾谴责查理五世在 1527 年"洗
劫罗马"(Sacco di Roma)，却在一篇讲稿中为中世纪屠杀犹太人的行
动辩护，提出了一个奇怪的论点：若没有屠杀，犹太人将从 7 世纪或 8
世纪开始统治基督教世界。[22] 布克哈特没有犹太裔熟人，也从来没有
直接遭遇过他所幻想的神话般的"犹太力量"。瑞士是最后一个给予
犹太人平等权利的欧洲国家(1866)，布克哈特对此表示反对。他的反
犹主义是他敌视周围巨大的政治和社会经济变革的一部分，这些变革
使他年轻时舒适的贵族世界变得无关紧要：在他的有生之年，巴塞尔
从一个拥有 1.5 万名居民的后中世纪城镇发展成了一个拥有 18 万人
口的工业移民城市。布克哈特是极端保守主义者，厌恶现代性的方方
面面，特别是作为民主化和现代化进程的一部分而实现了犹太人解放
的政治自由主义。像后来的汤因比一样，他从来没有摆脱过童年时代
新教教育带来的反犹仇恨。他的主要传记作家沃纳·卡吉(Werner
Kaegi)认为，布克哈特不能为他死后发表的私人信件负责，更不用说
为纳粹未来的罪行负责了。[23] 这是对的，但他对为纳粹打下基础的思
想氛围做出了贡献，阿尔伯特·德布鲁纳(Albert Debrunner)所提供
的证据表明，至少一些著名的纳粹分子阅读并喜欢他的信件。[24]

第六章 马克斯·韦伯(德国,1864—1920)[1]

马克斯·韦伯是德国社会学的奠基人,他的影响遍及现代社会学的各个领域。他是当时德国最有影响力的学者和知识分子之一,在政治上也很活跃,1918年后曾担任德国议会议员。他关于宗教社会学的书研究了世界宗教的经济伦理以及宗教、经济发展和社会结构之间的联系。宗教是文明的重要推动力。他关于这一主题的第一本书《新教伦理与资本主义精神》①,从1904年到1906年分不同部分出版,并多次重印和翻译,是他的作品中被引用最多的一本书。

韦伯提出了一个许多人在他之后都会问的问题:怎样解释西方的兴起?为什么现代力量所有建立在理性主义进步基础上的构成要素,如科学、技术和工业等,是在欧洲而不是其他地方发展起来?他的回答挑战了卡尔·马克思的基本理论,当时马克思对政治和社会科学的影响越来越大,尤其是在德国。马克思把政治、文化,特别是宗教视为经济的"上层建筑",由统治阶级操纵,以捍卫他们对生产资料的所有权。韦伯试图证明,宗教、经济和社会之间的关系可能与马克思所假设的相反,至少在一个重要的案例(即资本主义的兴起)中是这样。一种新的宗教可以通过引发彻底的精神变革来产生一种新的文明,从而重塑社会和经济状况。

---

① 有多个中译本。——校注

反之亦然，正如韦伯在对中国和印度的分析中所证明的那样。在这些情况下，一个古老的宗教扼杀了精神和物质的变化，从而导致了一个文明的衰落。韦伯强调资本主义扩张的动力不是金钱的积累，而是新精神的发展。[2]为什么资本主义没有在 14 世纪和 15 世纪的欧洲资本与货币市场中心佛罗伦萨发展起来？韦伯预料到他的一些批评者后来会指出天主教意大利是现代银行业许多工具的发明者。这些工具不是决定性的。决定性的因素是马丁·路德的"对内在世界的职业活动的伦理评价"，这是"宗教改革的最有预兆的成就"之一。[3]"禁欲的理性主义"的新精神随着加尔文主义和一些新教教派的出现而变得更加激进，清教徒在宗教生活和世俗行为之间建立了一种全新的关系。他们把有着深厚基督教根源的禁欲主义理想和生活方式从修道院转移到了职业生活中。他们创造了一种"世俗"的宗教，[4]成为资本主义精神的基础。这种精神包括职业责任的思想和崇尚理性追求经济利益的理想与习惯。收获和工作成了生活本身的意义，而不仅仅是满足日常需要的一种方式。[5]这种精神的一部分是热爱储蓄和节俭，拒绝奢侈。通过赋予这种追求以积极的宗教意义，清教主义回应了一种紧迫的精神需求。天主教通过对教会圣礼的信仰担保了灵魂的救赎，但宗教改革已经从普通人身上消除了这种保证，并促使其寻找其他可以证明自己得到拯救的迹象。这就是为什么世俗的成功成为宗教救赎一个明显的衡量标准。诚然，当被视为个人的态度时，理性追求经济利益的精神并不局限于西方。然而，个人无法独自建立一套新的经济秩序。这样一种秩序只能起源于一大群人共同的生活方式，只有宗教的群众运动才能产生这样一种新的生活方式。韦伯提供的证据表明，在资本主义作为一种经济体系出现之前，新世界就存在着一种以宗教为基础的资本主义精神。这种精神不是物质条件的"上层建筑"。韦伯承认，其他因素促成了资本主义的诞生，但如果没有新教伦理，我们所知道的资本主义就永远不会出现。资本主义起源于新世界和欧洲的一些区域,最终改变了世界的面貌。

韦伯的博学令人印象深刻,他的发现挑战了许多知识传统和范式。对他的著作的批评讨论始于《新教伦理与资本主义精神》一书1904年第一部分公开后的几个星期,并持续了一个世纪,至今仍未减弱。韦伯论文的局限性被讨论者提出,一些错误也被纠正了,但我们这个时代的其他社会科学研究却很少能如此长久地成为热门话题,产生如此多的思想发酵。以往对韦伯论文的表述的一个主要反对意见是,他被"误解了",他并不想用一种新的精神决定论取代卡尔·马克思的唯物主义决定论。[6]韦伯在书的结尾处确实强调,他不希望这样的结果,物质的和精神的历史解释都是可能的。然而,在他的书中却频频出现反对"天真"的马克思主义决定论的论战。[7]他认为宗教思想的原始根源总是精神的,不能追溯到经济,但经济可以对宗教思想后来的历史命运产生重大影响。至少在一种情况下,一种新的宗教产生了一种新的经济秩序。韦伯期待着重量级的批评,并知道它会从何而来:他认为,现代人根本无法理解宗教对他们自己的生活方式、文化细节和民族性格的巨大影响。[8]

中国的宗教

《儒教与道教》(*Confucianism and Taoism*,1916)①是韦伯关于宗教社会学的第二部重要著作,他把儒家视为一种宗教,正如中国学界权威和许多中国历史学家至今认为的那样。韦伯问,为什么王朝时代的中国甚至连现代技术和资本主义发展的开端都没有。毕竟,中国有许多有利的条件,比如中国人的勤奋和商业头脑,还有儒家的理性主义、自制力和清醒的头脑,这些都与新教有着许多共同之处。但这些

---

① 有商务印书馆2004年中译本,王容芬译。——校注

有利因素被消极因素所压倒，其中一些消极因素是政治、社会和经济结构的结果，而另一些消极因素则深深扎根于儒教思想本身。

儒教提倡适应自然，这与新教提倡的理性统治世界不同。它不重视能够更好地了解自然运作方式的科学研究，并且怀疑技术和经济创新。基于家庭纽带宗教意义的亲属团体保护其成员免于经济困境，并阻碍理性的工作程序和法律制度的发展。此外，儒教学者阶层，亦即这个国家的精英，鄙视商业活动，对经济政策没有兴趣。在 20 世纪早期，中国的改革者和革命者一致认为，儒教思想——可能还有每一种宗教——是社会发展和经济增长的障碍，应该摒弃。

《印度的宗教：印度教与佛教》(*The Religion of India: The Sociology of Hinduism and Buddhism*, 1916)[1]是韦伯关于宗教的第三部重要著作。印度教关于永恒不变的轮回周期的世界秩序的观念，对世俗世界的贬损，以及根植于宗教的种姓制度都阻碍了经济发展。韦伯无法预见中国和印度的经济快速增长，以及被称为"后儒家"社会的日本、韩国和中国台湾地区的经济增长。它们的成功将要求人们对宗教之于亚洲经济和文明的影响有更复杂的看法。就目前而言，所有亚洲形式的资本主义都是对西方资本主义的模仿和改编：迄今为止，亚洲自身的文化和宗教传统里还没有出现完全不同的形式，因此马克斯·韦伯还没有被证明是错误的。

马克斯·韦伯与犹太人

韦伯关于宗教的第四部也是最后一部作品是《古犹太教》(*Ancient Judaism*, 1917 年出版，他 1920 年死后又出了增订版)[2]。韦伯非常重视犹太教的研究，因为犹太人"创造了高度理性的社会行为伦理。……

---

① 有上海三联书店 2021 年中译本，康乐、简惠美译。——校注
② 有广西师范大学出版社 2010 年中译本，康乐、简惠美译。——校注

没有魔法和任何形式的关于拯救的非理性的诉求"。这种伦理仍然是所有西方和伊斯兰文化的基础:"世界对犹太人的历史兴趣就建立在这个事实之上。"[9]因此,韦伯提请人们注意犹太教在世界文明形成中的先锋作用。

但韦伯强烈反对犹太教对资本主义的创立做出了不可或缺的贡献的观点。他的《古犹太教》是对他的同事维尔纳·桑巴特(Werner Sombart)的观点的颇具争议的回应,后者曾在其被广为阅读的《犹太人与现代资本主义》(1911)①一书中为这一论点辩护。韦伯认为犹太人是印度语境意义上的"贱民"。他们自愿选择将自己与环境分开,形成了一种二元道德观,一种是内部使用的道德,另一种是外部使用的道德,据说这使得他们对犹太人和非犹太人使用不同的商业伦理。另外,与新教徒不同的是,犹太人并不以寻求物质上的成功作为神圣恩典的标志,尽管成功总是受到欢迎的。由于这些原因和其他原因,他们显然没有发挥可以与新教徒相提并论的经济作用。韦伯关于古代犹太教知识是从他那个时代的德国《旧约》学术中汲取的,他不读希伯来语,对拉比犹太教的知识(拉比犹太教是犹太经济伦理的一个更为重要的来源)也知之甚少。他把犹太人描述为具有双重道德的"贱民",引起了学术界的许多批评,此后又有更多严肃的历史研究致力于探讨犹太人在西方经济中的作用。马克斯·韦伯尚未完成古代犹太教经济伦理的著作便去世了。

就像对新教和儒教的研究一样,在对犹太教的研究中,韦伯最大的优点也许不在于他那些不完整的发现,而在于他提出的问题具有独创性。他指出,宗教对社会和经济发展产生了广泛的影响,它们可以鼓励或阻止变革。

---

① 有上海三联书店 2015 年中译本,艾仁贵译。——校注

第七章　奥斯瓦尔德·斯宾格勒(德国,1880—1936)[1]

　　奥斯瓦尔德·斯宾格勒的《西方的终结》(*The End of the West*,在英语世界被错误地译为《西方的没落》)①主要是在第一次世界大战期间写成的,并于 1922 年以定稿出版。早在 1912 年,斯宾格勒就想到了这个主题,当时西方的统治精英们仍然确信他们对世界的政治、经济和文化统治无法撼动。在两次世界大战之间,《西方的终结》成为德国乃至世界范围内讨论最广泛的书籍之一,这主要是因为它反映了当时的悲观情绪,虽说它的风格凝练难懂。这本书对许多思想家产生了相当大的影响。例如,阿诺德·汤因比后来写道,当他开始读这本书时,他的命运发生了转变,他决定把余生献给历史研究。汤因比在其作品中经常提到,斯宾格勒是他一些主要思想的来源。[2]相比之下,学院派的历史学家抨击斯宾格勒的非传统思想,并责怪他作品中大量的史实错误。更糟糕的是,第二次世界大战后,他被认为是右翼极端分子,帮助纳粹铺平道路。后者当然希望斯宾格勒能加入他们的行列,但他没有:斯宾格勒在死前一直远离纳粹。

　　斯宾格勒在一开始就宣布了他的目标:他的书是预测未来历史的第一次"科学的"努力。[3]这是有可能的,因为每一种文化(德语"文化"

---

　　① 有商务印书馆 2001 年中译本,齐世荣等译。——校注

[kultur]一词在其他欧洲语言中有"文明"的含义,如本书第一部分第一章所述)都是一个有机体。所有的文化都必须经历同一个周期:就像一种植物或动物(此书副标题"世界历史的形态学概述"借用了生物学的"形态学"一词)的生长和死亡一样。"文化是有机体。……中国文化或古代文化的非凡历史,在形态学上与个人、动物、树木或花朵的简史完全可以相提并论。"[4]这是一种极端形式的有机的或周期性的历史理论。歌德把文化比作有生命、能生长的有机体,斯宾格勒提到歌德的次数比其他任何诗人都多。但歌德把这一思想发展成诗歌隐喻,而不是僵化的历史学说。斯宾格勒认为,在一种文化中发生的事情必然发生在所有其他文化中,包括德国的文化。通过研究早期文化的兴衰和消亡,我们能够准确地预测我们的文化将会发生什么。比较是"了解我们自己未来的关键"。[5]这种演变,包括每一种文化不可避免的终结,都是不可改变的。我们所能做的,就是更好地认识到这一进程的无情性质和我们在其中的地位。斯宾格勒看到了八种重要的"高级文化",每一种都持续了大约 1000 年,其中大部分已经死亡。它们具有相似的结构和相同的发展轨迹。每一种文化的多种表现形式都紧密联系在一起,但与其他文化的表现形式又有所不同:艺术、音乐、宗教、科学观念、治国方略、军事组织,甚至数学等,都是由一种独一无二的精神所生发的,这种精神只是单一文化及其"灵魂"的典型特征,而不是其他文化的。

这些文化之间的相互作用纯属巧合且无关紧要。"世界历史"的概念,即一部全人类的历史,是没有意义的。人类没有单一的历史和目标。只有个别文化才有历史,它们的历史没有联系。当然,这是他理论中最令人怀疑的方面。所有历史都显示了不同文化之间不断的取舍:它们相互影响,相互更改。但斯宾格勒的教条和怪癖并不妨碍他许多伟大的见解,也不影响他对艺术和文学的敏感。他对被他视为所有西方文化的最高点的欧洲古典音乐的讨论，至今仍然令人着迷。[6]

最后，文化的一个终极阶段叫作文明，它表现在独裁、帝国主义、军国主义、物质主义和大城市中。每一种文化都以文明结束，西方世界的文明即其文化的终结状态已经开始，并伴随着西方的衰败。它在许多方面可与希腊晚期文明相媲美，后者预示着古代世界的终结。西方世界的终结将在大约 200 年内到来（自从斯宾格勒撰文以来，已经过去了一个世纪，这意味着终结将在 22 世纪的早期）。在这一时期之后，任何西方文化或民族都不会以其目前的形态和构成而存在。斯宾格勒非常谨慎，无法预测接下来会发生什么来取代西方，但他表示，阿拉伯文化似乎非常牢固。他完全无视中国和印度，但他并不是他那代人中唯一一个无视它们的人。如果斯宾格勒能在 2013 年重获新生，也就是在他确信西方正在走向历史尽头的 100 年后，他可能会得出结论说，他的预言迄今为止是正确的，而且再过 100 年几乎肯定会实现。

斯宾格勒对西方最后一个时期做了一些直观的预测，结果证明这些预测离目标不远。他预见到，西方出生的孩子会越来越少，他们的人口数量也在减少，就像古代晚期的情况一样，[7]他们将住在 1000 万人口或更多居民的城市的巨型建筑。[8]科学研究将不再以"可见的世界"为目标，这些研究将被无形的和无限微观的研究、数学和想象所取代。他还预测，独立的科学学科将越来越趋同。[9]文明的最后一个时期将出现"第二种宗教性"，[10]因为人们会再次希望"有信仰"，而不是"解剖"。军事机构将废除义务征兵制，取而代之的是小型的、志愿的和专业化的军队[11]——这是一个惊人的猜想，要考虑到斯宾格勒得出这个猜想是在第一次世界大战期间或之后不久。同样令人印象深刻的是他在 1922 年或之前所作的预言，即 1919 年的和平会议只不过是下一场战争的前奏。[12]媒体（斯宾格勒时代只有报纸）对大众的影响力，以及它们操纵公众舆论的能力，将以指数级的速度增长，以至于完全扭曲了"言论自由"的意思。媒体也将能够对不受欢迎的新闻实施"沉默审查",[13]这将比过去所有的宗教和政治审查更加有效。

历史的有机循环理论早在斯宾格勒之前就已出现。在古代和许多其他文明中,它们支配着历史思想。更接近斯宾格勒的是18世纪那不勒斯哲学家维柯(Giambattista Vico)。与斯宾格勒相比,维柯在他那个时代鲜为人知,但他对历史的看法在许多方面与斯宾格勒相似。令人惊讶的是,斯宾格勒在书中没有提到他。维柯说:"尽管各国的风俗习惯千差万别,但它们在三个不同的时代里始终保持一致。"他接着解释说,每个时代都有自己的人性、习俗、自然法则、政府、语言、符号和权威,它们彼此联系紧密,但不同于其他时代的表现形式。[14]斯宾格勒坚持了维柯的"不变的一致性"的理念,并和他一样坚信"时代"(对斯宾格勒来说是"文化")的所有表达都有机联系在一起。但是,这两位思想家对未来的看法完全不同。维柯和许多启蒙哲学家一样,是乐观主义者。他看到了新时代的到来,在这个时代,"好人和可敬的人"成为统治者,开创了"由神圣的天意所决定的永恒的最佳自然联邦"。[15]而斯宾格勒那里当然没有这种美好的乌托邦。

斯宾格勒与犹太人

斯宾格勒对犹太人非常感兴趣和同情。他的书中有许多参考资料和两个关于犹太人的小章节,证明了他对犹太历史和文学的了解。[16]他对哈西德主义创始人巴阿尔·谢姆·托夫(Baal Shem Tov)表达了最深的感情,斯宾格勒把他比作耶稣。斯宾格勒认为不存在独立的和孤立的犹太文化。他把它们放在他所谓的"阿拉伯"文化或有时是"亚兰语"文化中。这包括犹太人、阿拉伯人、亚兰人、波斯人、早期基督徒、早期拜占庭人和其他民族。汤因比后来采纳了这一观点,但用更模糊的术语"叙利亚语"取代了"亚兰语"。斯宾格勒的"阿拉伯"

文化的显著标志是它的"魔力"（德语中是 magisch）性质，他经常将这一特征应用于犹太人。他将此与"浮士德式的"（即不断探索和扩展西方文化）形成对比。他坚持认为犹太人无疑构成一个民族，因为民族是一个心理单元，与语言、种族或出身完全无关，这不啻是斯宾格勒的一个小小挑衅，至少对他那个时代的大多数德国犹太人来说是这样。

犹太民族这种概念是一种默契的共识，[17] 这解释了犹太人"无声和不言而喻的凝聚力"。[18] 这种默契的共识是没有土地和地理限制的。它之所以具有"魔力"，是因为人们深信不疑，但并不是基于理性或可测量的标准："一种完全无意识的形而上学的驱动力，一种即时的魔力情感的表达。""这种无声的凝聚力包含了一个'魔力'民族的理念，它同时是国家、教会和人民。"[19] 虽然犹太人有独特的品质，但他们在历史上并非独一无二。斯宾格勒提到了印度的帕西人、东南欧的亚美尼亚人和希腊人，以及加利福尼亚的中国人，换言之，其他散居海外的人。但欧洲启蒙运动腐蚀和毒害了"共识"（斯宾格勒常常简单地说"共识"，而不是"犹太人"）。"对犹太教来说，启蒙运动意味着毁灭，而不是别的。这个充满魔力的民族，连同隔都和它的宗教，都面临着消失的危险。它已经失去了一切形式的内部凝聚力，只剩下针对实际问题的凝聚力。"[20] 斯宾格勒预测犹太人的前途是严峻的，他带着明显的悲伤宣布：犹太人的消失在历史上将是不可避免的。斯宾格勒声称，西方犹太教统治着所有西方犹太人，它与西方文明纠缠得太深，将随西方文明一道消亡。"犹太教的命运已经完结了。"斯宾格勒不了解伊斯兰世界的犹太人，也不了解犹太复国主义的潜力。他只在书中提到后者一次，并讽刺说这是一场"弱智的少数人"的运动。[21] 在1914年以前，大多数德国犹太人都会欣然赞同这一污蔑。

第八章　约翰·赫伊津哈(荷兰,1872—1945)[1]

荷兰历史学家约翰·赫伊津哈从学习语言学、梵语和人类学开始学术生涯。1915—1942年,他是荷兰莱顿大学的历史学教授。纳粹在占领这个国家时,知道赫伊津哈的威望,但也知道他对他们的敌意,所以在战争最后几年,他们将他拘押起来,他死于拘押期间。赫伊津哈是近代文化史的奠基人之一。他经常和雅各布·布克哈特一起被提起,他很欣赏布克哈特的作品。他和布克哈特一样热爱艺术,但也对我们这个世界的未来深感悲观,1933年以后尤其如此。

他的著作量不大。其中对兴衰问题有独到见解的有两本书:一本是他的伟大经典著作《中世纪的秋天》(*Autumn of the Middle Ages*)①,首次出版于1919年;另一本是1941年出版的最后一本著作《17世纪的荷兰文化》(*Dutch Culture in the Seventeenth Century*)②。2007年,一位英国历史学家称《中世纪的秋天》是"20世纪上半叶文化史上的杰出作品",[2]而《17世纪的荷兰文化》的地位后来被乔纳森·以色列的杰作《荷兰共和国》(*The Dutch Republic*)所取代。[3]

---

① 有广西师范大学出版社2008年中译本,何道宽译。——校注
② 有花城出版社2010年中译本,何道宽译。——校注

一个时代的写照

赫伊津哈写文化史的目的是描绘一个时代的文化形态和思想情感特征，及其在艺术、文学和普通人的日常生活中的表现。赫伊津哈对历史事件及在位国王的决定和敕令不感兴趣，但他并不忽视统治者。统治者们与无数的艺术家、诗人、编年史学家、牧师和不法之徒一起出现在他的作品中，他们的轶事点缀在他的书中，作为那个时代典型模式的例证。

布克哈特从描述意大利各城邦及其统治者的性格和政治入手，阐释了文艺复兴时期意大利文化的兴起背景。赫伊津哈并非如此：《中世纪的秋天》的前两章描述了"生活的紧张"——中世纪晚期人们的情感和观念中的巨大矛盾以及他们"对更美好生活的向往"。这些都是推动中世纪晚期文化和历史发展的深层力量，而不是日常政治。与布克哈特不同，赫伊津哈懂得大量的人类学知识，能够提供快速的道德判断。他警告读者，中世纪的许多心理矛盾在现代是不可理解的，不应以现在的标准来评判，也不应被视为虚伪的迹象。最纯真的爱和最粗俗的淫秽在同一个人身上可以并行不悖；对一些想象中的在地狱中燃烧的可怜灵魂的含泪悲悯和对现实生活中的公开拷打与行刑的欢呼雀跃，也可以并行不悖。仔细观察会发现，赫伊津哈描述的一些明显不连贯的心理状态在今天仍然能找到。第五章"英雄主义和爱情之梦"表明，中世纪骑士精神的理想强调禁欲主义（或剥夺性欲）和对英雄式的死亡的渴望。赫伊津哈认为年轻人的这两个特征在心理上是紧密相连的，这一见解在今天仍然有效，尽管已经不适用于基督教的领地。

赫伊津哈既是布罗代尔的镜像，又是布罗代尔的对位，后者也在寻找历史的深层结构和"长波"，并在文明的经济基础和其他物质基础中发现了它们。赫伊津哈的作品中没有提到后来才开始出版作品的布罗代尔，但是他参与了大量的论战，指出对历史的经济解释存在不足，而经济解释在他那个时代已经很有影响力。"文化史必须处理对美的梦想和对高尚生活的想象，这两者丝毫不亚于人口统计和税收。"[4]

在一个例子中，赫伊津哈对"事件"的漠不关心简直让读者难以置信。在第十一章"死亡的形象"中，他写道："没有哪个时代像中世纪晚期那样如此重视关于死亡的思想。'记住你会死'（memento mori）的呼喊在生命中无休止地回响。"[5]然而，这一丰富多彩的章节竟然没有提到黑死病，而这是人类历史上最具毁灭性的流行病之一，它自13世纪40年代末起席卷欧洲。赫伊津哈不可能相信在那个时代引起共鸣的"记住你会死"单单是源于古老的文化传统，而与黑死病这一"事件"没有任何联系。那他为什么会选择忽视黑死病呢？

转型而非断层

赫伊津哈的《中世纪的秋天》是对布克哈特的《意大利文艺复兴时期的文化》的一种尊重但又具有批判性的回应。赫伊津哈反复强调，布克哈特把中世纪和文艺复兴的界限划得太过清晰，没有出现断层，许多文艺复兴的特征在中世纪已经存在，而许多中世纪的特征在文艺复兴时期仍然存在。"每当人们试图在中世纪和文艺复兴之间划清界限时，边界线就会后退。"[6]一个伟大的历史时期不会消亡：它将转型为一个新的时期，并保留它的许多元素。在他的著作的第一版序言中，赫伊津哈已经担心，"秋天"这个词——确切地说是荷兰语 herfstij，可能会被误读为对衰落和死亡的隐喻。这并不是他想说的。相反，他的意思是，秋天和冬天总是为新的春天铺路。[7]

17 世纪荷兰文化的兴起与黄金时代[8]

《17 世纪的荷兰文化》是 1941 年出版的一本小册子，是荷兰知识分子反抗德国占领的行为。旧的荷兰共和国的兴衰太过突兀和壮观，无法用"转型"来解释，就像从中世纪到文艺复兴的过渡那样。荷兰的兴起是一个"奇迹"，在争取独立的斗争开始后，荷兰的权力和文化迅速达到顶峰，其发展轨迹在历史上前所未有，而且建立在一块非常小的领土上。赫伊津哈称，这些事态发展的"最内在特征"无法用社会经济和（或）政治因素来解释。然而，他不能忽视一个事实，即物质因素也涉其中。他回顾了有利于荷兰兴起的条件：国土面积小，海洋，河流，通航和贸易能力强，城市占优势，没有巨大的社会差距，最后但并非最不重要的是荷兰人民的特点，即简单、清醒和节俭。赫伊津哈提到了荷兰的贸易实力、教育水平和技术水平，但没有像乔纳森·以色列在他 1995 年的书中所说的那样，将这些作为压倒一切的驱动力。

加尔文宗的作用

赫伊津哈断言，加尔文宗对荷兰的兴起和成功起了决定性作用。它给了荷兰文化"增长的力量"；它给了荷兰人民"信仰、勇气、信任和坚定"，[9]这是该国政治、军事和经济成就的最终基础。因此，宗教和文化因素有助于解释物质上的成功，维持文化的主要不是物质因素。以色列对这个问题的看法与他并不完全相同。他不认为加尔文宗是荷兰成功的一个非常突出和独特的因素。他承认加尔文主义为早期荷兰改革运动的教条和组织提供了一套有序的结构，并缓解了它的碎片化，这非常重要，[10]但他也谈到加尔文宗神职人员的不宽容，这在文化上非常具有制约性。

领导和治理的作用是什么？

赫伊津哈不认为领导和治理是兴起和繁荣的必要条件。这使他与本研究中的其他历史学家形成了对立，除了布罗代尔和一些稍后将要讨论的美国历史学者之外。赫伊津哈的异议引人注目，与其他历史学家相反，他不相信历史的长期经济决定因素。荷兰政府及其政策令人难以置信的混乱程度和永久性的支离破碎助长了赫伊津哈的疑虑。当他将 17 世纪的荷兰与周围的大国进行比较时，他发现欧洲专制统治者及其集权官僚机构的强力意志、虚荣心和冒险精神为他们各自人民带来的福祉，远不如荷兰体系为其人民带来的福祉。以色列也对荷兰政府的混乱和支离破碎发表了大量评论，但他相信，如果没有非凡领袖的意志力和远见，荷兰共和国至少会两次招致灾难。[11]另一位历史学家将赫伊津哈对领导和政府权力的严重不信任归因于他的宗教遗产与他的祖先，他的家族祖先从 16 世纪起就一直是再洗礼派的传教士。[12]再洗礼派是激进的、改革派的清教徒异见者，他们原则上拒绝参与政府或公共服务。

衰落与末日

18 世纪的荷兰思想家用震惊和悲伤的笔触，描述了他们的国家实力以及黄金时代的衰落和崩溃，并为这种衰落寻找道德原因。在赫伊津哈对荷兰衰落的分析中，仍然可以感受到这种震惊和悲伤。他注意到了"真正的民族愿望和灵感的减弱"和"品位与能力的削弱"，并问道："什么时候力量减弱了，花朵凋谢了？"[13]在精神上，荷兰似乎"干涸并沉睡了"，荷兰人是否失去了一些最基本的特征？赫伊津哈认为，18 世纪的荷兰人与 17 世纪一样富有，他可能错了，只有荷兰人民新的"对和平与宁静的渴望"才能最终解释黄金时代的结束和国家的衰落。赫伊津哈试图捕捉衰落的文化原因的迂回曲折的说法，充其量只是隐喻，解释不了多少实际情况。诚然，赫伊津哈没有获得乔纳森·以色列的研究将在 60 年后提供的大量经济、贸易、金融和人口相关数据，但令人惊讶的是，他对荷兰在世界贸易中的地位的急剧崩溃却无话可说，也没有说到城市的迅速贫困化、许多高技能精英的移民、令人震惊的军事失败或者大学的智识退化，而这些都足以充分解释荷兰的衰落。

赫伊津哈与犹太人

《17世纪的荷兰文化》中有一小段关于犹太人的文章，这段话很有意义，因为赫伊津哈在1941年纳粹占领荷兰期间发表了这篇文章。赫伊津哈说，犹太人对荷兰的崛起和成功并不重要；以色列已经证明赫伊津哈的这个判断是错误的：犹太人确实为荷兰共和国的经济繁荣做出了重要贡献。但赫伊津哈赞扬了17世纪的荷兰共和国为许多犹太人提供了和平、宽容和某种程度的尊重，而这在欧洲其他地区是没有的。然而，来自德国的17世纪犹太移民并没有得到同样的尊重，赫伊津哈站在他们一边。他感到遗憾的是，他们不得不"遭受无法形容的对以色列的诽谤"。[14]

第九章　阿诺德·汤因比(英国,1889—1975)[1]

阿诺德·汤因比写了一部世界文明史。他的《历史研究》(*Study of History*)①分为 12 卷,历时 30 多年完成。前五卷(1934—1939)包含了使他成名的文明理论。后六卷(1954—1961)涵盖了许多不同的问题,如历史理论、普世国家和教会、不同文明之间的接触、西方的未来等。最后一卷即第十二卷"再思考"很少为人阅读,这一卷是针对他的批评者的,包含了自我批评地重新审视他的一些论文,特别是收回了他早先对犹太教的敌意(见本书第一部分第五章)。汤因比的知识世界是广阔的。他的参考资料表明,他从《圣经》、希腊神话和歌德那里获得了很多灵感。斯宾格勒是对他影响最大的历史哲学家,影响他的其他历史学家还有吉本和伊本·赫勒敦。汤因比是基督教新教徒,基督教支配着他的思想就像伊斯兰教支配着伊本·赫勒敦的思想一样。他还是坚定的和平主义者,憎恶战争和现代科技文明中的许多其他东西。他的书充满了价值判断。很少有历史学家会像他一样公开反对马克斯·韦伯提出的科学必须"价值无涉"的假设。

无论汤因比宣扬的伦理价值观是什么,他对当代政治事件和人物的判断都是出了名的差。1936 年,他去柏林见了希特勒,回来后深信

---

① 有上海人民出版社 2000 年节译本,刘北成、郭小凌译。——校注

纳粹独裁者真诚热爱和平。[2]毫不奇怪的是，他不喜欢丘吉尔，支持内维尔·张伯伦。同年，他对斯大林表达了深深的敬意。1939 年，当莫斯科审判、大规模清洗以及数百万人被驱逐到古拉格的报道面世之后，他仍然写道，"斯大林的动作很微妙，他也许是一位先驱"，[3]并祝愿这位红色独裁者因为他"卓越的政治顺势疗法"而"以政治家的身份成名"。汤因比并不是他那个时代唯一同情希特勒或斯大林的英国知识分子，尽管他是唯一一个同时同情希特勒和斯大林的人。在 20 世纪 60 年代冷战最激烈的时候，他把美国（以及六日战争后的以色列）列为世界上最危险的国家，而不是苏联。

汤因比统计了 21 种文明（后来改为 23 种），其中大多数已经灭绝，但仍有 5 种（后来改为 7 种）仍然存在：西方、伊斯兰教、远东（主要是日本和韩国）、印度教和东正教。在 1939 年以前出版的书中，汤因比没有把犹太教、现代中国、非洲或奥斯曼土耳其算作真正的文明。他公开展示了对这些文明的偏见，也表达了对黑人的偏见，认为黑人"未能积极参与文明事业"。[4]

汤因比认为，文明受制于某些基于共同行为模式的历史规律，但这些规律不是强制性的，也不一定会导致相同的结果。在与他尊崇的导师斯宾格勒的核心思想进行长期的内部斗争过程中，他形成了一些最深刻的信念。即使斯宾格勒的名字没有出现，人们也能认出他的影子。当汤因比在他的著作开头断言"我们看不到未来"时，[5]他显然是在回应斯宾格勒著作的开头，斯宾格勒曾断言我们可以看到未来。文明不是封闭的单位，它们相互影响，它们之间有"内在的相似性"，[6]因为文化成果是从一个文明传递到另一个文明的。汤因比驳斥了斯宾格勒的"有机"决定论，认为人总是可以改变自己的命运："死去的文明不是死于宿命，一个活着的文明也不是注定要……加入大多数同类的行列……走向灭亡。"[7]因此，对汤因比来说，西方的终结并不是不可避免的。然而,他确实和斯宾格勒一样,对西方的未来抱有普遍的悲观情绪。马克思主义是他一生反对的另一种历史理论,不是反对部分而是反对全部。他认为文明的进步不在于物质,而在于精神。同样,一个文明的衰落和崩溃不是由经济因素引起的,而是由政治错误和精神变化引起的。

与许多其他人相比,汤因比对文明的兴起和发展非常感兴趣,而不仅仅是对它们的衰落感兴趣。他最值得纪念的贡献仍然是他关于文明起源的理论。

文明的起源和"挑战与应战"理论机制的运作

一个新的文明以"分离"或"分化"的形式出现,[8]而早期文明已经失去了它的创造力,因此也失去了许多成员的凝聚力。文明的出现并不是因为一个民族的任何遗传倾向,或是由于宜人和诱人的自然条件,而是作为对五个外部或内部挑战的回应。这些挑战可能来自恶劣的自然生活条件、迁往新国家(通过征服或移民)、外来的打击和侵略、外部压力以及出于宗教或社会原因的内部迫害或歧视。挑战越大,刺激就越大。然而,这一原则有其局限性。太严峻的挑战会破坏一个社会。挑战的严重性不可能无限地增加。如果是这样的话,那么文明反应方面的"回报递减定律"就成立了。一些文明被挑战所压倒,毫无反应,从而消失了;其他文明则以另一种不同的、常常被削弱的形式幸存下来。因此,有一条"中庸之道",[9]它被定义为在太弱的挑战和过于严重的挑战之间的中间地带。最具刺激性的挑战就在这条中间地带。

文明昌盛、反复的挑战、创造性的领袖和少数人的工作,以及"退出—回归"运动

有些文明诞生之后从未成长。用汤因比的话说,它们成了"被捕

者"（arrested）或"盲巷"（blind alleys）。在"盲巷"中，有斯巴达、爱斯基摩人（在他那个时代被称为因纽特人），还有被汤因比视为"败类"的奥斯曼土耳其。[10] 一个文明要想发展，需要的不只是单一的刺激；应对挑战时的松懈可能导致停滞和衰落。一定有一种"生命冲动"（élan vital）——汤因比喜欢法国哲学家亨利·柏格森（Henri Bergson）发明的这一美丽但不易翻译的术语——将运动进一步推进，并将运动转化为一种"重复的周期性节奏"。如果一个文明在成功应对外部一系列挑战后继续繁荣发展，"挑战与应战"的行动领域将从外部环境转向内部环境。在这次转移之后，主要的挑战将是内部的。

兴起和繁荣有特定的社会学驱动力。这些驱动力只能由极少数有创造力的派别和人物来解释，而追随他们的多数派被汤因比轻蔑地称为"懒散的后卫"。[11] 他是一个精英主义者，对有创造力的个体的经常出现很着迷。汤因比认为，"退出—回归"（withdrawal-and-return）运动对这一进程至关重要，许多政治和宗教领袖都经历过这一过程。未来的伟大领袖需要脱离并暂时退出他们的社会环境，然后脱胎换骨重新回到同样的环境中。为了实现潜力，他们必须暂时摆脱各自的社会环境和制约。这似乎促进了后来的创造力。世界上许多伟大领袖的传记似乎都证实了这一理论。

文明的崩溃和"创造性"少数派向"主导性"少数派的转变

汤因比拒绝对衰落做确定性的解释。文明的消亡是由于自身的错误。"文明崩溃的道义责任在领导人身上。"[12] 那些成功应对一个挑战的人，往往在下一个挑战到来时失败，因为他们满足于自己的荣誉。在曾经有创造力的个人和少数派的灵魂中，创造力会丧失，这是一种"创造力应得的惩罚"。[13] 然后这些人就变成了仅仅是"占主导地位"的少数派，凭借武力统治。其他相互关联的原因包括旧制度拒绝必要的改革、军国主义和"对胜利的陶醉",[14] 这可能导致胜利的国家和宗教犯下严重错误。汤因比没有提到经济或生态因素的崩溃,甚至没有提到外来侵略和战争的失败。

文明的解体与分裂

在精神和社会机体中,文明的崩溃不一定导致它的解体。它只会导致文明的僵化,就像古埃及一样。[15] 解体是文明生命的最后阶段。当不同的、矛盾的行为和情感模式出现时,人们的精神就会产生分裂或深刻的分野。值得注意的是,汤因比选择了"分裂"(schism)这个带有贬义的宗教术语。它来自教会历史,指的是东西方教会的分裂。汤因比不仅不喜欢公开的战争,而且也不喜欢一般的冲突和对抗。在汤因比的思想中,冲突中没有什么积极的东西,这是其他历史学家肯定会拒绝的判断。汤因比像斯宾格勒之前所做的那样,发现了西方文明瓦解的所有症状。他用"野蛮化""庸俗化""标准化"等术语来描述自己的时代。[16] 费尔南·布罗代尔甚至可能对"解体"一词提出质疑:他假设,长期存在的文明并不是简单地解体和消失,而是发生变化,其组成部分在新的地点、以新的形式出现。

汤因比认为,精神与宗教力量——而不是科学、技术和工业——正在推动历史发展,并应继续推动。他对科学、技术和工业知之甚少,并对它们在现代世界中占据的重要性表示谴责。第二次世界大战后,他对文明的未来感到担忧,主张建立一个普世性的国家或世界政府。在他看来,精神上的恢复和宗教的回归对创造一个更美好的世界至关重要。

汤因比与犹太人

没有其他任何一位现代非犹太文明史学者,像汤因比那样对犹太人和希伯来《圣经》如此感兴趣。关于犹太历史的章节和段落遍布他的作品,可以填满几百页。[17]在汤因比之前,还没有哪位世界史学者关于犹太教的言论能在他那个时代如此广为人知,并引发了如此激烈的辩论,特别是犹太人自己也参与了辩论。这些言论产生了大量的回应文章、公众辩论、学术书籍和出版物,汤因比在其著作的最后几卷中精心记录了这些内容。从他对犹太人及其历史的评论里,可以发现 20 世纪以前许多传统的反犹主题在他的作品中都有表达,但在他最后的岁月里,他彻底改变了主意,雄辩地表达了对犹太民族重新崛起的美好希望。

汤因比的态度一开始就不合逻辑,这只能归结于他的基督教偏见。他称犹太人为"化石",可以与印度的帕西人相提并论,这成为他除了"挑战与应战"之外最著名的一个术语。他拒绝在真正的文明之林中给予犹太文明地位。但是,在他的 12 卷著作中,为什么每隔几页就会回到他的"宠物"化石上? 而帕西人只被提到一两次,然后就从他的故事中消失了。汤因比认为,即使在《圣经》时代,犹太人也没有一个真正真实和独立的文明;它们是一个笼统的、被模糊描述的"叙利亚"文明的一部分。第二圣殿被罗马人摧毁后,它们成了"废墟","在世界上漂流至今"。[18]他满怀敬佩地提到约哈南·本·扎卡伊(Yohanan Ben Zakkai)拉比,后者在这场灾难后改变了犹太教,并帮助犹太教得以生存,但其中存在一个矛盾:汤因比承认犹太人非凡的适应和生存能力,但不想承认犹太民族和文明的持续性与长期性。他认为,犹太人性格的形成主要源自对歧视的反应。汤因比认为,犹太人强烈地意识到他们与他者之间的差异,而且满怀"不可估量的优越感"——这在他的笔下是一种可疑的恭维之词。[19]当汤因比讲到 20 世纪时,他用 20 世纪50 年代所能听到的最严厉的言辞来谴责发生在西方世界的犹太大屠杀。他发出这一声音是在艾希曼审判之前,当时欧洲正试图忘记大屠杀这段令人不快的插曲,而有关这一事件的少数几本书也没有销路,几乎无人知晓。汤因比警告西方,它将因自己的罪行而活在"永远的耻辱"中。半个世纪后,纳粹大屠杀在世人的良知中占据了重要地位,而汤因比似乎是极少数在 20 世纪 50 年代就预料到这一点的人。但随后他转过身来,以同样强烈的语气谴责以色列对巴勒斯坦人犯下的不公正罪行。他对以色列的生存权表示质疑,他对以色列在驱逐巴勒斯坦人方面的过错的指责,常常与针对美国和那里的犹太游说集团的攻击如出一辙。他这方面的措辞几乎与 2000 年左右开始出现的新一波西方反犹主义和反犹太复国主义的宣传一模一样。

但与此同时,在 1961 年他的《历史研究》的最后一卷出版之前,发生了一些事情,使他推翻了许多旧的信念,即使没能改变他那反犹太复国主义的态度。他对犹太人的重新评价与以往截然不同,这一转变很难找到任何解释。在这本著作的最后一卷中,他第一次承认,他从小就有反犹偏见,这扭曲了他的判断。犹太人不再是"化石";他们现在受到称赞,被认为创造出不亚于中国模式或希腊模式的另一种文明模式。犹太人首先展示了一个民族在被连根拔起后如何维持自己的生活。"活着的一代人和我们的后继者"需要犹太人的流散模式:"这一先驱成就已被证明是未来的浪潮。"[20]汤因比预计,未来还会出现许多其他的"流散",这在 20 世纪 50 年代是一个惊人的远见,因为当时世界大部分地区的国家边界仍然关闭。而更多"流散"将会出现。

汤因比呼吁犹太人寻求皈依者,向全世界表明自己的立场,使之犹太化。这将是"犹太教命运中的成就",因为"犹太教是为全人类而存在的"。[21]他希望有一位犹太先知能够让犹太民族相信他们肩负着普世的使命:"2500 年来,全世界都在等待这位先知。"这是否意味着这位老迈的英国新教徒不再相信耶稣就是这个先知? 无论如何,在 20 世纪,犹太人从来没有想象过比这更高的要求和更崇高的世界使命。当汤因比《历史研究》的最后一卷即第十二卷出版时,犹太人几乎毫无反应。他们可能已经不读他了。

第十章　皮蒂里姆·索罗金(美国,1889—1968)[1]

皮蒂里姆·阿历克赛德洛维奇·索罗金出生于俄罗斯农村的一个芬兰少数民族社群。他 10 岁或 11 岁的时候第一次看到城镇,并学会了读写。1906 年,他作为一位反沙皇的革命活动者被捕。1917 年革命后,他成为克伦斯基临时政府的一员,并建立了一个俄国农民苏维埃,但很快被共产党人驱散。1918 年,他又一次站出来反对列宁和托洛茨基,两次被捕,然后被判处死刑。1922 年,他被列宁赦免,并被驱逐出境,移民美国。1930—1955 年,他在哈佛大学担任社会学教授。皮蒂里姆·索罗金作为高层积极参与他那个时代的暴力动乱,这使他可以与修昔底德、司马迁和伊本·赫勒敦相提并论。除了这四位,本书中没有一个学者有如此资历,可以声称个人参与了重大的历史性世界事件。冒着生命危险但输掉了赌注的索罗金转向写作和研究历史的兴衰。索罗金的前辈们的个人经历使他们清楚地认识到强权政治的现实和陷阱。索罗金的情况并非如此:经验使他更加虔诚。

在现代有关兴衰的理论家中,索罗金是罕见的。他的作品在他那个时代备受赞赏,但在今天却很少被提及,这表明即使在 20 世纪,在学术的外衣下,"兴起""繁荣"和"衰落"的定义也可能完全取决于宗教标准,在这种情况下通常是基督教的标准。和汤因比一样,索罗金也受到斯宾格勒和基督教信仰的影响,但与汤因比的比较不能走得太远。汤因比调适并修正了斯宾格勒的教条主义结构：他知道太多的历史，不能接受所有这些观点。索罗金采纳了其中的一些，补充了更多他自己的观点，并试图用来源不明的统计数据来支持他的理论。汤因比的宗教背景是基督教新教。索罗金信仰的是俄罗斯东正教，但他的信仰包含了强烈的末世论，这一信念认为世界末日即将来临，在那之后，人类或其遗骸将全新和完全净化地复活。尽管这不是俄罗斯东正教主流神学的一部分，索罗金却秉持这种信仰，这与犹太弥赛亚主义有很多渊源。

索罗金的书试图把世界历史写成一个单一的、支配性原则的表现形式。他宏大的历史框架是精神上的。他的作品的关键在于，所有"文化"的表现形式（像斯宾格勒一样，他用"文化"来表示文明），换言之，所有的思想、制度、生活方式、艺术等都属于两个根本不同的范畴之一。一种是精神上的或理想主义的（用索罗金的话说是"理想的"[ideate]，或被精神支配的），另一种是肉体的或物质主义的（用索罗金的话说是"感官的"[sensate]，或被感官支配的）。在这两者之间还有一个混合的或中间的范畴，精神理想主义成分通常占主导地位。索罗金的理论假定身心完全分离，这是一种由基督教和柏拉图等哲学家传播的二元论，但不再得到现代科学和医学的支持（关于这个主题的更多信息，见本书第四部分第二章）。他不遗余力地证明这种分离是历史事实。他举了许多例子，其中一个就是按照"文化心态"对教皇、俄国沙皇、奥地利皇帝、英国国王和法国国王进行分类，据说这些人都属于上述三类之一。索罗金统计了 42—1932 年在位的 256 位教皇，并计算得出其中 14.6% 是物质主义者，40.1% 是精神上的理想主义者，45.3% 的人是混合型，总体上还不错。相比之下，938—1793 年的 32 位法国国王的得分就不佳了：62.5% 是物质主义者，只有 25% 是理想主义者，12.5% 是混合型。俄国沙皇的情况也好不到哪里去，索罗金曾与其中最后一位斗争过：在 1290—1918 年统治俄国的 32 人中，索罗金认为 59.3％是物质主义者，只有 15.6％是理想主义者，这一比例甚至比臭名昭著的法国的比例还要糟糕，还有 25.1％的人是混合型。奥地利国王的情况稍好一点，而英国国王的情况则不佳。[2]我们对早期教皇和国王的私密生活与内心信仰一无所知，而对后来的教皇和国王又知之甚少，因此这些数据只反映了索罗金强烈的禁欲主义倾向和偏见。为了证实他的理论，他在研究政治、文化和科学的世界历史时提出了类似的数字游戏。但这并不是布罗代尔和他的学派在呼吁"计量史学"时的想法，即基于可量化的地理、经济和社会数据的历史。

索罗金理论的第二个主要原则是，文明（"文化"）可以与生物有机体相媲美，就像斯宾格勒的比喻一样。文化是"鲜活的统一体"，它们的所有组成部分，如艺术、音乐、科学、哲学、法律、伦理，甚至社会、政治、经济组织，都是在同一个方向上保持和谐、同时发生变化的。它们不是随机并排放置的独立隔间的集合体，而是显示出所有要素的"内在一致性"与"整合"。[3]索罗金承认，经济状况与其他组成部分的联系可能不那么紧密。社会文化变革只来自制定的法律，而不是外部挑战。一种文化"本身就有其变化的原因"。[4]索罗金反对"外部主义"的变革理论，比如汤因比的"挑战与应战"模型。文化"凭借自身力量而改变。……即使它的所有外部条件都是不变的，它也不能不改变"。[5]这个想法是对斯宾格勒理论的模仿，他常常引用斯宾格勒的思想。

索罗金最著名的贡献是他的历史动力学理论。历史自我重演，没有连续的线性趋势，只有周期。历史是在"变化"或"交替"中运动的，理想主义和物质主义文化时期相互交替。一个波动可以持续几十年或几百年，然后潮流开始转向。在索罗金看来，过去的 500 年，也就是威廉·麦克尼尔所说的"西方的兴起"时期，实际上是西方的衰落时期。这几个世纪以来，生活和文化的各个领域都被不断增强的物质主义波动所主导。这在政治上是显而易见的："谁是我们的领导人？成功的赚钱者。怎样赚钱没什么关系。除了少数例外，他们都是'社会'的顶端。……与此相一致，在我们的文化中，几乎所有东西都是可出售的。"[6]但这股浪潮现在已经到了"路的尽头"，[7]预示着一场巨大的物质主义危机。西方正走向"生命中最深刻、最重要的危机之一。这场危机远比寻常的危机大，它深不可测，结局也不可知"。[8]然而，不可避免的崩溃并非终点。在这一点上，索罗金与斯宾格勒的观点不同，斯宾格勒曾预测过西方的末日。当索罗金描述刚刚开始的末日前景时，他听起来更像是一位传统的恫吓式的美国传教士，而不是社会学教授。"被灾难的严峻考验净化过的西方社会将被赋予新的魅力，并随之复活。"[9]一种新的精神理想主义文化将从这场磨难中诞生。

索罗金很少使用"兴起"和"衰落"两词，但他的意图是明确的。"兴起"相当于"理想"，而"衰落"则相当于历史的"感性"波动。前者由思想支配，后者由感官支配。从 19 世纪至 20 世纪的历史都在衰落，包括文艺复兴、科学革命、"西方兴起"，以及人类历史上生活水平和预期寿命增长最快的时期，也包括人类已知的最具破坏性的战争和革命。什么时候是伟大的创造时期？那就是基督教早期，从 6 世纪至 12 世纪。作者认为，这一时期是精神性的，它的目的和需要是非物质的。这是一种大而化之的说法。索罗金没有讨论罗马帝国灭亡后欧洲物质文化的灾难性崩溃，没有讨论伴随外来入侵而来的苦难和流血，也没有提到公元 9 世纪至 11、12 世纪期间物质条件的改善和欧洲人口的三倍增长。他的标准不同于其他学者和他那个时代的大多数人。索罗金的著作是一个例外，但同时也提醒读者不要忽视伴随"兴起"和"衰落"两个词的沉重的意识形态包袱，索罗金很少提及犹太人，也没有给犹太人的兴衰带来新的理解。

第十一章　费尔南·布罗代尔(法国,1902—1985)[1]

　　费尔南·布罗代尔被认为是 20 世纪最有影响力的法国历史学家。第二次世界大战后,他成为强调大规模社会经济因素在历史中的作用的编年史学派的领袖。布罗代尔成为他那一代结构史学或计量史学的主要支持者。他视历史为"科学女王",并积极参与起草法国教科书和向成人普及历史。在他的所有作品中,有三本巨著脱颖而出:《菲利普二世时期的地中海和地中海世界》(1949)[①]被认为是他最具影响力的著作,另外还有《15 至 18 世纪的物质文明、经济和资本主义》(1967—1979)[②]和未完成的《法兰西的特性》(1988—1990)[③]。[2]

布罗代尔的历史哲学

　　布罗代尔的历史哲学可以概括为三个原则:

　　(1) 过去解释了现在——不仅是最近的过去,而且是许多的过去,包括非常古老的过去。如果能很好地理解过去的深层次趋势,就有助于预测未来。

　　(2) 现在不是由"事件"、著名领导人和其他人制造当下新闻的结

---

① 有商务印书馆 1996 年中译本,唐家龙等译。——校注
② 有生活·读书·新知三联书店 2002 年中译本,顾良、施康强译。——校注
③ 有商务印书馆 2020 年中译本,顾良、张泽乾译。——校注

果,而是可以追溯到几百年甚至数千年前的长期、深层次发展的结果。历史学家的任务是梳理出这个"长时段",并将其与那些只是历史长波中的"泡沫"的偶然事件区分开来。对于传统的政治史学家来说,一天或一年是恰当的时间尺度。而对于一个研究"长时段"的历史学家来说,并非如此。只有"长时段"的历史才能真正解释现在,也许还能解释未来。

(3)一切政治的、军事的、文化的历史事件都有物质基础。这就是为什么社会经济条件对掌握历史至关重要。随着时间推移,基本的社会经济结构非常缓慢地变化,这就解释了历史的"长时段"。文明史学家必须非常关注数量:地质、地理、气候、人口的数量、领土的大小和位置、距离、贸易和移民等。真正的历史是缓慢的,因为它的物质构造是深层次的,在很长的时期内逐渐变化。

布罗代尔揭示了他的个人生活对他的历史哲学有多么深刻的影响。他于1902年出生在一个有200名居民的小村庄,这个村庄几百年来一直没有什么改变,这确实是一个"长时段"的过程。他在一所建于1806年的房子里长大,从此再也没有搬过家。他的人生转折点出现在1940年,当时他还是一名法国士兵,被德军俘虏。在战俘营的五年时间里,他凭借惊人的记忆写下了杰作《菲利普二世时期的地中海和地中海世界》,没有查阅任何图书馆或其他资料。1940年以后,他再也不想听"事件"了。他以不同寻常的方式坦率承认:"去他的'事件',尤其是当它们很烦人的时候!"[3] 1940年,用他自己的话说,他选择了"长时段观察"作为他的"藏身之地"。他研究了地中海,因为其历史上的"永恒"和"崇高的静止"使他着迷。

长时段

布罗代尔主要强调的不是兴起或衰落,他几乎没有使用这些术语。吸引他的是文明如何生存、自我改造、寻找新的表达方式和重新出现。他有本书中专辟一章写阿拉伯文明在 12 世纪后的停滞或衰落，紧接着是伊斯兰文明生存了下来，[4]接着又有一章是关于伊斯兰教在我们这个时代的复兴。让布罗代尔感兴趣的，与其说是罗马帝国的没落和衰亡，不如说是它在欧洲文明中的恒久和存续，直到 14 世纪民族文学的出现。[5]资本主义和物质生活确定了资本主义制度的长周期。这种循环发端于 12 世纪，并在 15—18 世纪主导了欧洲经济，持续了大约 500 年。《菲利普二世时期的地中海和地中海世界》用数百页的篇幅讲述地中海世界的气候、文明、经济和人口结构，但只在最后一部分"事件、政治和人民"中才提到那位统治几十年的西班牙国王菲利普二世，在这本书的末尾，我们才看到他躺在临终前的床上！[6]

文明

如果说布罗代尔对兴衰的概念不感兴趣，那么"文明"的概念确实引起了他的兴趣，而且非常感兴趣。他不遗余力地用各种语言解释了这个词的不同含义，讨论了它最初出现的时间和地点，它是如何演变的，以及它如何与"文化"区别开来。布罗代尔还对一些重要的文明史学家，包括雅各布·布克哈特、奥斯瓦尔德·斯宾格勒和阿诺德·汤因比等写了一篇评论文章，他非常认真地研究了他们的作品。[7]

伟人在历史上的作用

布罗代尔对西班牙国王菲利普二世的处理表明，他从根本上贬低历史上的伟人。他的第二本关于地中海的书是死后出版的，其中有一章"大人物：地中海文明"。[8]这一章的标题揭示和表达了他的哲学核心。文明决定历史，理应称得上伟大，而短暂的国王则不配。在谈到伯里克利（Pericles）时，修昔底德已经清楚地看到了他的至关重要，而布罗代尔却在书中说:"相信伟人手中掌握着命运,而事实上他们和其他人一样被命运冲昏了头脑,这难道不是一种幻觉吗?"[9]虽然低估伯里克利不会使布罗代尔在当代人中树敌,但类似的历史判断却使他卷入了与法国研究反犹主义史的犹太历史学家利昂·波利亚科夫(Leon Poliakoff)的争论。布罗代尔谈到了费迪南和伊莎贝拉将犹太人驱逐出西班牙,但他为统治者们辩护,反对波利亚科夫指控他们是反犹主义者。"在西班牙的那种情况下,我自然站在犹太人一边。但是这种感觉……与基本问题无关。让我再次强调经济形势,一股盲目的力量……必须承担责任。当他们在 1492 年驱逐犹太人时,费迪南和伊莎贝拉并不是以个人身份。……文明和经济一样,有着长期的历史:它们容易发生群众运动,……在历史的重压下前进……"[10]西班牙犹太人的领袖唐·以撒·阿巴伯内尔(Don Isaac Abrabanel)非常了解他的国王,他试图阻止驱逐,但徒劳无功。他确信费迪南可以"以个人身份行事",撤销驱逐令。布罗代尔在讨论 20 世纪的历史时并没有放弃他的立场。当他写 20 世纪的欧洲和法国时,对维希政权和希特勒几乎没什么可说的。他曾经提到过后者,说他与哈布斯堡皇帝查理五世、法国国王路易十四和拿破仑一样,这三位欧洲著名的统治者都深知,他们无法用武力统一欧洲。[11]这三个人和希特勒是一类人吗?即使布罗代尔的目的是强调历史的深层次力量,而不是强调个别统治者,这种比较仍然令人不安。布罗代尔一生的理论深受法国社会和学术界的好评。在这些年里,法国有一种强烈的倾向:忘记维希时期,或者把它解释为一个由压倒性力量而不是由法国自己的领导人带来的黑暗时期。

未来

1960—1962 年,布罗代尔试图运用他的原则,根据当代主要文明的"长时段"历史,预测其未来的发展轨迹。[12]他看到"阿拉伯复兴"正在形成,并用一句俏皮话描述了阿以冲突的本质,这句话比他那个时代的许多其他解释更具洞察力:"上帝的两个民族同时出现,这让外交官和将军们哪能吃得消!"他预测,未来非洲将发展成为一个伟大的文化,而中国可能因他所谓的文化停滞而步履蹒跚。如果不包括更大的文化和宗教统一,欧洲的统一仍将是脆弱的。美国将面临严重的问题,特别是在种族关系和孤立主义方面,但是苏联站在向"幸福"社会和"了不起"的物质成就的伟大转型的开端,它有着"巨大"的未来。半个世纪过去了,布罗代尔的预测没有一个经得起时间的考验。回顾过去,他所看到的一些"长时段"的力量似乎是同时代法国思维习惯和戴高乐主义外交政策目标的一面镜子。

布罗代尔与犹太人

布罗代尔的原则在犹太人历史上的应用尤其困难,因为犹太人生活的物质基础经常发生变化,而且远不如其宗教史那般为人熟知。当布罗代尔说"文明,无论大小……总能在地理地图上找到",[13]他似乎排斥了犹太人。此外,每一种文明都应该有经济基础。在一本几百页的遗作中,布罗代尔比较了古代中近东、希腊和罗马的地中海文明。关于古代以色列,只有不到半页的篇幅,其中提到所罗门王的圣殿和铜矿。最后出现了这句奇怪的话:"没人能预见到……未来对于以色列的精神信息所起的神奇作用!"[14]事实上,没人能像他一样看待所罗门王的铜矿。事实证明,这个国家的物质基础与以色列日后对世界的影响无关。

布罗代尔可能在思考是否存在犹太文明,以及他的理论如何适应这个问题。当他被告知有些事实不能证实他的历史哲学时,可以用黑格尔的一句名言形容他的心情:"事实太糟糕了!"在犹太人的案例中,布罗代尔确实承认历史事实，即使这些事实一眼看上去融不进他的哲学。他反省的结果是他在那本关于菲利普二世时代的地中海的杰作中出现了不同寻常的一章："一个同所有其他文明对抗的文明：犹太人的命运"。[15]通过对 16 世纪和 17 世纪的思考，布罗代尔最终确定了犹太文明的物质基础。他发现犹太人"形成了世界上领先的商业网络"，由此维持着他们的文化以及宗教福祉、社群自治和政治影响力。布罗代尔做了一系列详细的观察，它们超越了菲利普二世时代，因为这些观察也指向犹太人在其他时代取得成功的必要条件：

（1）犹太人是不同文明之间不可或缺的中间人，他们懂多种语言，印刷第一批书籍，传播科学技术甚至是军事技术。

（2）为了缓解分散和人数少的问题，犹太人通过旅行、信件和书籍建立了强大、连贯的网络。他们人数很少，但这对他们的效率不存在任何障碍。

（3）犹太人适应当时环境的能力极强。

（4）与异族通婚频繁，这通常对犹太教有利。

（5）当犹太人能够做到下面这一点时，他们可以毫不犹豫地打击或威胁其敌人：他们成功地组织了几次对敌对城市的经济抵制活动。

犹太文明的本质特征，以及犹太人苦难、力量和生存的本质特征是，他们的文明正朝着与其他文明相反的方向发展。在其他文明建立新的民族国家时，它对此提出了异议和蔑视。犹太大流散是一个"单一的命运"，它的"剧场就是整个世界"，"这是一个超越时代的现代命运"。

他似乎想消解早先的疑虑，就像汤因比一样，布罗代尔现在向犹太文明致敬：

> 犹太文明毫无疑问是有的，它个性十足，以至于不总被认为是一个真正的文明。然而，它施加了影响，传播了某些文化价值观，抵御了其他文化价值观，有时接受，有时拒绝：它拥有我们定

义文明的所有品质。诚然，它并不是或并不仅仅是在概念上扎根于任何一个地方，它不服从任何稳定和不变的地理规则。这是它最原始的特性之一，但不是唯一的特征。……（这是）一个充满活力和运动的文明，当然不是阿诺德·汤因比所说的"化石般的"和惰性的文明。恰恰相反，它既警惕又好斗，不时被奇怪的弥赛亚观念的爆发所席卷，特别是在近代早期。早在斯宾诺莎之前，它就被理性主义和无神论所分裂，理性主义导致一些人走向怀疑论和无神论。另一方面，群众倾向于非理性的宗教信仰。我们可以确定的一点是，以色列的命运、它的力量、它的生存和它的不幸，都是它拒绝妥协、拒绝被稀释的后果，也就是说，它是一个忠于自己的文明。每一种文明都有自己的天堂和地狱。[16]

第十二章 马歇尔·霍奇森(美国,1922—1968)[1]

马歇尔·G. S. 霍奇森是芝加哥大学的伊斯兰史和世界史学者。他的三卷本的伊斯兰文明史在他那个时代享有盛名,至今影响尚存。重要的阿拉伯学者阿尔伯特·胡拉尼(Albert Hourani)受到了此书的启发,称赞这是"不寻常和独创性"的书,可与伊本·赫勒敦的作品相媲美。[2]霍奇森是对宗教有着深刻理解的贵格会教徒。他非常想公正地对待伊斯兰教,但也强烈地意识到,没有一个历史学家能够完全客观地看待一个不受自己文化和宗教教育影响的外来文明。霍奇森清楚地意识到所谓客观性的局限,并能够对文明做一些重要的总体性观察。

兴起和衰落是相对的概念

对霍奇森来说,兴衰的概念是相对的,通常是主观的,并且依赖于一个文明的自我形象。文明的定义"只是部分地由数据本身给出。在某种程度上,这是调查者目的的一个功能"。他写道:"每个文明都有自己的范围,就像每个宗教有自己的范围一样。"[3]伊斯兰教为其文明定义的范围是包罗万象的,为自己设定的目标是最高的。《古兰经》曾向穆斯林承诺,他们将是人类历史上出现过的最好的社群。穆斯林可以合理地相信这一承诺几乎实现了,但无法理解——用伯纳德·刘易斯的话来说——"错在哪里"。伊斯兰教最伟大的时期从 10 世纪持续到13世纪,但即使在16世纪和17世纪之前,伊斯兰文明"比以往任何时候都更接近于将全人类团结在其理想之下",[4]并保持着自己的创造性。伊斯兰教的早期兴盛使其后续发展在我们和他们眼中看来显得衰败,但这是一种认知上的错误。这种错误部分是由我们关于罗马衰败的记忆而引起的,罗马的衰败对我们的思想产生了深刻的影响。在伊斯兰教的案例中,正如其他案例一样,真正特殊和需要解释的不是晚期的明显衰落,而是这种生活的方方面面为什么会在早期同时繁荣。

外部环境下伊斯兰教的兴起

伊斯兰文明的兴起、繁荣和衰落是霍奇森感兴趣的中心。他认为文明的兴衰并不是一种自主的现象,而是一种基本上由世界历史塑造的发展,世界历史为文明的兴衰创造了有利的外部条件。霍奇森把伊斯兰文明的兴衰放在更广泛的背景下考察,这在今天和他那个时代一样是热门话题,为一般的兴衰理论增添了一个独到的视角。外部因素对文明兴起的间接但决定性的影响,显然在伊斯兰教诞生之初就起作用了。霍奇森指出,伊斯兰教在6世纪形成于一个历史和文化的空白地带,一个既没有希腊传统也没有梵语传统的"残余"地区。不管有没有伊斯兰教,这个地区无论如何都会改变,落入其他人手中。例如,它本可以受到波斯萨珊王朝的影响,但萨珊王朝被削弱,以致它自身也落入阿拉伯侵略者手中(634—651)。这个地区最初的文化空白,加上波斯的衰落,给了阿拉伯人很大的机会。接下来的"哈里发鼎盛期的古典文明"[5](622—1258)是一个拥有伟大的文化创造力和创新力的时期。伊斯兰教在经济扩张的浪潮中成为一种大众宗教。

伊斯兰教在16世纪和17世纪的繁荣

霍奇森坚持反对当时广泛流行的一个论点,即在14世纪蒙古人入侵之后,伊斯兰世界进入了一个持续至今的停滞时期。诚然,蒙古人的挑战要比基督教的挑战更严峻,此外,黑死病的大流行导致 1300—1450 年的经济严重萎缩,伊斯兰世界受到严重削弱。然而,在许多已知的世界各地,包括欧洲、非洲和中国,也可以同时观察到类似的收缩和人口下降。1500 年后,伊斯兰教的复苏使伊斯兰教进入了一个政治和文化辉煌的新时期。三个伟大的帝国出现了,每一个都发展了自己的伊斯兰文明形式:波斯萨法维帝国(繁荣于 1503—1722 年)、印度莫卧儿帝国(繁荣于 1526—1707 年)和奥斯曼帝国(繁荣于 1517—1718 年)。在这两个世纪里,伊斯兰教继续在欧洲、亚洲和非洲扩张,直到它的人数占世界人口的 20% 左右,这一比例与今天的比例相同。在这三个"火药帝国"建立之时,伊斯兰教达到了政治权力的顶峰,并最接近西方即将接管的世界主导地位。

外部环境下伊斯兰教的衰落

霍奇森承认,伊斯兰社会在 16 世纪和 17 世纪的繁荣时期开始发展出过度的保守主义。文明在既定的传统路线中流动,这与欧洲文艺复兴时期富有创造力的发展方式大不相同。在这一时期末期,很难发现任何伊斯兰的创造力:在 18 世纪,伊斯兰教,特别是阿拉伯世界"在文化上变得贫瘠"。[6] 此外,什叶派和逊尼派之间的激烈争吵正在终结伊斯兰的世界主义。1700 年后,以宗教保守主义为主的社会文化生活普遍萧条。1800 年后,伊斯兰教的世界地位急剧下降。霍奇森用"衰败"(decadence)一词来形容这种衰落,指出有许多负面的发展同时出现,但他坚持认为,这种显然是不可阻挡的衰败之所以是致命的,只是因为它发生在欧洲进入一个长期的、具有杰出的创造力的时期。欧洲的扩张开始于 15 世纪末,当时的伊斯兰世界就暴露在葡萄牙人畅通无阻、所向披靡的印度洋航海中。这是第一波非常痛苦的政治和经济打击。然而，用霍奇森的话来说，真正"削弱"伊斯兰教的是欧洲的"嬗变"及其"压倒性的突如其来"。[7]霍奇森认为这种变化是人类历史上独特的现象。在文艺复兴前，伊斯兰教和西方都是以相对"悠闲的步伐"前进的，霍奇森论证的一个主要观点是，之前欧洲的科学和技术进步并不比伊斯兰教快①，伊斯兰世界不需要跟上欧洲来保持其优势。他也认识到，与西方相比，16世纪和17世纪的伊斯兰文明创造力不足，但这仍然是伊斯兰历史上最伟大的时代之一。约翰·赫伊津哈和其他欧洲历史学家会强烈反对霍奇森关于欧洲历史的陈述，因为他们认为文艺复兴是不迟于14世纪开始的漫长发展过程的高潮。在他们看来，欧洲的兴起并不是那么突然，而是有着更深远、更古老的根源。

伊斯兰危机与20世纪

霍奇森在20世纪五六十年代写了这本书，当时其他观察家，包括费尔南·布罗代尔[8]等都相信阿拉伯的统一或伊斯兰的全面复兴已经迫在眉睫。相比之下，霍奇森对伊斯兰危机的严重程度没有任何幻想，并为之深深忧虑，因为"任何文明的希望、成功和失败都关系到我们所有人。在人类的道德经济中，它们也是我们自己的希望和失败"。[9]如果伊斯兰想要兴起并再次繁荣——霍奇森也希望如此——那就需要一个新的"愿景"。[10]霍奇森对政客们和媒体提出的传统问题几乎不感兴趣，例如伊斯兰是否能够"现代化"，能否获得西方技术，能否赢得与敌人的战争胜利或采用民主制。相反，他看得更深，叩问伊斯

---

① 在这个关键问题上有不同的看法。伊本·赫勒敦可能不会同意霍奇森的说法（见本书第二部分第三章）：恐怕14世纪的欧洲已经领先于阿拉伯人。一些专业的西方科学史学家也不同意霍奇森的观点，例如乔治·萨顿（George Sarton），参见"Arabic Science and Learning in the Fifteenth Century: Their Decadence and Fall," in *Homenaje a Millás-Vallicrosa*, vol. II (Barcelona, 1956), 303ff. 萨顿认为，阿拉伯科学和学术的衰落最早发生在13世纪，并在14世纪加速，到15世纪完全崩溃。伊斯兰科学的其他部分无法弥补这一损失，它本身也受到一些同样问题的影响。

兰教是否还有什么实质性的东西可以对整个人类和未来世界做出贡献。他没有发现什么令人鼓舞的东西。他注意到许多穆斯林对纳粹德国的同情,并将其与反犹狂热联系起来。对他来说,这似乎是个坏兆头,因为这不仅仅是出于政治动机的巧合。他对"建立在伊斯兰教义中的历史形象根深蒂固的不足"[11]表示遗憾,并呼吁穆斯林重新评估其宗教传统的含义。霍奇森早前便解释了为什么这种"在当时各大文明中独一无二的"信仰很难办到这点,因为这种信仰"未能保持该地区早期有文字记录的传统。而在其他地方,公元前1000年的杰作仍然是知识生活的起点",但是"伊斯兰的到来标志着对文化延续性的破坏,这在各大文明中是独一无二的"。[12]如果伊斯兰教希望再次兴起,就必须改变其传统的历史观;这样,它就可以改善新的伊斯兰复兴所需的条件。在这一点上,霍奇森提出了一个出乎意料且大胆的建议,使他从其他西方伊斯兰专家中脱颖而出。他呼吁彻底改变穆斯林对犹太人和犹太教的态度,这种态度在他那个时代已经成为穆斯林的主要困扰。

霍奇森与犹太人

霍奇森同情伊斯兰的文明和历史,这并没有影响他对犹太教和犹太历史(包括犹太复国主义在内的新旧历史)抱有同样的同情。霍奇森在他的三卷本著作中都提到了犹太人从穆罕默德时代开始在伊斯兰历史上的重要性。当犹太人拒绝穆罕默德时,他们构成了一个真正的威胁,因为"作为一神论的解释者,犹太人无疑比穆斯林更有资历"。[13]因此,他们被驱逐出麦地那就是"承认失败"。

霍奇森认为,伊斯兰教对犹太教和犹太人的未来态度,对于伊斯兰文明本身的未来,以及对伊斯兰教与世界其他地区的相关性来说,都是一个至关重要的问题。"必须坦率和创造性地看待伊斯兰教对其伊朗-闪米特（Irano-Semitic）传统的依赖，尤其是对犹太传统的依赖。毫无疑问，基督教和伊斯兰教的精神悲剧之一，尤其对后者而言就是未能与犹太人保持积极和重要的对峙。基督教和伊斯兰教都可以被视为是从希伯来先知传统中发展出来的。穆斯林拒绝希伯来《圣经》……不尊重希伯来语的学习……是一场灾难。"[14]禁止穆斯林阅读希伯来《圣经》是一个历史性的宿命限制，他们所知道的希伯来《圣经》只有走样的、传奇性的只言片语。霍奇森的劝诫与穆斯林的兴衰有关，而不是与犹太人的兴衰有关。他看到了犹太人——或者更确切地说是他想象中的犹太人——在当代伊斯兰进程和危机中扮演的核心角色。

第十三章 伯纳德·刘易斯(美国,1916—2018)[1]

伯纳德·刘易斯是普林斯顿大学高级研究院的名誉教授,也是我们这个时代最著名的伊斯兰学者之一。他关于伊斯兰历史和文化的书籍特别关注伊斯兰文明的兴衰及其与西方的互动。他的《现代土耳其的兴起》①首次出版于1961年,现已成为经典,一些专家认为这是他最持久的学术贡献。它启发了他后来的许多作品,包括2002年出版并被广为阅读的《错在哪里?》(*What Went Wrong?*)。《现代土耳其的兴起》在兴衰理论背景下的独特兴趣点在于,它颠覆了文明兴衰的传统叙事。历史学家习惯于按历史顺序描述一个文明从诞生到兴盛,再从鼎盛到衰落的"进步"。刘易斯从奥斯曼帝国的衰落和灭亡开始叙事,这一线索贯穿了此书的整个前半部分,接着是一个新的国家,即现代土耳其共和国,从旧的国家基础上兴起。他回顾了奥斯曼帝国和土耳其过去500年的历史,描述了几个世纪以来缓慢的改革尝试是如何试图阻止衰落的,直到土耳其革命更积极地干预,为土耳其的复兴创造条件。刘易斯知道,试图厘清奥斯曼帝国衰落的众多复杂和相互影响的因素,和为罗马帝国做同样的事情一样困难。就两者而言,奥斯曼帝国取得巨大成就和荣耀的巅峰时期很短,从1453年君士坦丁堡

---

① 有商务印书馆1982年中译本,范中廉译。——校注

陷落到 1566 年苏莱曼一世去世，之后就是更长时间的"衰落"。奥斯曼帝国与罗马帝国的区别在于其知识分子而不在于其统治者，他们的知识分子几乎从苏莱曼一世去世之初就强烈地意识到了他们的衰落。17 世纪奥斯曼帝国一个杰出的史学流派清楚地看到了衰落，但却无法阻止这一趋势。[2] 奥斯曼帝国的历史学家一直在叩问三个问题："帝国出了什么问题？""为什么它落后于异教徒的国家？""必须做什么？"

刘易斯将衰落的原因和症状分为三类：

政府和军队

第一个原因是统治者的素质。奥斯曼帝国的前十任苏丹，从奥斯曼一世（1258—1326）到苏莱曼一世（1494—1566），无一例外都是非常能干和聪明的统治者。接着是"一连串令人震惊的无能、堕落和不合群的人"，[3] 这绝不是巧合。这只能用"一种实际上排除了产生有能力的统治者的教养及选拔制度"来解释。刘易斯的轻讽与爱德华·吉本的话异曲同工，后者曾指责过大多数罗马皇帝的罪恶和腐化行为。[4] 从17 世纪初开始，奥斯曼帝国政府机构的效率和诚信出现了灾难性的下滑，最终在 19 世纪走向崩溃。刘易斯对这种阻止有能力领导人出现的选拔制度的警告，在今天和过去一样有效，不管这是否真的是罗马帝国或奥斯曼帝国衰落的主要原因。伴随着治理的衰落，军事情况的恶化也随之而来。军队的警觉性、训练水平和装备水平下降，接受新技术的意愿也在减弱。个别人确实努力引进更好的方法和技术，但他们却步履蹒跚，因为其他人拒绝学习欧洲日益增长的军事优势。他们更加相信伊斯兰信仰和文化的优越性。

经济和社会

奥斯曼人的技术落后和对新发明缺乏兴趣[5] 成为战场之外的一个

关键因素。它使得占据上风的欧洲舰船能够将奥斯曼帝国舰队从海洋中扫荡出去，这不仅对军事而且对经济都产生了巨大的影响。欧洲列强现在控制着海洋。与此同时，奥斯曼土耳其人不知道如何应对来自美洲的廉价白银，这些白银流入帝国并损害了当地的经济。工业和贸易掌握在基督教徒和犹太人手中，但由于他们是二等公民，他们的职业毫无威望。奥斯曼帝国不愿向异教徒学习，这又是出于他们对伊斯兰文明优越性的宗教信仰。因此，它们同时面临着政府支出的增长、经济的萎缩和贸易的停滞。刘易斯强调衰落的经济驱动因素，但不支持其他现代历史学家的观点，他们认为文明兴衰主要或完全归因于经济因素。

文化与智识

尽管在政治、军事和经济方面衰落了，奥斯曼帝国在很长时间里保持着活跃的文化和智识生活。17 世纪和 18 世纪产生了伟大的诗人、画家、建筑师和音乐家，更不用说那些为衰落而争论的思想家和改革家了。真正的文化和智识崩溃直到 1800 年左右才发生。

军事上的失败促使奥斯曼土耳其人在 18 世纪早期开始改革。1727 年，海军率先开始改革，首次允许印刷出版土耳其文书籍。奥斯曼帝国的改革者们知道，教育、科学、工业和法律制度的改革必须是土耳其变革的基石。1815 年后的几年里，一位皈依伊斯兰教的希腊犹太人霍加·伊沙克（Hoca Ishak）翻译了欧洲的数学和物理科学，并首次将它们介绍给土耳其学校。[6] 但是这些以及其他的西化尝试激起了反抗，而改革派对此的反击是新的更广泛的改革，这些努力反过来再次引发了来自宗教势力的反对，如此循环往复。1876 年，伊斯兰世界第一部西方式的宪法颁布。1900 年，伊斯兰世界第一所现代大学伊斯坦布尔大学开学。这场风潮最终在改革中取得了成果。最后，1908 年的"青年土耳其党人"起义正式拉开了土耳其革命的帷幕，但对奥斯曼帝国来说为时已晚。土耳其在第一次世界大战中的失败决定了帝国、苏丹制和哈里发制度的命运。

尽管有着漫长的改革尝试和实际改革的前史,但土耳其还是经历了一场严重的国家危机,直到一位杰出的政治家凯末尔·阿塔图尔克 (Kemal Ataturk)的出现,才实现了"整个民族从一种文明到另一种文明的强行转型"。[7]阿塔图尔克毫不怀疑他的国家为了重新崛起所需要的变革。在过去,土耳其的未来是建立在"奥斯曼主义""伊斯兰教"或"突厥主义"这三种国家意识形态中的一种之上。随着前帝国的非土耳其族国家的纷纷独立,奥斯曼主义的选择消失了,但泛伊斯兰的选择仍然具有巨大的吸引力。毕竟,几个世纪以来,土耳其人一直把扩张和捍卫伊斯兰教视为主要的国家使命,并证明他们在伊斯兰国家中的领导地位是正当的。"突厥主义"或"泛突厥主义"是一个较新的选择,它产生于19世纪的民族主义,意味着所有在安纳托利亚、高加索、中亚和中国说各种突厥语的人都被视为同一家庭的成员,这个大家庭应该团结起来。阿塔图尔克要求彻底打破这两种选择。他最深的信仰是进步和"文明",对他来说,这意味着西方文明;他坚持认为,只有西方文明才能帮助土耳其从旧帝国的废墟中重新崛起。凯末尔主义革命的最大优势是没有被外国占领者强行改革,尽管它是为了应对巨大的外来挑战。同样值得注意的是,它的领导人不是来自边缘或受歧视人口群体的反叛分子,而是老土耳其精英的成员。这意味着从一种文明到另一种文明的转变几乎不可能在比这更有利的条件下发生。尽管如此,刘易斯非常清楚,最终的成功仍然无法保证:"如果要说土耳其人民已经在他们面前的不同道路中做出了最后选择,那就太鲁莽了。"[8]

刘易斯与犹太人

刘易斯写了大量关于犹太人的文章,特别是他们与伊斯兰历史的

联系。他的两本书《伊斯兰世界的犹太人》(*The Jews of Islam*，1984)
和《闪族人与反犹主义》(*Semites and Anti-Semites*，1986)仍然是对这
些主题感兴趣的人们必不可少的读物。刘易斯反复表达了一个关于
犹太历史兴衰的特定思想，他断言，大流散的犹太人只有在其宗教的
两个继承者之一，即基督教或伊斯兰教的庇护下，才能有意义地流
动。[9]他发现奥斯曼帝国的犹太社群与帝国一起衰落，[10]并补充评论
说，生活在没有基督教或伊斯兰教庇护的中国和印度的犹太社群对犹
太文明没有做出任何有价值的贡献。诚然，奥斯曼帝国的犹太人在教
育和思想上并没有像奥斯曼帝国的基督教社群那样经历过复兴。刘
易斯的观察对奥斯曼帝国的犹太人来说是无可争辩的，但他对印度犹
太人和中国犹太人的评论可能会受到质疑。[11]他们的社群规模很小，
与犹太教的主要中心隔绝，然而几个世纪以来，他们保持着充满活力
和看上去幸福的犹太生活，与印度教或儒家环境积极互动，并在可能
的情况下，与东道国寻求共同的文化基础。这也是一种创造力。

第十四章　乔纳森·以色列(美国,1946—)[1]

　　乔纳森·艾尔文·以色列在英国大学教授现代史和荷兰历史,自2001年起担任普林斯顿高级研究院教授。1995年,他出版了重要著作《荷兰共和国兴亡史:1477—1806》(*The Dutch Republic: Its Rise, Greatness and Fall 1477 - 1806*),为他赢得国际声望。

　　他的《激进的启蒙:哲学与现代性的形成(1650—1750)》(*Radical Enlightenment: Philosophy and the Making of Modernity 1650 - 1750*)发表于2002年,在历史学家中引起了激烈争论,至今仍未平息。以色列认为,彻底的政治变革,如废除基于《圣经》信仰的欧洲君主制秩序,首先需要彻底的思想转变和长期的思想准备。他称斯宾诺莎是一位激进的哲学家,斯宾诺莎通过对民主共和秩序的坚定主张,发起了这种思想转变。以色列认为斯宾诺莎对几乎所有启蒙思想家都有巨大的、往往是隐蔽的影响。他的书很大程度上出自对斯宾诺莎的浓厚兴趣,也可能启发了最近关于这位哲学家的其他书籍。《激进的启蒙》一书挑战了那些主要从深层次的社会经济力量来解释重大历史变化的学派。马克斯·韦伯已经证明,宗教信仰可以改变一个文明,创造一个新的世界;乔纳森·以色列想证明,反对宗教的哲学运动也可以做到这一点。

　　但以色列对历史驱动力的看法并非教条主义的。[2]当经济因素和其他物质驱动因素明显时,他就会认识到它们。这一点从他关于荷兰共和国的书中可以清楚地看到,这本书特别关注兴起和衰落的驱动因素。一个接近现代的小国的兴衰引起了人们的特别关注,因为有理由认为,这个国家的历史将为我们这个时代的其他小国或文明提供相关的经验教训。历史学家有大量可靠的资料来源、目击者的叙述以及 16 世纪和 17 世纪的统计数据。因此与早期文明相比,不太需要借助推测和考古发掘。荷兰共和国所谓的黄金时代从兴起到衰落仅仅持续了 150 年,然后还有最后 80 年直到终结。尽管如此,要找到兴衰的根源并没有因为大量原始资料的存在而变得容易。

开端

1572 年,反抗西班牙统治的战争爆发,这是一个独立的荷兰民族和文明的起点。在这种情况下,人们可以把民族和文明这两个词视为几乎相同的词。这一事件的根源在遥远的过去,所需的条件在很长一段时间内逐渐积累起来。"革命,真正伟大的革命,是一场从根本上改变历史进程的伟大起义,而这只有经过长期酝酿才能产生。"[3] 从 13 世纪起,荷兰在各个方面都超过了欧洲其他地区:荷兰进行了农业革命,农作物产量高于其他国家,城市化进程加快,风车、排水基础设施和造船业的技术突飞猛进,这些对于后续发展来说都是至关重要的。以色列还强调了宗教和精神上的发展,例如鹿特丹的伊拉斯谟(Erasmus)的影响和他对教会的批评,这些发展甚至在起义之前就已经使荷兰在欧洲国家中鹤立鸡群。

荷兰人的起义没有成功的把握。事实上,它几乎被扑灭。但一旦它幸存下来,荷兰的力量便迅速兴起。从 1590 年开始的四分之一世纪,"一片岌岌可危的反叛领土已经成为欧洲的一个大国",[4] 尽管它的人口没超过 200 万,比当时的任何一个周边大国都要少得多。在西班牙无情的压力下,荷兰人在领土不断缩小的情况下,成功进行了深刻的军事、经济和体制改革，这不仅成为他们生存的基础，也给他们带来了持久的受围心态。"共和国在16世纪90年代所取得的狭小领土规模上的成功建国，在历史上很少发生，只有在内部发生巨大变化，并在外部环境异常有利的情况下，才能实现。"[5]

兴起和伟大的两个主要因素

乔纳森·以色列将荷兰共和国的兴起和伟大归功于两个主要因素，这两个因素是其他所有成就的基础，尤其是黄金时代的荷兰在文化、智识生活和艺术方面的繁荣。首先是荷兰共和国崛起成为欧洲主要的商业和海军强国，同时也是主要的军事和政治大国之一。1590年后，荷兰人在世界贸易中占据了主导地位，他们主导了高价值产品的贸易和许多相关的加工业。这种主导地位持续了近150年，刺激了城市人口的增长，使荷兰地区工资比欧洲其他任何地方都高，因此，经济迅速增长。荷兰兴起的第二个决定性因素是在公共教育和大学教育、科学技术和军事、社会和制度创新方面出现了优秀人才。很少有历史学家能像乔纳森·以色列那样理解教育、科学和技术创新在文明崛起中的不可或缺的作用。一位法国旅行者惊讶地写道，17世纪的荷兰共和国的识字率比欧洲其他任何地方都高，甚至连侍女都能阅读。这一观察结果也证明了荷兰妇女的一般教育水平和社会地位。在17世纪，荷兰妇女的教育水平和社会地位高于欧洲任何其他地区的妇女。[6]莱顿大学作为新国家的宗教堡垒和训练基地而建立，成为欧洲最大的新教大学，也是科学和人文学科方面最好的大学之一。[7]17世纪五所荷兰大学的重要性和影响再高估也不为过：它们的智力成就在许多领域都超过了欧洲其他大学。莱顿的国际声誉从学生群体的构成中得以体现：超过40%是外国人。

这两个主要因素是相互依存的，体现在高价值产品的世界贸易中,以及教育、科学和技术的卓越表现中。高价值商业和海上贸易刺激了技术技能的发展与创新。荷兰工程师团体在许多领域的领导地位都得到了认可,成为国际影响力不断增强的工具。技术和工业的进步反过来对科学和数学产生了巨大的影响,并引起了公众对新发现和新发明的极大兴趣。荷兰的科学在一些领域领先于欧洲其他国家。因此,荷兰人创造了历史上罕见的"技术精英",[8]他们的财富来自高超的技能(例如海战技术)和不懈的努力,而不是像西班牙那样,从美洲殖民地攫取金银财富,但没有将其用于教育或科学技术等经济用途。"富裕……来自技术。"[9]

有远见的领导者

还有其他的关键因素。一些有远见的领导者从平庸的领导者中脱颖而出,带领共和国渡过危险的水域。他们做出了可能拯救了国家未来的决定。其中之一就是,约翰·范奥尔登巴内夫特(Johan van Oldenbarnevelt)不顾国内的激烈反对,于 1609 年与西班牙签署了一项休战协议,因为此时荷兰已经在战争中精疲力竭,并且仍然被视为"缺乏合法性的临时反叛国家"。[10]尽管历史证明范奥尔登巴内夫特是对的,但他却因此被判处死刑,遭到处决。另一位伟大的政治家是约翰·德维特(Johan De Witt),他在 17 世纪 50 年代荷兰的"鼎盛时期"统治着共和国。[11]他寻求维护国家安全和促进贸易发展,与当时其他所有寻求领土利益或王室特权的欧洲国家都不同。

幸运

命运也不止一次扮演了重要角色。由于敌对势力被其他问题转移,荷兰面临的危险逐渐消失。当法国的路易十四在 1672 年"灾难之年"袭击荷兰时,"荷兰最初纯粹是靠运气得救的"。[12]事实上,荷兰人在最后一刻采取了一种绝望的、极其危险但成功的战略，阻止了快速挺进的法国军队。他们打开了保护他们不受海水侵袭的堤坝，淹没了他们国家的"低地"。

地缘政治联盟

另一个决定性的力量来源是与新教势力英格兰的联盟。这个联盟利用英国和荷兰的资源，将两国的海军合并在统一的指挥之下。这是强大的荷兰大国政治的高潮。[13] 1688 年英国的"光荣革命"是荷兰对英格兰的一次成功军事入侵，导致荷兰统治者奥兰治的威廉登上英国王位（这将在本书第四部分第九章中做更深入讨论）。威廉利用英国更强大的力量来保卫荷兰的利益，对抗他们的共同敌人法国。"光荣革命"是最后一次成功地入侵英国。它结束了 17 世纪早期英国人试图用武力征服荷兰人的一切企图。然而，后来两国之间的合作引起了贸易和政治竞争的加剧。世界贸易的主导地位最终从荷兰共和国转移到英国。

面对内部冲突和外部挫折，荷兰共和国在政治、经济和宗教方面表现出了非凡的韧性，但内部不和的迹象往往令人担忧。关于教义的争论，以及今天几乎无法理解的宗教少数派政策，导致了许多严重的冲突。关于军费开支规模的争论也不间断。尽管如此，荷兰人还是创造了一个高度自律的社会。荷兰引以为豪的自由却受限于对秩序和社会控制的执念。

衰落的因素

1690 年后，荷兰经济开始恶化，引发了一段衰落期，使该国从大国变回小国。主要原因是欧洲其他许多地区的工业发展，削弱了荷兰黄金时代在高价值商品国际贸易中的主导地位，同时也削弱了其城市经济和繁荣程度。这些后果包括城市人口的减少、熟练技工的移民、大规模的社会变革。更为不祥的是荷兰的军力和海上实力大幅削弱。一旦荷兰与英国的联盟解体,荷兰的军力和海上实力将无法与邻国相匹敌。直到 1740 年左右,荷兰一直保持着对欧洲其他国家在一些领域的科技领先地位,但后来荷兰的大学也开始衰落,知识界转而向内。荷兰的知识和科学发展不再影响欧洲启蒙运动的进程。荷兰知识分子意识到并讨论了他们国家的衰败,认为这完全是一个道德和价值观的问题,符合 18 世纪的一般思想。18 世纪 70 年代,一场严重的动荡影响了公众生活的方方面面,因此在 1795 年,法国革命军在没有遇到反抗的情况下将荷兰旧政权扫地出门。

乔纳森·以色列与犹太人

乔纳森·以色列也为欧洲犹太人的兴衰提供了新的线索。他 1985 年出版的《重商主义时代的欧洲犹太人》(*European Jewry in the Age of Mercantilism*)是他最著名的犹太历史专著。他巧妙地将政治事件与经济、社会、文化和宗教的发展相结合,这是对犹太历史更传统的叙述方式的一次可喜的改变。他质疑这样一种观点:从一个世纪到下一个世纪,欧洲的犹太人状况逐渐改善,17 世纪比 16 世纪好,18 世纪比 17 世纪好。乔纳森·以色列断言,这种观点是错误的;欧洲的犹太人在 17 世纪情况良好,但在 18 世纪衰落了。尽管在东方遭受迫害,但 17 世纪是欧洲犹太人仍然保持作为一个统一的"民族"的最后一个世纪,在一些地方(特别是波兰)还享有一定程度的自治,在其他地方拥有政治影响,在整个欧洲保持了经济和人口的增长。各国王室保护犹太人,因为他们的贸易和银行技能以及国际网络被视为国家财富的必要条件。18 世纪,这种保护的终结导致了欧洲犹太人的极度贫困化。与此同时,犹太"民族"的概念和现实开始瓦解,自治被废除。在这两个世纪里,经济并不是决定犹太人兴衰的唯一因素,但却是一个不可或缺的因素。

第十五章　保罗·肯尼迪(美国,1945—　　)¹

　　保罗·肯尼迪是耶鲁大学的历史学教授,以其有关战略、全球问题、战争与和平的著作而闻名。他最具影响力和最被广泛阅读的著作是《大国的兴衰》(*The Rise and Fall of the Great Powers*)①,这本书写于罗纳德·里根总统任期(1981—1989)的早年,并于 1987 年出版。他的世界历史理论直接来自他对里根在"星球大战"计划上不断增加军费的担忧,在他看来,这是过度扩张美国经济,将导致美国衰落和毁灭。肯尼迪的政治议程得到了大多数美国自由派知识分子和媒体的认同,并在欧洲得到广泛认同。它继续在遥远的地方产生共鸣。2005年,中国共产党中央政治局披露 2003 年底召开了一次关于"15 世纪以来世界主要国家发展历史考察"的最高领导集体学习,这显然是肯尼迪书中的主题。²2006 年,这本书的中文译本在中国各地的书店都能找到,并出现了一部中国电视纪录片《大国崛起》。肯尼迪并没有发起这些讨论,但他的书可能对这些讨论产生了一些影响。

　　肯尼迪回顾了从 16 世纪到 20 世纪的每一次欧洲战争,得出了一个明显普遍有效的结论。他的数据——其中一些是有争议的——显示,战争的胜利属于那些有更高生产力的经济基础的国家。历史表

---

　　① 有多个中译本。——校注

明,"从长期来看,生产和增收能力与军事实力之间存在着非常显著的相关性"。[3]大国战争的结果反映了主要参战国之间的经济变化。虽然强大的经济力量并不总是能转化为军事力量,但如果没有相应的经济力量作支撑,强大的军事力量就无法长期保持下去。西班牙、哈布斯堡王朝和拿破仑失败了,因为他们过度扩张,经济引擎无法维持强大的军事机器。肯尼迪认为,两次世界大战的胜利都不可避免地属于那些拥有更大经济资源的国家。他的文章将复杂的问题简化为一个命题:"世界军事力量均势的所有重大转变都伴随着生产力平衡的变化。"[4]肯尼迪对其他同样重要的胜利源泉,如领导能力、战斗精神、应变能力或战略,几乎没有提及。

没有哪种强大的力量是永恒的,也没有一种力量可以永远领先于其他任何力量。肯尼迪在1986—1987年间认为,与世界其他地区相比,最大的强国美国已经开始衰落。所有大国都必须根据国防、消费和投资这三个变量来确定优先次序。当大国变得"力不从心"或"过度扩张"时,通常会衰败和没落。肯尼迪经常使用这两个词,也就是说,如果不大幅削减消费或投资,经济将承担不起国防预算或战争开支。前者可能在政治上变得不可接受,后者将破坏国家的长期经济前景。

肯尼迪确实注意到一些战争,其中包括越南战争,是由经济实力较弱的一方赢得的。他感到困惑的是,1793—1795年,法国革命军打败了欧洲君主制国家联合起来的强大力量,而一个世纪前,西班牙在荷兰的叛乱中未能取得胜利。在这两种情况下,富裕的一方都输掉了战争。换言之,他并没有忽视影响战争结果的其他因素。然而,这样的矛盾并没有改变他的单一因果经济学解释。他对20世纪八九十年代形势的分析没有适当关注科学技术及其对军事和经济实力的影响。技术进步和由此产生的生产力的提高,大大改善了国防、消费和投资之间持续的紧张关系。国防并没有像过去那样限制繁荣,美国经济衰退的预期直到 2008 年才出现。相反,在 20 世纪 90 年代,美国进入了其历史上经济持续增长时间最长的时期之一。

肯尼迪的另外两个预测也是错误的：(1)日本将开始比其他大国更快地扩张；(2)尽管苏联经济困难重重,但它的生存并不成问题。[5]然而,不能排除在新的不同的情况下,军事过度扩张、过度开支和经济衰退之间的联系可能重新出现。肯尼迪对 20 世纪八九十年代的预测有误,但这并不意味着他总是错的。

第十六章　贾雷德·戴蒙德(美国,1937—　　)[1]

　　贾雷德·戴蒙德是生物学家和生物地理学家,他在互联网上的生平介绍中说他拥有"波兰犹太遗产"。他是加州大学洛杉矶分校(UCLA)地理系教授,并获得了许多专业荣誉,包括1997年出版并获得普利策奖的《枪炮、病菌与钢铁》[①]一书。他在2005年出版的《崩溃》[②]一书回应了公众和专业人士对环境破坏与全球变暖后果的警觉,立即成为畅销书。戴蒙德警告说,世界正在走一条不可持续的道路,我们中的许多人将不得不做出巨大的生活方式的改变,以防止环境过度扩张和由此引发的全球灾难。这本书为最尖锐的生态末日活动家们提供了学术弹药,但它也发出了建设性的冷静呼吁,以避免可能的灾难。

　　戴蒙德回顾了许多国家、社会和部落的环境状况,既包括历史又包括现状。一些国家,如中国和澳大利亚,是巨大的国家;其他一些是太平洋上的小岛。一些国家已经犯下严重的环境错误,正在努力纠正这些错误,但另一些国家却无法就适当的行动方案达成一致。一些国家和地区,如冰岛、德川幕府时期的日本以及新几内亚高地,之所以能够幸存,是因为它们奉行适应其环境限制的农业和经济政策。但另一些,如复活节岛和其他太平洋岛屿文化、印第安人阿纳萨齐族(Anasazi)和

①　有上海译文出版社2014年中译本,谢延光译。——校注
②　有上海译文出版社2008年中译本,江滢、叶臻译。——校注

古代玛雅人，很久以前就消失了。从环境的角度看，无论是纯粹的无知，还是基于价值观或宗教而拒绝适应新的条件，又或是自私的统治者追求短期利益，他们的政策都是自杀性的。在戴蒙德研究的所有案例中，人类造成的环境退化，例如森林砍伐，是社会灭绝的唯一原因。戴蒙德从这个异质社会群体的命运中得出两个结论：

从消失的社会中吸取教训从而避免崩溃是可能的

"复活节岛和整个现代世界之间的相似性是显而易见的"，[2]"玛雅人警告我们，崩溃也会降临到最先进和最具创造力的社会"，[3]这两种说法都很大胆，但值得怀疑。我们这个庞大的、不断互动的全球社会，无法与石器时代生活在一个遥远的太平洋岛屿上的几千人的社会相提并论。玛雅人也生活在石器时代的文明中，用活人献祭，把国王当作神崇拜。当同样残酷但技术优越的西班牙文明与他们对峙时，他们就迷失了方向。戴蒙德也许是对的，我们的世界目前正处在一条"不可持续的道路上"，我们中的许多人将不得不对生活方式进行剧烈的改变，但复活节岛或玛雅人的历史并不能证明他的观点。

一个社会的命运掌握在自己手中

第二个更令人欣慰的发现是，"一个社会的命运掌握在自己手中，在很大程度上取决于它自己的选择"。[4]戴蒙德断言，生态灾难往往是重大决策失误的结果，并没有生态决定论，人类可以改变事件的进程。问题是，为什么有些社会没有做出必要的决定。有些人看不到问题，有些人察觉到问题但却无法解决。当然，后一种情况是两种情况中比较耐人寻味的。读者想了解更多的宗教和文化价值体系，这些体系与政策改变的需要相冲突。地球的生存可能取决于更好地理解这些障碍。不幸的是，戴蒙德描述的消失已久的社会并没有真正帮助读者寻找更具体的答案。

不管戴蒙德的《崩溃》有什么缺点,它来得正是时候。它的出版成功激发了历史学的一个专门分支。自 2005 年以来,出现了一些其他书籍和文章,探讨自然灾害或环境退化与文明衰落和灭亡之间的联系。在历史学家们对这个复杂问题达成有限共识之前,可能还需要很长时间和更多的研究。

第十七章　布莱恩·沃德-珀金斯(英国,1952—)[1]

　　布莱恩·沃德-珀金斯在牛津三一学院任教。他的研究集中在古代晚期和中世纪。他在 2005 年出版的论述罗马衰亡的书引起了读者极大的兴趣,不仅仅是因为它的书名很大胆:《罗马的衰亡和文明的终结》(*The Fall of Rome and the End of Civilization*)。这是关于这一主题的书籍中最新的一本,由于吉本,这个主题成为西方思想中的永久性刺激和好奇心来源。沃德-珀金斯回顾了早期的书籍,统计出罗马衰落和灭亡的不少于 210 个可能的原因。

　　他的书有双重优点。首先,它展示了人们对历史上兴衰的看法是如何受到不断变化的知识潮流、对"政治正确性"的要求、偏见和后来的扭曲失真的影响。其次,它重新确立了吉本的两个基本结论,即罗马的衰亡是对数百万人造成巨大后果的灾难性事件,也是对未来所有历史的警示,其原因是复杂而多面的。1970 年以前很少有人质疑吉本,但近几十年来,情况有了变化。沃德-珀金斯从著于 20 世纪 70 年代的历史书开始论述,其中"崩溃""衰落""衰败"和"危机"等词不再流行。这些词分别被"适应""转型""过渡"和"改变"所取代。[2]早期的历史学家笔下的"罗马帝国的终结"变成了"古代晚期"。罗马并没有终结,而是"进化"。欧盟委员会资助了其中许多书籍,因为新德国和平融入欧盟需要对旧历史做一些重新书写。帝国以前的"野蛮的"日耳曼侵略者变成了"移民"，他们或多或少和平地定居在土著居民中间。沃德-珀金斯拒绝接受这种新的政治正确的版本，认为这是伪造，不仅受到所有当时目击者的驳斥，而且也受到大量新考古证据的驳斥。事实上，入侵导致了暴力破坏及对战争、破坏和苦难的极度恐惧。沃德-珀金斯引用了 5 世纪基督教学者们的话，他们对正在发生的灾难感到震惊。他们把它与古代以色列所遭受的灾难加以比较，引用了《圣经》，得出结论说罗马也因其邪恶和罪恶而受到惩罚。

　　罗马帝国曾一度处于危险之中，受到许多问题的困扰。它的军事优势源于优越的装备和组织，但它并不像 19 世纪的欧洲军事优势那样绝对。沃德-珀金斯指出，有一件事对帝国的解体起到了特殊作用。"罗马成败的关键内部因素是纳税人经济富裕。这是因为帝国的安全依赖于一支专业的军队。"[3] 这听起来像是另一种单一因果的解释，但事实并非如此。在复杂的相互关联的事件过程中，它是一个关键因素。入侵导致了混乱、动乱、内战、叛乱和篡位，并由于引进了大量在他们国王率领下的有经验的外族战士，权力发生了迅速转移。罗马提供的安全保障以及分布广泛的道路和其他基础设施的维护，则保证了经济一体化和经济增长。大约在公元前 50 年到公元 400 年之间的 400 多年，是地中海在所有已知历史上享有的最长的不间断的安全时期。当入侵和战争摧毁了这种安全，古代经济和帝国本身便开始瓦解。沃德-珀金斯补充了一个额外的解释，这在吉本的研究中并不突出：运气的好坏。帝国注定有一天会垮台，但它并不一定要在 5 世纪垮台。378 年，罗马军队在哈德良波利斯（Hadrianopolis）惨败于哥特人之手，极大鼓舞了蛮族从 405 年开始大量穿越莱茵河和多瑙河。这是"坏运气或坏判决"。[4] 西罗马的援军已经在行进中，瓦伦斯皇帝不用等多少时间就能取得惊人的胜利。同样，东罗马帝国的生存时间绵延了近千年，这是幸运的结果，而不是天生更强大的力量或更好的战略。

正是分隔欧洲和亚洲的达达尼尔海峡的狭长海域拯救了东罗马。

沃德-珀金斯用直白的语言描述了"文明的消亡"，并得到了大量考古证据的支持，而这些证据是早期历史学家所没有的。它表明，从灭亡前一个世纪起，西罗马帝国的生活水平、物质生产水平、经济复杂性和专业化程度都出现了灾难性的崩溃。整个工商行业和商业网络都消失了。罗马人在广阔的领土上大规模生产商品和提供舒适生活的能力——在许多方面与我们相当——消失殆尽。这次崩溃的规模，包括人口的大量减少，可以合理地称之为文明的终结。崩溃使后罗马时代的不列颠和帝国的其他部分回到了前罗马铁器时代的水平。

沃德-珀金斯的书既引人入胜，又令人不安。他的分析冷静而专业，并没有详细说明即将灭亡的罗马帝国与我们的西方文明之间的相似之处，也避免了斯宾格勒、汤因比和索罗金的天马行空的语言或说教。但这些相似之处本身就进入了读者的脑海：一个高度复杂的经济体，跨越了当时已知世界的一半空间，为数百万人提供了可观的物质享受；体制中日益增长但并不总是显而易见的弱点和问题；一系列外部冲击；统治精英未能或无法控制甚至无法理解如此多相互关联的事件；最后，一个似乎是世界上最坚实和最成功的国际文明的瓦解和终结。沃德-珀金斯在书的最后才发出警告："西罗马的终结见证了恐怖和混乱，这是我真心希望永远不会经历的过程。罗马人在沦陷前和我们今天一样确信，世界将永远保持不变。他们错了。我们最好不要复制他们的自满情绪。"[5]

第十八章　曼瑟·奥尔森(美国,1932—1998)[1]

曼瑟·奥尔森是一位在 20 世纪 70 年代和 80 年代初写作的美国经济学家,当时西方政治家和公众都在关注经济停滞与通货膨胀这两个二元问题,以及恢复经济增长的必要性。奥尔森在 1982 年的《国家的兴衰》(*The Rise and Decline of Nations*)①一书中将国家的兴衰等与经济增长率的变化相提并论:当一个国家拥有稳定的高经济增长率时,它的各个方面都在上升;当一个国家的经济增长缓慢并接近于停滞时,它就会衰落。这个等式看起来有点简单,但在他那个时代获得广泛接受,许多人仍然倾向于将兴起和衰落纯粹视为经济增长的结果。在那些年里,其他经济学家出版了一些书,比如《为什么增长率不同》,这个书名对于奥尔森来说可能更准确。奥尔森指出,一个社会享有政治稳定与和平的时间越长,就越有可能发展出强大的特殊利益游说团体,从而降低其经济效率。他认为,与许多其他西方国家相比,他那个时代的日本和德国的经济增长率更高,是因为这两个国家在第二次世界大战中的失败。他们过去的失败解释了为什么他们的社会僵化程度较低,而控制和扼杀政府宏观经济政策的特殊利益集团更少。10 多年后,当日本和德国的经济增长率降至低于美国和英国的水平

---

① 有上海人民出版社 2018 年中译本,李增刚译。——校注

时，其他社会科学家开始在日本和德国发现奥尔森可能忽视的社会僵化和经济游说。因此，日本和德国早期的经济成功必须归因于几个原因，而不是仅仅一个原因。奥尔森用当时主导社会和政治的经济"滞胀"问题提出了一个有关兴衰的普遍理论，他所做的贡献与其说丰富了世界历史，毋宁说丰富了社会科学。

第十九章　彼得·图尔钦(美国,1957—　)[1]

彼得·图尔钦是一位出生在莫斯科的美国生物学家和生态学家,是一位被允许移民美国的苏联异见人士的儿子。图尔钦专门研究人口动态和数学建模。他指出,历史进程是"动态的":人口、帝国、民族和宗教不断兴起和衰落。因此,"我们需要一个历史的数学理论"。历史的动力应该转化为假设,然后转化为数学模型和预测,这些模型和预测可以对照经验模式来检验。图尔钦将他的方法应用于农业国家的领土扩张以及农业国家何以扩张和收缩的问题。他受到伊本·赫勒敦提出的作为文明最初基础的"群体团结"概念的启发,[2]并以这一理念为出发点,阐述了边界是增进群体团结的最佳"孵化器"。它们增强了群体凝聚力,不受边界内居民的种族出身的影响。图尔钦在生物学方面的训练使他认识到,各个文明中的群体团结可能是建立在亲属关系基础上的,正如伊本·赫勒敦很久以前就推测的那样。他书中的这个例子和其他例子是否在数学上得到了恰当的证明,只有数学家才能知道。很少有历史学家会认真对待这样一个假设:数学对于定义兴衰的规律是必不可少的。它已成为生物学不可缺少的方法,但人类历史即便对于最高级的数学来说也太复杂了。图尔钦对自己的结论充满信心,并呼吁用数学建模的方法——"历史动力学"(cliodynamics)来研究历史。

第二十章　克里斯托弗·蔡斯-邓恩(美国,1944—　)与托马斯·D. 霍尔(美国,1946—　)[1]

　　美国社会学教授克里斯托弗·蔡斯-邓恩和托马斯·D. 霍尔都试图找出历史进程中的规律,比如文明兴衰的规律。他们的目标是创造一个宏大的世界历史理论,并可以预测我们的未来。他们自称是布罗代尔的追随者,但他们的雄心壮志更像斯宾格勒:后者也写下了一个包罗万象的历史理论,并承诺它将揭示未来。[2]

　　然而,蔡斯-邓恩和霍尔的文明观与斯宾格勒的截然相反。斯宾格勒假设每个文明都是一个封闭的单元,独立地遵循着相同的有机的兴衰规律,不受任何其他文明的影响。相反,蔡斯-邓恩和霍尔则认为文明是更大的"世界体系"的一部分。这就是为什么在属于同一个"世界体系"的各个文明或政体中,兴起和衰落的发生不是同时发生的,这些互动包括贸易、战争、通婚、信息流等。"世界体系"可以是小的,也可以是大的。蔡斯-邓恩和霍尔分析了三个案例来证实他们的理论。第一个是一个极小的"世界体系",即1849年白人定居者到来之前加利福尼亚州北部的土著部落社会。这些印第安人不超过1万人。尽管所有必需的食物和原材料都是在家庭单位内生产的,但不同群体之间以重要的方式密集交流。每个群体的历史都是一个共享的、更大的系统的一部分。从这个微系统出发,作者转向了一个大系统:所谓的

"非洲—欧亚大陆"的统一体,蔡斯-邓恩和霍尔称之为他们发现的存在于大约公元前 500 年到公元 1400 年之间的巨型单元。两位作者大胆假设,近 2000 年来,三大洲以相似的方式相互作用和发展。"非洲—欧亚大陆"经历了几波"一体化",被一波又一波的"解体"打断,一体化始于罗马与汉代中国的贸易关系,在公元前 200 年至公元 200 年达到顶峰,然后崩溃,在 500—900 年之间再次出现,由于蒙古扩张,在 1200—1400 年达到最大强度。蔡斯-邓恩和霍尔的第三个案例,也是他们唯一能轻易辩护的,是维持资本主义兴起的"以欧洲为中心"的世界体系。今天,这个终极系统包括所有大陆和民族。

所有的"世界体系"都会经历网络扩张和收缩的"脉动"。融合的空间尺度先扩张后收缩,个体文明的"兴亡"伴随着其所属"世界体系"的经济、政治和社会权力的"集中化"和"分散化"。蔡斯-邓恩和霍尔预测,除非人类建立一个世界国家,否则当前世界体系将走向自我毁灭。"资本主义作为一种制度,包含了如此巨大的内部矛盾,不太可能持续……几个世纪以上。"[3]马克思和恩格斯在 1848 年发表的《共产党宣言》中——蔡斯-邓恩和霍尔从未提到过此书——曾预言过同样的最终结果,却没有赋予资本主义如此超长的寿命。

蔡斯-邓恩和霍尔提出文明不能被孤立地看待,而是要作为更广泛的历史环境的组成部分,这是布罗代尔以前确实提出过的一个创造性的想法,而且布罗代尔更谨慎并提供了更好的数据。[4]而蔡斯-邓恩和霍尔几乎是把这个观点当作一种信条提出的,认为它适用于所有地区和时期,但这并不能阐明兴衰的多重原因。同样值得商榷的是,他们坚信史前部落社会、大帝国和现代技术文明都受同样的历史规律支配。蔡斯-邓恩和霍尔的理论中没有给决定性的领导力留有位置,他们嘲笑它是"历史伟人理论",同样也没有将宗教和文化作为驱动因素,也没有提出内在的兴衰根源。

第二十一章 约瑟夫·A. 泰恩特(美国,1949—)[1]

人类学家约瑟夫·A. 泰恩特描述了 20 多个崩溃案例,从前哥伦布时代的美洲、古代近东、古希腊和西罗马帝国开始。他回顾了 2000 多年来的各种解释,赞许了那些从经济因素中看到崩溃原因的人,并批评那些在所谓的"神秘"因素中看到崩溃原因的人。其中包括"价值判断"、统治者的不道德行为等伦理因素,以及将文明比作生长和死亡的有机体的理论。泰恩特不接受任何现有的理论。他把文明的崩溃归因于"生产力的下降和复杂性的增加"。文明意味着复杂性,而不是一种自然状态。随着文明复杂性的增加,复杂性中新的"投资"的"边际收益"不断下降,直至崩溃不可避免。崩溃是回归到更简单、更贫穷、更分散、更小单位等,是一种更自然的状态。历史上有过许多次崩溃。崩溃是常态,而不是例外,我们的文明也不应该对它的未来安全过于自信。泰恩特承认,他的理论实际上没有给人类意志、政治家风范或干预留下任何空间。他驳斥了所有关于崩溃的外部解释,例如,战争和入侵都是"随机事件",不能解释崩溃的规律性。

泰恩特放弃了兴衰的有机理论和伦理理论,只是用一个机械的理论来代替它们。文明就像一台机器。随着时间的推移,它变得越来越复杂,它会衰老、退化,迟早会完全停止运转。崩溃遵循的是机械规律和计量经济规律,而不是有机的规律。随着机器变得越来越复杂,新的特性和功能被添加到机器上,故障概率也随之增加,而维修费用昂贵。最后,最经济的解决办法是废弃旧机器,获得更便宜、更简单的新型号机器。泰恩特认为所有文明都因日益复杂而崩溃,而且这种崩溃在任何情况下都是不可避免的。这种说法是完全错误的。然而,在某些情况下,他可能是正确的,甚至在日益复杂的西方文明中也是如此。他的不祥预感与其他历史学家,包括布莱恩·沃德-珀金斯等不谋而合。

第二十二章　亚瑟·赫尔曼(美国,1956—　)[1]

亚瑟·赫尔曼是一位书写英美历史的保守主义美国历史学家。他的著作《西方历史上关于衰落的思想》(*The Idea of Decline in Western History*)并没有探讨作为一种客观现象的文明衰落,而是研究西方思想中有关衰落的意识形态:"衰落的思想实际上是关于时间的性质和意义的理论。"[2]赫尔曼寻找悲观主义的根源,在他看来,悲观主义已经成为今天的常态。到了19世纪,虽然黑格尔仍然为进步观念所辩护,但它却越来越不可信。进步观念让位于一个相反的观念,形成了一套丰富的、充满价值判断的词汇:"衰落""衰败""堕落"和"退化"。1880年以后,反犹主义的兴起加强了这一趋势,犹太人越来越被视为欧洲的主要"败坏者"。普遍的悲观情绪不局限于欧洲,在有影响的美国作家中也有,比如布鲁克斯·亚当斯,一位资本主义批评家,他在1895年出版了《文明与衰败定律》(*Law of Civilization and Decay*)。

种族主义的悲观主义者(戈比诺和张伯伦)和文化悲观主义者(尼采和布克哈特)预测欧洲文明要衰落了,他们发现了致命的缺陷。自19世纪以来,资本主义社会一直被视为在自我毁灭。20世纪出现了意识形态悲观主义的巨浪。这种悲观主义的种族主义变体安慰了欧洲的极右分子,直接导致了纳粹主义。文化变异刺激了法国和德国的激进作家,通常是左翼分子(如果不是共产主义者的话),比如萨特和弗朗茨·法农,也有历史哲学家如斯宾格勒和汤因比,以及在美国持非洲中心论的黑人作家和白人激进分子。在美国的非洲中心论的环境中第一次听到"多元文化主义"的呼声,这不是为了呼吁相互尊重,而是作为新一轮反西方意识形态浪潮的跳板。对于所有这些理念而言,西方文明尤其是美国成为主要靶子。在美国,诺姆·乔姆斯基、爱德华·萨义德和其他几个人是这个阵营最著名的主角。赫尔曼把他所说的当前的"生态悲观主义"视为衰落理论史上的最新篇章。

赫尔曼并不否认衰落可以是一个客观的现实,但他坚持认为没有必然的进步或衰落的规律。他感到遗憾的是,"一种源于启蒙运动和早期人文主义传统的另类社会观与社会行动观,如今并没有太多证据"。[3]赫尔曼谈到了一个悖论:在文明最成功的时期之一,资本主义的胜利伴随着文化悲观主义的高涨。他并不总是区分文化悲观主义的原因。并非所有这些观念都是反犹主义甚至反美的。尼采和萨特都不是反犹主义者,相反,他们蔑视反犹主义。赫尔曼认为犹太批判家西奥多·阿多诺是德国文化悲观主义者之一,但没有强调阿多诺悲观主义的诞生地:奥斯威辛集中营。一些人有充分的理由对西方文明感到悲观。

第三部分

兴起、黄金时代和衰落的宏观历史条件

导　言

　　几千年来,历史学家一直在寻找宏观的历史条件,试图从总体上解释文明为什么会兴起、繁荣或衰落。这些条件并不是第四部分所用的"驱动力"这一术语所包含的意义,也不容易受到政策干预的影响。这些条件是互补的,而不是相互排斥的。

第一章　挑战与应战

概论

相比起文明的衰败和没落,文明的兴起所吸引的历史、文学和艺术方面的关注要少得多。文明和帝国的终结有一种戏剧性的特征,而在它们开始时通常缺乏这种戏剧性。此外,从历史上看,结束总是比开始更好地得到记录。《庞贝的末日》(*The Last Days of Pompeii*)是一部1960年的好莱坞惊悚片,赚了数百万美元。没有一个电影制作人会去制作一部名为《早期庞贝》的电影。然而,理解文明的开始和早期发展,其重要性不亚于理解文明的结束。文明的诞生和兴起有各种各样的解释。伊本·赫勒敦是提出相关解释的最著名的早期历史学家。他说,当一个有血缘关系的群体建立起一个社会组织来统筹和协调他们的生存活动时,文明就会出现。[1]这个理论汇集了后来遗传学和社会学的观点。相反,斯宾格勒的理论是以生物学为模型的。他认为文明就像生命有机体一样自发地出现,遵循一些内在规律,但这只是一个隐喻,而不是一种解释。[2]19世纪和20世纪早期的种族理论家断言,文明是"种族优越"的民族的自然的、排他性的产物。

汤因比拒绝种族至上的思想,认为这种理论"令人厌恶"。[3]他提出了一个新的理论——"挑战与应战",这成了最著名的文明兴衰模型之一。文明不是天生的，它们因对自然地理或人类刺激的集体反应而兴起。汤因比理论的魅力在于它强调人的意志和主动性。文明的兴起是对问题或威胁的有意的共同反应。这个理论的缺点是，它所涵盖的历史发展的范围实在是太广了。需要对汤因比做出补充的是，一个成功的反应总是带来改变。"挑战与应战"理论应该与转型理论齐头并进。"挑战与变革"或许能更准确地解释历史进程。如果把转型也包括在内，那么"挑战与应战"理论确实能让我们比较不同文明对相似条件的反应，并更好地理解为什么有些文明兴起了，而有些文明却衰落和消失了。

对犹太历史的应用

犹太历史是一个用来检验"挑战与应战"理论，并显示变革的重要性的很好案例。犹太教经受住了巨大的挑战，展示了一种应对反复挑战而不仅仅是一次挑战的能力。其他受到类似考验的宗教和文明都消失了。汤因比在其 12 卷历史作品的最后一卷中透露，他从希伯来《圣经》中得到了"挑战与应战"的想法。[4] 他提出的五种挑战似乎都是为了适用犹太人的情况而选择的：艰苦的生活条件（如沙漠），移民或征服一个新的国家，外来的打击和侵略，长期的外部压力，以及最终的内部歧视。毫不奇怪，他提出的许多具体例子都取自犹太历史。我们可以用汤因比的术语说，犹太民族源远流长的秘诀，主要在于犹太人有能力反复应对大规模的、威胁生存的挑战，并进行创造性的变革，使生存成为可能。根据传统，犹太民族在历史上经历了三次显著的分裂——还有一次更早的尚未被证实——并且每次都幸存了下来。

作为对巨大挑战的回应，犹太传统将以色列描述为一个摆脱埃及奴隶制度而"诞生"的国家。一些历史学家确定了以色列奠基的时期是大约从公元前 1300 年到公元前 1100 年。这是一个应对外部挑战的重大变革时期。① 考古学界关于《出埃及记》记载的事件是否真的发生过的争论与我们的问题无关。在后来的犹太历史中，重要的是犹太人的一种信念，即他们从奴隶制度中被解放出来，在神的指引下对压迫做出反应。他们所有的后代每年春天都会重新演绎这个故事，并从中寻找灵感。

其次，对于持批判态度的历史学家来说，应对巨大挑战的重大变革可以从历史上得到证实。这就是犹太人在政治现实、宗教思想和实践，甚至是希伯来文字方面的转变，这个开创性时期发生在公元前 8 世纪末至公元前 5 世纪。5 这一时期始于 12 个所谓的"小先知"中最早的两个（即阿摩司和何西阿）的时代，他们通常被认为活动于公元前 8 世纪中叶。公元前 722 年，北方的以色列王国被亚述人摧毁。公元前 586 年，巴比伦人摧毁了耶路撒冷的圣殿，导致了犹太史上的巴比伦之囚。这一事件使重大变革变得不可避免。他们中的两个杰出人物——精神领袖以斯拉和政治家尼希米——完成了变革。从阿摩司到尼希米的深刻危机及其转变的整个过程持续了 200—300 年，其间有些中断。

第三次（或第二次历史上有形的）巨大变革始于公元 70 年罗马对

---

① 著名的社会学家马克斯·韦伯（第二部分第六章有讨论）的弟弟阿尔弗雷德·韦伯采用了汤因比的"挑战与应战"理论，尤其是反复的挑战可以给文明带来持久的动力这一点。他认为，一个民族早期历史上的一个独特的、戏剧性的事件会在很长一段时间内塑造这个民族的文化和思想，因此他的主要著作就名为《文化社会学视域中的文化史》(*Kulturgeschichte als Kultursoziologie*，München：Piper，1951)。费尔南·布罗代尔认为此书是伟大的文明史著作，但如今已鲜为人知。阿尔弗雷德·韦伯对历史有着百科全书般的知识，他和汤因比一样，靠着直觉和比较分析写了他所理解的犹太历史（A. Weber, 99ff）。他认为，出埃及后在红海发生的非凡事件塑造了犹太教。他推测，这一事件的核心不可能凭空捏造出来。他把在红海的拯救称为犹太人第一次耀眼的社会群聚（sociological constellation）。几个世纪后，公元前 586 年，巴比伦人洗劫了第一圣殿，类似的重大挑战再次发生了。这一次的毁灭是无法阻止的，但随之而来的是一种新形式的复兴，即第二次耀眼的社会群聚，它以其最终的拯救和神圣的生存承诺使人回忆起第一次耀眼的社会群聚。

第二圣殿的破坏，约哈南·本·扎卡伊拉比及其亚夫内（Yavneh）学派对犹太教进行了深刻改造，公元135—138年，巴尔·科赫巴起义遭到镇压，犹太人民重新被打散。从公元70年至公元500年左右《塔木德》完成的整个时期经历了巨大变化，这个过程经历了大约400年。在这一时期，犹太人的社群结构（它之前已经存在于散居地）成为一个独特的、占主导性的政治和组织框架，几乎所有犹太人都生活在这个框架中，直到现代性出现。它的成员拥有相当大的自我组织能力。犹太社群体系和天主教会可以说是西方世界两个最古老的、不间断的、仍在部分发挥作用的社会政治结构。犹太人的这一社会政治结构的历史起源可以追溯到2000多年前，不同于所有人类共有的、比有记载的历史还要古老的社会结构，例如家庭或皇室。

第四个具有重要意义的历史性转变时期始于18世纪末，伴随着启蒙运动、西方犹太人解放和同化的运动，以及犹太复国主义运动的创立。这种转变还包括犹太社群和社群网络作为自古以来犹太人集体生活的主要框架的衰落。这一时期在20世纪达到了迄今为止最具戏剧性的两个高峰，即大部分欧洲犹太人的被消灭和1948年以色列国的成立。以色列国的成立显然是对大屠杀这一挑战以及解放运动未能使欧洲犹太人被社会接受这一挑战而做出的最具革命性的反应。把以色列建国称为对这场浩劫的"回应"是有争议的，因为以色列的敌人利用这两起事件之间的明显联系来挑战以色列国在中东地区的地位。他们指出，中东地区主要是阿拉伯国家，而它们没有造成这场浩劫。应当指出，犹太复国主义运动早在大屠杀发生之前就开始了，其根源是犹太民族对以色列地①的长期历史记忆及其对回归的持久性的宗教希望。如果把以色列国看成是一个短期意义上的"回应"，那么早

①"以色列地"是犹太人对"巴勒斯坦"的称呼。——校注

期的犹太复国主义领导人（第一位领导人是西奥多·赫茨尔）已经在准备应对了。犹太复国主义很可能有一天会在以色列地建立一个犹太国家。然而，不可否认的是，大屠杀造成了客观的紧急情况，犹太复国主义者和犹太领导人坚定的意志与无情的压力，要求他们毫不拖延地建立一个国家。①

以色列是根植于历史的永不放弃的努力的结果，也是一剂突如其来、不可或缺的催化剂。忽视这两个因素中的任何一个都是对历史的歪曲。对大屠杀的第二个直接回应是美国犹太教的勃兴，它成为在国家和国际层面为犹太民族服务的主要政治力量。这种潜力可能早已存在，但没有表现出来。此外，纳粹的迫害引发了间接而长期的影响，其中犹太人以某种方式参与或促成了这种影响。可能会让许多读者感到惊讶的是，这些影响中最重要和最具戏剧性的是核武器的发明。诚然，相关政治决策、组织控制、资金筹措和最终的军事应用都是纯美国的。但在这个框架内，犹太科学家，包括那些只因纳粹的蔑视而被归入"犹太人"范畴的科学家，对纳粹在欧洲的迫害做出了反应，并发挥了独特而不可或缺的作用。哪怕缺少了他们中的一部分人，原子弹的研制也会面临很大的延迟和困难。迈向核弹之路的第一步是1939年8月爱因斯坦写给罗斯福的那封著名的信，信中警告罗斯福总统，希特勒可能会首先研制出核弹。这封信是由三位匈牙利籍犹太物理学家共同讨论和起草的，他们是利奥·西拉德（Leo Szilard）、尤金·维

---

① 1942年5月，犹太复国主义领导人在纽约的比尔特莫尔（Biltmore）酒店会面，对欧洲犹太人开始遭受的大规模灭绝感到震惊。犹太复国主义领导人在这个时期明确要求建立一个犹太复国主义国家。参见 Michael Oren, *Power, Faith and Fantasy: America and the Middle East 1776 to the Present* (New York-London: W.W. Norton, 2007), 444。这场浩劫还引发了国际社会对犹太复国主义理想的同情，这是不可或缺的，但在1939年之前，这种同情并不存在。第二次世界大战后有30万犹太幸存者留在德国的"流离失所者"收容营，他们无处可去，这对建立犹太家园施加了巨大压力。所有这些外部因素共同促成了1948年5月犹太国家的建立。

格纳（Eugene Wigner）和爱德华·泰勒（Edward Teller），三年后，他们加入了研制核弹的"曼哈顿"计划。最终，参与的主要科学家中有大量是犹太人，其中一些人的朋友和家人被困在欧洲。他们的动机和忘我投入大大加快了所需庞大的研发工作。有些人明确表示，他们的决定是出于对纳粹罪行的反应。[6]其他人，包括项目负责人罗伯特·奥本海默（Robert Oppenheimer），对他们的犹太血统或可能动机的描述较为谨慎。爱德华·泰勒后来在热核武器的发展中起了主导作用，并与以色列保持了终生密切的职业和个人关系，他直言不讳地说："没有人比希特勒对我的影响更大。"[7]无论发明核武器的长期后果如何，核武器对人类（特别是对以色列）所构成的严重危险，必须永远与犹太科学家在战时对纳粹罪行的反应联系在一起，这是完全可以理解的。

当前，犹太人正处于第四次大转变之中。我们知道它什么时候开始的，但不知道它将如何或何时结束。目前的转变始于大约200年前的犹太启蒙运动。改变一个文明的精神、物质和政治表现形式的深刻变革通常需要几个世纪。可以说，当前的这次大转变可能会像前几次那样深入和深远。

犹太人通过创造性的反应和转变来求得生存的能力是至关重要的，但很难解释。在对过去挑战的所有回应中，有许多显而易见的相似之处。犹太民族所有深刻的危机和转变都有一个共同点，那就是它们与伟大的精神领袖和政治领导者的出现有某种联系（本书在第四部分第五章将更详细地讨论）。成功转型的第二个特点是，它们的根源可以追溯到提出改革需求的关键事件之前。一些新的宗教表达方式、新的思维方式、新的制度，甚至是应对即将到来的挑战的新领导人，早在灾难发生之前就已经出现并开始活跃起来。公元前586年第一圣殿被摧毁后，犹太人（或者更确切地说是犹太教徒）自我反省地回顾了

150 多年来政治和精神上的动荡历程，以及先知们对统治者腐败和民众败坏的严厉的公开谴责。早在第一圣殿倒塌之前，人们就听到了要求彻底改革的呼声。在公元 70 年的下一次大灾难之后的转型过程中，这种史前史同样漫长而不可或缺。公元 70 年后的犹太教改革有着重要的根源，可以上溯到公元前 1 世纪的拉比辩论，在同一时期，犹太人形成了分布广泛的散居地，并在日益增长的实践中创造了与圣殿献祭并肩的犹太教崇拜。人们不应忘记，发挥了不可或缺作用的约哈南·本·扎卡伊拉比并不是在圣殿被焚时突然出现的，而是早在公元 70 年就已经是希勒尔（Hillel）学派的主要成员之一，甚至有人说他是希勒尔学派最杰出的成员之一。

显然，1948 年的历史分水岭也是如此，它在思想、政治和制度方面也有着悠久的前历史。赫茨尔在第一次犹太复国主义者代表大会期间的日记中这样写道："今天我建立了（犹太人的）国家"，这个"今天"是指 1897 年。大屠杀的浩劫极大地加速了已经开始的犹太复国主义运动，否则这场运动可能不会独自成功。这种前历史在不可避免的情况下促进了转型。因为变革确实根植于更早的时代，所以通过将它们投射回过去并证明它们早就存在，就更容易使它们在宗教、意识形态或政治上合法化。这为公众所接受。历史学家创造了"传统的发明"一语，领导人寻求他们认为必要的重大变革的合法性，这是一个众所周知的做法。历史学家埃里克·霍布斯鲍姆（Eric Hobsbawm）写道："出现或声称的古老传统通常起源于最近，有时还是被发明出来的。"[8]在历史的转型中，神话的制造有时起着至关重要的作用。

第二章　机会之窗

概论

"挑战与应战"理论认为,文明的兴起和繁荣由一种直接的"挑战"引发,"挑战"一词意味着敌对的意图或物质性的障碍。换言之,文明既不是从历史真空中又不是从温和富足的自然中兴起的。另一种理论主张不同的观点:兴起只是历史真空的结果,而不是挑战或刺激的结果,衰落则是这个真空的结束。外部的力量真空可以打开一扇"机会之窗",刺激新文明出现,而关闭这个真空可以扼杀同一个文明。霍奇森认为,伊斯兰教是在一片真空中兴起的,因为以前控制中东的曾经强大的帝国都衰弱了。几个世纪之后,伊斯兰教也衰落了,这起码是因为欧洲的突然兴起和扩张超越并削弱了伊斯兰文明。[1]如果不是被一个更新的、更具活力的文明抛在身后的话,其他文明本可以生存下来,或许还会繁荣很长一段时间。文明之间的竞争不一定要以战争和物质破坏告终:一种文明可以遮蔽和吸收另一种文明,这在中国文明史上不止一次发生过。

对犹太历史的应用

文明在外部权力真空中兴起的理论,或文明在权力真空关闭时衰落的理论，可以应用于犹太历史，但必须谨慎。同样重要的是要记住，在古代和现代的以色列，犹太人占多数的犹太主权国家的外部环境与作为少数民族的散居地犹太人的外部环境非常不同。

一些历史学家认为，古代以色列的兴起类似于霍奇森等伊斯兰教专家提出的伊斯兰兴起。根据这些历史学家的说法，以色列的兴起并不像汤因比所说的那样，是对一个特殊"挑战"的回应。以色列各部落的早期历史，即从士师时代到统一王国时期（根据传统年表，时间在约公元前1200—前800年），正值埃及新王朝维持近东地区军事和文化主导地位的努力失败之时。直到大约公元前750年，亚述和巴比伦才先后作为新的区域性帝国力量出现，征服了一系列小国。[2]公元前1285年，埃及法老拉美西斯二世在争夺西亚霸权的卡迭石（Kadesh）战役中败给了赫梯人。在这场溃败之后，埃及对迦南的控制开始放松，在拉美西斯三世去世（约公元前1150）后，埃及在迦南的统治几乎完全崩溃。埃及再也没有获得对通往亚洲的大陆桥的持久控制权。因此有了一段国际权力真空，一个"机会之窗"打开了，它从第一批以色列人定居迦南开始，一直持续到以色列人的王国分别在公元前7世纪和前5世纪被亚述和巴比伦摧毁为止。这可以与公元5世纪和6世纪的中东权力真空相提并论，后者让伊斯兰教尝到了胜利的滋味并得到了发展。同样，也可以将自16世纪以来欧洲迅速扩张之后伊斯兰世界的衰败，与早期基督教会迅速兴起之后在整个东罗马帝国造成的犹太教的没落进行比较。此后不久，伊斯兰教的兴起进一步削弱了中东的犹太教。犹太人不仅从公元4世纪或5世纪起就不得不放弃他们扩张宗教的努力，而且他们中的许多人可能皈依了基督教，后来又皈依了更强大、在政治上更成功的伊斯兰教。以色列历史学家以西结·考夫曼（Yehezkel Kaufmann）认为，许多非犹太人会在古代末期加入犹太教，但他们不会加入一个被其后继诸宗教击败、放逐和压迫的犹太教。[3]

散居的历史提供了一幅关于外部环境对犹太人兴衰的影响的更为复杂和矛盾的图景。散居地犹太人很少生活在外部的权力真空中，他们大多直接或间接地依赖于东道国。在许多巴比伦犹太居民看来，诞生了《巴比伦塔木德》的巴比伦可能看起来像一个权力真空。他们享有波斯帝国授予的有限自治权，该帝国以松散、分散的方式统治巴比伦，大部分时间让犹太人自行其是。犹太人甚至成立了治理机构，由苏拉（Sura）和蓬贝迪塔（Pumpedita）的犹太经学院的负责人及一个自称是大卫皇族后裔的"流散领袖"（exilarch）统治。散居的历史还包含了外部力量真空使犹太教得以扩张的其他例子。后来，这些空隙的闭合逆转了扩张。备受争议的哈扎尔王国可能就是这样一个例子。哈扎尔人是讲突厥语的游牧民族、商人和战士，他们生活在里海附近，不断入侵他们的一些邻国如波斯。哈扎尔人——或者仅仅是他们的领导阶层——在 8 世纪皈依了犹太教。他们的王国在一个相对的权力真空中繁荣起来，直到 11 世纪，第一个罗斯国家成立，并从其第一个中心基辅扩张到摧毁哈扎尔人的国家。

第三章　全球兴衰趋势

概论

与机会之窗理论一样，第三种宏观历史的兴衰模型也认为因果力量是外部的，但与机会之窗的假设截然相反，而主张文明在全球或至少在整个大陆上共同兴衰。蔡斯-邓恩和霍尔断言，同一历史时期的文明往往以平行的方式而不是替代的方式一起上下波动。

他们把"非洲—欧亚大陆"称为一个单元或一个"世界体系"，并声称大约在公元前 500 年至公元 1400 年之间，这一大地理空间内几乎所有的文明都相互作用，同时上下波动。[1]哲学家卡尔·雅斯贝尔斯从公元前 6 世纪至公元前 4 世纪（即轴心时代）的历史中看到了希腊、以色列、印度和中国的影响深远的精神运动。这种相似性促使历史学家寻找一个共同的社会学原因，用一个普遍的驱动力来解释这种相似性。雅斯贝尔斯认为这类推测是徒劳的，因为它们永远无法被科学证明。[2]

文明遵循相同或相似的轨迹，这一发现主要适用于 20 世纪。西方的全球普遍扩张始于 19 世纪初，并在 20 世纪末的经济和文化全球化中达到顶峰，这确实创造了蔡斯-邓恩和霍尔所说的"世界体系"。两次世界大战、大萧条和 20 世纪的许多其他事件都间接地（如果不是直接地)影响到地球上的所有人。

对犹太历史的应用

在某些情况下,大环境的兴衰会带动犹太人,而在另一些情况下则不然。人们经常会遇到这种观点,即犹太人在非犹太环境繁荣时表现良好,而在这种环境衰落时遭受痛苦。例如,费尔南·布罗代尔断言,在欧洲,每一次重大的反犹迫害都发生在一场普遍的经济危机之后,或者与这场危机相伴随。[3]伯纳德·刘易斯指出,奥斯曼帝国的犹太人在奥斯曼帝国鼎盛时期兴盛,在 18 世纪和 19 世纪帝国衰落时也跟着一起衰落了。[4]但是,历史学家们不能忽视这样一个事实:犹太人在外部环境繁荣的时候,也有境况不好的时候,也有犹太人在环境出现危机时表现良好的情况。16—18 世纪统治波斯的萨法维王朝,由于什叶派的宗教狂热,建立了一个文化繁荣、政治和经济强大的帝国,但却多次压迫和迫害犹太人,大大减少了犹太人的数量。犹太历史上还有其他类似的例子。

乔纳森·以色列描述了一个犹太人在危机的背景下复兴的相反例子。在 17 世纪,欧洲的犹太人境况比较好,他们的人口数量和财富都在增长,而同时代的欧洲国家在三十年战争(1618—1648)中相互残杀,德国土地上失去了三分之一的人口。[5]

类似的这种例子表明,没有放之四海而皆准的准则。直到 20 世纪,整个犹太民族才成为全球化世界的一部分。这是一次彻底的改变。今后,犹太人的未来很可能将比以往任何时候都更密切地与全球的未来联系在一起(见第三部分第七章)。

第四章　繁荣的文明还是黄金时代的神话

概论

在古代，人们发明了一个比喻来描述一个文明的鼎盛时期：黄金时代。这个词可以追溯到希腊神话和罗马诗歌。希腊人和罗马人把人类的第一个时代理想化了；这个时代被称为"黄金时代"，接下来的时代是"白银时代"，然后是"青铜时代"，最后是"黑铁时代"，这是当代文明程度最低的时代。公元前 8 世纪的希腊诗人赫西俄德（Hesiod）描述了黄金时代的幸福："就像神一样，他们一生都在无忧无虑中度过，完全不受劳苦和痛苦的影响。没有风烛残年的折磨，他们的手脚总是一样的灵活，欢庆快乐，没有任何邪恶。……他们拥有一切美好的事物：丰饶的田地会自己长出食物。"[1]这个理想是生活在和平中，享受永恒的青春、充沛的食物和终生的休闲。赫西俄德的理想是朴实的。它与苏格拉底和柏拉图后来提出的幸福生活的理想，即理解、真理和负责任的公民生活，相去甚远，但在后来的千百年里，是赫西俄德的理想而不是苏格拉底的理想一直在重新出现，尤其是在中世纪流行的"愚人天堂"的神话中。无论是物质的理想还是精神的理想，有史以来所有关于黄金时代的观念似乎都有一个共同的理想：和平。

历史学家和大众记忆将黄金时代的范式从神话转移到历史，并给特定的民族荣耀和成就时期贴上黄金时代的标签。因此，被历史学家们称为雅典黄金时代的时期是从公元前 480 年希波战争中的光荣战役（马拉松战役、塞莫皮莱战役和萨拉米斯战役）胜利到公元前 429 年的伯里克利之死或公元前 404 年伯罗奔尼撒战争结束为止的伟大时代。在这 50 或 80 年间，雅典的政治实力和文化创造力达到巅峰。罗马的黄金时代据说是奥古斯都的一生，在这 41 年里，罗马或多或少处于和平状态。然而，其他人则谈到从涅尔瓦（Nerva）到马可·奥勒留（Marcus Aurelius）的"贤良五帝"，并称他们统治的 84 年（96—180）是黄金时代。佛罗伦萨是意大利文艺复兴的重心，有着自己的黄金时代，始于 15 世纪初，到 1492 年被禁止偶像崇拜的僧侣萨沃纳罗拉（Savonarola）残酷地终结，仅仅持续了 80 年。当雅各布·布克哈特评论这一迅速的终结时，他引用了佛罗伦萨统治者洛伦佐·德·美第奇（Lorenzo de Medici）的诗句——也许是最著名的意大利语诗歌。布克哈特从中读到了一种怀旧的预感，即文艺复兴时期的荣光很短暂："青春虽然消逝得如此之快，但它是多么美丽啊……"[2]伊斯兰文明也有被认为是黄金时代的时期，但它的时间线有所不同。

马歇尔·霍奇森很慷慨，他在著作中给予伊斯兰教一段"伟大的文化繁盛期"，即 622—1258 年的"哈里发鼎盛期"。[3]

在最近的历史时期中，公认的一个黄金时代是荷兰共和国时代，大约从 1590 年持续至 1720 年。当时荷兰是大国，也是欧洲大多数著名画家的故乡。约翰·赫伊津哈指出，只有荷兰人的黄金时代出现在他们国家历史的最开始，就像古代神话中的黄金时代那样，而不是像所有其他文明的黄金时代那样出现在中间。就在伦勃朗出生前的 50 年，人们还几乎不能说是现代意义上的荷兰人。[4]

这些年代上的不同表明，同时代或后代的意识形态对黄金时代的认定有很大的影响。同样意识形态化的还有一种广泛的信仰，即认为黄金时代是外部和平和个人幸福的时期。事实并非如此。意大利文艺复兴时期是城邦之间频繁发生战争、内乱、暴行和暴力的时期。对绝大多数意大利人来说，日常生活并不令人羡慕。政治和经济实力强大、文化各领域同时繁荣的时期相对较少，而且并不总能持续很长时间。在许多领域，高创造力和高成就的巧合很难解释，尤其是在雅典、佛罗伦萨或荷兰这样的小地方。"不可避免的是，很多事情仍然难以捉摸。"乔纳森·以色列在审视了荷兰的案例后警告说。[5] 而且，所有的黄金时代都必然结束，这凸显了其戏剧性和特殊性。西方文明通常宣称只有一个主要的黄金时代。然而，中国并非如此。它 2200 年的王朝历史包括了许多兴衰时期，各自都有政治或文化的鼎盛时期。早在 2100 年前，史学家司马迁就已经看到中国在兴起、繁荣和衰落之间无休止地波动。[6]

对犹太历史的应用

公元前 8 世纪，希腊诗人赫西俄德以怀旧的心情颂扬了一个想象中的富裕、幸福与和平的黄金时代。根据也许是与赫西俄德同时代的《圣经》记载，最繁荣和幸福的时期是所罗门统治时期，而不是人类的第一个时代。《圣经》没有使用希腊语中的黄金时代比喻，而是用《圣经》中不止一次出现的诗句来颂扬所罗门的统治。因此，希伯来历史中的第一圣殿时期大约相当于黄金时代，正如《列王纪》中所描述的："所罗门在世的日子，从但（Dan）到别是巴（Beer Sheva）的犹大人和以色列人都在自己的葡萄树下和无花果树下安然居住。"[7] 先知弥迦（Micah）可能与赫西俄德生活在同一个世纪，他使用了相同的葡萄树和无花果树的比喻，在他的例子中，他不是为了赞美过去，而是为了预言一个即将到来的、最后的黄金时代：弥赛亚的时代。[8] 先知阿摩司也许是早于弥迦的同时代人，对"末日"也许下了同样的承诺，只是用了不同的语言：

"日子将到，……大山要滴下甜酒；小山都必流奶。"[9] 先知预言中的黄金时代概念与希腊人的概念截然不同。黄金时代只会在历史的尽头到来。在《圣经》对历史开端的叙述中，在天堂生活了一段时间的亚当和夏娃并不知道有黄金时代，直到他们犯了罪，被逐出伊甸园。虽然后来的拉比经文对神承诺的弥赛亚未来大加推测，但拉比对于过去和现在的历史进程的思想是清醒的，堪与中国司马迁的思想相类比。拉比传统把犹太人比作月亮，月亮总在盈亏。这就是对作为犹太教仪式一部分的每月"月亮祝祷"的传统解释。[10] 在 19 世纪，纳赫曼·克罗赫马尔将这一传统发展成对犹太历史周期性的解释，每个周期都有高潮和低谷。

根据《圣经》的记载，随着所罗门王国的解体，这个黄金时代便结束了。不管所罗门王统治的确切日期是何时（有几种不同的观点），它持续了不超过 80 年。犹太历史上唯一一个更为具体的被现代历史学家称为黄金时代的时期，是伊比利亚半岛犹太文化、财富和政治影响达到鼎盛的时期。这一时期的日期因定义而异。从 912 年到 1066 年犹太人被驱逐出格拉纳达，这是其中一种可能性——最多 150 年。一些现代作家把这个时代作为愿景中的犹太人和阿拉伯人和解的典范。黄金时代一词也被用来形容 20 世纪美国犹太教的政治力量和文化创造力。

犹太历史和中国历史一样，有过许多起起落落，但并没有一个像雅典、佛罗伦萨或荷兰那样特殊的、震古铄今的黄金时代。犹太历史上始于 1948 年的时期有不少其他文明所称的黄金时代的特征。以色列的政治、军事和经济实力，以及犹太人在世界重要地区的影响力和文化生产力，是历史上独特的积极趋势的汇合。其他两个特征是别的黄金时代的典型特征：今天的参与者看不到其中的"黄金"，当前的时代渴望但没有实现和平。我们的时代又是一个战争和紧张的时代。

第五章　繁荣文明的文化成就

概论

过去繁荣昌盛的文明及其黄金时代留给后人去研究的,与其说是领土扩张、上层阶级的暂时财富,或者军事胜利(如果有的话),不如说更多的是它们的文化成就和创造。历史上所有的黄金时代至少有一个共同点:它们是文化创造力极强的时期。在我们的术语中,"文化"包括视觉艺术、音乐、文学、诗歌、哲学、电影、科学,以及为后人留下难忘作品或至少留下痕迹的更具创造性的努力。一些作者试图从统计学上衡量"文化成就",希望发现一些因果关系。其中之一是皮蒂里姆・索罗金,他开始衡量"艺术、真理、伦理、法律和社会关系"——简而言之,就是文化。[1]他的统计数据是可疑的,从未得到证实。[2]另一位学者是查尔斯・穆雷(Charles Murray),他以1994年出版的《钟形曲线》(*The Bell Curve*)而闻名。[3]穆雷确定了自公元前800年以来,在14个人类成就领域(科学、文学、哲学、艺术、音乐等)中被他称为"最杰出"的4002人,并试图找出他们的共同点,从而解释他们的卓越之处。即使是他表面上中立的统计方法,也有一部分是基于过时的信息和旧的百科全书,他无法消除文化创作评价中的主观性。本书中的许多历史学家,例如司马迁、伊本・赫勒敦、雅各布・布克哈特、奥斯瓦尔德·斯宾格勒、约翰·赫伊津哈、皮蒂里姆·索罗金、伯纳德·刘易斯和乔纳森·以色列，[4] 都对文化创造力与文明兴衰之间的联系发表了广泛的评论。所有的人都对简单的文化因果解释持怀疑态度，少数人，尤其是赫伊津哈，坚信一种文化总是遵循其内在的冲动，而不是由外部事件塑造的。扬·范艾克（Jan van Eyck，约 1395—1441）的肖像和室内装饰散发出宁静祥和的氛围，这种氛围完全不受画家所处时间和地点中满是暴力与流血冲突的影响。[5]

以下是上述历史学家的集体发现或对他们尚未解决的问题的初步总结：

政治与军事力量： 伟大的文化成就可以伴随着政治的成功和扩张，也可以与衰落和军事崩溃相伴相随。第二种情况在历史上发生过不止一次。已经有人追问，在某些情况下，军事失败是否比胜利更能激发文化创造力。此外，压倒性的和侵扰性的国家权力会阻碍甚至扼杀文化创造力，正如雅各布·布克哈特所指出的，每个国家的真正目标是权力，而不是文化。

经济财富和皇室赞助： 财富、皇室赞助和财政安全经常刺激文化生产力。像司马迁或伊本·赫勒敦这样生活在强人统治下的历史学家，自然认为皇室的赞助是艺术、科学和文化不可或缺的。历史学家们无法就经济繁荣是集体文化创造的条件还是个人文化创造的条件达成一致。赫伊津哈坚信，经济和其他外部条件与 14 世纪荷兰文化即衰落的中世纪无关。乔纳森·以色列同样坚信，荷兰在 17 世纪积累的巨大经济财富对于黄金时代的荷兰文化来说是不可或缺的，至少在全社会范围内是如此。在个人层面上，金钱和创造力之间的关系会有很大的不同。一些伟大的艺术家在没有财富或政府资助的情况下成长起来。伦勃朗生活在荷兰黄金时代的鼎盛时期，但他从来没有得到任何公共机构的资助，而且不善于管理个人积蓄，曾被迫卖掉自己的画作和财物以避免破产。他晚年的自画像所流露出的伤感反映了他生活中的所有烦恼，尽管有这些烦恼，他仍保持着不间断的创造力。

一大部分人口的高水平教育：不仅少数精英可以接受教育，这在古希腊和古罗马以及文艺复兴时期等欧洲文化创造力高涨的时期尤其典型。基础广泛的识字水平似乎是文化繁荣的一个条件，至少在某些情况下是这样。在 13 世纪或 14 世纪之前的伊斯兰世界，以及文艺复兴以来的欧洲部分地区，对科学和科学研究的高度重视是文化创造力和教育成就的部分原因或结果。

跨文化接触：与其他文化的接触可以极大地激发文化创造力。意大利文艺复兴在很大程度上归功于重新发现古代和探索海外大陆。西班牙犹太—穆斯林黄金时代是在和其他三个文明的创造性交锋中产生的。

地理集中：大多数文化创造力极强的时期都集中在狭小的地理空间内——雅典、佛罗伦萨、威尼斯、阿姆斯特丹，以及中国的三四座城市，这些城市因王朝的不同而发生变化。黄金时代的城市曾经是大财源聚积的地方，政治、经济和文化交流频繁，外国游客也很多，但许多有创造力的人同时出现在同一个地方，仍然难以解释。佛罗伦萨著名艺术家、艺术史学家和传记作家乔治·瓦萨里（Giorgio Vasari, 1511—1574）对这个问题进行了大量的思考。[①][6]他在自己关于画家马萨乔（Masaccio）的传记中写道："当大自然创造出一个具有非凡才能的人时，无论他从事什么领域，它都有在同一时刻、同一地点创造另一个人的习惯，为的是鼓励相互模仿和相互启发。"[7]然而，在其他传记中，瓦萨里指出了另一个原因：富有创造力的个体在空间上的邻近以及他们的个人接触常常导致竞争，并引发激烈的嫉妒和敌对，这种嫉妒和敌

---

① 瓦萨里的《意大利艺苑名人传》有刘耀春等翻译的中译本，湖北美术出版社 2003 年版。——校注

对会转化为身体暴力，就像一个满怀嫉妒的画家攻击了瓦萨里的朋友米开朗琪罗，并打断了他的鼻子。[8]小地方的竞争和敌对可以推动艺术、科学和其他领域的创造力。

相对的宗教宽容和智识宽容：许多外来文化被宗教狂热所摧毁。根据布克哈特的观点，天主教的反宗教改革行动破坏了文艺复兴时期的智识创造力。[9]文化只有在有足够的精神和政治空间进行变化与试验时才能传播，但宽容并不意味着无限的自由。没有证据表明伟大的文化创造力取决于信仰、言论或写作的完全自由。

妇女权利：与其他同时代的国家相比，雅典、佛罗伦萨和荷兰共和国的黄金时代与这些地方妇女享有的较高地位有某种联系。人们还不清楚为什么会这样，也不确定这一发现是否具有普遍的历史价值。当然，给予女性更多的自由扩大了创造力的源泉。也许，对妇女更加开放只是一个开放和宽容的社会的指标之一。

这些外部条件可以鼓励创造力，但不能产生创造力。政府政策也不能。有两点是明确的：创造力首先是个人的创造力。一个"创造性"的文化就是有许多这样的个人。其次，创造力的最终原因是个谜。生物学家和大脑研究人员正试图通过将创造力和潜意识的新概念联系起来，以解开这个谜团的一部分。[10]例如，在梦中睡眠或放松时发生的潜意识思维过程，不再被视为必须由理性和高级的意识控制的非理性力量，而是来自平行的大脑活动，不断监测我们的内外环境，并参与有意识的思维过程。科学家们提出，我们灵感的来源是我们的潜意识思维，而在富有高度创造性的人群中，潜意识的物质更有可能溢出到意识中。早在现代心理学发明所有这些术语之前，瓦萨里就说明了一位伟大艺术家的创造力是如何从他的潜意识中汲取力量的。他讲述了莱昂纳多·达·芬奇的故事，后者接受委托，在米兰的圣母玛利亚修道院绘制《最后的晚餐》壁画。当修道院院长看到他"站了半天陷入沉思",并看上去什么也没做,他就开始跟达·芬奇唠叨。这位画家向米兰公爵发出了抱怨。"达·芬奇知道公爵精明聪明,准备和他讨论这件事,但他不会和修道院院长商量。他对艺术进行了推理,并向公爵展示了天才们在似乎做得最少的时候也在工作,在头脑中创造出各种发明,形成完美的思想,然后用手表达出来。"[11]

对个人创造力的解释仍然没有告诉我们为什么创造力偶尔会集中在特定的地方、时期和人群中,这个问题尚未解决。

创造力还有最后一个"条件":运气。高度繁荣的文化依赖于少数具有创新精神的艺术家和思想家。天才的出现总是一个运气的问题,一个偶然的事件,就像出现伟大的政治领袖一样(这将在第四部分第十一章讨论)。死亡和疾病威胁着他们所有人,并能改变一种文化的进程。莫扎特 11 岁时染上天花,暂时失明。在他那个时代,三分之一的天花感染者会死亡,一些幸存下来的人仍然失明。莫扎特却完全康复了,成为有史以来最伟大的音乐作曲家之一。他在我们看来是无可替代的。如果他在童年时去世,或者一直失明,整个西方音乐史都会有所不同。

对犹太历史的应用

犹太文化提出讨论最多的问题是近代犹太人对世界文明做出的大量文化、艺术、科学和其他贡献。伯克利大学历史学教授尤里·斯廖兹金(Yuri Slezkine)将 20 世纪称为"犹太人的世纪"①是有充分理由的。[12]文化的"贡献""创造力"和"成就"在本章中是同义词。关于犹太文化的"贡献"或"创造力"的讨论应涉及两个问题:

---

① 尤里·斯廖兹金所著《犹太人的世纪》有社会科学文献出版社 2020 年中译本,陈晓霜译。——校注

为什么这个问题经常被讨论？它的历史和思想背景是什么？

"犹太人的贡献"的含义。当我们谈到"犹太人的贡献"时，我们是指作为一种文明或宗教的犹太教的贡献，还是犹太人个体偶然性所做的贡献？

就历史和意识形态而言，关于犹太人创造力的争论至少已有 2000 年的历史。古代世界的异教徒学者对犹太人的孤傲感到恼火，声称犹太人没有创造力。犹太人反驳说，他们比任何其他民族都更有创造力。在弗拉维乌斯·约瑟夫斯（Flavius Josephus，约 37—100）所著的《驳阿庇安》（*Against Apion*）①一书中可以找到这种争论的生动回声。阿庇安（约公元前 20—公元 45）是一个讲希腊语的埃及反犹主义者，他写了一些小册子，攻击那些幸存下来的犹太人，具体内容不明，我们只知道约瑟夫斯的反驳。约瑟夫斯写道，根据阿庇安的说法，"我们犹太人中没有任何了不起的人，没有任何才华横溢的发明家，也没有任何杰出的智慧"。[13] 约瑟夫斯的书旨在证明阿庇安是错误的，并展示犹太人的古老性、独创性、创造性，甚至是优越性。犹太人的律法是最好的，他们的律法施予者是最伟大的，他们的道德是任何其他人都无法比拟的，等等。"我敢说，我们在很多事情上成了其他人的老师，体现了最优秀的特质。"[14] 这种交流的基调，虽然措辞比较温和，但在犹太历史上，特别是从 17 世纪和 18 世纪以来，会一次又一次地听到，并成为 19 世纪和 20 世纪反犹与亲犹太论战的中心主题。[15] 海因里希·格雷茨在 19 世纪后半叶写下了具有里程碑意义的《犹太人历史》（*History of the Jews*），此书不仅仅是对德国日益增长的大众反犹主义和学术反犹主义的激烈回应。当格雷茨声称文明世界获益于犹太

---

① 有杨之涵所译的中译本，收在《驳希腊人》一书中，华东师范大学出版社 2016 年版。——校注

教一神论时,他走的是比他早 1800 年的约瑟夫斯的路。大量反犹和为犹太人辩护的书籍与文章继续在 20 世纪展开辩论,而且没有结束的迹象。① 犹太人的贡献是现实,在某些情况下甚至可以量化,比如通过计算犹太人在诺贝尔奖获得者和其他获奖者中所占的比例。但是,更重要的是理解这场辩论的更广泛的意识形态背景,以及为什么它在 20 世纪不断爆发,而且很可能在整个 21 世纪继续如此。

　　第二个问题是关于"犹太的贡献"(Jewish contributions)和"犹太人的贡献"(contributions by Jews)的区别,两者是不一样的。弗拉维乌斯·约瑟夫斯和海因里希·格雷茨所想的是犹太教、希伯来《圣经》、犹太伦理等对世界的贡献,因此它们是"犹太的贡献"。相比之下,"犹太人的贡献"可以来自任何领域的努力,但不必来自犹太教,这些贡献的作者可能是有犹太的信仰或起源,但他们与犹太教和犹太人的联系有时是脆弱或根本不存在的。马克思和弗洛伊德经常在这种背景下被提及。凭借敏锐的观察仍然可以在他们的作品中发现犹太民族的遗产,但这不是他们想要传达的遗产。如果说他们对犹太民族有影响,那是因为犹太人充分参与了 20 世纪的历史,而不是因为他们有时违背自己的意愿,被视为"犹太人同胞"。许多犹太人成为马克思主义者,并不是因为马克思是犹太人。事实上,许多人在他的影响下离开了犹太教。作者是犹太人,其作品就一定是犹太的吗?

　　一部作品是否是犹太的作品,这个问题甚至在古代也是一个棘手

---

　　① 关于这个主题最著名的犹太书籍之一是塞西尔·罗斯(Cecil Roth)所著的《犹太人对文明的贡献》(*The Jewish Contribution to Civilization*,London:Macmillian,1938)[此书有商务印书馆 2021 年中译本,题为《犹太人与世界文明》,艾仁贵译——校注]。罗斯发出了一个可悲的并显然是徒劳的呼吁,要求纳粹承认犹太人对世界,特别是对德国做了很多好事。在 2000 年之后的几年里,出现了几本同一主题的自我认可的畅销书,例如 Ken Spiro,*World Perfect:The Jewish Impact on Civilization*(Deerfield Beech/Florida:Simcha Press,2002);Joe King,*The Jewish Contribution to the Modern World*(Montreal:Montreal Jewish Publication Society,2004)。

的问题。我们将举出一些罕见的例子。前两部作品是早期散居海外的一位诗人和一位作曲家的作品。它们出现在同一时期是不寻常的，但恰恰说明了今天的主要问题之一。卡西米娜·宾特·伊斯玛伊·耶胡迪(Qasmina bint Isma'il al-Yehudi，11—12世纪)被认为是西班牙著名犹太政治家和诗人撒母耳·哈纳吉德(Samuel Ha-Nagid)的女儿。她写了优美的诗，让人强烈地想起古希腊女诗人萨福的抒情诗：两个女人都哀叹自己孤独。[16]与她杰出的父亲不同，她用阿拉伯语而不是用希伯来语写作，她的主题是普世的，而不是犹太的。如果说她的作品被算作"犹太的"，那只是因为她的名字"耶胡迪"和她的家族血统表明她是犹太人。第二个例子是皈依犹太教的奥巴迪亚，也被称为诺曼人奥巴迪亚(Obadiah the Norman)，他是一位在1102年皈依犹太教的诺曼人牧师。[17]他写了最早为人所知的犹太会堂礼拜音乐，这是在开罗秘库(Genizah)的一份手稿上发现的。奥巴迪亚很可能在皈依后不得不逃离欧洲，在埃及的犹太人中找到了避难所。他的圣歌遵循了12世纪意大利伦巴第教会的旋律，音乐学家无法发现任何体现犹太性的差异。[18]如果考虑到作者的历史、他的意图和他的假定听众，奥巴迪亚的作品是"犹太的"；但如果你听了他的音乐并认识到它的起源，那就不是了。类似的问题一定也出现在阿庇安的家乡——希腊化时期的亚历山大城。来自亚历山大城的犹太人的大部分文学作品都没有流传下来，但是可以假设其中一些作品没有犹太主题。当大多数希腊化的犹太人都有希腊名字的时候，如果主题不是犹太性的话，将犹太作品和非犹太作品分开几乎是不可能的。

　　亚历山大城的犹太教以及卡西米娜·耶胡迪和奥巴迪亚的故事增加了一个额外的复杂性，即文化共生或融合。谁贡献了什么，贡献给了谁？是这些犹太人对希腊、穆斯林和中世纪基督教文化做出了贡献，抑或是这些文化迫使犹太人使用新的语言和表现形式，从而重塑了犹太文化? 这些问题没有明确的答案,并将伴随着近代西方犹太教的历史。

巴鲁赫·斯宾诺莎(1632—1677)在"犹太人的贡献"的历史上增加了第三种变体。他是犹太人,就像哈纳吉德的女儿或是皈依者奥巴迪亚一样,但他的案例可以被看作是犹太人对西方文化的贡献。他于1670年完成的《神学政治论》(*Tractatus Theologico-Politicus*)①集中于一个明显的犹太主题:希伯来《圣经》的历史准确性,这使他区别于那位女诗人。但他的书的目标受众读者与其说是当时的犹太人,不如说是基督徒,这也使他与奥巴迪亚区别开来。《神学政治论》以一种前所未有的致命力量攻击《圣经》的历史真相。斯宾诺莎于1656年被阿姆斯特丹的犹太人逐出犹太社团。他对犹太人已经不太感兴趣了,知道他的书对他们几乎没有影响。他如此激进地挑战《圣经》权威,是因为他想破坏他所厌恶的欧洲君主秩序的精神和宗教基础。在他那个时代,他不能直接攻击基督教《圣经》的真理,但攻击希伯来《圣经》则没有那么危险,而且效果相同。他的基督教读者,如莱布尼茨,正确地理解了他的意图。根据乔纳森·以色列的说法,斯宾诺莎的书虽然在整个欧洲都被禁止,但却产生了预期的政治和思想影响。[19]

斯宾诺莎站在现代性的开端。在他之前,绝大多数"犹太人的贡献"实际上是"犹太的贡献"——尽管撒母耳·哈纳吉德的女儿是个例外。《圣经》是犹太人为犹太人写的。它的普遍传播并不是有意的,或者只是间接的有意行为,因为这本书本身告诉犹太人,他们必须以其无可挑剔的行为成为"万国之光"。斯宾诺莎之后,犹太人不打算为犹太民族做贡献的案例开始增多,从19世纪开始,他们变得势不可当。例外变成了规则。世界历史上许多杰出人物对世界的影响比他们对

---

① 有商务印书馆1963年版中译本,多次重印,温锡增译。——校注

本国人民的影响更大。佛陀是印度人，但印度教先是拒绝佛教，然后又融合了佛教，它的教义随后作为一种新的、独立的宗教在其他地方蓬勃发展。哥白尼是波兰人，他彻底改变了整个世界的思想，而不仅仅是波兰的思想。肖邦是波兰和法国混血，但他的音乐属于全世界。然而，犹太人在19世纪末和20世纪对世界文化所做贡献的爆炸式增长——即使根本不是对犹太文化的贡献——在历史上是独一无二的，并造成了一种二分法。它反映了犹太人独特的大流散历史。重要的是，犹太人对其他文化日益增长的贡献，最初即使不是遭到彻底的拒绝，也常常遇到抵制。这些贡献成为现代反犹主义的主要主题。雅各布·布克哈特认为犹太人对19世纪德国文化没有什么宝贵的贡献。他只看到犹太人"毫无道理地干涉一切"。[20]

这种二分法也解释了为什么迄今为止对犹太文化创造力的共识定义和衡量方法仍然难以实现。[21] 但是，这种二分法在20世纪后半叶开始改变。犹太和以色列的文化与主题正在成为现代文化不可分割的一部分，而后者则继续渗透到犹太和以色列的意识和创造力中。这已经开始使内部影响和外部影响之间的区别变得模糊。旧的二分法正在减弱吗？也许这些发展标志着内外部影响之间的一种新的辩证法。耶鲁大学文学史学家哈罗德·布鲁姆（Harold Bloom）称卡夫卡为至今仍萦绕在美国和世界文学中的"那个犹太作家"。他预言卡夫卡和弗洛伊德"可能会为我们重新定义犹太文化"。[22] 布鲁姆本可以在评论20世纪美国犹太作家时说几乎相同的话。诺曼·梅勒（Norman Mailer）、艾萨克·巴什维斯·辛格（Isaac Bashevis Singer）、亚瑟·米勒（Arthur Miller）、索尔·贝娄（Saul Bellow）、伯纳德·马拉默德（Bernard Malamud）、菲利普·罗斯（Philip Roth）等许多人都是犹太人，他们以犹太主题、犹太问题和犹太人物为模板，改变了美国和西方文学的面貌，也改变了美国人对美国的自我认知。这些主题和问题并

没有在卡夫卡的作品中得到明确的体现,尽管布鲁姆已经将他列为 20
世纪最具代表性的犹太作家。卡夫卡和其他保留犹太身份的人提出
了一个与马克思不同的问题,马克思并不想成为犹太人。布鲁姆和了
解卡夫卡生平及其中欧犹太人背景的读者都意识到,犹太性可能是卡
夫卡一生中最重要的精神和情感影响。他们也知道,卡夫卡所有的作
品都隐喻着犹太人的经历,但从来没有提到过"犹太人"这个词。卡夫
卡比其他任何人都能更好地预见 20 世纪的荒谬、焦虑和恐怖,因为他
是犹太人。他在世界文学、戏剧和电影界留下了深刻而持久的影响。
他的书可以用世界上每一种主要语言来阅读,包括汉语和阿拉伯语,
他是 20 世纪唯一一位将名字变成了一个普遍理解的形容词"卡夫卡
式"的作家。但是今天很少有非专业的读者会发现他作品中隐藏的、
无处不在的犹太性的存在。卡夫卡的全球影响力并不能说明他是否
以及如何对犹太文化做出了贡献。他是否加强了犹太人的身份、自
尊、创造力或生存能力,或是为犹太人带来理解? 我们必须说,在评价
具有普世意义的文化创造时,通常不会提出这样的问题。布鲁姆关于
21 世纪将"重新定义"犹太文化的预言能否实现,现在做出判断还为时
过早。即使他是对的,明智的做法还是要记得以色列《圣经》学者以西
结·考夫曼早前的警告。他从埃及、希腊和罗马的历史中得出结论,
一种文化的精神财富,其普世价值和伟大性,并不能拯救一个群体免
于灭绝。[23]换言之,普世影响和感知到的伟大并不能保证一个文明的
长期生存。考夫曼认为,犹太人的源远流长与他们对世界文明的精神
贡献无关,也不能保证这种情况会改变。

　　考夫曼的结论是悲观的,对希腊来说并不完全正确。罗马征服者
对希腊文化高度尊重,这在他们与其他被征服国家的关系中是没有
的。即使在 19 世纪,希腊从土耳其独立的斗争也在整个欧洲掀起了
一股情感、政治和物质支持的浪潮,这与当时晦暗不明的巴尔干政治

毫无关系，而与对荷马、柏拉图和伯里克利的记忆密切相关。考夫曼在某种意义上是对的：无论是罗马还是19世纪的欧洲，都无法让希腊人恢复古典时代失去的创造力，但他们帮助希腊民族生存下来，并为他们打开了一扇通往未来的窗户。列强对希腊人的"文明亲和力"（稍后将在第四部分第九章讨论）为他们提供了某种程度的保护。犹太人的命运更为严酷，但即使是犹太人，至少是在基督教国家的犹太人，也不止一次地从对他们精神成就的认可中获益。在文艺复兴时期、人文主义时期、克伦威尔时期的英国、19世纪和20世纪的基督教犹太复国主义运动中，都可以找到这样的例子。未来将告诉我们，20世纪犹太人对普世文化贡献的巨大增长是否会继续，如果继续，这是否会打破考夫曼的预言，使犹太人和犹太教更加安全。

第六章　衰落的多重原因

概论

爱德华·吉本的《罗马帝国衰亡史》是宏观历史兴衰理论的一个重要教案。吉本指出，没有一个单一原因可以解释一个多方面、广泛和持久的文明的衰落与灭亡，肯定是多种原因共同作用的结果。罗马帝国或奥斯曼帝国的衰落，或整个伊斯兰文明的衰落，都不是由单一原因造成的，正如其他历史学家所说，历史学家必须寻找各种原因的结合。一般来说，一个文明越小、寿命越短，就越容易找出其衰落和灭亡的单一或主要原因，但即使对于有史以来生存和死亡时间最短的文明之一——复活节岛文明，人类学家仍然不能确定灭亡是由一个还是几个原因造成的，以及这些原因到底是什么。即使是那些一直在所有文明崩溃中寻找简单共同点的学者，也常常提出一些因素，这些因素并非孤立的，而是复杂事件链中的因果因素。

吉本的作品传达了另一个关于衰落和灭亡规律的重要相关结论，这对后来的历史想象产生了巨大影响。对吉本来说，摧毁罗马帝国的不是单独的外敌和意外的灾难：它毁灭了自己。罗马的毁灭是"过度伟大"的必然结果。"与其追问罗马帝国为什么会被摧毁，倒不如说我们应该惊讶于它竟然存在了这么久。"[1]斯宾格勒和汤因比捍卫了同样的立场,这成为西方史学和哲学根深蒂固的信条。斯宾格勒断言,所有已死的文明都因自我毁灭而灭亡,只有一个例外,前哥伦布时代的墨西哥被他称之为"残暴的西班牙人"的"一小撮匪徒"消灭。[2]汤因比选择了一幅生动的图像来表达这一观点:"文明不会死于刺客之手,只死于自杀。"[3]甚至贾雷德·戴蒙德也在 2005 年的《崩溃》一书中将过去文明的终结归咎于环境退化,并指责内部政治和文化因素阻止了这些文明在仍有可能存活时进行自救。

文明的灭亡是由于内部原因而不是外部原因,这一结论对许多文明来说是正确的,但不是对所有文明都适用。有人说,历史由胜利者书写,而不是由被征服者书写,因此被摧毁的文明和民族没有发言权。令人费解的是,历史学家对许多文明的关注如此之少,这些文明被更强大的敌人消灭了,却没有留下任何记录或太多痕迹。它们是徒劳地生存和灭亡吗？罗马帝国消灭了许多外国文明。在罗马人将迦太基及其人民置于刀剑之下后,曾经是地中海强国的迦太基几乎什么也没有留下。伊特鲁里亚人的文明比早期的罗马文明更加丰富和古老,他们被罗马人打败并被完全吸收,罗马人似乎摧毁了敌人的全部书面遗产。与斯宾格勒所写的相反,前哥伦布时代的墨西哥并不与世隔绝。诚然,没有什么能把墨西哥人从可怕的西班牙军队中拯救出来,西班牙军队在一个多世纪的时间里,甚至在欧洲战场上都是战无不胜的,西班牙人给美洲带来的疾病也是如此。即使它们的毁灭和消亡的细节是独一无二的,不同地方和不同时代的其他文明也有着相似的命运。

对犹太历史的应用

吉本的第一个发现适用于犹太文明。如果我们寻找犹太人长期生存的历史原因而不是形而上学的原因,那么很明显,犹太人不止一次因全球散居并分裂成不同的分支而得救。任何单一的危险或衰落原因都不能同时触及所有这些因素。在古代,它们的广泛分布已经维持了它们的生存。当提图斯(Titus)和哈德良(Hadrian)占领犹地亚时,包括犹太难民在内的许多犹太人在帕提亚人统治下的巴比伦找到了和平、防护和重新开始的机会。哈德良对巴尔·科赫巴起义的镇压给犹太人民造成巨大损失,但他放弃了征服强大的帕提亚帝国的企图,并与他们实现了和平。没有人能肯定地说,如果哈德良能够像他最初计划的那样,把巴比伦众多的犹太人口也纳入罗马帝国,那么对整个犹太民族会有什么样的结果,可能不会很好。在帝国的其他地方,犹太人足够谨慎或足智多谋,能确保生存和福祉。在罗马,他们在公元前1世纪就已经是公民了,他们的公民身份从未被撤销,甚至在公元70年和135年在他们祖先的家乡发生的叛乱中也没有受影响。

犹太历史上另一个通过向全球流散来获得拯救的例子可以在伊比利亚半岛找到。如果西班牙和葡萄牙在16世纪和17世纪用他们在伊比利亚半岛与美洲使用的方法统治了整个世界,犹太人将不得不在全球范围内——而不仅仅是伊比利亚半岛上——在被迫皈依或死亡之间做出选择。若是如此,犹太人的生存将变得极其困难。显然,犹太人在20世纪的命运也是如此。如果摧毁了三分之一或更多犹太人的纳粹赢得了战争并征服了世界,那么今天就几乎没有犹太人了。在没有一个强大、独立的犹太国家的情况下,犹太人一方面得益于碎片化世界的权力分裂和大多数国家缺乏强大的中央集权官僚机构,另一方面得益于他们在世界各地的广泛分布。犹太人的历史上,一些散居海外的人即使没有受到迫害也会消亡和消失,而其他人则在其他地方兴起和繁荣。犹太教的宗教和文化分裂也可能在长期的生存中发挥作用,因为不同宗教分支之间的竞争可能增加了犹太民族的创造力和改变及适应的能力。分散和变异使犹太人不那么容易受到单因素的影响。

除非有人假设世界即将进入一个永恒和平的时代，否则历史似乎告诉我们，一个单一的犹太教团体或一个集中在一个地方的犹太教团体，其长期生存的机会要比存在于世界不同地区的多层面的犹太教团体小。从过去得出的一个暂时的结论是，让所有犹太人进入统一的意识形态以及宗教形态或进入同一个国家，可能不是最好的生存策略。至少应该有两个中心，有足够的临界质量来维持人民生活，这是一个很难定义和衡量的标准。除了以色列之外，另一个中心可以激发双方的创造力，也可以加强双方的权力基础。这是历史学家伊利亚斯·比克尔曼（Elias Bickerman）的信念，他写到了从巴比伦之囚归来到马卡比时代之间犹太人的生存和成功："这种分散使犹太教免于肉体上的灭绝和精神上的近亲繁殖。巴勒斯坦把这个国家分散的成员团结起来，给他们一种统一的感觉。这种历史力量的平衡是无可比拟的。……"[4]充分理解比克尔曼的评论很重要。分散确实拯救了犹太教，但它之所以能够拯救犹太教，仅仅是因为这个中心，即以色列地，仍然是一个统一的纽带，即使不在现实中，至少也在梦想中和祈祷中。

然而，不能不加批判地将犹太民族因其广泛分散而得以生存的事后解释作为未来的政策指标。纳粹大屠杀和以色列的建立改变了传统的规则。根据传统规则，分散的犹太文明比集中的文明有更好的生存概率。原则上，旧的规则仍然有效，但以色列的建立并没有简单地用另一个大的犹太人分支来取代它。这个新的分支 2000 年来第一次有了相当大的"硬实力"，可以直接或间接地用来帮助那些缺乏这种力量的犹太人。对艾希曼的逮捕和对埃塞俄比亚犹太人的营救是以色列代表整个犹太民族实施"硬实力"和其他国家权力的两次完全不同的行动。在以色列存在之前，两者都不可想象。另一个例子是 20 世纪 70 年代以来苏联犹太人的复出和自信，尤其是他们对移民权的追求。以色列和美国协调一致的犹太倡议为苏联犹太人提供了信息、鼓励、书籍和各种形式的物质帮助,同时说服美国将犹太人移民以色列的权利转变为美国的政策目标。没有以色列政府的公开和秘密活动,这将是不可能的。

以色列是一个重大的质的变化,不仅与2000年的散居历史相比是这样,甚至可能与第二圣殿时期相比也是这样。在第二圣殿时期,以色列-犹地亚土地确实给了分散的犹太社群"一种统一的感觉"——再次引用比尔克曼的话来说。这座圣殿是犹太文明的精神心脏,这个国家的人口规模便足以使它成为整个犹太民族的重心。然而,就目前所知,犹地亚很少或根本没有给予巴比伦、埃及、罗马的犹太人或任何其他流亡海外的分支以政治、经济或军事方面的支持,除非有时犹太人在邻近的叙利亚或约旦河地区陷入困境。据我们所知,犹地亚面对公元38年和66年发生在亚历山大城的反犹暴乱毫无作为,尽管据报道,犹地亚的犹太人曾在克劳狄一世(41—54年在位)统治早期的动乱中帮助过亚历山大城的犹太人。[5]如果说有什么"硬实力"的流动,那可能更多的是从散居地到以色列的流动,比如每年向圣殿提供资金捐助,这是众所周知但不受欢迎的,甚至几度遭到罗马当局禁止。公元115年在昔兰尼、埃及和塞浦路斯发生的犹太起义的可怕后果,就是不同犹太社群之间缺乏合作甚至缺乏相互认同的例子。罗马历史学家记录说,在这些起义之后,数十万犹太人在大屠杀中丧生,但我们在《密释纳》或任何其他早期的拉比著作中都没有发现这些事件的踪迹。有没有可能《密释纳》的圣贤们,比如生活在那个时代的阿基瓦拉比(Rabbi Akiva),从来没有听说过这些叛乱,或者对此无话可说?

以色列目前的权力地位在更广泛的犹太世界有着错综复杂的影响,甚至是第二圣殿时期的历史都无法与之比拟。1951年,汉娜·阿伦特发表了战后第一篇深入全面分析纳粹反犹主义的文章。她注意到在法国大革命初期,法国民众对法国贵族的仇恨爆发,并从亚历克西斯·德·托克维尔（Alexis de Tockqueville）那里寻求解释。托克维尔强调，贵族权力的突然丧失并没有伴随着财富的流失。没有实权和政治职能，但却拥有巨量财富和明显差别是难以容忍的。当这种结合发生时，财富和差别被视为寄生的、多余的和挑衅的。

根据阿伦特的说法，现代的、非宗教的纳粹反犹主义的致命性的主要原因是，犹太人在德国与其他地方的巨大的文化和经济影响力，与他们无法用政治和军事力量来支持这种影响力之间的不匹配。[6]以色列的军事力量不仅对以色列在中东的战略地位有着重要的直接和间接影响，而且对侨民的政治和心理地位有着重要的直接和间接影响。在 1973 年赎罪日战争之前，以色列的胜利和军事力量加强了海外侨民的自豪感、团结感和安全感，1967 年六日战争后这一点变得尤为明显。自赎罪日战争以来，以色列对海外散居地犹太人的影响变得更加模糊。当以色列不再被视为胜利者，或因其长期占领约旦河西岸土地和使用军事力量而受到批评时，对侨民的政治和心理影响可能是消极的。然而，以色列的严重削弱或最终的军事失败将对全世界犹太人产生灾难性的政治和心理影响。

吉本的第二个发现是文明的自我毁灭，即衰落和灭亡的原因是内在的，而不是外在的。这个结论不适用于犹太历史。大部分犹太人不止一次被外部而不是内部的敌人摧毁。内部紧张局势和异见从一开始就动摇犹太教，但并没有严重威胁到犹太教的生存，正如本书第四部分第十章所解释的那样。目前，散居地犹太人确实受到内部原因特别是同化的严重威胁，而以色列则面临内外两方面的威胁。比较犹太民族作为一个整体面临的内部和外部危险的相对权重，意味着处理一系列相互关联的突发事件。这是一项微妙的任务，有不确定的结论，当外部条件发生变化时，这些结论会迅速改变。

第七章　全球未来："文明的终结"还是"西方的衰落"

概论

在这项研究所涉及的 23 位学者中，有 12 位对我们这个世界的未来做了广泛或简短的推测。所有这些都显示出对未来的深切关注。在过去的几十年里，"未来学"或"未来研究"已经成为一门学术学科，拥有自己的专业期刊、研究生班、国际会议和其他学术载体。我们要问的是，我们这 12 位相关历史学家在很久以前就已经表达过的观点，在当下和明天是否仍然有效。这 12 个人中，除了费尔南·布罗代尔之外，其他人都有着悲观或阴暗的预感。这可能是由于本书在统计上没有选择相关代表性的学者造成的巧合，也可能反映了一种占主导地位的智识趋势。亚瑟·赫尔曼在 1997 年发表的《西方历史衰落观》支持了第二种假设。赫尔曼认为，欧洲社会和文明正在衰落的观念是启蒙运动和法国大革命的后续影响。他把布克哈特、赫伊津哈、斯宾格勒、索罗金、汤因比和其他许多互相影响的人视为文化悲观主义的继承者和贡献者。诚然，许多作家和知识分子都追随这种悲观主义的趋势，但一如既往地像在启蒙运动时期那样相信进步和光明未来的哲学家与历史学家确实存在。在 19 世纪，后一类人中最杰出的代表是弗里德里希·黑格尔，他目睹了基督教欧洲和德意志民族引领世界历史走向更大的自由；还有卡尔·马克思，他承诺要摧毁他那个时代的资本主义，给不可避免的共产主义革命所产生的新社会带来光明的未来。在 20 世纪，威廉·H. 麦克尼尔仿效黑格尔，正如他 1963 年出版的那本书的乐观标题所显示的那样：《西方的兴起：人类共同体史》(The Rise of the West: A History of the Human Community)①。在他那个时代，最多产、乐观并被广泛翻译的文明问题畅销书的作者是美国人威尔·杜兰特(Will Durant，1885—1981)。1935—1975 年，杜兰特出版了 11 卷本的《文明的故事》(The Story of Civilization)②。杜兰特反对他所谓的"当代悲观主义"，并声称历史不是由冲突和血腥的战斗构成的，而是由"更安静、更鼓舞人心的场景"构成的。[1]专业历史学家忽视了杜兰特，他的声音在今天被完全遗忘了。他不是公认的学者，但他非常了解(至少在美国的)读者想听什么。冷战的结束激起了一股新的乐观主义浪潮，因为自由民主显然取得了胜利，并被视为历史的最终趋势。随着弗朗西斯·福山(Francis Fukuyama)1992 年出版备受争议的著作《历史的终结与最后的人》(The End of History and the Last Man)③，这股浪潮达到了学术的顶峰。"顶峰"这个术语用在这里是正确的，因为地面上的事件很快就表明历史仍在继续，福山的论文失去了它的可信度。

12 位对全球未来表示担忧的历史学家强调了不同的问题和原因：

1. 第一种文明崩溃理论：非物质原因

皮蒂里姆·索罗金预测，"西方文化和社会"[2]的崩溃是由于物质主义的不断增长和肆无忌惮及精神和理想主义价值观的消失。他的

---

① 有中信出版社 2015 年中译本，孙岳等译。——校注
② 有天地出版社 2018 年中译本，台湾幼狮文化译。——校注
③ 有广西师范大学出版社 2014 年中译本，陈高华译。——校注

视野不是局限于西方，而是放眼全球；他没有指出另一个存在于今天并将继续存在的更健康的文明。"即使是过去最伟大的文化价值观也会退化"，而且会出现"道德、精神和社会日益混乱"的局面，导致文明的暴力破坏。[3] 从旧的废墟中会出现一个新的更好的文明。在最后的结论上，索罗金的观点看起来与马克思的观点没有太大不同，但他的书的重点完全放在衰败、灾难和"最终目的"上。索罗金并没有隐藏其愿景的宗教根源。在 21 世纪初，旧有的世界末日加上复活预言的新的世俗化版本已经出现。[4]

2. 第二种文明崩溃理论：物质原因

约瑟夫·泰恩特分析了 20 多个古代文明，发现所有文明的崩溃都是由于内部原因，特别是物质性和组织性的原因，属于"日益增长的复杂性"的总范畴之下。他嘲笑所有非物质的解释都是"神秘主义的"。所有文明，包括我们自己的文明，一定会灭亡，原因和摧毁古代文明的原因一样。随着一个文明变得越来越复杂，保持其运转所需的改进变得越来越困难和昂贵。当到达不可返回的临界点时，系统将崩溃。

今天，文明"日益增长的复杂性"最突出的表现之一，是它们在全球金融和经济上的相互联系。除了泰恩特之外的其他学者也认为这种相互联系可能导致全球文明的毁灭。2008 年的全球金融危机和经济危机表明，没有一个政府、一位经济学家或银行家完全了解在任何特定时间发生了什么，为什么会发生，它可能如何结束，以及必须做些什么。各国央行官员表示，他们在有生之年从未见过如此多的困惑和无助。许多评论员并不认为物质和经济条件是危机的最终原因，他们更愿意引用伦理原因。也许，文明衰落中的物质因素和精神因素不能轻易地分开。

3. 第三种文明崩溃理论：环境原因

贾雷德·戴蒙德在 2005 年的《崩溃》一书中称，许多文明由于对自然环境的破坏和过度开发而自我毁灭。他非常担心，在不太遥远的未来，同样的事情也会发生在我们自己的文明身上，但他认为，如果人类奉行可持续的环境政策，这种情况就不一定会发生。过去所有的崩溃都不是由无法解决的物质原因引起的，而是由无能的治理、人类的无知和自私引起的。

一些人担心，如果对目前的温室气体排放趋势不加遏制，全球变暖的后果甚至会在假设的全球崩溃之前就已经失控，导致无法阻止的大规模移民和全球对土地、淡水和粮食的激烈竞争，最终导致全球战争（见下文第 5 点）。

4. 文明的冲突

爱德华·吉本在普遍乐观的 18 世纪写下了他的不朽作品，并且是在法国大革命前完成的。但是，在研究了罗马的衰落和灭亡之后，他怀疑没有一种文明能够永存，即使是我们自己的文明。在思考什么会导致我们文明的终结时，他表达了一种奇怪的不祥预感，这是我们能够在他的主要著作中确定的唯一的关于西方长期未来趋势的猜测。在吉本的时代，欧洲大陆和英国正感到比长久以来的任何时候都更加安全。"然而，这种表面上的安全不应诱导我们忘记，新的敌人和未知的危险可能来自一些在世界地图上几乎看不见的人。征服从印度到西班牙广袤地区的阿拉伯人或撒拉森人曾在贫穷和蔑视中消沉，直到马哈茂德[原文如此]把热情的灵魂注入这些野蛮的躯体。"[5]这听起来像是"文明冲突"论的先声，这个词在 20 世纪末变得耳熟能详。吉本提到这一点是在罗马无法预见帝国将要面临的最严重危险的上下文背景下提出的。他的推测有双重意义：一是提出可能发生文明冲突的幽灵,另一种更重要的猜测是提醒我们历史的不可预测性,即对文明的一些最危险的威胁来自最意想不到的地区。

5. 全球战争

阿诺德·汤因比比我们列出的任何其他学者都更担心一场使用热核武器的新世界大战会毁灭地球。[6]这种战争可以预测,但也可以预防。他的恐惧没有变为现实。2007 年,俄罗斯和美国的总统都公开提到了世界大战的危险,这也许是冷战结束以来的第一次。目前很难看出冲突和愚蠢的结合会使人类再次陷入一场世界大战,但在 1914 年之前,预测即将到来的第一次世界大战也同样困难。一位研究第一次世界大战的美国历史学家提出了一个警示性的观点,这与吉本的警告一致,即历史上的某些重大突破是不可预测,甚至是无法解释的。大卫·弗洛姆金(David Fromkin)的《去年夏天的欧洲》(*Europe's Last Summer*)描绘了这样一个欧洲大陆:1914 年之前,这个大陆拥有相同的核心价值观,享有繁荣的经济和开放的边境,由有血缘关系的王朝统治,而且彼此之间保持联姻。19 世纪 90 年代和我们这个时代一样,是一个国际会议、裁军会议和经济全球化的时代,尽管在巴尔干半岛等偏远地区偶尔也会发生局部战争。然而,在 1914 年 8 月,欧洲大陆"突然失控,崩溃并炸裂,继之以数十年的暴政、世界大战和大规模谋杀"。[7]或许全球战争的危险也应该考虑到泰恩特的预测,即文明的日益复杂,在某一时刻之后,将变得无法控制。

6. 第一种西方终结论:非物质性的原因

一个假设的文明终结和同样假设的西方世界终结之间的界限无法明确划定。西方文明继续主宰和塑造世界。它的消失将意味着我们所知道的文明的终结,至少在一定时期内是这样。索罗金谈到"西方"，但它不仅仅指西方。

我们列出的学者中有五位学者预测或担心西方会由于精神性的原因而衰落和灭亡。他们中的一些人认为，西方的终结也会累及其他人类。他们是雅各布·布克哈特、约翰·赫伊津哈、奥斯瓦尔德·斯宾格勒、阿诺德·汤因比和马克斯·韦伯。悲观主义者布克哈特怀疑，伟大的欧洲文化——唯一值得保存的西方成就——能否在他之后的一个世纪里继续存在下去。国家权力和经济进步的强势将越来越遮蔽生活的方方面面，[8] 而未来将归结为一个问题：人类对权力和物质利益的渴望会继续支配一切，还是会像公元 3 世纪和 4 世纪时那样，屈服于思想观念的深刻变化？约翰·赫伊津哈和布克哈特一样对西方的未来表示怀疑。[9] 斯宾格勒认为西方的终结不可避免；汤因比也这样预言，并说除非有深远的精神和政治变化。[10] 马克斯·韦伯在1904—1906 年写下《新教伦理与资本主义精神》，提出了一个简短但中肯的关于我们未来的问题。禁欲的清教徒精神创造了资本主义的物体框架，并居住其中，但这时已离开了这所房子，"是否是肯定的，谁能说得准呢？没有人知道将来谁会住在这所房子里。在这样一个非凡的发展时期结束时，是否会出现全新的先知或是旧思想和旧观念的强势再生"。[11] 韦伯没有直接回答这个问题，但他的话让读者可以推断出他的直觉是什么：如果我们不能恢复资本主义文明的伦理基础，无论是旧的还是新的，我们的资本主义文明将无法生存。

7. 第二种西方终结论：物质性的原因

蔡斯-邓恩和霍尔预言西方资本主义制度的自我毁灭是由于物质性的原因。这些物质性的原因包括资本主义"巨大的内部矛盾"，这是一个传统的马克思主义预言。[12] 牛津大学历史学家布莱恩·沃德-珀金斯提出了一个更具原创性和历史说服力的警告。他指出，西方的崩溃可能是由于物质性的原因,就像西罗马帝国的文明崩溃一样。罗马人有一个繁荣的、全球联通的消费经济,与我们的经济本质上没有什么不同。他们是西方世界的第一个经济体。然而,它倒塌了,把古老的文明带进了坟墓。沃德-珀金斯警告我们不要"自满"地认为这永远不会发生在我们身上。罗马人也曾确信这种事永远不会发生在他们身上。[13]

8. 文明的源远流长

布罗代尔并不随波逐流,也不像他的 11 位先驱者或同行那样悲观和预感不祥。"文明是连续性的",[14] 并且"我不认为,就文明而言会出现破裂或无法挽回的社会灾难"。[15] 文明可以被改造,但不能被消灭。1963 年,古巴导弹危机爆发一年后,他出版了《文明史纲》(*Grammar of Civilizations*)①,对未来提出了许多展望。在这场古巴导弹危机中,汤因比和其他许多人都曾担心世界核战争的爆发与文明的终结。布罗代尔的《文明史纲》对这个"事件"只字未提,但包括了俄罗斯和美国文明长期演变的章节,似乎它们的永久性是不容置疑的。

这些历史学家的预感和预言发人深省,值得检验其与未来的相关性。我们所列的大多数历史学家认为,我们文明生存面临的最终危险是精神和伦理上的——在这种情况下可以包括治理的质量——而不是物质性的。另一个反复出现的主题是,可能导致衰落和灭亡的重大破坏事件的不可预测性。与此相关的是对我们文明的复杂性和相互联系的认识,这使得我们几乎不可能完全理解这些产生影响的事件。

对犹太历史的应用

斯宾格勒是我们样本中唯一一位将对全球衰亡的预测与犹太人

---

① 有广西师范大学出版社 2003 年中译本,肖昶等译。——校注

的未来联系起来的历史学家。他预言，犹太人将和西方一起衰亡，因为犹太人已经太过融入西方文明，并与之纠缠不清。犹太人已经失去了凝聚力和默契共识（见第四部分第二章）。[16] 对斯宾格勒来说，西方（主要还是指欧洲）的终结就是犹太人的终结。自斯宾格勒第一次提出这些观点以来的近百年里，欧洲确实从 1914 年之前达到权力顶峰之后开始急剧衰落，但许多重大的发展都超出了斯宾格勒对未来的直觉：例如美国在 20 世纪的急速崛起，亚洲的大崛起，以及独立的犹太国家的建立。斯宾格勒认为，一个像西方这样伟大的全球文明的衰落可能也会使犹太人灭亡，或者至少会给他们带来激进的后果。

本书在《衰落的多重原因》一章提出，在过去，犹太人在地理上的广泛分布对他们的生存至关重要，因为没有任何一个敌对势力能够摧毁所有犹太人。这一论点特别适用于那些想要在精神上或肉体上消灭犹太人的政治和宗教力量。它也适用于过去对犹太人没有敌意的文明和帝国的衰落。当犹太人在世界上广泛分布的时候，他们往往会随着一种文明的衰落而衰落，但在另一种文明中蓬勃发展。西罗马帝国的衰亡无疑使欧洲的许多犹太人变得贫穷，人数减少，因为这是全体欧洲人的命运，但巴比伦的犹太人没有受到影响，那里仍然是犹太宗教和知识创造力的中心。在一个全球化的世界里，地理分布并不像在一个支离破碎的世界中那样具有同样的优势。犹太人既不能阻止也不能影响一个主要文明的衰落。在这种情况下，犹太人更加迫切地需要加强崛起、生存和繁荣的"驱动力"，这将帮助他们度过困难时期并保持集体身份。本书第四部分中将讨论相关问题。

第四部分

文明兴衰的驱动力：总体观察与犹太历史

导　言

　　除了一般的宏观历史观察和理论之外，我们可以从选定的历史学家的作品中找出一些特定的兴衰驱动力。在我们选定的23位历史学家中，有几位所写的全球历史和犹太历史中或多或少出现了12个重要因素。这里讨论的驱动力的顺序并不表示优先顺序。这12个驱动力以复杂的方式联系在一起。有些是基本的，有些是次要的，而且大多数都可以兼而有之。它们以不同的组合和多种形式的相互作用进行运作。例如，战争（第8个）可以在创造性的领导力（第5个）之前，在这种情况下，战争是主要的驱动力，领导力是次要的。或者在相反的情况下，糟糕的领导力是战争的起因。可以画出驱动力之间可能的关系图表，但用处并不大。历史现实总是由多种相互联系的因素所塑造，对终极原因的探索更多地属于形而上学和哲学，而不是史学。

第一章　宗教：身份保障及其弊端

概论

宗教与每种文明的历史交织在一起。它是创造神话的源泉，塑造了所有古老文明的集体认同。本书第二部分评述的历史学家们对宗教是加强还是削弱了文明这个问题产生了兴趣。他们提供了所有可能的答案，并提出了相互矛盾的意见。从儒家司马迁的观点来看，皇帝拥有"天命"，其中包括一套伦理原则。[1]如果他们不尊重"天命"，他们的王朝就会垮台。对阿拉伯人伊本·赫勒敦来说，宗教是文明的本质，但只有他自己的宗教才是真正的宗教。与此同时，伊本·赫勒敦哀叹说，狭隘的伊斯兰教正统学说导致阿拉伯科学和文明的衰落，这表明即使他所信仰的宗教也可能损害一个文明。[2]另一位历史学家吉本认为，基督教这个最重要的宗教在罗马帝国的衰落中发挥了作用，因为它在寻求世俗的力量。[3]这就是为什么吉本对未被腐蚀的朱利安皇帝表现出特别的同情，并用了很多篇幅来纪念这位试图阻止基督教传播但未能成功的皇帝。[4]雅各布·布克哈特同情的不是朱利安，而是君士坦丁大帝，因为他是"聪明的、有经验的、智慧的"政治家，他有能力理解基督教是一种"普世力量"，使其成为官方宗教，从而确立了未来世界历史的走向。[5]另一位学者汤因比谴责了新教徒和天主教徒，特别是一些早期教皇的穷兵黩武。[6]他们的行为背叛了基督教创始人的初衷，危害了西方文明的道德遗产。然而，他对他本人出身的英国的新教的批评最为激烈，他认为这对英国的殖民扩张和随之而来的土著人口的灭绝在精神上负有责任。[7]有人预测，世界正走向一个新的宗教时代，但对这一发展的深层含义的理解持完全不同的意见。对斯宾格勒来说，在衰落的西方世界，一种新的宗教狂热的出现将加速科学和科学思想的衰落，这是我们的文明不可逆转地走向终结的征兆。[8]另一些人（汤因比、索罗金）则相反，把他们所有的希望寄托于宗教的复兴，最好是基督教的复兴。奥斯曼帝国历史专家伯纳德·刘易斯则将帝国衰落的一个原因归咎于宗教势力对改革的不断反对。[9]

马克斯·韦伯的比较宗教社会学，主要是他对新教、儒教和佛教的研究，显示了宗教的影响力非常多样和矛盾。宗教带有可以决定社会结构和日常生活的政治理想与社会理想。这些理想对社会的影响能刺激或扼杀经济发展，能加强或削弱文明。即使是在最晚近的和有充分记载的历史中，不同的历史学家也提出了关于特定宗教对文明的影响力的相互矛盾的评价。赫伊津哈坚信，荷兰之所以能在 17 世纪战胜西班牙，主要归功于其强大的加尔文宗信仰。[10]对此，乔纳森·以色列则认为其他原因更为重要，并指出加尔文宗的不宽容性也有许多负面的文化影响。[11]

在文明的各因素中，很少有什么因素能像宗教那样与历史学家的个人背景和价值观产生千丝万缕的联系，历史学家也不太可能就宗教、社会经济因素和文明之间的关系问题达成一致意见，更何况，这些动力在客观上是复杂的，有时是矛盾的，并随着时期的变化而变化。近年来的一个重要进展是进化生物学家和心理学家开始对宗教的起源与影响进行新的科学研究。一些生物学家认为，宗教不是在人类进化的初期出现的，而是在进化过程中相对较晚的阶段才出现。它之所以成功，是因为它显然有利于进化适应能力。换句话说，是因为它能使人们更好地适应生存，并将基因遗传给下一代。已经提供的证据（基于美国的数据）似乎证实了一些人的这一假设：在相似的情况下，积极信教的人比不信教的人有更强的抵抗力免疫系统，寿命更长，身体更健康，更有幸福感。[12]

对犹太历史的应用[13]

历史上，犹太人是起源于中东的古老民族，所有已知的古老民族都与支配其生活和思想的宗教一同出现。文明与宗教是分不开的。追溯其古老起源的问题和挑战伴随着犹太人直到今天。本章不讨论信仰问题，而是讨论社会学和心理学。在犹太宗教中，究竟是什么创造和保存了作为一个独立群体的犹太人，现代性是如何影响这些身份认同因素的？我们能确定犹太宗教的组成部分是犹太人兴起和绵延的关键吗？分析一种宗教如何支撑一个社会群体，并不意味着该群体的信仰受到质疑。以"真正的信徒"的身份对待宗教传统和实践是可能的，但也有可能认为传统和实践本身是可取而有用的。美国哲学家丹尼尔·丹尼特（Daniel Dennet）区分了"信仰的信徒"和"真正的信徒"。[①] 由于规范的犹太教对宗教实践的重视程度高于对信仰的宣示，因此，与其他一神论宗教相比，这种区分对于虔诚的犹太人来说并不是什么大问题。

本章讨论宗教是犹太民族和文明（而不是古代或现代犹太国家）的驱动力和守护者。在犹太历史上，宗教与国家之间的关系常常是对立的，今天仍然如此。所有《圣经》中的先知都与当时的掌权者保持着一种批判性的距离，他们首先呼吁更好的道德规范，只有这样才能保证更好的治理。《圣经》犹太教和拉比犹太教缺乏一个明确和连贯的国家传

---

① Daniel Dennet, *Breaking the Spell: Religion as a Natural Phenomenon* (New York-London: Viking Adult, 2006). 丹尼特的证据显示，相当多的美国基督徒自称是宗教信仰者，他们并不相信他们宗教的所有教义，但相信宗教信仰和实践是理想的目标。

统，尽管后来有各种努力，试图从历史和《圣经》中提炼出一个国家传统。在第二圣殿时期末期，混乱和软弱的治理导致了悲惨的结果，当时犹地亚在没有公认的政府权威或国家领导人的情况下，陷入了与罗马的致命对峙。宗教支持的缺席和现实的国家传统的缺席仍然影响着以色列的政治，并阻碍该国对功能失调的政府系统进行日益紧迫的改革。

犹太人信仰的基石是相信一位人格化的（personal）、全能的上帝，他颁布律法，并承诺如果他的人民遵守律法，他们就会得到保护和繁荣。这就是为什么在许多历史时期，许多犹太人仍然是犹太人的根本原因。信仰不在本章的讨论范围之内，但是宗教律法具有社会学和心理学方面的影响与维度，这些都属于我们的讨论范围，可以作为犹太教的特定组成部分加以考察。有六个这样的组成部分被认为是兴衰的驱动力。每一个部分都有其缺点，可能会成为停滞和衰落的驱动力。它们相互联系，在不同的环境和时期有着不同的运作方式。犹太祈祷书是这些驱动力的主要文献证明。很长一段时间以来，各地犹太人的基本祈祷书都是一样的。

我们把一个宗教解构成不同的组成部分并孤立地讨论每一个部分的方法，可能看起来是人为的。诚然，这并不反映犹太宗教的历史演变或其信徒的信念，但它提供了一个有用的分析工具。

1. 维护边界的仪式

绝大多数犹太仪式是区分允许与禁止、纯洁与不洁、神圣与世俗的律法。在现代西方人眼中，这是犹太教最容易被误解的方面。在一本已经成为人类学经典的书中，玛丽·道格拉斯研究了"《利未记》中的可憎之事"，即《圣经》中对"污秽"的禁止。[①][14]她得出结论说，在许多

---

① 玛丽·道格拉斯此书《洁净与危险》有民族出版社 2008 年中译本，黄剑波等译。——校注

有着纯洁与不洁之分律法的文化中，这种禁忌的主要意图既不是卫生、审美、生态、魔法，也不是道德，而是出于建立"边界维护"机制的需要。这是深受 1917 年出版的涂尔干的名作《宗教生活的基本形式》①的影响。当她分析犹太教仪式时，她引用了涂尔干的评论："宗教的存在不是为了拯救灵魂，而是为了社会自身的福祉和保存。"各社会通过公共仪式来承认和组成自己。它们制定了"集体表征"，建构了集体的"良知"。然而，仪式的社会功能固然重要，却不能简单地归结为有意图的社会学策略。《圣经》和拉比经文讨论了从最初到现在的仪式诫命的深层道德"原因"或"目标"，但"边界维护"显然是一个非常重要的（有时是压倒一切的）功能。《圣经》反复而坚定的警告无疑表明，周边文明（尤其是埃及文明）的物质优势和其他吸引力，是早期以色列的巨大敬畏和诱惑的源泉。面对这些危险，规避的规则引发了人们对犹太人"他者性"的思考。边界一旦消失，文明和民族就会被稀释和消失。犹太人总是意识到仪式的边界强化功能，以及它作为和"他者"进行区分的永久提醒的作用。有时他们激烈地捍卫这一角色，就像《塔木德》中的一则声明所显示的那样：一个遵守犹太安息日律法的外邦人要被判处死刑。尽管这从未成为律法，也没有在现实生活中应用。[15]

　　引起这一声明的原因可能出自拉比们对罗马帝国晚期仪式边界保障被削弱和破坏的恐惧，当时许多外邦人在"犹太化"——采用这种或那种犹太法律，例如安息日的法律，而不皈依犹太教。纯粹（神圣）和不纯（世俗）的区分适用于：（1）人体，割礼是其最永久的表现形式；（2）食物；（3）婚姻，必须是族内婚；（4）历法；（5）（更自愿的方式）以色列地。关于历法，犹太人形成了不同于其他民族的时间观念。这包括从创世之初算起的纪年，根据《圣经》的创世故事，"有晚上，有早晨，

————————

① 有上海人民出版社 1999 年中译本，渠东等译。——校注

这是头一日"[16]等，将晚上不寻常地定义为一天的开始。传统创造了一个独特的犹太历法和圣日。这个历法作为边界维护、家庭凝聚力和集体情感的源泉，其重要性再怎么高估也不为过："与其说以色列守安息日，不如说安息日守住了以色列。"[17]历法的边界价值因其涵盖了仪式和记忆而得到加强，换句话说，它也是犹太历史记忆的宝库，是接下来要讨论的身份认同的第二个重要保障。

玛丽·道格拉斯对犹太仪式的人类学解释获得了某种共鸣，但这并不是唯一有效的解释。其他文明也有塑造未来的立法者，他们沉迷于仪式，尽管他们没有像《圣经》那样专注于宗教和民族的"边界维护"。孔子就是最突出的古代例子之一。他确实提到过在中国境外游荡的蛮夷部落，他一定知道他们的语言和习俗异于中国人，但他从不担心这些部落会影响到中华文明。然而，他却深深地致力于仪式，即中国的"礼"，这是他教学中的一个关键概念。[18]礼仪的目的是塑造人际关系：父子、夫妇、君臣之间的关系。它决定了着装方式，穿什么衣服、什么时候穿，并指导文明人如何对待病人、垂死者、死者和他们的哀悼者。礼仪决定了食物和饮品，吃什么、不吃什么、什么时候吃、如何准备食物。一份中国古代文献这样评价孔子："失饪不食，不时不食。割不正不食，不得其酱不食。"[19]正如古代典籍和教师所传递的那样，礼涉及生活的方方面面。它是保护中国伦理和人性的盔甲。它守护着文明的边界，不是针对遥远的陌生人，而是针对来自内部的野蛮和混乱。玛丽·道格拉斯的"边界维护"理论忽略了这一点：即使没有来自外部的挑战，仪式也可能是必要的。但一位20世纪的中国哲学家和一位犹太汉学家看到了这一点，并评论了孔子的礼仪与犹太仪式的相似之处。林语堂写道："相比任何其他哲学家，我们更容易将孔子比作摩西。礼教和犹太教一样，既包括宗教崇拜，也包括饮食起居的日常生活。"[20]将孔子的《论语》翻译为希伯来语和法语的李度南（Donald Leslie）将"礼"比作《塔木德》的详细方案"。[21]"边界维护"和教化力量都可以用来解释犹太教仪式，两者并不矛盾，可以互补。

仪式的缺点在于细节，这些细节会随着时间的推移而演变。今天，它们掌握在拉比权威的手中。自 19 世纪以来，正统派的仪式诫命和禁忌不断增加，变得越发详细和严格。有些演变是对物质生活迅速变化的必然反应。经济增长和生活水平的提高使现有食品、服装、医疗、家用电器、旅行方式、休闲活动等的多样性和复杂性成倍增加，每一种新产品、新机遇或新服务都可能引起犹太律法（halakha）问题。但同样重要的是犹太宗教内部的一些根本变化。犹太教正统派通过关闭大门和武装瞭望塔而对启蒙运动、欧洲犹太人的解放和新兴的犹太教改革派的挑战做出回应。作为犹太教正统派对改革派反应的主角，哈塔姆·索弗（Chatam Sofer，即摩西·索弗拉比，1762—1839）提出的一条公理经常被传统主义者正确或错误地引用，作为加强防范的标志："托拉禁止任何新事物。"这是一段引述自《塔木德》的话。这条《塔木德》禁令仅限于圣殿时期每年一次的特定场合。禁止的是在一个确切的日期之前食用初次（"新的"）收获的谷物，而这一天必须将谷物奉献给耶路撒冷圣殿。[22]哈塔姆·索弗似乎将这一长期失效的法规延伸为一个可转移和无远弗届的禁令。历史学家哈伊姆·索洛维奇克（Haym Soloveitchik）分析了随后的分歧，并解释了持续至今的宗教实践的固化。[23]

从远古以来，犹太教的仪式部分是基于文本，部分是基于从父母、朋友、老师那里和从犹太会堂学到的既定仪式惯例。19 世纪末开始的大规模犹太移民和 20 世纪大多数欧洲犹太人的毁灭打破了维持既定仪式惯例的传播链，而这种惯例习俗可能因地而异。现在，文本必须取代惯例。书面文字要求在宗教仪式上要有新的严谨性和准确性，对宗教实践的细节也要一丝不苟地坚持下去，这些细节有时被扩大到超出了最初的犹太律法要求。这一变化的一个明显结果是，过去和现在，关于守教实践的正统派著作持续激增。在索洛维奇克的分析中，人们不得不补充这样一个观点：欧洲犹太人的毁灭不仅使传播链断裂，而且还引发了更深层的心理压力，使宗教更加严格。纳粹大屠杀（Shoah）的灾难在终极意义上是无法理解的，对一种宗教思想来说尤其如此。今天，一些正统派人士教导说，只有最细致和最广泛地遵守所有神圣的律法，才能将犹太人从新的灾难中拯救出来。大屠杀对犹太人和以色列人的心理、宗教和政治的连锁反应可能会持续很长一段时间。

　　另一个结果是，服从文本也意味着服从它的解释者——拉比圣贤。这极大地扩大了仪式的运用范围。现在不仅是关于个人生活的边缘问题，而且连国家重要的政治和社会问题，都提交给正统派的拉比决策者，在以色列尤其如此。这是一个根本性的历史性变化，因为至少从中世纪以来，阿什肯纳兹犹太人的政治领导权一直牢牢掌握在平信徒手中。拉比担心旧的宗教边界维护正在削弱，犹太人与非犹太人的区别越来越小。他们的结论是，需要不断强化边界。他们必须在一个瞬息万变、日益复杂的世界里做出决定，而这个世界并不总是被人们理解，或者仅仅只能通过几个世纪以来的参照来理解。这一问题由于西方人平均寿命的稳步增长而变得更加复杂，这减缓了参与决策的拉比们的世代更替。外部变化很快，同时许多参与决策的拉比们比前几代人活得更长。索洛维奇克认为，正统派对文本的上瘾还有其他深层次的精神原因，这种上瘾是对真实心理需求的回应。① 回顾过去 100 年，宗教律法越来越

---

　　① 索洛维奇克的想法是大胆的，是基于他对以色列和美国的阿什肯纳兹正统派犹太人的广泛而深入的了解，但并不容易证实。他观察到内在信念的一个根本性变化："把上帝当作一种日常的、自然的力量的看法不再存在。在现代犹太人的任何群体，即使是在最虔诚的人中……神圣的天意……不再是一个简单的现实"，见 Haym Soloveitchik, "Rupture and Reconstruction: The Transformation of Contemporary Orthodoxy," in *Jews in America: A Contemporary Reader*, ed. Roberta R. Farber and Chaim I. Waxman (Hanover, NH: University Press of New England for Brandeis University Press, 1999), 351。索洛维奇克认为，正是传统宗教敏感性的削弱，解释了人们渴望从书面文本中获得对上帝意志的所有细节的理解。

详细和严格，但并没有减少犹太人中的同化。相反，它们可能增加了同化。它们也扩大了分歧，并间接促进了当代犹太教的宗教多元化。

犹太仪式还有另一个间接的缺点。许多仪式标志，特别是历法及其圣日，以及其他规则，如与祈祷、割礼和一些饮食禁令有关的规定，都被后来的宗教所采用。一个人不必是犹太人就可以分享一些原本是犹太人的成果。例如，基督教和伊斯兰教都吸收了安息日。安息日和一周七天的发明并不是基于天文学规律和对星象的观察，而是基于犹太传统。它们不是自然的概念；古代世界的一些知识分子看到罗马的犹太人守安息日，并无意效仿他们，反而为此咒骂他们：塞涅卡讽刺他们，暗示他们只是懒惰的时间浪费者。[24] 今天，所有国家每周至少有一天休息，这被当作公共和私人生活中积极、不可逆转和不可或缺的一部分。

正因为这个原因，一些不喜欢犹太教的德国和英国的历史学家与神学家对犹太人是安息日的发明者提出质疑。19 世纪和 20 世纪初，出现了关于安息日"真正"起源的激烈争论。这些争论是关于犹太人对世界文化的贡献的更广泛辩论的一部分。著名的德国古代历史学家爱德华·迈耶（Eduard Meyer，1855—1930）附和了他的同事弗里德里希·德里奇（Friedrich Delitzsch）提出的是巴比伦人而不是犹太人发明了安息日的证据，他写道："这证明了《旧约》在宗教、政治和知识方面的劣势。"[25] 对于七天一周在历史上何时首次出现，目前还没有达成共识。但没有人否认，全世界已经把第七天作为休息和庆祝的日子，而这是犹太人的传统。[26] 19 世纪 20 年代，当德国改革派犹太人决定将休息日改为星期日，以表明他们与德国的团结时，他们并不认为自己放弃了任何基本的东西。

2. 记忆并实现历史：一种宗教责任

犹太历中神圣的日子大多数是纪念犹太人每年要重温的特定历

史事件。今天在大部分犹太人中最能引起共鸣的庆祝活动是逾越节，因为它在仪式、食物、历史记忆和希望之间建立了牢固的联系（见第4点），也因为逃出埃及的流亡被视为一种普遍的解放象征。托拉要求记忆，这条诫命是要无条件奉行的。记忆在仪式中流动，但远不止于此。这本是一个终生的心事："追忆往昔的日子，回想往昔的日子；问你的父亲，他会告诉你；你的长辈，他们会告诉你。"[27]

中国人和希腊人中产生了许多著名的历史学家，但与犹太人相比，他们的著作并没有成为神圣的正典的一部分。犹太人非常重视古代历史，因为它提供了永恒的真理。一旦这些真理被理解和记住，持续不断的史学编纂就变得多余了。这就是为什么除了弗拉维乌斯·约瑟夫斯和后来一些零散的作家之外，系统性的犹太历史写作随着《圣经》的完成而停止了，直到19世纪才重新开始连续写作。然而，在犹太历史中追忆过去、寻求意义的倾向从未消失。这当然是对边界维护的一种补充性保障，也是一种强调文明单一性的方式。对今天的许多犹太人来说，对托拉的记忆是犹太人认同和团结的最重要的历史因素之一。对另一些人来说，历史记忆被简化为个人的家庭历史：对于犹太人的父母或祖父母的记忆，他们的后代可能希望保存下来。这些都是强有力的原因，部分地解释了俄罗斯犹太人的生存，但它们还不足以成为犹太人长期生存的条件。

对过去灾难的宗教纪念以及对未来救赎的承诺却包含了一个缺点：它可能会减少当前的政策选择，抑制积极的政策，或鼓励错误的政策。对过去灾难的记忆，例如巴尔·科赫巴和沙巴塔·泽维（Sabbatai Zevi）挑起的灾难，曾是犹太教正统派反对犹太复国主义和反对在以色列地上定居的原因之一，尽管不是唯一的原因。

另一个截然不同的缺点可能在于犹太人集体记忆和学术性史学编纂之间明显的分裂。1981年，历史学家耶鲁沙尔米（Y. H. Yerushalmi）

写道,史学编纂现在正在挑战犹太人的集体记忆,但不能取代它作为集体意志和希望的重要支柱的功能。[28] 反过来,集体记忆基本上忽视了历史视野。塑造现代犹太人过往观念的不是史学编纂,而是文学。耶鲁沙尔米呼吁在集体记忆和史学编纂之间进行更好的对话。在他的著作第一版出版后的 30 多年里,无论有没有政治或意识形态的议程,批判性的犹太和以色列历史学家以及考古学家都攻击了古代和现代以色列的基本神话,但集体记忆的支柱并没有倒下。现在两者之间的对话是否比 1981 年时多,这一点并不容易评估。不管怎样,在这种情况下,与其他许多案例一样,集体神话(如果这是更好的术语的话)被证明比其学术批评者们所认为的更有弹性。这些批评者的影响主要是在更大的世界中显现出来,对于那些对《圣经》感兴趣并想知道《圣经》故事是否有真实历史依据的读者而言,这些批评者可能削弱了犹太人和以色列在这些读者心目中的地位。

3. 社会伦理学

马克斯·韦伯在犹太教的"社会行为伦理"[29] 中看到了犹太人对世界历史最重要的贡献。本章的问题不是犹太人的社会伦理为世界做了什么,而是其为犹太人的身份认同、保存和历史延绵做了什么。《圣经》不断要求社会公正,这种坚持是其他已知宗教所无法比拟的,除了那些受到犹太教影响的宗教之外。社会正义首先意味着社会所有成员的完全平等:"富人不应多付出,穷人不应少付出。"[30] 它也意味着关心穷人、弱者、病人、零工、奴隶、寡妇和孤儿。托拉要求他们得到保护,并寻求通过大量的法规来保证他们的物质支持。大多数伟大的先知都呼吁社会公正,当他们看到穷人和弱者是如何受到虐待时,他们高声怒吼,这种愤怒已经回荡了几个世纪:"啊,就是你,把穷人的头压碎,把这片土地上卑微的人推下道路!"[31] 难怪现代以色列的第一代领导人，特别是本-古里安，会引用古代以色列先知阿摩司的尖刻言辞，作为他们对社会改革和公平正义的灵感源泉。[32]拉比犹太教把慈善视为"立世"的三大支柱之一。[33]因此，拉比们将《圣经》中面向社会的诫命和先知的抗议翻译成一个庞大而具体的律法和习俗体系，直到今天这些律法和习俗一直指导着犹太慈善传统。

玛丽·道格拉斯已经解释了严格的犹太仪式的边界维护价值（见第1点），她在另一本书中阐明了社会伦理在保护犹太民族方面的作用。她称犹太人为"飞地"，一个由许多更大更强的文明包围的小文明。[34]作为一块飞地，最大的当务之急是保留其成员。当一个被包围的宗教或民族的叛逃者不能受到惩罚时（就像犹太历史上经常发生的那样），笼络他们的最有效政策就是强调社群每个成员的独特价值，拒绝歧视，并确保穷人永远不会被逼到绝望和贫困。这是犹太教经常做的事。玛丽·道格拉斯给出了一个令人信服的社会学解释，但她并没有声称她发现了立法者唯一真实的初衷（这里有必要回顾一下，在犹太传统中，诫命被认为是神圣的）。历史表明，在许多时期，社会伦理确实有助于维护犹太人的身份、团结和繁荣。历史学家塔西佗对犹太人并不友好，但他恭敬地提到他们在交往中的"可信赖度"，以及他们随时准备对犹太同胞表示"同情"。[35]这位享有特权和富裕的罗马知识分子并没有用"社会伦理"的概念，更没有用"社会正义"的概念。他把他在犹太人中观察到的独特特征称为"同情心"，这种品质尤其能吸引罗马帝国的非犹太人皈依犹太教。在中世纪晚期，欧洲的犹太自治社群有一套一以贯之的社会福利政策。犹太社会是高度分层的，既不是民主的，也不是平等的，但历史学家雅各布·卡茨（Jacob Katz）强调，这种社会分层并没有造成不可分割的障碍：犹太管理者并不构成排斥外来者的统治阶级，此外，犹太人的经济权力是短暂的。[36]乔纳森·以色列补充了同一时期和后期的证据，印证指出犹太社会的社会阶层之间的凝聚力比基督教社会要大得多。他们在许多方面相互依赖，并在社群和宗教生活中融合在一起。法国《圣经》学者理查德·西蒙（Richard Simon, 1638—1712）发现犹太人"同情穷人"在他那个时代是了不起的，其他基督教知识分子也发现了这一点。[37] 也许他们觉得基督教社会缺乏这种品质。

犹太社会伦理的缺点是，它从一开始就是种族的，而不是普世的。拉比犹太教宣扬的是犹太人的社会正义，而不是整个世界的社会正义。《塔木德》对世界各国的要求都是对所谓的"挪亚七诫"的尊重，其中有几条是从十诫中摘取的。其中有一条与法律和正义有关：世界各国只是被要求拥有"法律"，即一个超越恣意妄为的政治权力的法律体系。[38] 这本身就是一个非常苛刻的要求，但并没有提到追求社会正义。当基督教和伊斯兰教把犹太人的社会伦理，特别是慈善作为他们自己信仰和宗教实践的优先要求时，根本性的变化就发生了。最后，社会主义和共产主义把社会伦理与社会正义变成了普世理想，吸引了无数犹太人，使他们远离犹太教。当社会伦理的要求变得如此之广，以至于犹太社会伦理不再是独一无二的，犹太教就不可能永远占据道德的制高点。然而，许多世纪以来，犹太社会伦理似乎仍然比其他信仰更具吸引力或更有效，正如上述少数历史文献所表明的那样。从长期来看，种族社会伦理并没有像过去那样成为犹太人身份的有力保障。"泄密"成为必然，并发展为一场群众运动。在 19 世纪和 20 世纪，犹太作家希望向外界展示他们宗教的迷人形象，他们把社会伦理作为犹太教最突出的特征。在许多国家的过去和现在都是如此，尤其是在那些有反犹主义传统的国家，如第一次世界大战前的德国[39]或 20 世纪的阿根廷。[40]另一些人提出了"修复世界"（Tikkun Olam）这一犹太旧有观念，这一观念在《密释纳》时代已经存在，作为一种有用的理论，它将继续在精神上区分出犹太教，也显示了对全球正义与和平的积极关注。[41]"修复世界"的想法在散居海外的犹太人群中有一定吸引力，在那些想给他们的犹太教赋予新意义的自由派美国犹太人中尤其如此。但是在以色列，这个想法却被忽视或受到怀疑。正如耶胡达·米尔斯基（Jehudah Mirsky）所指出的那样，"修复世界"和社会伦理的问题是，人们不必是犹太人就可以认可它。希望所有善良的男女都这样做。如果"修复世界"没有与价值观或习俗相联系，特别是与犹太人的价值观或习俗相联系，那么对于那些不再对犹太教感兴趣的犹太人来说，这一观念将不会恢复《圣经》中社会伦理的身份保障功能。此外，如果犹太教自己的内部秩序混乱，就不能令人信服地"修复世界"。

从长远来看，犹太民族也许只有一种方法可以挽回在社会伦理中失去的道德制高点。如果以色列国成为社会正义的灯塔，并得到承认，那么犹太民族可能会再次被视为世界社会道德的典范。这是以色列建国者的梦想。至少可以说，实现这一目标还有一段路要走。

4. 使命感

直到 20 世纪为止，可能从来没有一个文明不相信自己肩负着特殊的使命，并在某种程度上（即使不是在所有方面）优于其他文明。这种信仰是文明长期生存的基础。托拉告诉犹太人，世界历史有一个目的，那就是在地球上建立上帝的王国，他们被"选中"在这个过程中扮演核心角色，成为"万国之光"。也正是为了这个目的，他们必须遵守诫命，成为一个理想的正义国家。"正义，你应该追求正义。"[42]"天选之民"的思想并不是犹太人独有的，但是很少有人以更加自信和详细的方式来阐述它。犹太人的使命感赋予他们另一个强大的动力来维持和传承他们的身份。其他文明也表达了一种使命感，以"传教士"的方式来传播他们的统治、文化或宗教。在犹太人中，"天选之民"的信念极大地缓和了这种冲动。以赛亚和其他先知预言，全人类都会被犹太教所吸引，并接受犹太教的伦理观念。他们的目的不是让犹太教把每个人都变成犹太人。相反，犹太人应该保持不同并继续当"选民"，用自己无可挑剔的行为激励和改善世界。《塔木德》中的一段走得更远，说犹太人已经遍布世界各地传教。[43] 中世纪法德地区的《塔木德》注释家、重要的拉比库西的摩西（Moses of Coucy）（他是《大诫命之书》[Sefer mitzvot gadol]的作者，13 世纪）赞同这一观点，但也明确地补充说，正是出于这个原因，即让他人改宗的吸引力，要求犹太人在道德上完美。[44] 无论过去还是现在，许多——也许是大多数——其他重要的犹太律法权威都反对这种"传教士"思想，但辩论尚未结束。

　　假设犹太人是"天选之民"，这就提出了他们与世界上其他国家的关系问题。放弃传教活动并不意味着这个问题可以被忽视，也并不意味着犹太教对整个人类缺乏远见和希望。这正是后继宗教和启蒙运动所宣称的，许多犹太人也是如此，他们想从他们所憎恨的种族中心主义和狭隘的犹太教中挣脱出来。《圣经》犹太教和后《圣经》犹太教包含了强烈的普世主义元素。拉比犹太教中一个值得记住的例子是对《圣经》律法的解释，要求犹太人在为期 7 天的住棚节庆祝活动中，在耶路撒冷的圣殿里献祭 70 头公牛。《塔木德》解释说，这 70 头祭品代表了《创世记》中所列举的世界上 70 个国家，而为每一个国家祈祷是以色列的责任。《塔木德》还有一个悲伤的补充思考：当列国摧毁圣殿时，他们并不知道他们失去了什么，因为犹太人提供的献祭已经为他们赎罪了。现在谁来为他们赎罪？[45] 即使是世俗犹太人今天也仍然会感到骄傲，因为在一个动物献祭司空见惯的时代，他们的祖先已经认为，为世界上所有国家献祭和祈祷是他们的责任。当圣殿还矗立着的时候，犹太人就是这样表达他们的普世主义的。

　　传统的犹太使命感的缺陷是相当大的。旧的犹太普世主义与其后继者宗教的精深的纲领性普世主义以及今天得到各种国际条约和机构认可的普世性伦理相比，显得微不足道。世俗化的犹太人通常拒绝接受特定的犹太使命的想法，并对他们眼中的"天选之民"的炫耀感到非常不舒服。尽管如此，强烈的普遍使命感并没有在犹太人中消失，世俗形式的犹太普世主义也没有消失。也许只有来自比亚里斯托克（Bialystock）的犹太人路德维克·莱杰泽·柴门霍夫（Ludwik Lejzer Zamenhof，1859—1917）才能梦想通过发明一种新的人工语言、"希望"的语言（即世界语）给人类带来永恒的和平。苏联人将犹太普世主义吸收到他们的国际共产主义中，在残酷的历史讽刺中，他们转而反对他们自己内部的犹太人，因为他们据称是"世界性的"，也就是说真正的普世主义，并不完全致力于苏维埃国家的民族主义强权政治。在斯大林及其继任者的领导下，"世界主义"是一种侮辱，成为犹太教的同义词。

今天，许多现代犹太人拒绝任何关于犹太人负有"使命"的说法，很少有人相信他们有一个基本的普世主义使命，即改善全人类的状况，或上述的"修复世界"理想。另一些人追求的是旧有的犹太理想，例如限制和废除死刑，但把它们当作非宗教的人道主义理想。更多的犹太人选择了将他们生活的国家的爱国事业作为他们的"使命"，或者相反，选择了与他们的社会敌对的革命事业，或者与犹太传统毫无关联的具体事业。一些动机与犹太传统直接对立。他们是好斗的无神论者或动物权利的捍卫者，声称动物权利等同于人权。犹太教最初的宗教使命感在犹太人中产生了大量相互竞争甚至相互对立的使命。

5. 作为"希望的原理"的弥赛亚

弥赛亚主义在犹太人的信仰和期望中扮演着中心角色。它曾经是，而且对某些人来说仍然是传统犹太乐观主义、耐心、接受逆境和对美好未来的希望的基石。它鼓励犹太人即使在最糟糕的时候也不要放弃自己的身份认同。犹太弥赛亚主义承诺,在"世界末日"时,一个理想的王将从大卫家族出现,从其压迫者手中拯救以色列,恢复其昔日的荣耀,并开创一个道德完善、物质充裕、持久和平的时代。最初,对未来黄金时代的承诺(如第三部分第四章所述)是为以色列而设的,但先知们把它扩展到全人类,从而赋予了它具有全球影响的巨大革命潜力。许多先知,特别是阿摩司、以赛亚、弥迦和约珥的箴言,已经成为世界文学和道德遗产的一部分,用来颂扬未来的弥赛亚时代:"这国与那国之间将不会拿起剑来相互攻伐。"[46]弥赛亚的核心信仰至少可以追溯到第一圣殿时期。《塔木德》、米德拉什和其他拉比文献提供了许多关于弥赛亚及其时代的生动讨论和推测,这显然是一个非常有趣的话题。[47]迈蒙尼德在他关于犹太教律法的最重要的作品《律法再述》(*Mishneh Torah*,此书又名为《大能之手》[*Yad Ha'khazaka*])中总结了他认为的弥赛亚预言最深刻的意义。弥赛亚的世界和今天的世界不会有什么不同,自然法则也不会改变,但未来的世界将由道德、正义和智慧统治,而不再由暴力统治,犹太人将返回古老的家园,在那里获得独立。迈蒙尼德并不排斥旧预言的唯物主义方面,它承诺了丰富的物质财富,但对他来说,只有精神上的承诺才真正重要:"犹太人将在智慧上伟大,探索隐藏的东西,并掌握他们的造物主的思想,只要这对于人类的心灵是可能的。……"[48]

犹太弥赛亚主义传达了三个强有力的象征性信息,解释了为什么它能对犹太人和世界历史产生如此巨大的影响:

——弥赛亚尚未到来。世界上所有问题的持久解决办法在于未来,而不是在最近或遥远的过去。在此之前,世界不可能是完美的。

——拯救会降临到这个现实世界,而不是降临到一个臆测的"未来世界"。

——拯救是为了地球上所有的国家,而不光是为了一个。这是古代犹太普世主义最强烈的表达之一。

犹太人关于弥赛亚的希望在世俗化的犹太人中以改良的形式留存。德国犹太哲学家和马克思主义者恩斯特·布洛赫（Ernst Bloch）在他第二次世界大战期间流亡海外时的主要著作《希望的原理》①中指出，积极、乐观的愿景和对美好未来的希望在今天仍然至关重要，尤其对年轻人而言更是如此。这可能是解释哈巴德（Chabad）运动的吸引力的原因之一，也是其隐喻或实际传达的弥赛亚信息。

犹太弥赛亚主义的缺点是众所周知的。它们既有外部的缺点，也有内部的缺点。当基督教、伊斯兰教和后来的欧洲共产主义采纳了《圣经》中先知们的承诺，宣称自己是犹太教的合法继承人（至少在前两个案例中如此），并注定要实现旧有的承诺时，便出现了致命的外部负面影响。当新宗教的信条要求犹太人承认各自的弥赛亚主张，并要求犹太人同意旧有承诺的实现就在眼前时，与传统犹太教无法弥合的裂痕便打开了。犹太人对这些主张的断然拒绝构成了一种危险的挑战，这解释了历史上对犹太人和犹太教的敌意。马歇尔·霍奇森认为，最初来自犹太人的挑战是穆斯林敌视犹太人和犹太教的根本原因。[49] 难道犹太人没有通过这么多美丽的文字表达给世界带来一个伟大的希望吗？现在他们拒绝了来实现这个希望的人——救世主、最后一位先知、最高革命领袖！弥赛亚的传统也使许多犹太人准备好从外部寻找救世主和救赎，他们便注意到了这些主张。这使得基督徒和穆斯林更容易让一些犹太人皈依，这也部分解释了为什么号召在此世而不是来世得救的共产主义对那么多犹太人如此具有吸引力。

弥赛亚主义在犹太人内部的一个缺点是，它既可以激发耐心又可以激发不耐烦。绝望，特别是在遭受迫害期间或之后的绝望，造成了

---

① 此书第一卷有上海译文出版社 2012 年中译本，梦海（金寿铁）译。——校注

假的犹太弥赛亚在历史上层出不穷。其中一些造成了严重危害，包括公元2世纪的巴尔·科赫巴和17世纪的沙巴塔·泽维。大多数其他的假弥赛亚已被遗忘了。对弥赛亚的希望也会导致面对危险时的被动，而不是激发思想和行动去面对危险。相信弥赛亚终有一天会来拯救流亡的犹太人，并恢复他们的政治独立，这使得上文所述的犹太教缺乏连贯的国家传统的问题更加无法解决。

6. 以色列地

《圣经》中亚伯拉罕的故事毫无疑问地表明，犹太教的最初想法并不是将犹太人散布到全球各地，而是将他们安置在一块土地上，即安置在所谓的"应许之地"。第一位族长遵循神的命令，与他的过去决裂，离开原居住地，移民到他的后代将继承的土地。但是动荡的历史将犹太人引向了另一条道路，犹太教的精神导师们必须解释和适应这种发展。生活在以色列地上，最初是维持宗教边界和保持身份认同最有力的因素之一。在这个早期阶段，部落身份、宗教信仰和地理位置融合在一起。在第一圣殿时期，当时绝大多数人口是农民，迁徙不便，尽管来自这一地区其他居民的异教造成了一定的宗教风险，但以色列地是维持边界的最佳工具之一。当时以色列地并不是宗教仪式的替代品，因为宗教律法将土地和仪式捆绑在一起，从而加强了两者的边界保护价值。只要圣殿屹立不倒，许多重要的仪式就只能在耶路撒冷举行。

变化始于巴比伦之囚，在第二圣殿被摧毁后，更加激进的变化又出现了。当亚夫内学派将犹太教从一种以圣殿为中心的宗教转变为一种"可移动的"宗教时，以色列地的边界保护价值受到了侵蚀，但这片土地的象征意义并未减弱。从那时起，宗教教义就必须处理那些从未得到最终解决的困境。有大量文献回顾了历代拉比权威的观点，大多数人认为生活在以色列地是有价值的。[50]当耶路撒冷有一座圣殿时，生活在以色列地具有优越的宗教价值，如果不能生活在以色列地的话，进行朝圣和献祭也同样具有优越的宗教价值。对于这一点，神学上并没有任何分歧。然而，在圣殿被摧毁之后，律法无法再把生活在以色列地当作实现宗教圆满的一种强制形式，就好像什么都没有发生过一样。绝大多数犹太人居住在这片土地之外，他们没有返回的途径和愿望，《塔木德》考虑到了这一点。[51]

在《塔木德》的引领下，迈蒙尼德认为，在以色列地生活比在国外生活更具有宗教价值，但他并不认为在以色列地居住是一种宗教义务，也并不是一条可以与遵守安息日、饮食或其他律法相媲美的诫命，而他本人只在那里短暂停留过一次。在这个问题上，迈蒙尼德和纳赫马尼德（Nachmanides，1194—1270）以及后来的许多拉比权威之间意见出现分歧。[52]纳赫马尼德是卡巴拉主义者。在犹太神秘主义传统中，以色列地在日常祈祷、犹太历法和弥赛亚的希望中占据着中心位置，并始终牢牢地扎根在犹太人的集体记忆中。

1948年以色列国的创立才真正开始影响犹太宗教和以色列地之间的关系。建立一个犹太国家的宗教含义可能需要经过整个21世纪才能变得清楚。人们应该记住，在1492年被西班牙驱逐出境后，这一事件在政治、情感和宗教上产生的反应花了200年才开始消退。现实正在改变。1900年的现实是，当时只有不到1％的犹太人生活在以色列地；这与2000年的现实大不相同，此时以色列国的犹太人已占到世界犹太人总数的40％以上。以色列国已经成为犹太世界许多宗教流派不可或缺的中心。如果没有以色列国和那里的宗教机构，作为宗教的犹太教不可能达到今天的实力。

综上所述，在圣殿被摧毁后，以色列地作为犹太人崛起和生存的一个因素，只在精神上起到了"边界保护"的作用。记住以色列地曾经是一个强有力的边界保障；但生活在那里并不是边界保障，至少直到20 世纪之前都不是。绝对边界（身体、食物、婚姻、历法）与相对的、更具纪念意义的边界（土地）之间的紧张关系也可能被视为不利因素。这种紧张局势助长了自巴比伦之囚以来以色列和大流散之间的分裂，并酿成了 20 世纪的悲剧。一方面，遵守具有宗教约束力的犹太律法比居住在以色列地更有优越感；另一方面，大多数正统派拉比对犹太复国主义抱有的敌意，导致东欧的守教犹太人宁愿散居国外而不愿移民，尽管他们所在国反犹主义猖獗，经济困难重重。他们不认为犹太复国主义是一个纯粹的、真正的犹太运动，并有理由认为它受到了外国思想的启发，如寻求民族权利、政治自由和自决。这是纳粹大屠杀时期犹太人领导层软弱和失败的一部分原因。本书第四部分第五章将回到这个悲剧性的主题。

宗教在保护整个犹太民族——其身份和传统——中所起的作用，可以说是关系到犹太人未来的最关键的内部不确定性因素。这一章提到犹太教作为基本的"身份保障"的六个组成部分：仪式、纪念历史、社会伦理、使命感、弥赛亚的希望，以及与以色列地的联系。这六部分的许多观念都以某种方式影响了基督教、伊斯兰教、社会主义和现代性。最初是犹太人的价值观被大多数现有的文明所吸收，现在是以改良的形式被正式遵守。如果这个世界的文化身份和价值观变得更加同质化，令犹太人放弃维护身份的诱惑将变得更加强烈。犹太教文明尚未解决的长期困境是，它必须在政治和社会经济上适应不断变化的世界，至少对绝大多数犹太人来说是这样。但如果适应得太好，就会像奥斯瓦尔德·斯宾格勒预测的那样走向消亡。费尔南·布罗代尔是一位法国天主教徒和唯物主义史学家，而不是一个正统派的拉比，他总结说："犹太人的命运"是"一种与其他文明对立的文明。它的力量、它的生存和它的不幸，都是它拒绝妥协、拒绝被稀释的后果，也就是说，它是一个忠于自己的文明"。[53] 在过去，"忠于自己"意味着逆水行舟。适应这个世界，同时又准备好逆水行舟，这可能成为犹太教未来需要平衡的行动。

就目前而言，宗教仪式将足以维护世界各地守教和传统犹太人的犹太身份认同。但大多数犹太人，包括以色列人，既不信教，也不传统，不太可能走这条路。另一方面，仅靠以色列地无法取代宗教的身份维护功能。以色列人目前正变得越来越虔诚，这使以色列更接近中东伊斯兰世界的主导趋势，并进一步远离欧洲标准。没有人知道这一趋势会走多远，但它不太可能吸走绝大多数以色列人。

长期而言，在没有其他边界的情况下，生活在以色列将不足以维护其犹太公民的身份认同。维护以色列历史上的犹太特性将带来重大的政策挑战。这可能需要仪式、记忆、使命感和与全世界犹太教的密切联系。显然，在没有任何宗教形式的情况下，在散居地维护犹太人的身份更加困难。历史记忆（包括庆祝犹太历法的重要节日和延续犹太家庭传统）可以在一定时期内保持犹太人的身份认同，但不能阻止与异族的通婚。与以色列的联系可以作为额外的边界保护措施，有助于维护犹太人的身份。

第二章 超理性纽带：默契共识还是群体凝聚力[1]

概论

文明及其兴衰不仅仅取决于理性的、可明确识别的因素和客观的物质利益。有几位学者认为，每种文明都有一些统一的因素，这些因素不容易用语言来定义，也不与其他文明共享。每种文明除了都有可理解和部分可量化的特征之外，在这一点上也不例外。值得注意的是，即使是最不浪漫、最"唯物主义"的文明史学家费尔南·布罗代尔也赞同这种观点："有些事情我们无法解释：这也许是每一种文明的特殊秘密。"[2]同样重要的是曾研究过犹太教正统派演变的犹太历史学家哈伊姆·索洛维奇克的评论："任何一个群体的生存意志，保持其独特性并将其不受减损地传递给下一代的决心，实际上都无法得到充分的解释。"[3]学者们仔细研究了那些无法完全解释的东西，并寻找词语来描述属于情感领域的其他因素，而这些因素又不易被理解。其中提出的术语包括伊本·赫勒敦的"群体情感"、[4]弗洛伊德的"精神本质"（将在下文讨论），以及斯宾格勒的"默契共识"（也将在下文讨论）。

这些观念在欧洲浪漫主义诗人和哲学家中很流行。一个民族隐藏的团结或凝聚力的概念还激发了 20 世纪的右翼和法西斯思想。在德国，"Volk"（人民）一词发展出一种准神秘主义的性质：它的本意是描绘一种深沉、不言而喻、超理性的统一体。在阿拉伯民族主义者和其他伊斯兰主义者的圈子里，也出现过类似的观点，认为所有穆斯林都是超理性的神秘统一体。根据一些历史学家的说法，这种观念的现代表达是从西方引进的。[5]这种"群体感觉"究竟是如何产生的，对此我们还不清楚，精神分析学的创始人们试图解决这个问题。西格蒙德·弗洛伊德（Sigmund Freud）试图理解是什么使他成为犹太人（见下文），而卡尔·古斯塔夫·荣格（Carl Gustav Jung）则推广了"集体无意识"的概念。荣格的集体无意识必须与个人的无意识思想区分开来。它不能通过个人经验获得，而是前辈经验的储存库，这些经验已从个人意识中消失，但作为一种无意识的心理遗产代代相传，为许多祖先属于同一民族或文化的人所共享。集体无意识有助于塑造行为模式、文化、仪式、神话、梦想、语言、艺术等。它在不同的时代、不同的文明和不同的民族之间都有差异。在纳粹时代，绝非反犹主义者的荣格提出了犹太人的集体无意识与"雅利安人"的不同。这表明他的理论很容易被误用和滥用，但集体无意识的概念帮助荣格的广大追随者理解"群体团结"或"每一种文明的特殊秘密"是如何产生并传播的。

对犹太历史的应用

民族和文明的特性与寿命也取决于教育、确定的外部条件或历史事件等因素。如果确实是这样的话，那么在犹太文明中也一定有可能找出这些因素。为什么犹太人没有因为很难保持犹太人的身份而放弃他们的宗教，而说另一种语言，离开犹太教，并皈依另一种信仰是如此容易？难道只有宗教仪式和信仰使他们保持留在自己的宗教中，还是说有外部驱动因素（仍有待讨论）发挥了作用？根据犹太人的神秘主义传统，所有的犹太人显然都是通过秘密的纽带联系在一起的，不管他们是否知道。根据格肖姆·肖勒姆（Gershom Scholem）的观点，所有的卡巴拉主义者在教导中都强调人类灵魂从创世以来的先天存在，以及所有灵魂通过亚当产生的相互关系，并且大多数人相信灵魂的轮回。对他们来说，一种默契的共识很容易解释，重要的神秘主义拉比以撒·卢里亚就谈到过"灵魂关系"和"灵魂家庭"。这两个词是否解释了把人们联系在一起的本能的同情？他那个时代的另一位神秘主义大师摩西·科尔多维罗（Moses Cordovero）拉比不是断言每个人身上都有他的一部分吗？[6]东欧的哈西德运动深受这种思想的影响。马丁·布伯（Martin Buber）深信，哈西德运动及其对所有犹太人之间的神秘联系，以及犹太人与以色列地之间的神秘联系的信仰，在东欧犹太复国主义的最初阶段发挥了重要的精神作用。

相当多已被同化的犹太人承认，他们依附于犹太群体或犹太教，是因为他们无法解释的冲动或本能。非犹太人经常怀疑这种本能，认为这是犹太人无法解释的"他者性"（otherness）的一部分，或者憎恶它是诡异的和阴谋论的。在希伯来文版的《图腾与禁忌》①中，弗洛伊德试图解释他自己与犹太同胞之间超理性联系的力量。[7]他以第三人称说自己不懂希伯来语，与犹太宗教完全疏远，没有犹太民族的目标，但他觉得：

> 自己本质上是个犹太人，而且不想改变这种本性。如果有人问他："你既然抛弃了你同胞的这些特征，你还有什么犹太人的特征呢？"他会回答："非常多，很可能是最根本的。"他无法用语言清楚地表达出这种本质，但毫无疑问，总有一天，它会被科学的头脑所理解。[8]

斯宾格勒对同样的现象很着迷，称之为犹太人的"默契共识"。[9]斯宾格勒将"魔力"一词的属性赋予了所有中东文化，但将"默契共识"的理念

---

① 有多个中译本。——校注

保留给了犹太人。它解释了犹太人无意识的、形而上学的凝聚力。在斯宾格勒看来，这种凝聚力没有地理的、语言的或起源性的根源。

宗教教育或个人经历能够部分解释这种"神奇的共识"。犹太教要求其信徒团结一致，"所有犹太人都对彼此负责"（*kol Yisrael arevim ze la ze*）是一句经常被引用的经典拉比谚语。还应指出的是，任何因出身而遭受敌意和歧视，或其亲属和朋友遭受这种经历的群体成员，往往会与遭受同样痛苦的任何其他成员团结一致。共同的痛苦可以创造出终身的纽带。例如，令人惊讶的是，尽管因为犹太民族的宗教、教育和其他活动而被压制了 70 年，苏联的犹太人之间仍然存在着许多团结的纽带和感情。强烈或令人震惊的个人经历所产生的影响可以解释为什么弗洛伊德、苏联犹太人和其他遭受各种形式歧视的人会产生一种与其他犹太人亲近的本能感觉。

但是弗洛伊德要寻找更具体的科学解释。有几种解释是可能的。这一章将介绍一些生物性的解释，暗示着对传统的身心分离的否定。坚持这种传统的身心二元论的人，在谈到心灵的倾向时，不会轻易接受生物学的观点。对他们来说，身体决定身体，心灵决定心灵：两者显然是分开的。他们提出反对意见可能仍然是出于对过去的种族主义理论的厌恶，而那些理论认为某些人类群体在思想和身体上具有不变的特征。

然而，现代神经科学家反对这种身心二元论。他们的科学工作是在哲学和观念上的革命之前进行的。卡尔·雅斯贝尔斯在转向哲学之前是临床精神病医生，他指出精神病学必须植根于对人的心灵的清晰的哲学概念。一位研究精神病学的美国医生以雅斯贝尔斯的陈述为出发点，开始了对身心二元论的反驳。[10] 实际上，这种二元论是最古老的哲学范式之一。有人称之为"笛卡尔二元论"，但它更古老的源头可以追溯到柏拉图和亚里士多德哲学以及基督教神学。二元论创造了一个标准传统，提出了生物学和文化之间的基本划分，以及人类行为由文化和教育决定。斯宾诺莎极力反对笛卡尔的这种二元论。他的主要作品《伦理学》(1677)①提出了"心灵与身体的结合"，指出"人的心灵与身体是统一的""人的心灵必定感知到在人体内发生的一切"。[11]最近的一位传记作家在斯宾诺莎的假设中看到了"思想史上的一次彻底的突破"，引发了一场远远超出哲学范畴的巨变，而这场巨变现在才得以完全理解。斯宾诺莎预见到了"未来三个世纪来自神经科学的见解"。[12]但是，随着对生命了解的每一步进展，生物学变得更加复杂。新的理论认为，我们所说的心灵不能再简单地位于大脑中。它延及全身，甚至延伸到身体以外的环境中。人类的心灵包括"跨越大脑、身体和世界边界的反馈回路"。[13]

1. 进化心理学

那么，问题在于，宗教教育和个人经历是否能创造出如斯宾格勒所说的持续数代人的纽带。进化心理学给出了不同的答案。这门学科仍处于萌芽阶段，仍有争议。并不是所有的研究结果都被完全理解或普遍接受。本章对目前进化心理学的科学地位不做任何表态，但认为它可以为更好地理解某些类型的群体凝聚力指明方向，因为群体往往倾向于选择认知和情感能力，从而提高个体对环境的适应能力，加大他们的竞争优势，增强他们的生存机会。[14]这将增加整个群体的生存机会。流行的观念往往把某些智力或其他能力归于犹太人，这些能力显然有助于他们在艰难的异教环境中生存，而且这种能力可能以某种方式通过父母传给群体内的儿童。

特定特性的群体选择问题引发了生物学史上最持久、最活跃、最激烈的争论之一。在 20 世纪后半叶，这场争论集中在利他主义的基

---

① 有商务印书馆 1998 年中译本，贺麟译。——校注

因起源和传播上，利他主义（而不是自私）是群体凝聚力和团结的最终源泉，但对这种品质的思考早在很久以前就开始了。人类的同情心和自我牺牲的利他主义被认为是人类身上神性火花的证明。后来，人们发现其他哺乳动物也表现出利他行为。一只领头的动物会警告它的种群有猛禽正在逼近，并且它通常会用自己的生命来为自己的利他主义付出代价。

按照达尔文遗传学，这种自我牺牲的动物早就应该灭绝了，但每一代动物都会重新产生一定数量的利他主义者。这种特性的进化是因为每个集体——无论是人类、狼、甚至细菌——都会将无私的基因传递给它的一些成员，这样做是为了保护自己的集体。达尔文推测，利他主义者占多数的群体比自私者占多数的群体具有决定性的优势，即使自私的个体在每个群体中都比利他主义者更有优势。但这种现象是如何产生的，他并不清楚。牛津生物学家理查德·道金斯（Richard Dawkins）1976年出版了一本书，给这场争论带来了一个分水岭。它有一个具有挑战性的标题《自私的基因》①，并假设善——一个利他主义的道德术语——和它的对立面自私都植根于基因，并会遗传。[15]此书的问世引发了一场丑闻和强烈的道德对立。30年后，它成了正统的学术教科书。今天，绝大多数生物学家认为这本书的中心论点是一个被充分证实的科学事实。自私和利他主义都被认为是天生的。它们通过生物和遗传机制发挥作用，甚至可以通过化学手段进行操纵。然而，道金斯从未假设自私和利他主义是不可抗拒的遗传冲动。人类是唯一具有记忆的动物，能够长期传播文化价值观和传统。道金斯用"模因"（Memes）一词指称文化中可以自我复制和传播的记忆成分。"模因"和基因一样是复制者，发展出一代又一代完整地生存、繁衍和传播的

---

① 有中信出版社2018年中译本，卢允中等译。——校注

方式。天生的自私或利他未必决定一个人的一生："我们有能力挑战我们出生时的自私基因。我们甚至可以讨论有意识地培养纯洁无私的利他主义的方法，这种行为在自然界是没有立足之地的。在这个地球上，只有我们才能反抗自私的复制者的暴政。"[16]

在 20 世纪最后几十年里，人们积累了许多新的研究发现，达成了达尔文凭直觉所预期的目前的科学共识。生物学家 E. O. 威尔逊（E. O. Wilson）和 D. S. 威尔逊（D. S. Wilson）选择用一个公式来表达他们"对社会生物学新基础的总结"："自私战胜了群体内的利他主义。利他主义群体打败了自私群体。其他一切都是评论。"[17]

因此，特性选择是一个多层次的过程。它发生在群体内部（群内选择），在更高级别上，它发生在群体之间（群间选择）。亲属关系首先解释了群体内利他主义的选择，从而解释了群体团结的起源。根据这种理论，如果群体成员具有相同的血统，携带着许多相同的基因，那么一些被赋予无私基因的个体将是利他主义者，并与整个群体团结一致，即使这样做要冒着生命危险。他们相信自己的许多基因会通过这个群体存活下来。因此，这个群体的生存对他们来说至关重要。[18]利他主义是一种在没有得到直接的个人利益的情况下，愿意承受包括死亡在内的不利后果的意愿。亲缘关系（哪怕是远亲或仅仅有点沾亲带故）可以将利他主义塑造为一个有益的特性，在动物和人类的进化过程中世代相传。在另一个重要的进展中，进化论科学家已经指出，亲缘关系不是绝对条件。利他主义作为一种主要特征也可以在非亲缘群体成员中演变。他们称之为"互惠利他主义"。[19]换言之，群体选择一种有益的特性，比如利他主义，首选但不一定局限于拥有相同基因的亲属。[20]阿拉伯历史学家伊本·赫勒敦早在 14 世纪就凭直觉得出了同样的结论：每一种文明的基石都是群体团结，而群体团结总是从血缘纽带即亲属关系开始的。[21]然而，正如道金斯所强调的，人类拥有动物所缺乏的自由。与一个群体分享基因并不会迫使人类表现出利他主义或群体团结,他们可以排斥自己的近亲。世界历史上充满了同一血统和基因群体的内战,许多文明的神话,包括犹太人的《圣经》,都浓墨重彩地提到了残暴的手足相争。

过去的犹太人相信他们都有共同的起源,就像《圣经》告诉他们的那样。在其中一些群体中,群体凝聚力可能源于一种利他主义,这种利他主义通过长期的群体选择演变成一种有益的特性。宗教教育无疑加强了这种感情。当然,并不是所有的犹太人生来就有利他的性格,也不是所有的犹太人都在晚年践行群体团结。选择并没有为了利他主义而消除"自私的基因",远非如此。众所周知,迫害和歧视不仅造成了犹太人之间的团结,而且也造成了完全相反的结果。几个世纪以来,大量的犹太人用脱离犹太人和犹太教的方式(即使是以最温和的形式)作为对迫害和歧视的反应。他们并没有把基因的生存托付给自己的亲属或群体,而是"自以为是"地认为,如果离开自己的群体,他们的个体生存机会就会更大。

进化的群体选择可以加强犹太人的身份认同和团结,从而为他们文明的力量和生存做出贡献。这是一个敏感的问题,需要进一步广泛的讨论和研究。进化心理学并没有详尽地解释犹太人的团结或内讧,但可以结合其他因素成为一种有用的分析工具。

2. 遗传学与"附属"社会行为

许多神经科学家、精神病专家和心理学家目前正在研究复杂的社会行为,他们的结论与进化科学家的结论一致。他们认为重要的人格差异有遗传学根源,这不同于人们普遍认为的父母教育。与进化心理学一样,上述领域专家的论文在公众中引起了广泛的共鸣,但并没有被科学界普遍接受。这个学派的拥护者认为,一个人无论是社交型还是孤僻型、是冷静型还是神经质型、是礼貌型还是粗鲁型、是谨慎型还是粗心型、是大胆型还是顺从型、是利他型还是自私型，他的个性很少源于父母的社会化。"父母对孩子的最大影响是在受孕的那一刻。"这一领域最著名的学者之一斯蒂芬·平克(Steven Pinker)如是说。[22] 平克引用了大量的研究来证实他的论点。"大约 50％的人格变异有遗传原因。……这是否意味着另外 50％必然来自父母和家庭。……错！一个人在一个家庭中长大和在另一个家庭中长大，在个性方面的差异最多只有 5％。……没有人知道另外 45％的变异来自哪里。也许个性是由独特的事件影响成长中的大脑而塑造出来的。……也许个性是由独特的经历塑造的。"① 换句话说，复杂的社会行为，包括(神经学术语所谓的)"附属行为"，是有遗传学根源的。如果这一结论被接受，可能需要付出巨大的教育和文化努力，才能将社交能力或附属行为灌输给一个天生就没有这种性格的人，如果可能的话。而如果他生来就有一个强烈的积极性格，那么一个小小的教育刺激就可能使之成真。与生俱来的附属行为倾向可以表现为利他主义、群体团结和凝聚力，但在某些情况下，它也可以用完全相反的方式来表达自己。重要的是要明白，一个群体成员对他所在的群体的消极情绪反应也可以被定性为一种附属行为。这也许可以解释许多所谓的"自我仇恨的犹太人"的案例，这种现象在犹太历史上一直存在。

"自我仇恨"或反犹主义的犹太人可能会抗议他们所认为的失信或失败的乌托邦。附属行为并不意味着群体成员必须彼此喜欢，积极的对抗也是一种有意义的关系的标志。这些反应必须与上述被动同化以及成员从遭受迫害或歧视的群体中悄无声息地离开区分开来。正如平克和其他人所认为的那样，遗传学可以解释一些复杂的社会行

---

① 平克此书《心智探奇》有浙江人民出版社 2016 年中译本，郝耀伟译。——校注

为，但仍不足以解释难以捉摸的"魔力共识"。基因组测序的不断进步将使遗传学家能够识别出许多基因或基因表达因子，这些基因可以决定特定的社会行为。包括进化心理学、遗传学和表观遗传学（见下文）在内的多种方法的协同作用可能会使解释更接近事实。

3. 表观遗传学与跨代遗传

表观遗传学与多种定义相联系。[23]一个宽泛的现代用法是指遗传性状至少通过一个尚未被很好理解的传递机制从一代传给下一代。而这种机制似乎是在已经建立的、基于 DNA 的基因遗传之外。这是一种在基因上"搭便车"但不改变基因的传播机制；相反，它影响基因的表达。当表观遗传与前述第二项研究结果相联系时，表观遗传的影响就变得很明显了，这对一些仍有争议的人来说也是如此。众所周知，心灵和大脑的关系不是单向的。心灵可以创造生理变化，例如，记忆检索通过加强突触和创造新的突触来改变大脑的硬连线，这些突触在提取完成后仍然存在。①

一个公认的事实是，环境经验，例如极端的生物或心理压力，可以导致一个人的大脑和行为的长期变化。这种变化属于表观遗传特征，可能会遗传给后代。事实上，一些表观遗传的变化已经在动物和人类身上得到实验证明。动物研究表明，这种遗传可能会持续三到四代，但目前尚不清楚表观遗传特征是否是永久性的，或者它们对进化过程有多重要。2007 年，四位著名的美国科学家在一份科学杂志上发表了研究结果，揭示了受到精神创伤的纳粹大屠杀受害者的后代的迟发行为变化。这些变化是通过生物学而不是心理传播的。[24]这是表观遗传

---

① 突触使神经元（大约 1000 亿个脑细胞）能够发送和接收电化学信号，形成相互连接的神经回路。因此，它们对作为感知和思考基础的生物计算至关重要。它们还提供了神经系统连接和控制身体其他系统的手段。

学研究成果的一个例子，这一研究结果与理解犹太历史及其对后代可能产生的影响有着明显的关联。

这样的发现有可能违背了大众和政治的智慧，并有可能被滥用，科学界出于各种原因仍然对此保持谨慎。推翻确立已久的范式的发现在被普遍接受之前，必须通过大量额外的研究加以检验。此外，对表观遗传传递的各种补充解释也是可能的。例如，病毒感染被认为是遗传性疾病的一个可能原因。一些病毒基因或其他传染源，如朊病毒，可以在有限的时间内或以不确定的形式将遗传要素传递给后代。[25]

大众科学传媒已经开始密切关注这些发现。[26]2007 年，英国广播公司(BBC)推出了一个关于表观遗传学的科学节目，并在 2007 年 8 月 31 日的网站上公布了以下内容：

> 生物学正站在对遗传理解转变的边缘。表观遗传学对基因的隐性影响的发现可能会影响到生活的方方面面。这个新领域的核心是一个简单但有争议的观点，即基因有"记忆"。几十年后，你祖父母的生活，他们呼吸的空气，他们吃的食物，甚至他们看到的东西都会直接影响到你，尽管你自己从未经历过这些事情。你一生中所做的事情会反过来影响你的孙辈们。……表观遗传学为基因增加了一个除 DNA 之外的全新的层次。它提出了一个"开关"的控制系统，可以打开或关闭基因，并指出人们经历的事情——比如营养和压力——能控制这些开关，从而在人类中产生遗传效应。……基因和环境不是相互排斥的，而是密不可分地交织在一起，彼此影响。……这项工作处于科学思维范式转变的前沿。它将改变人们看待疾病原因的方式，以及生活方式和家庭关系的重要性。人们的所作所为不再只是影响到自己。……[27]

即使没有取得胜利的意味，BBC 关于新的"范式转变"的建议也是发人深省的。与精神分析学一样，在旧的思维模式淡出，以及哲学家、政治家和广大公众接受新模式之前，还需要时间和更多的研究。进化群体的选择和遗传，无论是遗传还是表观遗传，都以各种方式影响着犹太人的历史，并以某种方式与犹太人的兴衰交织在一起。这对政策制定也有影响，比如创伤的表观遗传传播就可能会影响政策制定。20世纪犹太历史和以色列历史上的许多创伤可能不仅仅是暂时的心理创伤。如果有遗传改变，即使只持续两三代人，人们也希望对此有所了解，因为它们会影响人类行为，甚至影响政治。

4. 犹太人基因组中古代犹太历史的痕迹①

科学家们对犹太人做了比世界上大多数其他宗教或种族群体更频繁和更广泛的基因研究。最初的也是仍然占主导地位的动机是医学，因为许多犹太人比其居住国的大多数人患某些遗传病或受遗传影响的疾病的风险要大得多。一些研究也阐明了犹太历史上的这个问题。早在20世纪90年代，备受尊敬的科学杂志《自然》上的两篇文章就披露了基因方面的确证，即《圣经》中犹太祭司们（kohanim）是同一个男性祖先（亚伦）后代的故事基本上是正确的。在公元前3250年到前2100年之间生活的大多数祭司都有一个共同的基因特征，而这一特征在其他犹太男性中的比例只有10%—15%。[28] 这项研究结果之后，陆续又发表或出版了一些有趣的关于历史上特定民族或其他关于犹太遗传学专门问题的论著。[29] 最后，在2010年，《自然》[30]杂志和《美国人类遗传学杂志》[31]发表了迄今为止关于犹太人起源与迁徙问题的

---

① 基因组是生物体遗传信息的全部。在大多数有机体（包括哺乳动物）中，它是由DNA编码的。基因组包括基因和DNA的非编码序列（非编码蛋白质）。人类基因组由大约23000个蛋白质编码基因和许多非编码基因组成。2003年，美国的人类基因组计划公布了一份完整的人类基因组图谱。它的目的是了解人类物种的基因组成。这已成为医学研究不可或缺的工具。

两项最全面的遗传学研究成果。它们成为国际媒体的头条新闻，激起了相当大的反响。两个不同的团队，包括总共 32 名来自 8 个国家的知名学术研究人员，调查了犹太散居社群（《自然》团队选择了 14 个地理上独立的犹太散居社群，《美国人类遗传学杂志》团队挑选了 7 个犹太散居社群的成员），并将他们获得的基因组结构与非犹太人群体（分别为 69 个和 16 个）加以对比。尽管两个研究团体选择了不同的犹太人和非犹太人样本，但他们的主要结果是相同的。《自然》杂志写道："大多数犹太人的样本形成了一个非常紧密的亚类群……大多数犹太散居社群的起源可以追溯到黎凡特地区。"另一篇文章谈到了大多数犹太人的"独特基因"和"共同的中东血统"。阿什肯纳兹、摩洛哥、意大利、希腊、土耳其、叙利亚、伊拉克、伊朗犹太人和其他犹太人，占今天犹太人口的 90％以上，"代表了远房堂兄弟之间常见的基因组相似性"，一位科学评论家针对这些发现如是写道。[32] 这些社群之间的遗传联系要比它们与各自所在国的人口之间的遗传联系还要多。

即使在犹太人和非犹太人之间发现了一些基因上的接近（例如，由于在罗马帝国晚期有人皈依了犹太教，南欧人与阿什肯纳兹犹太人之间的基因接近），共同的祖先也比最近的混血更有价值。更重要的是，这两项研究"在揭示大多数当代犹太人和来自黎凡特地区的非犹太人口之间的密切关系方面是一致的"，[33] 这些非犹太人包括德鲁兹人、塞浦路斯人、叙利亚人和巴勒斯坦人。研究发现，犹太人几乎没有与来自传说中在 8 世纪皈依犹太教的哈扎尔人部族曾经居住过的地区的人产生过混血。之前有人假定，当代犹太人与《圣经》时代的古犹太人没有联系，而主要是欧洲皈依者即著名的哈扎尔人的后代。新的科学发现揭露了这些断言是臆造的。

大量参与研究的科学家的专业声誉保证了他们的研究成果在科学媒体上得到广泛的、积极的回响，没有任何科学家以科学的理由对这些结果提出质疑。这些研究成果直到 19 世纪末才引起争议，它们只是为犹太人的主要基础神话和历史叙述提供了可信度。然而，在 2010 年，公共知识分子和一些宗教人士以及政治人物的反应却是情绪化的、怀有敌意的，也是狂热的。一些人抨击这一发现，而另一些人则为之鼓掌。许多人为了自己的政治和思想目的而误解或滥用这些成果。如前所述，在 19 世纪和 20 世纪，精英主义者、种族主义者和反犹主义者经常滥用与篡改遗传学的发现。随着遗传学和基因组学研究的继续，新的担忧和误解也可能出现。此外，出于意识形态原因或政治原因，有些人将继续否认犹太人是一个起源于近东的古代民族。再多的科学研究也无法说服这些人。因此，哈扎尔神话或类似的传说很可能会一次又一次地出现。

我们需要一个道德指南针，以及公众对一般科学和相关科学事实的更好理解。这两项研究都在目前犹太人的基因组结构中发现了古代犹太历史的重要痕迹：共同地理起源、过往的迁徙和皈依犹太教。它们没有提出其他主张，并没有说存在一种"犹太基因"，这是一个经常发生的危险的误解，也没有说犹太人在基因上与其他人不同。犹太人可能是独一无二的，但这并不是通过他们的基因结构来证明的，因为他们的基因结构与其他群体，特别是近东的人有很多共同之处。基因并不决定一个人是否是犹太人，决定犹太人身份的是家庭（在犹太教正统派传统中是母亲的家庭）、教养、历史和选择。

这一章的关键问题是，对于斯宾格勒所归结出的犹太人的"默契共识"，是否有科学的解释。在许多犹太人中间发现了基因上的相似，这可以用一个共同的近东血统来解释，这一发现又以一种新的方式提出了本章的关键问题。犹太人意识到他们是"远房表亲"，现在这种不是基于宗教传统而是基于科学的认识能否创造或加强他们的群体团结？总的来说，对共同基因起源或特征的认识，可能会鼓励但决不能保证共同的思想或行动，也不一定总是产生利他主义和群体团结，在此，我们再次使用了进化心理学的术语。基因起源相似的群体，其内部冲突往往频繁；尽管美国的基因构成极其多样，但它是现代相对稳定的国家之一。美国是个特别的国家。

对犹太人来说，答案将是复杂和模棱两可的。有些人会漠不关心，因为他们认为基因和基因组的问题与犹太人和以色列今天必须面对的问题无关。他们也可能认为这些发现只是历史学意义上的发现。事实上，如果皈依犹太教的人数增加，目前共同祖先的遗传标记将变得越来越稀薄。其他犹太人将继续拒绝接受这些发现，他们或许出于更实质性的原因，不理解这些发现。他们可能担心反犹主义者和种族主义者会再次相信，遗传学和基因组分析使识别与歧视犹太人成为可能，或者他们可能会看到一些犹太人将基因检测作为区分不同犹太人群体的工具的危险。但还有一些人会觉得，科学的证据证明共同祖先确实可以鼓励更大的团结和统一行动，以应对日益增长的外部敌意。非犹太人（在少数情况下也包括犹太人①）由于质疑以色列国的合法性而争论犹太人的历史现实和起源问题。对两者的质疑一直是一些阿拉伯人宣传的主要内容。新的基因发现将提供一个令人信服的论据来支持犹太民族的历史叙事，也许在中东（只要冲突持续）无法令人信服，但至少更大的世界会令人信服。在全球公众和精英那里，对犹太人及其历史的无知可能产生不容低估的政治影响。例如，在中国，一些关于犹太人和以色列历史的书籍从古代开始叙述，提到《圣经》中的族长或耶路撒冷圣殿。在博闻广识的中国人看来，现代以色列的合法性在很大程度上是基于始于古代以色列的几千年历史。如果这种说法在中国精英中失去可信度，可能会产生负面后果，不仅是智力上

① 比如《虚构的犹太民族》（中信出版社 2017 年版）一书的作者施罗默·桑德。——校注

的，还有政治上的负面后果。

长期以来，社会科学在考虑社会行为的基因解释方面一直犹豫不决，历史学家也没有把遗传学作为他们的研究工具之一。社会学回顾了一场长期而激烈的"先天与后天"的争论，通常希望看到遗传学严格地局限于生物医学研究和治疗应用。传统的沉默似乎已经开始退让。《美国社会学杂志》最近发表了一辑关于遗传学和社会结构的增刊，要求社会学家和历史学家把不断积累的基因发现作为新的"档案"来挖掘和思考。[34] 一位评论员认为这是及时的补充："如果社会学家忽视基因学，其他学者和更广泛的世界是否也会忽视社会学？"[35]

历史学和社会科学必须向进化科学、遗传学、表观遗传学和基因组学研究的新发现敞开大门。同样重要的是，思考这些发现将产生的巨大的哲学和伦理问题，以及它们对宗教、刑法、医疗保健、战争和其他问题可能产生的影响。在这方面，我们必须反思行为遗传学家的进步，他们正在研究某些行为的遗传（或表观遗传）根源，这必然会引起伦理和法律问题。[36] 犹太教可以像其他宗教和价值体系一样，对这些问题做出回应，并可能提出一些有趣的观点，例如关于个人责任与群体责任的看法。

第三章　教育、科学、技术：未来的驱动力

概论

最广泛意义上的知识及其通过教育的积累和传播，是所有成功文明的重要基础。即使是为了知识而学习，有时也会出人意料地发现它具有实用价值。今天，教育和知识的总体水平被认为是一个文明的质量与力量的指标。过去，通识教育在不同文明中的作用差别很大，很大程度上取决于所传播知识的内容和目的。斯宾格勒将古代与现代的本质区别描述如下："知识就是美德，这是孔子、佛陀和苏格拉底所相信的。知识就是力量，这句话只有在欧美文明中才有意义。"[1]

在 19 世纪以前，包括修昔底德、司马迁、吉本等在内的大多数历史学家，几乎没有人把教育作为文明的驱动力。在他们自己的文明中，除了统治精英需要的统治术和战争知识外，一般的知识仅仅是"美德"。最大的例外是伊本·赫勒敦。对他来说，教育、知识和最广泛意义上的智力天赋，包括科学、艺术、诗歌、音乐、哲学等，都是任何重要文明的标志和支柱。[2]当这些支柱断裂时，文明也随之衰落。正是伊本·赫勒敦对他所看到的阿拉伯人衰落的绝望，以及他对其深层原因的分析，使他看到了文明兴衰的教育知识因素。即使到了 19 世纪末和 20 世纪，也很少有西方历史学家强调通识教育是文明成功的一个

重要因素。除了两个例外，19世纪的雅各布·布克哈特和20世纪的乔纳森·以色列，分别将意大利文艺复兴和荷兰共和国的黄金时代与一般教育水平联系起来。[3]在这两种情况下，一般教育水平要远远高于欧洲其他任何国家。伯纳德·刘易斯从失败的教育中看到了奥斯曼帝国衰落和终结的原因之一，[4]虽然奥斯曼帝国的改革家也在努力推行教育改革。当然，在这种情况下，历史学家和改革家所想到的并不是传统的宗教教育，而是一种使人民为变革做好准备的广泛的教育。

在理解通识教育的权力影响方面，一些欧洲统治者似乎远远领先于他们的历史学家。教育能够引起这些统治者的注意，并不是因为它是一种"美德"，而是出于某种目的。19世纪上半叶，普鲁士政府开始认识到，学会阅读、计算和测量距离的步兵在战场上的表现要比缺乏这些技能的士兵好得多。这是普鲁士推行各种教育改革的原因之一。到19世纪40年代，在普鲁士所有6—14岁的儿童中，超过80%接受了正规教育。1866年，普鲁士在与奥地利的战争中获胜，它的胜利也是普鲁士校长们的胜利。[5]"军事指挥部门可以从普鲁士堪称典范的教育体系中获益。"[6]普鲁士"极高的识字率和算术率"[7]使其士兵能够充分利用技术进步，在战场上取得胜利。这是普鲁士和后来的德国军事成功的一个重要因素，但不是唯一的因素。

发现教育对经济有影响要比发现其在军事方面有影响晚很多，而这一次，社会科学家领先于政府。在20世纪50年代末和60年代初，一些在学界主流之外研究经济增长来源的经济学家，提出了教育是一个经济变量的概念。教育与科学研究及技术是技术进步的源泉，技术进步是和资本及劳动一样的生产要素。这第三个因素可以作为资本和劳动力之外的剩余物来衡量。这为公共财政资助教育，特别是高等教育和研究提供了经济政策依据。技术进步、教育和研究的驱动力必须得到政府和行业的支持，因为它们对经济增长至关重要。

自 20 世纪 50 年代末和 60 年代初以来，个别经济学家和总部位于巴黎的经济合作与发展组织（OECD，简称"经合组织"）——当时是西方主要的经济咨询和决策机构——帮助各国政府相信经济增长和教育发展之间存在直接联系。这种信念，以及与苏联的冷战竞争，导致许多国家在随后几十年里大力增加教育开支。①

本章不会一般性地回顾教育或知识，而是将重点放在自然科学和技术上。这里将把自然科学和技术作为一个单元，称之为科技（S&T）。②在现代，相比其他知识领域，科学与技术已成为文明兴起和强大的更重要的推动力。它是知识的"核心"，因为它建立了"硬实力"的物质基础，[8]这是战争中的优势与和平繁荣的基础。这就是弗朗西斯·培根在 1597 年所想到的，当时他创造了著名的箴言"知识就是力量"，斯宾格勒引用了这句话。培根身处一场始于欧洲的科技革命的开端。这场革命将渗透并随着时间的推移而改变知识、经济、社会和政治生活的各个领域。各国政府很快就领会到了它的含义，因为它们发现了科学对于改进武器、海陆战争和海上扩张的关键价值。20 世纪初，沙皇俄国被一支技术优越、充分西化的日本海军打败（1905），中国最后一个帝制王朝在被技术上优越的欧洲列强和日本打败后垮台（1911），西方科技优势的深远战略成果显而易见。在第二次世界大战期间，各主要参战方认为，科学技术不仅可以决定空战、潜艇战和坦克战的结果，

---

① 参见 Alexander King, *Let the Cat Turn Round: One Man's Traverse of the Twentieth Century* (United Kingdom：CPTM, 2006), 264ff. 科学家亚历山大·金（Alexander King）领导着经合组织理事会，负责冷战关键时期的科学和教育政策。他和他的同事率先通过经合组织，努力让西方政府相信教育在社会经济方面的重要作用。

② 科学和技术在概念上是不同的范畴，创造科学和技术的活动也是不同的，可以分别称为"基础研究"或"应用研究"和"发展"（R&D）。经合组织的统计手册精确地定义了这些类别，但在实践中，往往很难单独衡量它们。今天，科学与技术或研发之间的界限越来越模糊，因为所有的技术创新都需要新的科学，而许多科学发现带来新技术的速度比过去快得多。这就是为什么专家和决策者经常把科技作为一个整体。

而且可以决定整个战争的结果。从那时起，科技一直是公共政策关注的焦点。

在 21 世纪，科技可能会比 20 世纪更彻底、更广泛地改变这个地球。科技进步将在所有部门继续，当资金充足时，许多部门将加速发展；这一运动在可预见的未来是无法停止的。它可能会产生许多新的安全、生态和伦理问题，但也会提供不断改进的工具来解决这些问题。科技已成为国际力量平衡的有效工具，不仅是"硬实力"的重要组成部分，而且也是"软实力"的重要组成部分。科技软实力的产生源于伟大科学发现的声望，这些发现丰富了我们对自然的认识，以及对重大技术创新将有助于全人类的期望。科技被赋予了一种影响长期历史进程的能力。一个国家在科技方面的表现如何，将是其在未来国际力量大联盟中地位的主要决定因素之一。这就是为什么美国国家科学院在 2007 年强调，根据最近测算，美国人均收入增长的 85% 来自科技、教育和研究推动的技术变革，而美国未来的经济和总体发展在很大程度上取决于这些因素的增长。[9]

此前许多世代的历史学家对科技的重要性知之甚少，他们的著作好像在原则上并不否认科学技术的重要性，但这完全不属于他们的专业关注范围。汤因比、布罗代尔和索罗金，甚至更晚近的学者，对科学也知之甚少，还对科学感到不安。

对犹太历史的应用

教育是犹太教中压倒一切的宗教义务和最高价值之一。犹太教的持续性取决于宗教文本和习俗在一代人与下一代人之间的传承，只有相对长久的教育时间才能应对这一书面遗产的丰富性和复杂性。全面回顾犹太教育对各个时代的影响超出了本研究的范围。因此，本章将首先举一个例子说明，教育——不是职业教育，而是最广泛意义上的教育——在犹太经济史上所起的关键作用。经济史学家提出了一个理论，将教育与古犹太历史上的经济成功联系起来。[10]用经济学的语言来说，这是一种"人力资本"理论。8世纪以前，大多数犹太人，包括生活在巴比伦的犹太人都是农民，当时全世界绝大多数人也都是农民。然而，犹太人早在几百年前——也许从公元前1世纪就开始——已经成为一个有文化的民族。在国际比较中，这促使他们可能成为当时世界上受教育程度最高的人。尽管他们的教育旨在满足他们的宗教要求，但事实证明，这对其他一些活动非常有用，特别是在职业生涯中。拉比经文强调了犹太人对正规的全面教育的重视，至少从第二圣殿时期开始就是如此。有人认为西蒙·本·谢塔赫拉比（Rabbi Shimon Ben Shetah）是以色列中等教育的最重要推动者。[11]另一些人把这个荣誉授予大祭司约书亚·本·甘姆拉（Joshuah Ben Gamla），他在第二圣殿被毁前的10年里非常活跃。《塔木德》里说："约书亚·本·甘姆拉下令，每个地区、每个城镇都应任命幼儿教师，儿童应在六七岁时入学。"[12]这项法令非常重要，虽然我们不知道它是否以及何时开始实施。约书亚·本·甘姆拉打算建立一个全面的、全国性的义务小学制度，这在古代世界可能是没有可比性的。一千年后，穆斯林统治下犹太人的主要权威、巴比伦的哈伊高昂（Rav Chai Gaon，约1007—1038），颁布法令称"可以在犹太会堂里教小孩子，同时教授律法书、阿拉伯文字和算术"。[13]如果放在今天，哈伊高昂可能会用英语和数学取代最后两门课。根据这位经济史学家的说法，犹太人比大多数人早几百年离开农业，进入熟练的手工艺和贸易行业，因为他们较高的教育水平使他们能够更好地从事技术性的城市职业。虽然犹太人受到经济歧视的因素起了作用，例如在基督教的欧洲，犹太人在某些时期被禁止拥有土地，但仅凭这一点还不足以解释，始于罗马帝国晚期并在帕提亚和伊斯兰教统治下持续出现的犹太人口从农业领域大规模转移出去的现象。这些帝国对犹太人从事农业没有设置任何障碍。歧视也不能解释为什么这一转变如此成功，并且还赋予犹太人世代持续的相对经济优势。原因只能是，犹太人较高的教育水平总体上成为一种职业资产。

对于科学和技术，必须说，犹太人的态度历来不如他们对教育的态度那么统一。历史学家大卫·鲁德曼（David Rudermann）和摩西·伊德尔（Moshe Idel）回顾了犹太人态度的变化。[14] 他们区分了四个不同的时代，但注意到它们之间的边界并不鲜明。一个时代的态度也可以在其他时代找到。

（1）《圣经》与《塔木德》

《圣经》和《塔木德》并没有赋予自然独立于神的意志的地位，但这并没有导致对自然科学的原则性敌视，包括巴比伦人和希腊人的自然科学在内，这些科学的优点偶尔会得到承认。宗教律法要求切实关注特定的科学，特别是确定犹太历法的天文学，以及医学，因为保护人类生命和健康具有很高的价值。一般来说，古代犹太人对科学的态度可以称为相对冷漠。

（2）中世纪

在中世纪，犹太学者把翻译成阿拉伯文的希腊科学文献传到欧洲。受希腊和阿拉伯哲学影响的犹太圣贤对一般科学有着明确的积极态度，认为科学与宗教之间没有矛盾。因为大自然是上帝的创造物，对它的研究将有助于荣耀它的造物主。这群人包括许多伟大的圣贤：萨阿迪亚高昂（Saadia Gaon，882/892—942）、巴赫亚·伊本·帕库达（Bahya Ibn Paquda，约 1000—1050）、摩西·迈蒙尼德和他的儿子亚伯拉罕·迈蒙尼德（Abraham Maimonides，1186—1237），以及格尔索尼德（Gersonides，1288—1344），后者本身也是一位重要的科学家和发明家。科学史学家乔治·萨顿（George Sarton）编制了一份 1150—

1300 年全世界顶尖科学家的名单,其中包括了亚洲、欧洲和伊斯兰世界。[15]他发现了 626 个名字,其中 15％是犹太人的名字。根据他的数据,当时犹太人只占世界人口的 0.5％。西班牙和伊斯兰世界的犹太人在这短短百余年的时间里遭受的歧视要比后来几个世纪少得多。另一个文献来源似乎证实了这一发现,认为每 10 个著名的中世纪科学家中就有一个是犹太人。[16]这些数据耐人寻味,它们似乎预测到了 20 世纪的发展,但我们不确定它们是否可靠,或是否可与犹太人对 20 世纪科学的贡献相媲美。中世纪早期的科学与现代科学是不同的现象,两个时期学者的社会条件和工作条件也完全不同。

（3）文艺复兴与近代早期

在 16 世纪到 18 世纪之间,越来越多的犹太科学家和医生开始吸收来自基督教环境的科学知识,并出版希伯来文的科学和医学书籍。然而,尽管欧洲科学取得了巨大进步,但犹太人对其进步几乎没有任何独到的贡献。大卫·鲁德曼将这主要归因于歧视,尤其是几乎所有欧洲大学都拒绝接纳犹太人。当时一些最重要的拉比名人,例如克拉科夫的摩西·伊塞勒斯拉比（Rabbi Moses Isserles,约 1520—1572）和布拉格的犹大·洛伊夫拉比（Rabbi Judah Loew,1525—1609）鼓励人们获取科学知识,尤其是天文学方面的知识。犹大·洛伊夫把托拉与自然知识分开,根据鲁德曼的说法,这是在犹太思想史上第一次允许自然知识拥有独立于宗教的地位。在实际应用方面,宗教没有原则性地反对创造新技术或掌握自然。例如,犹太人饶有兴致地接受了印刷术的发明。大约在 1455 年,约翰内斯·古登堡出版了他的第一本《圣经》,几年后,第一本希伯来文的印刷书籍也出版了。

然而,科学的被接受往往不是一个平稳的过程,尤其是在这一时期的末期。对于启蒙运动和哈斯卡拉的思想家来说,科学进步是人类进步的一个引人注目的表现,注定要终结过去的蒙昧主义。这正是使那些仍然忠于过去的人变得疑惑的原因。

雅各布·埃姆登拉比（Rabbi Jacob Emden，1696—1776）是 18 世纪德国最重要的拉比权威之一，他的自传展示了新科学使犹太信徒面临的内在紧张和困境。埃姆登对科学非常感兴趣，希望了解它们，以免"在别人眼里显得愚蠢"。他渴望"更好地了解人类的存在"。他有矿物学、植物学、医学、地理学等方面的书籍，但只敢"在一个禁止研究托拉的地方"也就是在浴室阅读这些书籍。[17] 在整个 19 世纪，这种紧张关系一直很严重，特别是在东欧，一些哈西德拉比，例如布拉茨拉夫（Bratzlav）的纳赫曼拉比（Rabbi Nahman）和科兹克（Kozk）的梅纳赫姆·门德尔拉比（Rabbi Menahem Mendel）谴责科学，而一些观察敏锐的犹太学者则赞扬并试图普及科学。[18]

（4）20 世纪

到了 19 世纪末和 20 世纪，欧洲犹太人受到的限制被取消，犹太人在科学与技术领域的成就有了爆炸性的增长。穆雷列出了 1870—1950 年全世界有重大发现的关键或重要的科学家。[19] 他发现其中 94 人是犹太人，并将犹太人在所有重要科学家中所占的比例与犹太人在世界总人口中所占的比例进行比较。他计算出在所有领域的关键科学家中，犹太人的人数是预期占比的 6 倍，其中数学是 12 倍，物理学是 9 倍，医学是 8 倍；在德国，犹太裔和非犹太裔关键科学家与其人口数量的关系的比例是 22：1，在法国是 19：1，在 1950 年以前的美国这一数据"只有"5：1。第二次大的数量跃升发生在 1950—2000 年，当时大量的美国犹太人在第二次世界大战后不受限制地进入美国的精英大学和从事研究，为迄今为止的科技进步做出了最大的贡献。世界上 29％的诺贝尔科学奖获得者是犹太人（其他统计数据表明，从 1901 年起，犹太人获得诺贝尔科学奖的比例与此相同，这意味着 1950—2000 年的数字更高），而在经济学领域，诺贝尔奖获得者中 39％是犹太人。与其总人口数的比较得出了非同寻常的数字。

考虑到犹太人只占世界人口的 0.2%，他们在科学领域的诺贝尔奖获得者中的比例超过其人口占比的 100 倍。换言之，犹太人对世界科学和技术知识的进步做出了贡献，这是其他少数民族所没有的。他们在 1870—1933 年对德国和 1942 年以来对美国的贡献尤其值得注意，因为这两个国家的大国地位的崛起缘于他们的科技领导力的支持和加速。因此，在没有刻意规划的情况下，犹太科学家和工程师为这两个国家的大国地位做出了重大贡献。

与此同时，科技对犹太人的历史也产生了巨大影响。科技给少数犹太科学家带来了巨大的公众知名度、专业声誉和新的收入来源，姑且不论财富的话。在一些关键的情况下，这赋予了他们政治影响力和权力。这种影响最重要的例子也许来自第一次世界大战期间，英国政府授予犹太复国主义领袖兼化学家哈伊姆・魏茨曼（Chaim Weizmann）以特权，因为他在丙酮制造过程中发现了微生物发酵，从而促使英国掌握制造军火的能力，这有助于在战争的关键时期改变力量平衡。魏茨曼并没有像后来简单化的反犹太复国主义神话所称的那样，得到《贝尔福宣言》作为对他发现丙酮的回报；这种联系更加微妙，但仍然具有重要意义："在白厅和唐宁街，有些人相信魏茨曼作为科学家能够解决国家的重大问题，这些人很容易被说服向作为犹太复国主义领袖的魏茨曼提供同样的支持。"[20]科学家魏茨曼通过一项发明加强了英国的"硬实力"，由此帮助犹太民族改变了命运，而英国当时对犹太人的未来至关重要。犹太人阿尔伯特・爱因斯坦是另一个例子，他的科学名望使他能够在危险时刻求助于自由世界的领袖，他在 1939 年警告罗斯福总统，说纳粹德国可能在研制核武器。

以色列继承了 20 世纪犹太人的一些科学传统。它早期的高等教育和科学研究机构（希伯来大学、以色列理工学院和魏茨曼科学研究所等)是犹太复国主义最早和最引以为傲的成就之一，它们的创立比1948年以色列建国早了几十年。从那以后，以色列慢慢地积聚自己的研究潜力。[21]以色列之所以能够战胜重重困难而生存下来，很大程度上归功于其在科技关键领域的卓越和独创。2006—2007年度，以色列研发支出占其国内生产总值（GDP）的4.7％，是经合组织成员国中占比最高的国家，也可能是世界上最高的国家。它有四所大学被认为是世界上最好的200所大学之一，在人均科学出版物数量方面，它位居世界第三。以色列的知识型产业在20世纪90年代以每年16％的速度增长。这一表现背后的主要因素是国防和其他政府研究经费、高科技部门的独立驱动以及大量高技能人才的移民。

犹太人对20世纪科学参与度的激增在现代科学史上没有任何相似案例。它可以简单地被看作是犹太人进入和参与现代社会活动的众多迹象之一，也可以看作是独立于犹太人对人文、文学和其他领域的贡献的一种特殊发展。无论是哪种情况，这次激增都引发了几个问题。这种发展有什么特别的原因吗？犹太人在未来的科技领域中会保持特权地位吗？他们的表现是基于长期的文化因素吗？如果是基于长期的文化因素，所谓的犹太人在中世纪科学中的显赫地位就并非偶然。又或者20世纪是否会被当作一个特殊时期，因为犹太人的这种表现是暂时的社会学条件的结果？有没有一些可以确保犹太人在未来继续对科技做出高水平贡献的科学政策？用美国社会学家托尔斯坦·韦布伦（Thorstein Veblen）的预言来说，犹太人在"智识上的卓越"是暂时的，犹太复国主义的胜利和犹太家园的建立将使犹太状况正常化，犹太人受到的压力消除，并最终结束他们的卓越地位。

一个世纪后的今天，一些人认为，相比以色列，在美国更容易证实韦布伦的预言。在美国，犹太人至少有两代人没有受到敌对的压力和歧视。在这一时期，进入精英大学就读的犹太学生人数似乎一直居高不下,但有些人声称,他们的素质和表现已经从最高点开始下降。在那些入学取决于智力水平以外的其他禀赋——如亲缘、人脉和金钱——的大学里,犹太学生比比皆是。但在那些实行严格的择优录取的大学里,如著名的加州理工学院,无论出于什么原因,犹太人的数量都已变得相当少,而亚裔学生的数量却是其数倍之多。[22]

犹太人在科技活动中表现出与犹太人的人口占比不相称的现象,没有任何一个单一的原因可以充分解释这点。人们可以或已经提出了几种解释,其中有些互补的,还有些是相互矛盾的。有些能解释犹太人为什么在德国、美国、苏联或以色列的贡献高于平均水平,但并不对所有国家都适用。

1. 宗教传统

如上所述,犹太教并不反对对自然的科学探索,重要的宗教领袖在中世纪就开始鼓励研究自然。然而,虽然这可能使一些犹太人在踏上现代科学之路方面不像其他宗教的信徒那样步履维艰,但犹太宗教信仰本身并不能解释犹太科学的卓越性。更令人信服的解释不是看犹太宗教的内容,而是看宗教是如何被教导和传播的。这是法国历史学家阿纳托利·勒鲁瓦-博立约(Anatole Leroy-Beaulieu)所研究的领域。他于1893年出版的《列国中的以色列》(*Israel among the Nations*)谴责了德雷福斯事件后席卷法国的反犹浪潮。为了解释犹太人在许多领域的突出地位,他写道:"遗传和2000年的智力训练使他们为此做好了准备。……通过学习我们的科学,他们不会进入一个未知的领域,只会回到一个已经被他们的祖先探索过的国度。几个世纪的光阴不仅为以色列迎接股市之战和财富之战做好了准备,而且还将以色列武装起来迎接科学战争和智力征服。……厚重的《塔木德》和古老的拉比学院很早就塑造了他们,并注定让他们进入两个最现代的学术分支……对古典语言文本与物理和自然科学的讨论。"[23]

事实上，要确定如何理解和应用托拉中的一条律法，就必须进行多层次的思考。《塔木德》引用了原始文献、二手文献甚至三手文献资料。当矛盾似乎出现时，《塔木德》会询问分歧有多大，分歧究竟是真实的抑或仅仅是表面的，也许所出现的两种不同意见，只是因为它们是在不同的背景下表达的。如果找不到解决方案，文本可能会用一个简单的词结尾——问题，以此提醒读者不是所有的问题都能解决。这种谦虚无疑鼓励了智力的发展。《塔木德》的解释学，即它对宗教文本的解释，与现代科学研究方法有一些共同之处。更"科学化"的是《塔木德》式的对辩论和争辩的鼓励，以此作为回应问题或解决矛盾的适当方法。然而，我们不应过分强调这类相似。《塔木德》中的一位拉比可以引用一位早期圣贤的自相矛盾的观点来推翻另一位拉比的观点。此外，用新发现去质疑旧传统或权威拉比的观点，是不被鼓励的，而且也不是人人有权利这样做的。相反，《塔木德》以其特有的夸张手法说，如果一个学生当着他老师的面胆敢就宗教律法侃侃而谈，应该被判处死刑。[24]

在传统社会中，对传统的崇敬随着时间的推移而增长。但科学发展却依赖于用新的发现挑战旧的假设。从表面上看，《塔木德》中还有其他一些东西不容易与科学兼容，例如那些关于神迹的故事，但《塔木德》与科学方法论之间在过去和现在都有足够的共同点使勒鲁瓦-博立约的说法更可信。好的《塔木德》学者如果选择了这条道路，很可能会成为优秀的科学家，而一些有学问的犹太人确实被科学、工程学或数学所吸引，并在其中一个领域表现出卓越的才能。这种人到底有多少呢？在诺贝尔科学和经济学奖获得者中，我们知道有一位犹太人信教，熟悉犹太教经文，此人是以色列的罗伯特·奥曼（Robert Aumann），他因在经济学方面的成就而于2005年获奖。可能有少数人属于和他同一类的人，但许多获得诺贝尔奖的犹太人不太可能研究过哪怕一页《塔木德》。也许《塔木德》的知识遗产确实渗透进了家庭生活、教育和追忆中。诺贝尔奖得主理查德·费曼（Richard Feynman）被一些人当作20世纪仅次于爱因斯坦的第二大物理学家，他似乎在寻找一个解释。小说家赫尔曼·沃克（Herman Wouk）记录了他与费曼的对话。费曼尊重《塔木德》，用他自己的话说，那是一本"好书"，尽管他对此知之甚少。"也许我有《塔木德》思想。"费曼沉思着说道。[25]他无法解释犹太遗产是如何传播的，上文所引的勒鲁瓦-博立约的妙语也无法解释这一点。

2. 文化传统和多元文化视角

许多人指出，犹太人尊重教育和知识是众所周知的，这解释了犹太人在科技方面的卓越地位。这种文化传统维持了犹太人所有的学术成就，但它并没有把自然科学和技术置于任何其他领域之上。此外，其他文明也普遍尊重教育。在西欧或北美，一个有教养的犹太中产阶级家庭在传统上会训练孩子们选择一个体面的职业。这职业可能是，但不一定是科学研究。然而，直到最近，有教养的犹太中产阶级家庭至少一个特点促进了"创造性思维"，有助于科学、技术、经济或艺术的创新，那就是：犹太人熟悉不止一种文化和语言。

社会学家理查德·弗罗里达（Richard Florida）用创造性思维这个概念来解释为什么科学、技术或经济创新在某些环境中能蓬勃发展，却在其他环境中繁荣不了。[26]创造力包括综合新的和有用的组合的能力。它生长在多样性、宽容性和开放性的地方，或者换句话说是在有"多元文化"的地方。如果儿童学会用不同的语言来表达同样的想法，学会用不同的方式去思考、去看待生活和解决问题，那么他们日后会发现，抛弃科学技术中旧的和不被证实的方法并设想新的方法会更容易些。因此，犹太人对几种文化和语言的熟悉可能激发了科技创新。20世纪的许多犹太科学家和发明家都是移民或移民的子女，在几个国家生活和工作，会讲几种语言。

3. 科学作为犹太教的伦理替代品

与前面两种解释不同，第三种解释认为犹太教和科学之间的关系是竞争的或敌对的。"当犹太教被抛在后面时，科学为寻找新的世界观和意义的源泉提供了一个非常有吸引力的替代品。"[27]强调寻求真理、完整性和普遍主义的科学精神，为那些已经受够了旧宗教的犹太人提供了一条引人入胜的崭新途径。他们可以"皈依"基督教、科学或两者兼而有之。他们中相当多的人确实同时皈依了两者，这种情况在19世纪末的德国很普遍。有些人可能是出于信仰，而不仅仅是为了逃避对犹太人的学术歧视。如果有人选择科学是因为它承诺了真理和普遍主义，那么其他人会寻找更多的东西，比如智力冒险、自由及打破束缚和界限。科学承诺了这一切，犹太教却没有，它承诺稳定和安全——传统仪式的稳定和不容置疑的信仰安全。寻求冒险者的人格结构不同于寻求稳定者的人格结构。这可能增加了犹太教对科学的渗透。

犹太教和科学之间的共同点可能会在更高的哲学层面上再次被发现，犹太哲学家在希腊化时期、中世纪西班牙和现代都找到了这个基础。科学取代犹太教的现象是欧洲解放运动时期的典型现象。今天，有大批虔诚的犹太科学家和工程师，这类人在以色列特别多，他们似乎没有遭受早先的那种困境。

4. 创造性的怀疑论

第四种解释始于这样一种理解：伟大的科学突破是对公认的理论、过去的"真理"的突破。要把长期持有的信念抛诸脑后，需要一种特殊的心态。我们这个时代伟大的物理学家之一弗里曼·戴森(Freeman Dyson)称科学是"对固有的颠覆行为"，是对各种既定建制的威胁。[28]事实上，这正是《圣经》反复批评犹太人的地方，说他们是长期的反叛者，而反犹主义者自古以来就一直在抱怨犹太人是颠覆性的。历史上，犹太人长期受到歧视，往往与他们所处社会的政治、社会或知识现状没有任何关系。斯宾诺莎、马克思、弗洛伊德和爱因斯坦都试图打破知识分子的现状。这种解释最早是由美国社会学家托尔斯坦·韦布伦在1919年提出的，当时他创造了"创造性的怀疑论"一词。[29]

在过去，一些犹太人选择科学可能是因为其他职业对他们是封闭的，如政治或军队服务，甚至其他学术门类。歧视意识只会加强他们的怀疑心理。然而，并非所有的怀疑都是痛苦的人生经历的结果。正如上面提到的，《塔木德》教导批判性思维，人们不必回到《塔木德》中去发现犹太历史上知识分子的怀疑主义，而这些怀疑不仅仅是歧视和排斥的结果。这种倾向在17世纪表现得很强烈，特别是在一些意大利犹太人以及皈依或重返犹太教信仰(converso)的塞法迪犹太人中。[30]

当时有位著名作家，叫西蒙尼·卢萨托(Simone Luzatto)，他在威尼斯当了将近60年的拉比，直到1663年去世。他是近代早期对科学有充分认识的犹太人的杰出代表。除了撰写许多宗教著作外，他还热衷于研究所有已知科学，并著有科学和哲学方面的书籍。在一本关于苏格拉底的书中，他赞扬了雅典伟人们的探索、怀疑和质问的精神，他显然认同他们，这使他能够反驳傲慢学者的教条和断言。在卢萨托眼中，苏格拉底理解人类知识的不稳定和反复无常的本质，以及感官感知的不可靠性。自然世界最终是神秘莫测的，某些问题永远无法确定地解决。在同时代的一些犹太医生中，我们也发现了相似的精神状态，这些医生大多数是塞法迪犹太人，他们在17世纪构成一大职业团体。他们给那个时代的犹太教注入了一种新的文化元素，这是一种怀疑的姿态，它要求以经验主义作为知识的基础。

5. 社会资本

本书将在经济背景下讨论社会资本（见第四部分第七章），将之作为 20 世纪美国犹太人在教育和经济上取得非凡成就的主要解释之一。它也是促进科研卓越和进步的因素之一。社会资本是由随机的信息积累、职业抱负以及紧密的家庭和社群纽带所提供的关系而产生的。例如，当一个社会群体中的一个成员成名时，他常常成为该群体中年轻成员的榜样。大卫·科恩伯格（David Kornberg，生于 1947 年）就是一个例子，他是美国生物化学家，于 2006 年获得诺贝尔化学奖。他的父亲亚瑟·科恩伯格（Arthur Kornberg，1918—2007）也是一位生物化学家，1959 年获得诺贝尔生理学或医学奖。大卫·科恩伯格解释说，他对科学的热情是从他父亲带他去斯德哥尔摩观看瑞典国王向获奖者颁奖的那天开始的。当时大卫 12 岁，他对科学的执着从此就未动摇过。尽管缺乏严谨的数据，但有传闻表明，在受过教育的犹太人家庭中，这类纽带仍然存在。

6. 科技的社会政治地位

被解放的犹太人希望得到他们所在国的尊重，同时也在寻找向他们开放的有价值的新职业。某种程度上，在德国和美国，学术界、政府和公众都对科学技术的发现给予高度重视。犹太人进入这些领域是很自然的，特别是当它们看起来是抽象和客观的时候，例如数学或物理。在那里，他们的智力成就将比那些根深蒂固的、涉及科学以外利益的领域——例如宪法或历史——更容易得到公正的承认，我们在讨论创造性怀疑论时已经提到了这点。就政治和社会后果而言，在物理学领域中运用创造性的怀疑论攻击知识现状，不会像在法律领域做同样的事情那么危险。然而，并非所有的物理学家都同意这一说法。1929 年 3 月，西格蒙德·弗洛伊德祝贺阿尔伯特·爱因斯坦的 50 岁生日。他写道，爱因斯坦是幸运的，因为在数学、物理学中获得认可要比在心理学上容易得多。弗洛伊德自己研究的心理学是一个备受争议的领域。弗洛伊德拒绝公开爱因斯坦的回信，因为爱因斯坦做出了愤怒的回击，指责弗洛伊德对他获得认可的坎坷道路缺乏同情。1930 年，弗洛伊德承认他给爱因斯坦写信是一个令人遗憾的错误。[31]此外，即使在物理学上改变现状比在心理学上容易，犹太人还是进入许多其他领域，包括一些在政治和社会上有争议的领域，并且表现出色。无论如何，科学的崇高社会政治地位和犹太人充分参与科学研究的能力，是犹太人在科学技术方面取得卓越成就的必要前提条件。这里提出的所有其他理由只有当科学在社会中享有很高的地位并允许犹太人从事科学事业时才能发挥作用。有了这个条件，例如在第二次世界大战前的德国、意大利或匈牙利，或在美国，犹太人在科学方面就表现出色，并做出了杰出贡献。如果不具备这个条件，比如在第二次世界大战前的波兰，他们就没有什么成就，或者成就很少。较高的社会政治地位仍然是年轻人选择科技职业的最有力的激励因素之一。

7. 未知的或有争议的原因

一些学者对上述解释并不满意。犹太人通常对他们取得的真实的或所谓的"卓越成就"避而不谈，特别是当这些讨论引发世代传承性问题时。这里引用一位非犹太裔的专家、剑桥大学学者、训练有素的物理学家 C. P. 斯诺（C. P. Snow，1905—1980）的话可能较为恰当。斯诺的"政治正确性"无可挑剔。他是社会主义者，和他那个时代的所有社会主义者一样，他也是科学进步的崇拜者。他是英国工党的终身支持者，也是工党首相哈罗德·威尔逊的私人科学顾问。他在 1969

年说："犹太人（在科学上）的表现与其人口不仅不成比例，而且荒谬地不成比例。这一记录非同寻常，完全超出了任何形式的统计概率。这是无可争辩的。事实很清楚。但原因何在呢？……在犹太人的基因库中，是否有某种东西能产生与盎格鲁—撒克逊基因库完全不同的人才？我准备相信这可能是事实。人们想知道更多关于犹太人基因库的信息。"[32] 最近，和斯诺一样也反对任何形式种族主义的哲学家乔治·斯坦纳（George Steiner），对遗传学在犹太科学卓越表现中可能扮演的角色进行了类似的推测，尽管有所犹豫。他预测"等待我们的可能会是'不自由'的惊喜"。[33]

这整个主题在政治上和思想上都是爆炸性的，尤其是在美国，因为它回溯到持续了 100 多年的"先天与后天"的争论。其他像 C. P. 斯诺和乔治·斯坦纳一样受人尊敬的学者，对智力能够遗传尤其是对犹太人的智力可以遗传这种解释提出了严重质疑。心理学教授、美国国家科学院院士理查德·尼斯贝特（Richard E. Nisbett）在《智力和如何获得智力：为什么学校和文化是重要的》（*Intelligence and How to Get It: Why Schools and Culture Count*）一书中即是如此。[34] 此书在短时间内就激起公众和学术界的激烈争论。许多读者对此表示赞赏，也有人诋毁它是"鼓吹之作而非学术之作"。① 尼斯贝特反对那种认为 75%—85% 的智商可以"遗传"的说法，并称真正遗传的智商低于 50%，也就是说，智力和基因一样，都要归功于教育和环境。他的著作的第九章讨论了美国犹太人比普通美国人的智商和智力成就要高得多的现象。作者认为犹太人实际上可能有一个基于大脑解剖学的小遗传优势，但没有足够的证据来证实这点。正如本书第四部分第二章所建议的那样，多代人的进化选择可以为犹太人的高智商提供一个补充解释。不过，

---

① 这场辩论必须结合当时的情况来看待：这本书是在美国人民第一次选出非白人总统几周后出版的。

尼斯贝特认为，犹太人的智力成就与其说是因为他们天赋异禀，不如说是他们通过教育和努力工作来最大限度地利用他们的天赋。最后，也是最重要的一点，尼斯贝特否认了智力与创造力或天才之间有直接联系。但是杰出的科学成就和其他学术成就——本章的主题——是创造力和天才的结果，而不仅仅是智力的结果。因此，尽管尼斯贝特似乎部分地支持了上述关于犹太人在科技方面卓越的假设，但这个谜团仍有待解答。

我们的讨论必须到此为止。犹太组织和个人强烈反对任何形式的"基因描述和分析"（genetic profiling），因为他们害怕滥用基因，其中一些担心已经发生。然而，基因分析已被接受，并成功地用于预防、检测并有望很快治愈遗传性疾病和降低遗传病风险。一个无可争议的医学事实是，在犹太人的特定亚群体中，一些引起疾病的特定基因条件比在普通人群中更为常见，[35] 或者只能在犹太人和其他一些亚群体中发现。如果通过无可争辩的证据，我们被迫接受某些犹太人在进化上是不良的并且会危及生命，那么否认某些犹太人在进化上有潜在的基因优势就是不合逻辑的。此外，众所周知，某些特定的能力，例如音乐或数学，可以在家族中遗传，且在很大程度上是遗传的。这与 C. P. 斯诺提出的基于基因库的更为可疑的"天赋"概念不同。我们可能会在 10 年或 20 年内知道更多，并且应该为所有可能的科学成果做好准备。

犹太人和以色列人过去在科技领域取得的成就可能会让人对他们的当前形势和长期趋势过于乐观。一方面，一个巨大的全球潜在科学人才库正在形成，这些人才在过去几百年里没有得到发展，其中包括来自中国和印度的科学家，特别是女科学家等。这个人才库会冲淡犹太人在科技界的地位吗？另一方面，犹太人在这一领域有一些具体的弱点。公众对科技和学术名流的普遍尊重已不像过去那样，年轻的美国犹太人在科技项目中的参与人数似乎在绝对或相对数量上都有所下降。总的来说，年轻人似乎更喜欢那些经济回报丰厚的学科，而不是那些承诺解答自然之谜的学科。对科技的兴趣下降的趋势在整个西方世界都很普遍，只是西方人的长期生存受到的威胁比犹太人和以色列人要小。在以色列，也出现了其他弱点。尽管以色列相对繁荣，但以色列的科学家和工程师"人才外流"到其他国家，特别是美国。以色列大学的研发预算已被侵蚀，无法跟上企业研发的增长速度。在其他国家拥有类似经验的科学家警告说，以色列在某些学科方面已经落后。所有这些对长期基础研究的未来并不是好兆头，长期基础研究是所有科学进步的最终基础。以色列学校制度的弱点是征兆不祥的。2007年的国际数据显示，如果去比较学校在科学和数学方面的成绩，以色列在西方国家中排名靠后。2012年，以色列教育部公布的统计数据显示，以色列儿童的科学和数学成绩有了显著改善。这些数据还不足以显示发展趋势，它们的国际可比性也受到质疑，但它们确实表明，决策者对这一问题感到关切并希望加以解决。

尽管如此，在美国，当地的犹太刊物和社群仍在庆祝他们的年轻人在大学里取得的科学成就，当一个犹太人获得诺贝尔奖时，公众会集体感到自豪。上述消极趋势和积极趋势之间这种混合的长期结果很难预测。

在未来几十年里，包括以色列人在内的犹太民族将受到一系列变化的影响，这些变化将起源于科技的发展，并且受到许多可以被科技改变或控制的变化的影响。科技本身并不能保证一个文明的福祉和成功，许多其他因素也必须发挥作用。但可以肯定的是，不处于科学和技术前沿的文明与国家将无法理解和预测这些发展，因此将不得不承受它们无法控制的事件的冲击。生物医学的迅速发展将提高犹太人的健康水平，并大大提高犹太人乃至全世界所有人的平均年龄。军事技术，包括大规模杀伤性武器的迅速发展，将给以色列带来根本性的新挑战,但也将提供新的防御机会。信息技术的持续革命对工作、教育、休闲、宗教、政治、犹太人内部以及犹太人与世界其他地区的关系都产生了深远的影响。一场能源技术的长期变革——也许一场真正的能源革命已经开始——可能深刻地改变全球环境及其战略平衡以及世界经济。知识型产业的增长将激发和奖励科学创业精神与创造性想象力。对以色列人以及其他犹太人来说,在这个科学世纪里,不被算作"最优秀和最聪明"的国家,根本不是一个选择。

并非人人都相信科技是犹太文明的关键驱动力,而且必须成为公共政策的优先目标。在 2008 年底爆发金融和经济危机之前,人们会听到这样的论调：年轻人对法律或金融的研究胜过对科技的偏好,对此不必忧虑,因为相比于科学家和工程师,那些可能变得富有或具有政治影响力的忠诚的犹太人很可能会为犹太民族做出更多贡献。这一观点在某些情况下可能部分有效,但对以色列无效。以色列必须效仿其他资源贫乏的小国的模式,这些国家由于高水平的教育、政府治理和工业研究、技术创新和专业化、高质量的制造业而变得富有,如瑞士、瑞典、芬兰或荷兰。德国和日本的大部分财富也是由同样因素造就的。以色列在这方面已经迈出了几步,但仍有很长的路要走。在一个小国——像一些以色列人所做的那样——创新然后出售并套现的企业家不会创造稳定的长期经济增长。

美国的情况则不同：它的规模足够大,原则上可以容纳所有想要在金融领域取得成功的犹太人。尽管如此,正如 2008 年底爆发的金融危机所证明的那样,高融资可能是短暂的,并可能遭受灾难。此外,犹太民族必须关注其在世界上的公众形象。从 2008 年底危机前的美国全国和国际民意调查中可以看出,大多数人认为犹太人非常富有和有影响力。这并不总是负面看法。一些人认为犹太人对经济繁荣做出了积极贡献,但其他许多人却不这么认为,他们认为犹太人既太富有，又太显赫。很少有人认为犹太人和以色列人首先是科学家和工程师，并且将解决世界上一些紧迫的问题，如疾病、战争、饥饿、能源和环境。犹太人的公众形象很少由物理学家爱因斯坦、化学家魏茨曼、小儿麻痹症疫苗发明者萨宾和索尔克，甚至谷歌的共同创始人谢尔盖·布林等塑造而成。富裕并不意味着犹太人是不可或缺的，也不一定能增加犹太人的威望和受尊敬程度。相比之下，成为科技界的佼佼者确实能增加威望，因此犹太人和以色列对科技的贡献不断增长并为人们所熟知是很重要的。科技将大大提升犹太人和以色列的软实力。2002 年，在伊拉克战争爆发之前，有人对"美国吸引力的维度"做了国际民意调查，结果显示，全球对美国科技进步的钦佩是迄今为止美国在全世界软实力的最重要来源。①

我们现在可以回到前面提出的一个问题，即公共科学政策举措是否能够确保犹太人继续为全球科学技术进步做出高水平的贡献。科技政策并不能恢复犹太人在 20 世纪科技中占主导地位的所有条件，但它可以实现一些目标。具体来说，它可以针对三个有问题的领域。第一，必须提高以色列和一些散居地犹太人学校的科学与数学教育的质量和数量。第二，公共科学政策应该为以色列大学的基础研究争取更慷慨的长期资助，如果以色列想留住最好的科学家，这将是不可或缺的。第三，也许是最重要的，应该提高科技在以色列和海外侨民中的公众地位和形象。犹太人在科技方面的卓越成就在那些给予科学、科学家和发明创造以高度公众地位的国家里尤其兴盛。在以色列，有许多政治、行政和公共关系手段来提高科学的公共地位，其中一些并不需要花费很多钱。它们也会在犹太世界引起反响。

---

① 参见 Joseph S. Nye, 35ff。在全球范围内，几乎 80% 的受访者仰慕美国的科技，将近 60% 的人欣赏美国的电影和音乐，只有 5% 的人欣赏美国的民主。在伊斯兰世界，相应的数字是科技 70%，电影和音乐不到 40%，民主略高于 30%。

第四章　语言：兴衰的一个因素[1]

概论

雅各布·布克哈特写道："每种文化的最高点都是语言的奇迹。"[2]从最早时候起，历史学家和哲学家就提到语言是文明兴衰的重要因素。修昔底德对伯罗奔尼撒战争中伴随着语义扭曲而产生的希腊语的败坏表示遗憾。[3]同处轴心时代的另一位伟大的思想家孔子也对不正确语言的腐蚀力表现出了类似的关注。他生活在修昔底德之前一个世纪，也处于政治分裂和内战的环境中。他警告说，观念、语言和行为必须相互一致，否则文明就会枯萎。"名不正，则言不顺；言不顺，则事不成。事不成，则礼乐不兴。"[4]这就是为什么孔子认为"正名"是政府的首要职责。第一动因是观念，而不是文字，但文字具有非凡的力量。

伊本·赫勒敦用了整整一章的篇幅来论述阿拉伯语在阿拉伯历史和文化中的重要地位。[5]语言竞争影响了文明的兴衰。他写道，蒙古人的入侵极大地破坏了阿拉伯文明，因为他们把阿拉伯语从亚洲国家中消灭了，这些国家皈依了伊斯兰教，而之前阿拉伯语在那些国家中占主导地位。爱德华·吉本对拉丁语也表达了类似的想法："罗马人认为语言对民族礼仪的影响是如此敏感，以至于他们最认真的关注点是……扩展拉丁语的使用范围。"[6]罗马在意大利和帝国西部地区传播拉丁语的能力是其取得的巨大成就之一，也是其实力的一个条件。吉本不止一次地重申了这一共同语言在确保和平与繁荣方面的重要性。[7] 马丁·路德把《圣经》翻译成德语，这不仅是德国历史上最重要的文化事件，也是建立现代德意志民族的必要条件。另一些人则强调民族语言的改革或统一与 16 世纪荷兰民族的兴起的关系，或与 20 世纪现代土耳其兴起的关系，诸如此类。

但语言究竟是驱动力，还是被驱动力？是原因还是结果？奥斯瓦尔德·斯宾格勒用了整整一章来论述语言与文明之间的关系。[8] 他断言，语言有迁移现象，早期的人们经常改变所使用的语言。对于语言和文明谁驱动谁这个问题，斯宾格勒表现得模棱两可。语言塑造了每个重大事件和重要机制，但也深受其影响。他对书面语的效果比较肯定。斯宾格勒说，文明的本质标志是它与文字的关系。对中国来说，这当然是正确的。与其他任何要素一样，中华文明的长盛不衰归功于它独特的文字。这个书写体系保存和传达了一种独特的思维方式与独特的文字遗产。直到 20 世纪，中国人在几千年的时间里，是通过文字，而不是通过千差万别的口语进行交流。很有意义的是，中文中的"文明"一词，字面意思就是"光辉的写作"（brilliant writing）。

对犹太历史的应用

我们所知道的希伯来语的早期历史和以色列的起源，并不表明语言在形成一个独立的民族、文化或宗教身份方面起着关键作用。古代希伯来语是在迦南及其周边地区使用的几种西北闪米特语之一。这些语言是如此相似，以至于对其中一种语言的知识，比如说对公元前 9 世纪的摩押语的知识，可以让一个有学问的人毫不费力地阅读古希伯来语。语言学家说，摩押语和《圣经》希伯来语以及古代迦南语等是同一种语言的几种方言。摩押和古代以色列经常发生战争，但显然不是语言把他们分开。摩押消失了，没有留下任何影响广泛的宗教或文学。正是犹太经文的内容，而不是语言，塑造了犹太民族独特的命运，并灌输了对它的认识。

以色列语言学家施罗摩·莫拉格（Shlomo Morag）研究了古希伯来语与迦南语这两种姐妹语言分离的时间和原因，认为希伯来语的分化是犹太人中出现一神论的结果。因此，对于莫拉格来说，早期希伯来语并不是犹太人身份的主要驱动力；它本身是由其他的、自主的身份因素驱动的。[9]

相比之下，同样在公元前 9 世纪，当以色列和摩押这两个敌人讲着密切相关的语言时，希腊方言已经与其他印欧语系的语言如波斯语完全分开，而且已经有好多个世纪了。印欧语系被认为早在公元前 12 世纪希腊和近东开始进入铁器时代之前就已经分裂成独立的分支。[①]

希腊语是希腊思想和自我意识的重要区分工具。语言的边界是不可逾越的，对希腊人来说希腊语是巨大的骄傲。古希腊人把不讲希腊语的人称为"野蛮人"，这个词来自希腊语"barbaroi"，意思是语言粗鄙的人，没有希腊人能听懂他们在说什么，因为那听起来就像"bra bra bra"。古希腊人和中国人对自己的与众不同和自诩的优越感毫不逊色于犹太人，他们同样渴望保持独立。他们独特的语言（对中国人来说，还有文字）使他们更容易保持文化上的独立。犹太人可不是这样。这也许是古希腊人和中国人从来没有发展出任何可以与犹太人必不可少的"边界"或"身份维护"的分离仪式规则相媲美的东西的原因之

----

① 许多古老和现代的语言都是一种古老的印欧语的衍生物，这种语言早在公元前 2500 年就开始使用，可能发源于黑海附近。对这些语言的比较表明，印欧语中没有"铁"一词，这表明在铁器时代开始之前，这些姐妹语言就已经分开了。当铁出现时，每一种语言都采用了不同的词来表示铁。相比之下，《圣经》中关于铁的单词"barzel"也存在于阿卡德语、腓尼基语、乌加里特语、阿拉伯语和其他闪米特语中。赫梯语不是闪米特语，但吸收了许多闪米特语词汇。根据一些专家的说法，"barzel"可能就是其中之一。

一。希腊语和汉语显然是足够强大的边界。这一假设值得进一步讨论，尽管它的解释价值仍有疑问。《圣经》担心法老时代的埃及对以色列的吸引力，不亚于语言相通的迦南人，尽管众所周知，埃及人和希伯来人不能交流，因为他们的语言完全不同。[10]

显然，只有在巴比伦之囚后，当亚兰语部分或大部分取代希伯来语成为人们的主要日常语言之后，犹太人才开始深切地关注他们的语言状况，并承认语言在保存和传播他们独特的文化与信仰方面起着至关重要的作用。当尼希米从巴比伦回来的时候，他痛苦地抱怨说，许多住在犹大的人娶了非当地人为妻，"不会说犹大的话"。[11]《塔木德》和米德拉什认为希伯来语不可或缺，并赞扬其作用。[12]当时紧迫的策略问题在几个世纪之前的叙述中就已经得到了表达。据米德拉什的说法，以色列人之所以在埃及保持了400年的身份，是由于三四个原因，其中一个原因是人们继续说希伯来语。因此，希伯来语的衰落意味着犹太人的衰落。《塔木德》称，托拉第一次被翻译成希腊文（作为七十子译本《圣经》的一部分）的那一天是整个犹太民族遭受灾难的一天。[13]

巴比伦之囚确实引发了犹太人和他们语言之间关系的根本性变化，其影响一直持续到最近：犹太人——如果不是全体犹太人也至少是其中的精英——都会说两种语言，[14]在日常生活中说亚兰语，出于宗教目的说希伯来语。两个世纪后，一些精英掌握了三种语言，在亚兰语和希伯来语之外加入了希腊语。但后来双语和三语的传统在希腊犹太侨民中开始削弱。在公元前3世纪到公元前1世纪之间，一种浓厚的希腊—犹太文化在亚历山大城流行开来。它的大部分文学作品都永久消失了，只有为不懂希伯来语的犹太人翻译的七十子译本《圣经》和亚历山大城的哲学家斐洛的大量作品流传至今。拉比传统对这两者也视而不见，如果不是像《塔木德》前述的那样积极反对的话。一些历史学家认为，斐洛雄辩滔滔地捍卫犹太教，却不懂希伯来语。[15]以色列和一个重要散居地之间的这种语言分裂是一个征兆，它在近代以后将变得司空见惯。

但在近代以前，亚历山大城不是惯例，而是例外。3—20世纪的1700年里，希伯来语不再是犹太人的口语，但它从来没有成为常规意义上的"死"语言。希伯来语通过犹太会堂里的公共《圣经》阅读得以延续，它是《密释纳》的语言，也是最重要的日常祈祷语。此外，在这1700年里，许多新作品都是用希伯来语写的，这种希伯来语正在慢慢演变，为传统词汇增添了新词汇。希伯来诗歌，无论是宗教的还是世俗的，在西班牙犹太教的黄金时代（10世纪到12世纪或13世纪）达到了顶峰。这一时期的许多诗歌作为宗教仪式的一部分流传至今。希伯来语中的宗教作品继续塑造着犹太人的身份，但也影响了希伯来语本身。其中包括拉熹（Rashi）和他的追随者对《圣经》和《塔木德》的评注（Tosafot），以及主要的犹太律法概要，如迈蒙尼德的《律法再述》。像迈蒙尼德的其他书籍和信件一样，《律法再述》是用非常接近现代希伯来语的语言写成的。1492年犹太人被驱逐出西班牙后，卡巴拉主义者也创造了许多进入希伯来语的重要新词汇。在同一个世纪，其他一些希伯来文散文作品回应了犹太大众更广泛的知识兴趣。其中有些是犹太历史书籍，如本书第四部分第八章将讨论的《约希丰之书》（*Sefer Yosifon*）、第四部分第十章将讨论的亚伯拉罕·伊本·达乌德（Abraham Ibn Daud）的《传统之书》（*Sefer Ha-Qabbalah*），以及在本书导语和其他部分提及的大卫·甘斯的《大卫后裔》（*Tsemah David*）。此外，我们不能低估说一口流利的希伯来语在整个犹太史上的实用价值。无论住在哪里，有学问的犹太人都能用希伯来语互相交流。懂希伯来语给他们带来了巨大的经济和宗教优势，利用它就可以建立国际犹太人网络，进行有利可图的远距离贸易以及文化和宗教交流。

许多犹太人都听说过中世纪的宗教经文或西班牙的希伯来语诗歌。但很少有人知道，几个世纪以来，散居地犹太人所写的许多希伯来文本与犹太教、犹太历史或宗教问题并没有联系。这些文献中有许多没有得到很好的发掘研究，有些只是以手稿的形式存在。这里将提到两种截然不同的文学作品。世俗的希伯来语诗歌并没有随着伊比利亚半岛犹太教的终结而消亡，而是在各个地方继续流传，特别是在意大利，它在那里非常繁荣。在生活于 13—18 世纪的意大利希伯来语诗人的笔下，流传着许多优美的、明显的色情诗，它们不同于其他宗教和世俗的情诗。在写色情诗的诗人中，有据说是著名诗人但丁的朋友伊曼努埃尔·罗马诺（Immanuel Romano，又名 Manuello Giudeo，1261 年至 1328 年后），还有尤塞夫·扎尔法蒂（Yossef Tzarfati，又名 Giuseppe Gallo，卒于 1527 年）、伊曼努埃尔·弗朗西斯（Immanuel Frances，1618—1710），以及既写宗教诗又写爱情诗的诗人兼医生埃以法莲·卢扎托（Efraim Luzatto，1729—1792）。后者在犹太社群引发了丑闻，不仅因为他用希伯来语写了几首色情的十四行诗，而且还因为他的生活方式"不太符合犹太宗教"（用他的意大利文翻译者们的委婉描述来说）。[16]

其他值得注意的世俗希伯来语出版物还包括 16—19 世纪出现的科学和医学教科书。历史学家大卫·鲁德曼研究了许多这类书籍，发现它们没有提供任何新东西，一般也达不到基督徒所写的同时代文本的学术水平。犹太人在这一领域的努力虽然受到特殊困难的阻挠，但值得尊重。除了少数例外，犹太人被拒绝进入欧洲的大学。托比亚斯·科恩（Tobias Cohen）是这些犹太学者中最杰出的一位。[①]

---

① 参见 Rudermann，229—255。托比亚斯·科恩在其书的第一版（1707）中的肖像画显示，作者蓄着浓密的胡须、长发和侧发，戴着宽大的毛皮帽子，与 18 世纪的绘画和印刷品中所描绘的波兰犹太人一模一样。参见 Rudermann，Fig.7。

1652 年，他出生在梅茨（Metz），在克拉科夫的一所犹太经学院就读，并在法兰克福大学注册入学，但不得不逃避那里的反犹主义暴力。1683 年，他从帕多瓦大学医学和哲学专业毕业。他的《托比亚斯之作》（Ma'aseh Tuviyya）成了最具影响力的现代希伯来语科学和医学教科书。它在威尼斯被耽搁了很长一段时间之后才出版（1707），在威尼斯四次再版，在波兰又有四次，在耶路撒冷有两次，在纽约有一次。《托比亚斯之作》与犹太教或任何犹太宗教或历史问题都无关，但它显示了作者对基督教在科学和医学上蔑视犹太人的反叛。从这本书的成功来看，它吸引了犹太知识分子，可能对那些寻求当时最佳的理性和科学的医学建议的人有用。这也证明了一些犹太精英的希伯来语读写能力令人印象深刻，即使是在主题复杂、与犹太教无关的情况下，他们也会阅读希伯来语。

这些文本和许多其他希伯来语文本可能在几个世纪里强化了犹太人的身份认同，同时也是 19 世纪末开始的希伯来语复兴运动的先驱。但从大约 15 世纪开始，希伯来语不再是犹太人唯一的，甚至可能不是主要的语言"边界保护"。散居地犹太人甚至在圣殿被摧毁之前就已经是多种语言并用，但在那之后，他们成为世界上已知掌握最多种语言的民族之一。14—16 世纪，犹太人从西欧和中欧地区大规模移民到波兰、立陶宛、奥斯曼帝国和北非。这些戏剧性的运动是在席卷欧洲的反犹主义浪潮之后发生的，并产生了重要的语言成果。500 年来，两种新的移民语言出现了——意第绪语和拉迪诺语，它们支配着绝大多数犹太人的日常生活和文化。这些语言在维护犹太人的身份和激发新的文化创造力方面发挥了巨大作用。这些语言与早期和同时期的散居语言的区别在于，它们与直到 20 世纪为止大多数犹太人居住的国家的民族语言完全不同。[17]谁说意第绪语或拉迪诺语，谁就会被标记为具有特殊历史记忆和独特文化的犹太人。相比之下，亚历山大城的希腊化犹太人所说的希腊语与整个东地中海地区使用的希腊语完全相同，讲亚兰语的犹太人讲的是整个中东地区所说的同一种语言，其差别很小。

意第绪语催生了既包含神圣主题又包含世俗主题的大量文学作品。[18] 几位意第绪语作家，特别是 20 世纪初的肖勒姆·阿莱汉姆和同世纪后期的艾萨克·巴什维斯·辛格，进入了世界文学的万神殿。他们关于苦难、奇迹和希望的故事取自东欧犹太人的生活，用意第绪语写成，但被认为反映了人类状况，具有普世的价值。意第绪语也成了整个东欧地区的意第绪主义者和犹太复国主义者之间激烈政治斗争的焦点。许多（虽然不是全部）意第绪主义者是散居民族主义者，他们希望在他们的居住国保障犹太人的权利，并加强那里的犹太自治文化。社会主义的"犹太工人联盟"（Bund）在这些努力中发挥了重要作用，特别是在第二次世界大战前的波兰。另一些人不相信犹太人在东欧有安全的未来，他们移民到西方国家，主要是美国。肖勒姆·阿莱汉姆本人也去了美国，并在那里继续用意第绪语写作。犹太复国主义者一直是少数派，他们为使用希伯来语和移民以色列地而战斗，因为他们比散居民族主义者更了解历史的走向。即使在第二次世界大战之后，这些旧问题的回声仍在回荡。在以色列存在的最初几年里，对意第绪语的抨击仍在继续，但这一时期，以色列对国家建设产生了新的迫切关注，这解释了它为什么拒绝了散居地的犹太语言。

现在，旧的意识形态混乱已经消退，我们有可能超越希伯来语和意第绪语之间的旧有的分裂，认识到是什么把它们结合在一起。意第绪语的历史无疑表明，语言是文明兴衰的主要驱动力。近来有位作家甚至谈到了"意第绪文明：一个被遗忘国度的兴衰"。[19] 意第绪语有着重大历史价值：它建立了一个边界，犹太人可以在不离开犹太民族的情况下，开展他们所要的斗争，抛弃他们不喜欢的犹太教。他们仍然是犹太人。一位充满激情的美国历史学家写道："意第绪语吸收了犹太宗教和文明的道德价值观。"[20] 意第绪语使一种充满活力的世俗、非宗教和犹太复国主义文化得以兴起，这种文化毫无疑问仍然是犹太人的。是否有可能在至少一段时间内做一个没有宗教信仰的犹太人？100 年前，意第绪文化仍然可以用一个响亮的"是"来回答这个问题。今天这个问题再次成为一个公开的问题。意第绪语帮助东欧保存了一个相对有凝聚力的犹太文明，比西欧的时间长了一两代，一直持续到 20 世纪二三十年代，直到当时的苏联开始粉碎它。可悲的是，散居民族主义者所产生的幻觉可能产生了与东正教对犹太复国主义的敌意相似的效果：它可能阻止犹太人在可能的情况下前往以色列。但是，在 19 世纪末和 20 世纪，越来越多的犹太人开始放弃意第绪语，他们选择了所在国的民族语言，即英语、俄语、波兰语、匈牙利语、罗马尼亚语和德语，而不是希伯来语。意第绪语曾经是他们身份的主要保障。

拉迪诺语的故事在某些方面与此相似，在其他方面则有所不同。[21] 它在 18 世纪演变成一项伟大的文学事业。拉迪诺语最重要的文学作品是拉比雅各布·胡利（Jacob Hulli）于 1730 年开始出版的《来自说异言之民》（*Me'am Lo'ez*）。它发展成了一部多卷本的拉比犹太教、卡巴拉主义和哲学解释《圣经》的汇编，针对的是塞法迪犹太人在沙巴塔·泽维惨败后的深层宗教焦虑。这部作品取得了非凡的成功，至今仍能在许多塞法迪犹太人的家中找到。没有任何一部意第绪语作品能产生同样广泛的影响。通过这本书和其他许多出版物，拉迪诺语产生了与意第绪语相同的效果：它保留了讲、读它的人的犹太身份。拉迪诺语面临的主要挑战不是来自希伯来语，而是来自法国殖民者的以色列环球联盟（Alliance Israélite Universelle）所办的学校，该联盟使许多塞法迪犹太人变成讲法语的人。

在 18 世纪末和 19 世纪初，犹太启蒙运动复兴了希伯来语，使之成为各种日常事务的书面语言，对希伯来语的读写能力超越了中世纪的水平。这是革命性的一步，为希伯来语的复兴奠定了基础，希伯来语是犹太复国主义革命不可或缺的必然结果。可以说，与公元前10世纪相比，在19世纪，希伯来语是在其古老家园中形成一个独立和有凝聚力的犹太民族的必要条件。然而，今天，在已知历史上最成功的语言复兴经历了三代人之后，希伯来语的角色再次发生变化。在以色列，它被视为理所当然，不再是犹太人身份的保护者。就像每一种现代语言一样，它正在迅速变化，一些语言专家预测，大约再过三代，没有语言训练的以色列人可能再也听不懂《圣经》希伯来语的哪怕一页。与以色列不同，在散居地犹太人那里，学习和了解希伯来语是进行犹太人自我肯定，并表明与犹太人和犹太国家的团结的最有力、最持久的方式之一。不管这是否被视为犹太人的自我肯定，这都是他们犹太性最不容置疑的表现形式：大多数国家鼓励教授外语，并赞许外语知识，不管是哪种语言。

希伯来语角色的变化与另一个发生在20世纪的犹太语言断裂相交叉。在不到两代人的时间里，大多数说多种语言的老犹太人已经消失，取而代之的是懂更少语言的一代人，而且在很多情况下只懂一种语言。如果他们知道第二种语言，那往往是中东或东欧的一种语言，在全球化的21世纪里，这种第二语言并不是最有用的语言之一。现在，以色列年轻一代的情况正在迅速发生变化，其中很大一部分人除了希伯来语外，还越来越流利地使用英语，并且正在关注英语的电影、电视节目和互联网。对老一代来说，包括以色列的许多政治家，情况也是如此。绝大多数讲英语的犹太人也是如此。英语作为世界主要语言的出现，使一半犹太人集中在讲英语的国家，而这些国家的公民（包括犹太人）却出了名的厌恶学习外语，由此造成一种犹太人散居历史上很少见的情况：随着老一辈人故去，越来越多的散居地犹太人只会说一种语言，通常是英语。虽然越来越多的以色列人可能会懂英语，但整体情况是，犹太人在文化上至少分裂成说四种主要语言的群体：英语、希伯来语、俄语和法语。从表面上看，这可以丰富文化，这些群体之间可能会相互交流，特别是年轻人之间。

在更深层次上，语言障碍依然存在，这个问题不仅涉及语言，还涉及依赖语言的概念和相互理解。每个群体都有繁荣的文化生活，有许多高质量的出版物，其中包括一些翻译作品。所有以色列学者都懂英语，而散居海外的犹太学者大多懂希伯来语，这使得学者之间可以不断沟通和交流，但一般的犹太人却无法如此。语言障碍在不久的将来不会造成危险，但在很长一段时间内可能会导致一种新的"亚历山大城综合征"。亚历山大城的犹太人不懂希伯来语，也无法与不懂希腊语的希伯来语和亚兰语使用者交流。例如，今天，法国的犹太教思想充满活力，每年都会产生许多高质量的书籍和文章，但这些作品中的大部分却不为广大犹太世界所知，因为大多数犹太人不懂法语。同时，大多数法国犹太人不读英语或希伯来语，也不了解用这些语言出版的作品。

摩迪凯·开普兰断言，公元 2 世纪亚历山大城的犹太教完全消失，几乎没有留下任何痕迹，不可能仅仅是迫害的结果。[22] 他将这种彻底的消失归因于亚历山大城的犹太人，特别是他们的精英彻底丧失了对希伯来语的记忆。从遥远的角度来看，我们无法知道希伯来语的完全消失是同化的原因还是结果。亚历山大城的犹太人拥有漫长而紧张的思想和宗教生活，它完全是用希腊语表达的，这表明因果关系是以复杂、互惠的方式联系在一起的。未来，在散居地犹太人中，一些精英的希伯来语知识，以及普通犹太人对少量希伯来语基本概念的了解——哪怕只懂几个词或短语——都能增强犹太人的情感联系。

第五章　创造性领导力与政治精英

概论

直到 20 世纪初,大多数写作通史的历史学家都认为,文明、帝国和国家的兴衰在很大程度上取决于强大的领导人和一小群政治精英的行动。在许多文明中,伟大的宗教和精神领袖(例如新宗教的创始人)与政治领袖同等重要(如果不是更重要的话),或者他们本身也是政治领袖。本章仅限于讨论政治领袖,但也会提及一些既有精神色彩又有政治色彩的犹太领袖。关于政治领袖和政府精英的文献多如牛毛,包括通史书籍、政治传记、哲学家和社会学家的著作,从柏拉图开始人们就在讨论优秀领导的标准。启发这项研究的历史学家为这些总体的观察提供了一些支持。大多数历史学家对统治者和领导人都有一些重要的看法。

在古代,甚至在学术史书写之前,统治者的无限权力就已经在神话中根深蒂固。古代东方和前哥伦布时代的美洲文明把它们的起源归于特定的神或半神。埃及和巴比伦的国王是"神王"(god-king),他们自己是神圣的,代表神说话或行动。从公元前 6 世纪到公元前 4 世纪的轴心时代开始,中国、印度、希腊和以色列的统治者越来越被当作人,但也受制于超验的道德律令。他们可以做对或做错,成功或失败。

他们的行动决定了国家的兴衰。修昔底德可能是第一位有力捍卫这种崭新的、祛魅的关于统治者是人的观点的著名历史学家。司马迁、伊本·赫勒敦、爱德华·吉本、阿诺德·汤因比，甚至文化史学家雅各布·布克哈特都有相似的看法。现代历史学家伯纳德·刘易斯和乔纳森·以色列也同样强调领导人在兴衰中的关键作用。当然，这些历史学家也知道，还有许多其他因素影响着国家的命运。

修昔底德、司马迁和伊本·赫勒敦这三位经典历史学家都经历了历史的断裂和动荡，密切注视着他们那个时代的统治者创造历史，而他们自己也是重要事件的深度参与者。修昔底德在伯罗奔尼撒战争中指挥了一支海军；司马迁为汉武帝出谋划策，并参加了他的一次军事行动；伊本·赫勒敦作为外交使节会见了强大而可怕的东方统治者帖木儿。他们的生活经历无疑影响了他们对历史的看法，但如果把他们对领导能力的欣赏仅仅归因于对自己经历的夸大其词，那就大错特错了。吉本、布克哈特和其他许多人没有这样的经验，也没有在历史上扮演任何角色，但都秉持同样的信念。

自卡尔·马克思以来，现代历史学家更加关注作为历史主导驱动力的长期结构性力量，尤其是经济力量。马克思的间接影响在布罗代尔的著作和许多现代理论家的著作中得到了最好的体现，这些理论家寻求文明兴衰的一般性的唯物主义规律，其中包括肯尼迪、戴蒙德、奥尔森、图尔钦、蔡斯-邓恩、霍尔和泰恩特等。这些美国历史学家都是没有政治身份的大学教授，他们进一步发展了普世性的兴衰论。在图尔钦的例子中，甚至发展了基于数学的兴衰规律，并拒绝了蔡斯-邓恩、霍尔所提出的"历史伟人理论"。[1]

但是，史学的趋势可能已经开始改变，更多的注意力似乎又被放在历史的"伟人"身上。亨利·基辛格在 20 世纪的事件中扮演了重要角色，他看到了政治家是如何改变历史进程的。他写道："具有不小讽刺意味的是，20 世纪这个充满民意和非个人力量的时代竟然是由那么少的人缔造的，而其最大的灾难却可以通过消灭一个人来避免。"[2]约翰·卢卡奇(John Lukacs)描述了另一个人如何在战争最关键的时刻反抗纳粹独裁者。在卢卡奇有些戏剧性的叙述中，丘吉尔在 1940 年 5 月那决定性的五天里，全身心地反对与纳粹德国做任何妥协，几乎是唯一一个反对英国战时内阁多数派意见的人。卢卡奇认为，在这五天时间内，丘吉尔可能从希特勒的暴政下拯救了西方文明，从而成为 20 世纪历史的一个关键转折点。[3]

如果说许多历史学家很容易就领导人在历史中的关键作用达成共识，那么在伟大领袖的特殊美德和能力，或者在可能导致其他领导人失败的恶习和缺点上达成共识就不那么容易了。领导标准因政权和外部环境的不同而不同：和平时期让政府按部就班运行所需的能力与为国家生存而斗争所需的能力不同。大多数古典历史学家对著名和臭名昭著的统治者都有详细的评估，从中可以很容易提炼出作者的领导标准。但这些名单并不完全相同，因为学者们所处时代的政治和道德判断各不相同。他们都惧怕被自己权力所陶醉的暴君的疯狂和狂妄自大，大多数人认为尚武美德是伟大领导的关键组成部分。一个非常不着调的领导标准是领袖对性冒险采取的态度。今天，这常常被视为可耻和不可接受的，但在文艺复兴时期的意大利或 17 世纪的法国王室，这恰恰是统治者在各个领域享有最高权力的具体证明，而非邪恶。许多古典历史学家甚至不提这个问题，认为这与领导标准无关，但罗马历史学家和吉本用它作为一些统治者罪恶堕落的又一例证。过去的大多数文明都认为伟大的统治者不受民法和道德规范的约束，而这些法律和道德规范对普通人来说是强制性的。但犹太教却不是这样。即使是最伟大的国王大卫和所罗门，《圣经》也严厉地谴责他们的道德败坏。同时代的希腊历史学家不会谴责亚历山大大帝觊觊别人的妻子，而在《圣经》叙事中，大卫王因为胡作非为而受到了惩罚，所罗门王因为有许多女人而被人侧目。

历史学家一直在寻找促进或阻碍有能力的领导人出现，并使他们能够持续执政的政治学和社会学因素。卓越的领导人往往只有经受住巨大压力的考验才能得到认可。修昔底德和雅各布·布克哈特等人特别注意到这种情况。修昔底德钦佩特米斯托克利的天赋——他瞬间的直觉、完美的判断力和超凡的远见——但这些天赋只有在雅典面临波斯入侵者的致命危险，并能拯救雅典于将亡之际才显现出来。[4] 布克哈特说："人民和国家的命运、整个文明的进化，可能取决于一个卓越的人在特定时刻承受极端的心理紧张的能力和他的努力"，而且"有时，历史集中在一个人身上"。[5]他在1870年或1871年写下这些文字。他可能想到了俾斯麦，后者刚刚在战争中击败法国，以一种巧妙的方式统一了德国。汤因比致力于寻找良好领导力的长期的社会学和心理学条件。他指出，一旦领导者掌权时间过长，就会失去创造力并失败，因为同一个人对连续两到三个重大挑战做出创造性的反应是很少见的。[6]

这一章提到统治者和政治精英，因为他们紧密相连。历史上所有已知的政府都是精英的或少数人的政府。历史上许多统治者，甚至是革命的统治者，都是从政治的、社会经济的、知识阶层的、宗教的精英或从皇室王朝中兴起的。所有领导人都得到各种小势力和政府精英的支持，他们从中选出大多数部长、顾问等。没有一个领导人——即使是最独裁的领导人——能完全靠自己来管理。政府的实际表现不仅取决于领导人的素质，而且取决于其政府精英的素质，还取决于国家的政治制度。一个时期的变革和挑战越大，政府精英的素质就越关键，一个让领导人及其政府发挥作用的政治制度就越不可或缺。在一个和平、稳定和缓慢变化的时代，平庸或无能的领导人和精英就可以应对。在一个瞬息万变、充满危险的时期，例如 21 世纪，他们很可能就应对不来。过去，一个国家的关键人物的绝对数量非常少，现在仍然很少，大约在 100—1000 人之间，这取决于每个国家的情况，其中最高决策者的比例不超过 10％。[7]这意味着，可以决定未来的历史进程和我们这个世界的命运的，是极少数人所做的决定，而不是议会、"公民社会"、非政府组织、政党、作家或学术界，这个结论可能会令许多人感到不快。

对犹太历史的应用

犹太人近 2000 年来一直没有"政治史"，这是说他们没有生活在自己土地上的民族都有的那种政治史。但即便如此，由于犹太人作为少数民族散居世界各地，没有真正的政治主权，他们自己的政治领导人或政治上精明的精神领袖所做的政治决定，决定了他们历史的一个重要部分。当伊本·赫勒敦、汤因比和其他人寻找具体的例子来验证他们的领导理论时，他们在《圣经》和犹太历史中发现了许多这样的例子。如果说糟糕的领导和文明的衰落之间有联系，正如许多历史学家所假设的那样，那么这一定与犹太人特别有关系。犹太人的外部条件比那些更大更强的国家脆弱，他们的生存需要更多的意志力和努力。他们很少能依赖于稳定的组织结构或有保证的地理和经济基础，因此无法承受不好或软弱的领导人。纵观历史，犹太人为其领导人的缺点和错误付出了高昂的代价。犹太历史上的主要灾难几乎总是直接或间接地与犹太领导人的缺席、软弱、倒霉或无能有关。另一方面，正是在民族或精神危机和转型时期，一些塑造未来的最重要的犹太领导人出现了，并表达了对严峻"挑战"的创造性和变革性的"反应"。

并没有关于犹太政治领袖的世界史。更糟糕的是，犹太经文在治理和领导力方面几乎没有提供连贯和实用的指导。迈蒙尼德从《圣经》和《塔木德》里提炼出了一套著名的综合治理和领导力的标准，收入其法典《律法再述》"国王的法律和他们的战争"一章。他总结了有关国王的任命及其权利和义务的律法，以及与古以色列有关的战争律法。其中还包括了与公共政策没有明显联系的民事和宗教法律，并以展望未来弥赛亚时代的景象结束。这与现实的政治和权力世界丝毫不相关。迈蒙尼德呼吁建立一个世袭的、专制的君主政体，其权力在今天被称为极权主义。[8]300 年后，以撒·阿巴伯内尔先生（见下文）读了与迈蒙尼德相同的经文，却得出了相反的结论：他是坚定的反对王权的人。然而，《圣经》和《塔木德》至少捍卫了两个对治理极为重要的核心原则，而且从未受到宗教权威的质疑。迈蒙尼德和阿巴伯内尔在这两个问题上完全一致。首要的标准是王——或是统治以色列的人——不可凌驾于律法之上，而要服从并非他自己制定的律法。[9]根据迈蒙尼德的说法，国王可以暂时废除某些犹太教口传律法的程序和法律，以实现政府的最终目标，即改善社会和战胜恶人，[10]但最终他将完全受律法的约束，这种约束以他一旦继承王位就必须抄写一部托拉经卷作为象征，且必须一直随身携带。[11]第二个核心原则是，一个领导者必须完全没有任何形式的腐败，而且不能积累过多的个人财富。摩西在荒野中面对可拉（Korach）的叛变时，曾争辩："我并没有夺过他们一头驴……"[12]《塔木德》中的拉比把摩西的争辩与先知撒母耳的争辩联系起来。有人告诉撒母耳说，百姓要用王的权柄代替他的权柄，他就说："我夺过谁的牛，抢过谁的驴，欺负过谁，虐待过谁，从谁手里受过贿赂因而眼瞎呢？"[13]这些例子和其他例子表明，廉洁被认为与已证明的成就同等重要——如果不是更重要的话。《圣经》和《圣经》之后对腐败统治者的谴责可能仍会对犹太人和以色列公众产生一些影响。

在缺乏一个全面的犹太治理理论的情况下，要研究犹太政治领导问题，一个有用的方法是研究几个著名政治领袖的传记，他们在完全不同和非常艰难的外部环境中行动，并介入了犹太历史。我们将试图从他们的故事中得出一些结论。

这里选出了四位领导人，第一位是尼希米。从第一圣殿被毁前后，直到以斯拉和尼希米从巴比伦归来，这段时期伟大的先知们的个性异常丰富。尼希米是《圣经》时代最后一位伟大的政治领袖。他的案例之所以有用，是因为：第一，从历史角度来看，他的故事比早期的《圣经》故事更为具体。第二，他的一些特征，例如来自海外，已经预示着遥远的未来。今天，越来越多的犹太人生活在以色列和散居地，并且来回迁移。尼希米就是这样做的。现在所说的"多地区"的挑战和机遇在他的生活中是显而易见的。第三，在犹太历史上，人们对尼希米领导品质的评价各不相同。不同时代的犹太人以不同的方式看待尼希米，他们的看法几乎和尼希米的故事一样具有启发性。

尼希米[14]

《塔木德》[15]和马所拉传统认为《以斯拉—尼希米记》是一本书，而不是两本书。我们后面将解释其原因。今天，学者们普遍认为《尼希米记》是一部独立作品，因为他们可以识别出两本书在文学和语言上的差异。学者们还认为，这两本书都是在他们讨论的事件发生后不久写成的。然而，《尼希米记》的一部分显然是由另一个叙述者加上去的。以斯拉和尼希米之间有责任的划分，尽管他们在几个方面的关系还不清楚。以斯拉是宗教向导。他集中精力恢复圣殿的祭祀和执行托拉律法。尼希米是政治领袖，他创造了不可或缺的物质基础，没有这些物质基础，精神复兴就不可能实现。他是波斯国王亚达薛西一世（King Artaxerxes I，公元前465—前425年在位）的"酒政"，而亚达薛西一世的曾祖父居鲁士国王曾邀请被流放的犹太人返回自己的家园，重建他们的圣殿。尼希米的头衔表明他是国王的亲信和最高级别的皇家顾问。他把自己的事迹记录在历史上第一本由一位政治家以第一人称所写的自传中，[16]此书本就是一份了不起的文件："我在书珊(Shushan)城的宫中，那时，我的一位兄弟哈拿尼(Chanani)和几个人一起从犹大来；我问他们那些被掳归回、剩下逃脱的犹大人和耶路撒冷的光景。"[17]当他得知他的人民的苦难和耶路撒冷城墙的破碎时，他明白重建犹太家园的实验有崩溃的危险。虽然他是出生在散居地的第五代，生活优裕，但听到来自犹大的噩耗时，他哭了。他干预犹太历史的决定是强有力的和直接的。他说服亚达薛西让他作为总督回到犹大——当时是波斯的"犹大省"。希腊历史学家普鲁塔克称亚达薛西"是波斯所有国王中最杰出的，因为他有着平和与高贵的心灵"。[18]尼希米写道，他对犹太人的虔诚关怀给他的国王留下了深刻印象。这位"酒政"是否仅仅用他的虔诚动摇了他的君主？毫无疑问，他还向亚达薛西解释说，在波斯帝国麻烦不断的西南部，一个强大而充满感激的犹大省将是一份地缘战略资产。公元前460年，埃及反抗波斯统治，并得到雅典的军事援助。亚达薛西花了四年时间才平息了叛乱，并俘虏部分雅典军队。亚达薛西并不是地缘政治新手。为了削弱曾经打败他父亲薛西斯的雅典人，他不断干涉希腊的政治。

公元前445年(还有人提出其他年份)，尼希米来到耶路撒冷。那一年，他写道："我在夜间起来，和几个人一起出去，我没有告诉任何人我的神使我定意要为耶路撒冷做的事。……"[19]尼希米似乎意识到了命运为他准备的重要历史角色。在12年的巨大努力和不断战斗中，他平息了撒马利亚总督、亚扪人(Ammonite)官员和阿拉伯部落首领联合起来反对恢复犹太家园的暴力行动。他武装了犹太建设者，重建了耶路撒冷的城墙，扩大了城市人口，巩固了圣殿的地位。他还与祭司出身的文士以斯拉合作，实施了影响深远的社会经济和宗教改革，以斯拉对于拉比犹太教的创建至关重要。在尼希米看来，衰落的内在危险比外在问题更为紧迫。他解决了富裕的上层阶级和贫穷的农村人口之间严重的两极分化问题，并下令减免债务，以防止群众进一步贫困化，确保经济稳定。12 年以后，尼希米回到波斯，正如他向国王许诺的那样，但他很快就了解到威胁他改革的新麻烦。约公元前 430 年时，他再次回到犹大，以挽救局势。这一次他并没有留下很久，而是把全部精力投入宗教改革。他惊愕地看到犹太人普遍被同化，对其祖先传统和希伯来语一无所知，他认为这是对犹太人生存的最严重威胁。他和以斯拉禁止犹太男子与非犹太妇女通婚，并坚持严格遵守安息日。两人召集了一个大型的民众大会，要求犹太人对宗教律法做出庄严的公开承诺。他恩威并施，据说经常与他交谈的人群对他反应热烈。他可能拥有马克斯·韦伯所谓的"超凡魅力"，韦伯认为这是任何想要引入重大变革的领导人不可或缺的特质。他后来回到波斯，我们从此失去他的所有踪迹。

在我们看来，尼希米是一位具有罕见的远见、意志力和精力的政治家。他在犹太历史上的功绩似乎是巨大的和毫无疑问的，他的大公无私和奉献精神是毋庸置疑的。在他那个时代，没有任何一个已知的犹太人，能够像他那样在当时最庞大的多民族帝国的神经中枢中施展出如此出众的政治、军事和组织才能。他的个性和自信强烈吸引着现代读者。关于他最早的评论出现在正典之后的著作《便西拉智训》（*Ben Sira*）和《马卡比传下》（*Second Book of Maccabees*）中，这两部作品都成书于公元前 200 年左右。他们赞美尼希米，弗拉维乌斯·约瑟弗斯也赞美他。[20] 但约瑟弗斯之后两三个世纪，《塔木德》中的一些拉比并没有这样评价他。在拉比们的时代，他的书不是以他自己的名字，而是作为《以斯拉记下》或《以斯拉记续编》出现。拉比们没有质疑尼希米的存在，但有些人毫不掩饰地怀疑他。他们不赞成对尼希米的个人崇拜，当然也不赞成对摩西的个人崇拜，正如《圣经》所说，摩西的坟墓"无人知晓"，他们故意把摩西的名字从《逾越节哈加达》(*Pessach Haggadah*)中删去。为什么这本书不以尼希米的名字命名？"因为他自诩功绩卓著"，"因为他蔑视他的前辈"，因为"他甚至说他比但以理(Daniel)还伟大"。[21]

圣贤们不赞成他们眼中个人虚荣的迹象，这表明他们对以色列命运的看法截然不同，他们对政治领导层漠不关心。主权的丧失强化了一种信念，即只有虔诚和仪式，正如以斯拉所要求的那样，才能保护犹太人民。不足为奇的是，其他教育者的意见不一样，因此关于尼希米一直有争论。在上引《塔木德》中那些负面评价的几页之后，另一位拉比再次提到尼希米，表达了相反的观点：在特定文本中如果删去某个字母，那是"出于对哈迦利亚的儿子尼希米的尊重"。[22]《以斯拉记》至少在拉熹时代还包括了尼希米的叙述，篇幅很可能非常长：拉熹在评论尼希米时总是写"以斯拉"。[23]据目前所知，是早期基督教对希伯来《圣经》的译本——奥利金的希腊文译本和哲罗姆的拉丁文通行本(Vulgate)——最早区分了《尼希米记》和《以斯拉记》这两本书。15世纪末最早印刷的希伯来《圣经》也把它们分开。印刷这本《圣经》的犹太人似乎不动声色地接受了这一基督教传统，因为它更有道理，而且也不反对犹太教。

现代犹太世界的历史学家对尼希米也持有不同的观点。19世纪的海因里希·格雷茨及20世纪的西蒙·杜布诺夫和约瑟夫·克劳斯纳(Joseph Klausner)都承认尼希米的重要政治作用。格雷茨非常钦佩这位"精力充沛、独具匠心的人"，[24]杜布诺夫称赞他是"爱国者"。[25]但是，18卷本的犹太人世界史的作者萨罗·巴龙(Salo W. Baron)，只写了几句关于尼希米的话。巴龙对整个历史时期采取了一种"结构主义"的观点，这种观点是费尔南·布罗代尔所赞同的。巴龙和布罗代尔一样，对长期的社会经济和宗教趋势感兴趣，而对伟大的领袖兴趣不大。但巴龙承认，巴比伦之囚后的时期是一个非常"重要"和"最关键的时期"，犹太教最终渡过了这一时期。我们可以争辩说，这是因为当时的领导人是"重要的"和"关键的"。巴龙称尼希米是"民族主义者"，这是一种可疑的赞美：这个现代术语没有抓住伟大的改革者一生的希望和奋斗。[26] 具有讽刺意味的是，巴龙的观点与《塔木德》中拉比们的观点更为相似，而与格雷茨或杜布诺夫的观点相去甚远。拉比们也不是在寻找个人领袖，而是寻找决定犹太历史的长久规律，尽管这种规律与巴龙心中所想的那些规律不是一码事。那种认为政治领导人对犹太人民的福祉和生存无足轻重的误解已经存在了很长时间，而且不太可能很快消失。

第二圣殿被毁后的一些领导特征

公元 70 年后犹太教的第二次大转型与第一次大转型（公元前 586或前 587 年后）的不同之处在于，它明显缺乏伟大的政治领袖。这一次没有出现尼希米这样的政治领袖。当针对罗马人的动乱开始时，阿格里帕二世（King Agrippa II, 27—93）——希律王的一位性格温和的曾孙——看到了迫在眉睫的危机并试图阻止抗议，但没有人听他的。[27]叛乱的军事领导人，即被罗马人打败并处死的"奋锐党人"（zealots），如今几乎不为人所知。弗拉维乌斯·约瑟夫斯咒骂他们，来自拉比方面的信息也不是什么好信息。真正卓越的主要领袖是拉比约哈南·本·扎卡伊。他主要以精神领袖的身份出现，但从更深层的意义上说，他也是政治领袖。他也许是第一个能想象出没有圣殿的犹太教的人，他对犹太历史的长期影响是巨大的。他是温和的，可能预见到了即将到来的灾难，并感到无论是他还是其他任何人都无法阻止这一灾难。他把拯救犹太民族和宗教的努力都投入一个戏剧性的目标上。传说他在韦帕芗（Vespasianus）成为罗马皇帝之前就遇见了他；这样一个传说的存在表明，犹太传统理解他的行为的政治意图和政治影响。在他身上，宗教领袖颁布律法的职能与政治家的政治远见结合在一起。在他之后大约一个世纪，这种颁布宗教律法和政治家风度在同一个人身上的结合再次出现在犹太历史中。拉比耶胡达·哈纳西（Yehudah HaNassi，约 135—200 或 220）编纂了《密释纳》，他再次成为立法者和政治领袖。一些拉比们讲述的轶事将他描述为罗马皇帝的亲密朋友和交谈伙伴，这表明了他的政治家风度的重要性。有人认为，这里提到的皇帝是安东尼·皮乌斯（Antoninus Pius）。[28]

在中世纪早期的欧洲，还有其他一些例子表明，基于卓越学术的宗教指导能够和政治领导力结合起来，同样情况也适用于伊斯兰世界的犹太人。有时，学术地位和领导力的结合也与经济财富有关。拉贝努·格肖姆（Rabbenu Gershom，人称"散居之光"［Meor Hagolah］，约 960—1028 或 1040）不仅是第一位伟大的德意志犹太学者，也是一位杰出而务实的组织者，他重新引入了拉比的立法职能，帮助在欧洲各地建立犹太人的自治，并努力将散居欧洲的犹太社群组成一个联盟。[29]他取得权威"完全是靠人格的力量"。[30]以他名字命名的法令对后来的阿什肯纳兹犹太人产生了巨大影响。其中最著名的是禁止一夫多妻制，拉贝努·格肖姆以政治家的理性做出这一禁令，因为他必须在一个可疑的基督教环境中照看犹太人民的福祉。

在前现代和近代早期，人们会遇到几个历史上有充分记载的杰出政治领袖，他们主要不是宗教学者和拉比。他们中的一些人是突然出现的，仿佛凭空而出似的。他们向 19 世纪的欧洲展示了犹太人的领导风格。下文讨论了三位犹太领袖，即以撒·阿巴伯内尔先生、罗斯海姆的约瑟尔（Josel of Rosheim）和玛拿西·本·以色列（Menasseh Ben Israel），他们站在 15 世纪和 17 世纪之间的现代性的开端。我是随机挑出这三人评述的，还可以选择另外一些人。这三个人中只有一人——以撒·阿巴伯内尔先生——是公认的宗教评论家、精神领袖和政治领袖。他们的传记可以说明散居海外的领导人的机遇和对他们施加的限制，并显示他们中的一些人在缺乏资源和强制手段的情况下是如何运用其权力的。

以撒·阿巴伯内尔先生（1437—1508）[31]

以撒先生是犹太历史上一位重要而令人印象深刻的人物。他出生在里斯本，是伊比利亚半岛最负盛名的犹太家族之一的后裔，这个家族自称是大卫王的后裔。他不仅富有，而且有影响力，曾为西班牙、葡萄牙、那不勒斯等国的国王和威尼斯总督服务，历任财政部部长、外交官和大使。他也是文艺复兴时期伟大的知识分子和拉比学者。在葡萄牙阿方索五世（Afonzo V）统治时期，他是财政部首脑，很快赢得国王的信任，但在阿方索死后，宫廷阴谋使他失去职位并被迫逃离。他移居西班牙，出色地为西班牙皇室服务（1484—1492）。他成了西班牙犹太人的非正式领袖，这要归功于他的血统和在葡萄牙与西班牙宫廷的高级职位。1492年是他人生的分水岭。被马基雅维利称为"残忍成性"[32]的费迪南国王可能早就处心积虑要驱逐犹太人。在征服穆斯林治下的格拉纳达（1492年1月）三个月后，他签署了一项针对他王国的所有犹太人的秘密驱逐令。西班牙宗教裁判所的负责人托克马达（Torquemada）起草了文本。

当这项致命的法令公之于众时，以撒先生和其他犹太领导人三次试图说服费迪南和伊莎贝拉撤销这项法令，但都徒劳无获。据说，以撒先生给国王提供了一大笔钱，还是没有成功。他是否早就读懂了费迪南的意图，却无法避免灾难发生，还是怀有一种痛苦的幻想，认为犹太人不像穆斯林，会幸免于难？他肯定知道西班牙的犹太人在过去经常受到迫害，考虑到费迪南的残忍和狡猾，他应该有所怀疑。

以色列历史学家本-沙逊（H. H. Ben-Sasson）发现有证据表明，许多塞法迪犹太流亡者后来都对他们没有发动武装抵抗的想法深感不安。[33] 如果这种想法在驱逐前的关键几周出现在以撒的脑海中，那么他肯定能意识到他的大部分犹太同胞会选择皈依而不是受苦更不用说抗争了，这种意识必定让他非常痛苦。面对压倒性的外部压力和内部瓦解的风险，以撒先生完全无能为力。尽管国王显然希望他皈依基督教并留在西班牙，但他选择追随忠于犹太教的同胞流亡海外。他所有的高贵、地位、金钱和说服力都没有派上用场。国王的首要政治任务是统一西班牙，为了进一步实现这个目标，他准备安抚神职人员、城市和专业阶层中的反犹主义。以撒先生无法动员任何反制力量来对抗这些政治和经济力量，也无法改变国家的宗教狂热，他所能做的就是对降临在犹太民族身上的灾难进行弥赛亚式的、神秘主义的解读。

以撒先生著有大量宗教书籍，他对最早一批先知书的评论包含了他的治理思想，其中就包括他反对王权的信念。这可能是犹太政治家所写的唯一政治性的《圣经》解释。以撒先生写到了弥赛亚的到来，他眼中的弥赛亚是一个超人般的完人。他的传记作家本西翁·内塔尼亚胡（Benzion Netanyahu）写道，通过他的著作，他成了 16 世纪、17 世纪、18 世纪弥赛亚运动之"父"，但这点受到了其他历史学家的质疑。[34] 如果这真的是他死后的影响，那确实是巨大的影响，但并非出自他的本意。假弥赛亚运动是他最不想激起的。

罗斯海姆的约瑟尔（1480—1554）[35]

在哈布斯堡家族的皇帝马克西米利安一世和查理五世统治期间，约瑟尔是大德意志帝国犹太人的主要代言人。他是来自阿尔萨斯某小镇的拉比，以经商和放债为生。他的政治生涯跨越了近半个世纪，从地方到省，再到帝国。1507 年，他 27 岁时便崭露头角，为阿尔萨斯地区某村庄的犹太人遭到驱逐威胁的案件辩护，并取得成功。他成为所有德国犹太人公认的代言人，获得"德意志神圣罗马帝国犹太人指挥官"的尊称。74 岁时，约瑟尔骑马前往海德堡，为反对另一项驱逐令的当地犹太人辩护，于途中去世。他毕生致力于为他的人民争取保护，并挫败针对他们的敌对阴谋，常常获得成功。其中包括因涉嫌宗教谋杀、经济歧视和驱逐令而被判处死刑的案件，其中一些是由犹太叛教者和马丁·路德（约瑟尔曾与马丁·路德通信往来）传播的对犹太教的公开诽谤而引发的。他还承认，一些基督徒对犹太高利贷者和其他不公平的商业行为的抱怨是有道理的。1530 年奥格斯堡帝国会议期间，约瑟尔召集了一个由拉比和社群长老组成的大会，迫使他们签署一份关于商业行为的十条禁令的规则，因为那些被禁止的行为正在激起基督徒的愤怒。

他那个时代最强大的统治者是查理五世，他是西班牙国王和德意志神圣罗马帝国的皇帝，也是西班牙国王费迪南和伊莎贝拉的孙子。当新的危险威胁到他的人民时，约瑟尔写信给这位皇帝，请求得到他的接见。查理每次都接见并同意帮助他，相比之下路德却拒绝见他。1544 年，查理确认了他和他的前任给予犹太人的所有特权与自由。"日不落帝国"[36]的统治者和阿尔萨斯地方乡村拉比之间的这种思想交汇，是出于政治需要。查理面临许多棘手的问题，包括与法国和奥斯曼帝国的战争、西班牙对地理大发现后的新世界的征服，特别是要面对德国的宗教改革和德国地方统治者的反对。因此，他努力重建德意志帝国皇帝的全部权力和特权。约瑟尔支持这一努力，并敏锐地利用了查理的目标。他很快抓住了中世纪法律中固有的机会，使犹太人成为德国皇帝的臣民，而不是地方统治者的臣民。他们向他献上忠诚和税收，他也回馈给他们以保护。

查理乐于成为德国犹太人的保护者。他利用犹太人来证明他与神圣罗马帝国皇位上最伟大的前辈们之间的联系，同时也可证明他一以贯之的帝国特权。1236年，霍亨施陶芬（Hohenstaufen）家族的腓特烈二世（Frederick II）第一次成为犹太人的保护者。他反对反犹主义的血祭诽谤指控的法令是这样写的："既然领主是通过他的仆人而受到尊敬的，那么无论谁对我们的犹太仆人表现出好感和帮助，就一定会取悦我们的。任何人违反本确认书的法令，都是对我们陛下的冒犯。"[37]

　　然而，约瑟尔在炉火里放了不止一块铁。他的外交手段丰富而具创意，并且是谨慎地按照他身处的动荡世纪中多变的宗教和政治境况加以调整的。对天主教徒，他坚持神圣罗马帝国皇帝给犹太人的特权。对新教徒，他从希伯来《圣经》中引经据典。对犹太人，他建议在与基督徒的争端中援引自然法原则，因为这些原则表明人与人之间没有天然的差异，并意味着基督徒和犹太人之间的基本平等。但皇帝的政令和约瑟尔的外交灵活性并不是全部。有许多迹象表明，查理尊重这位犹太人的勇气和奉献精神，并对他的魅力和传奇般的演讲能力印象深刻。根据历史学家塞尔玛·斯特恩（Selma Stern）的说法，皇帝在约瑟尔身上感觉到了一个相似的灵魂，一个有着和他一样的禁欲主义和无限责任感的人，并且背负着巨大的使命。

　　1530年，在奥格斯堡帝国会议期间，约瑟尔被迫同意与当时德国最危险的反犹主义者、一位博学的讲希伯来语的犹太叛教者进行公开的宗教辩论。皇帝出席辩论会，据说他认真聆听了辩论。约瑟尔赢了比赛，叛教者遭驱逐。查理的副首相马蒂亚斯·赫尔德（Mathias Held）写道，正是约瑟尔"多次不懈的努力和恳求"才促使皇帝维护犹太人的权利。[38]西蒙·杜布诺夫提到，据说皇帝接受了来自帝国境内犹太人的资助，但这并不是他支持犹太人主张的决定性原因。[39]

　　在约瑟尔之后，再也没有一个政治领袖能代表所有的阿什肯纳兹犹太人。他远远没有实现他的所有目标，而他实现了的一些目标在他去世之后也失去了。但正是在他那个时代，导致人们离开德意志帝国各省的犹太人移民潮发生了逆转，犹太人又开始在德国的部分地区定居。

玛拿西·本·以色列（1604—1657）[40]

玛拿西出生于一个隐藏犹太身份的犹太人家庭，他的父母逃离了里斯本的迫害，到阿姆斯特丹定居。在那里，玛拿西成了一名作家、印刷工、拉比和自封的犹太事业的外交官，伦勃朗绘有他著名的肖像画。[41]他声称会说十种语言，以五种语言出版了作品，并以希伯来语教师为生。据塞西尔·罗斯（Cecil Roth）说，斯宾诺莎也是他的学生之一。[42]1655 年，因为与英格兰"护国主"奥利弗·克伦威尔（Oliver Cromwell）的交涉，玛拿西在犹太历史上声名鹊起。玛拿西抓住了反天主教的清教徒发动的英国革命给犹太人带来的机遇。在他于 1650 年出版并随后献给克伦威尔的一本名为《以色列的希望》（The Hope of Israel）的书中，他论证了犹太人的状况，并要求克伦威尔废除 1290 年颁布的驱逐犹太人的法令。这本书向犹太人承诺，他们即将得到救赎，并从羞辱和迫害中解脱出来。它赋予犹太人所遭受的苦难以特殊的意义："看到我们在如此巨大的困难中的毅力，我们断定，全能的上帝保护了我们，将来会有巨大的回报。"[43]玛拿西狂热的弥赛亚主义与假弥赛亚沙巴塔·泽维有着惊人的相似，但两人之间却隔着一个世界。前者努力地为他的人民寻找一扇新的机会之窗，一旦他发现了这扇窗户，便竭尽全力打开它，至死不渝；而另一个人则是半疯癫状态，沉溺于完全以自我为中心的幻想，使他的人民陷入了一场灾难。《以色列的希望》和他的许多书一样，显示了玛拿西在犹太和非犹太领域的渊博学识。由于缺乏金钱或任何其他形式的实权，他用卓越的知识和信息弥补了自己的弱点，并用这些知识和信息改善了犹太民族的生活。除了许多其他的文本，他还阅读了他那个时代特有的旅行游记，并从耶稣会的报告中得知还有犹太人在中国自由生活。这方面最新的报告是由葡萄牙耶稣会士曾德昭（Alvarez Semedo）于 1642 年发表的。八年后，玛拿西用这个有趣的信息给克伦威尔提供了一个微妙的间接信息：既然犹太人被允许居住在异教的中国，那让他们居住在敬畏上帝的英国怎么就不行呢？[44] 克伦威尔同情玛拿西和他的事业，便亲切接待了他，并召集议会开会讨论这个问题。由于仍有宗教势力反对让犹太人返回英国，议会没有做出决定，但这个问题仍然摆在桌面上，犹太人被非正式地允许返回英国。玛拿西的干预不仅打开了英国的大门，也打开了英国殖民地的大门，对一个在欧洲几乎没有合法居住地选择的民族来说，这具有重大历史意义。

玛拿西知道如何唤起克伦威尔的《圣经》信仰，但他无法提供物质诱因。有助于他事业成功的，可能是克伦威尔的英格兰想要破坏其天主教徒敌人的殖民贸易，后者在由犹太叛依者管理的荷兰—葡萄牙贸易网络的支持下，控制了欧洲与巴西和加勒比海的部分贸易。

玛拿西没有得到明确的政治授权，也没有得到阿姆斯特丹的犹太富人的物质支持。后来当他秘密地与阿姆斯特丹犹太社群的一些领导人讨论他的计划时，他们显然很喜欢这个计划，但又不敢公开表示支持。[45] 玛拿西期望中可能得到的明确的公众支持和金融担保并没有出现。他不得不向克伦威尔寻求帮助，这位伟大的新教统治者慷慨地给了这位身无分文的犹太知识分子一小笔英国国家养老金。当玛拿西去世时，他贫穷的遗孀无力支付他在阿姆斯特丹的葬礼费用：这笔费用不得不通过社群的贫困救济基金（Gemiluth Chesed）支付。他的生死揭示了有钱的犹太上层阶级与不属于当权派的知识分子或其他代表之间关系中的一些问题。

这三位犹太政治家有几个共同的品质，其中大部分也表现在尼希米身上。虽然他们都是虔诚的，并且相信神的旨意，但正如我们今天所能判断的，他们也深信，犹太人的未来需要有远见和强有力的、积极干预世俗事务的领导，而不仅仅是被动地依赖神的帮助。其优点包括：

（1）一种终身的、激情燃烧的使命感和拯救民族的愿望。

（2）个人勇气和甘愿以自己的自由、健康和金钱冒风险。①

（3）清正廉洁：对金钱或其他报酬漠不关心。

（4）有一点禁欲主义并符合传统犹太伦理的个人生活。

（5）犹太学识——三人都用希伯来语出版作品。

（6）对当时的全球政治和思想环境非常熟悉——这些领导人对世界非常了解。

（7）熟练掌握几种语言——都用当时统治者的母语与他们交谈，而不是通过翻译。

（8）个人的超凡魅力：一种天生的品质，不可能学习到，甚至难以定义。

他们的成功取决于三个条件：一是有利的地缘政治冲突，二是非犹太统治者对犹太人困境的有效同情，三是作为勇敢的犹太人捍卫本民族的事业，并得到所在犹太社群的支持。地缘政治和外部宗教条件对约瑟尔与玛拿西有利，但对以撒先生不利。此外，与约瑟尔和玛拿西相对应的查理五世与克伦威尔，在个人层面上对犹太人的态度很好，而以撒的对手费迪南和伊莎贝拉则敌视犹太人。以撒先生和约瑟尔身后都有大的犹太社群的支持；而玛拿西没有，但克伦威尔对犹太民族的明显同情弥补了这一弱点。三位犹太领袖都是能言善辩者，但只有两位——约瑟尔和玛拿西——取得了一定程度的成功。以撒先生失败了，尽管他的政治经验、出身和财政支持都使他更有可能取得

①以撒先生在葡萄牙侥幸逃脱追捕，并花费了他的全部巨额财产来拯救犹太同胞；约瑟尔曾经遭到引人身攻击，还有一次，他因捏造的反犹主义指控而入狱数月；玛拿西生活在贫病交加之中，年纪不大就去世了。

成功。三个人的魅力和个人风度都给当时的统治者留下了深刻印象。单靠这一点不太可能扭转犹太人的命运，而在以撒先生的例子中，这并没有改变结果，但确实起到了作用。

19 世纪末和 20 世纪的领导

将这些旧时代的犹太领袖与 20 世纪的犹太领袖相提并论和比较是非常精彩的，但超出了本研究的范围。古希腊历史学家普鲁塔克和中国历史学家司马迁声称，比较相似情况下不同时期的历史人物，可以更好地理解领导素质。这些旧时代的领导者和早期犹太复国主义领导者之间可能有相似之处，比如西奥多·赫茨尔的突然出现没有得到任何资金或资源的支持，他成为犹太人的政治家，并彻底改变了犹太人的历史。哈伊姆·魏茨曼和弗拉基米尔·雅博廷斯基（Vladimir Jabotinsky）也是如此。除其他特点外，他们所有人的共同点就是对所处时代的政治形势和犹太民族复杂的外部与内部条件有着深刻的理解。

自犹太复国主义运动开始以来，公共领导力的强弱再次在犹太历史上扮演着越来越重要的角色。这一点在 20 世纪的幸运事件和悲剧事件中表现得都很明显。从这个世纪初到第一次世界大战结束，少数犹太领导人在适当时机进行了有力干预，他们利用了战争和英国占领巴勒斯坦为犹太民族带来的机会，取得了成功。居住在英国的犹太复国主义领袖哈伊姆·魏茨曼和美国的大法官路易斯·布兰代斯（Louis Brandeis，1856—1941）是其中最杰出的两位。这两人最初的声望并不是来自他们在犹太政治上的职业生涯，而是因为他们为各自国家的福祉做出了独特贡献。在第一次世界大战关键时期，英国军队面临弹药严重短缺的问题。魏茨曼博士是杰出的化学家，他帮助英国解决了这一难题。大法官布兰代斯是种族平等与社会平等的斗士。他是第一个坐在美国最有声望的法院——美国最高法院法官席上的犹太人。两人都因对自己信奉的理想的不屈不挠的献身精神、演讲能力、机智和个人魅力而受到赞赏。两人都身材高大，布兰代斯还非常英俊——无论有利与否，相貌从来都与政治不无关联。

1917年，魏茨曼说服英国政府发表了《贝尔福宣言》（见第四部分第三章）。自1914年起，布兰代斯担任美国犹太复国主义联合会主席，他帮助策划了犹太复国主义者对白宫的大力施压，并最终说服美国总统伍德罗·威尔逊支持犹太复国主义和《贝尔福宣言》。英国外交大臣亚瑟·贝尔福（Arthur Balfour）要克服国内对其政策的反对，美国的支持是必不可少的。他称布兰代斯"可能是他见过的最杰出的"美国人。[46] 布兰代斯也必须克服内部的反对。他非常清楚，反犹主义是他必须面对的一股力量，即使在最高层也是如此；威尔逊总统本人对犹太人的态度是矛盾的。然而，当布兰代斯在公开场合宣称"忠于美国和忠于犹太民族之间没有矛盾"的时候，[47] 没有一个美国主流政客出来反驳他。

现在想以一种完全公平、冷静和知情的方式，来判断犹太领导人在纳粹大屠杀事件中的态度还为时过早。生活在自由和安全中的后世历史学家可能无法理解这些领导人所受到的制约，也无法完全理解他们内心深处的道德痛苦和身体恐惧是如何影响他们做出判断和行动的。不过，很多事情是清楚的：魏茨曼和布兰代斯（1941年去世）正在衰老，当犹太人开始面临可能是有史以来最致命的危险即纳粹德国时，他们已经失去了很多力量。魏茨曼在1917年对英国的政策产生了真正的影响，但在1939年他失去了一切。他出版于1949年的自传《试错》（Trial and Error）揭示了他对这一失落的深深绝望。新的犹太领导人现在掌舵了。欧洲各犹太社团的主席、犹太政党的政治家，以及各种宗教派别的拉比，除了一些例外情况，都在死亡的阴影下尽可能拯救犹太人，但很少有人称得上是"领袖"。他们几乎没有权力，也没有什么远见。

那些以色列建国前居住在巴勒斯坦的犹太领导者——首先是大卫·本-古里安（David Ben-Gurion）——把他们所有的精力都放在加强当地的犹太社群（希伯来语叫"伊休夫"[Yishuv]）上，并为最坏的情况（德国入侵）或者最好的情况（盟军战胜德国）做准备，此后"伊休夫"和英国人以及阿拉伯人之间将不可避免地发生对抗。来自欧洲的难民只要能到达巴勒斯坦海岸就会得救，但"伊休夫"及其领导人对大多数危在旦夕的欧洲犹太人感到愤懑，因为他们经常邀请后者加入犹太复国主义事业，而后者情愿留在敌视他们的土地上。在"伊休夫"及其领导人看来，欧洲犹太人从事的是一项失败的事业，而他们为以色列未来所做的准备则更具建设性。许多早期的以色列领导人后来对这种态度深感后悔，尽管他们在拯救欧洲犹太人方面几乎无能为力。在本-古里安最后的岁月里，他感慨万千地谈到了以色列和美国的犹太人领导阶层的重大历史性失败，以及随之而来的悲剧。[48]

唯一可以伸出援救之手的是美国犹太人。他们的领袖斯蒂芬·怀斯（Stephen Wise，1874—1949）拉比既是美国犹太教的领袖，也是世界犹太人大会（WJC）的主席，其任务是保护全世界的犹太人。怀斯为人正派，是犹太复国主义的早期支持者、纳粹反犹主义的坚定敌人，而且不乏魅力。与布兰代斯不同，他唯一的职业背景是经过培训的改革派拉比，主要经验是美国国内政策，对国际大国政治并不擅长。现在他突然遇到了一个从未想象过的庞大的邪恶对手，无法应对。历史学家们注意到，他身上有一种天真的气质，对于一个身处战争和生存危险时期的领导人来说，这并不是有益的性格特征。1942年夏天，当他得知纳粹占领下欧洲的种族灭绝行动时，美国国务院建议他暂时不要发表公开声明。他服从了。他并没有反驳说，作为犹太人名义上的世界政治领袖，他在上帝和历史面前负有道义责任，这比美国外交政策官僚机构不断变化的战术要求更具说服力。1942 年晚些时候，当世界犹太人大会上充斥着关于正在进行的种族灭绝的确凿报告时，怀斯和其他人似乎仍然没有完全理解正在发生的一切，或者并不总是相信他们所读到的消息。历史学家沃尔特·拉克（Walter Laqueur）一语中的地概括了怀斯的失败：怀斯虽然最终认识到这场灾难的全面程度和迅速扩大的规模，但"他没有撼动天地。……他显然不想采取另一种行动，而是把信任交给他非常敬佩的罗斯福"。①

怀斯被认为是罗斯福的朋友和顾问。然而，从美国参战前的 1940 年直到 1945 年战争结束，怀斯对总统的优先处理事项表现出完全的屈从态度，并压制了犹太人对美国不作为的批评，因为他担心美国国内会出现反犹主义的反弹。他在 1943 年坚持说，任何对犹太人的关心都不能妨碍他唯一真正的忠诚："我们是美国人，无论是最初、最后，还是任何时候。"②这与布兰代斯之前在一个不那么戏剧性的情况下所做的断言相去甚远。布兰代斯说，对犹太民族的忠诚和对美国的忠诚

---

① Walter Laqueur, *The Terrible Secret: Suppression of the Truth about Hitler's "Final Solution"* (New York: Holt Paperbacks, 1998), 161. 拉克承认斯蒂芬·怀斯最终还是开口了，并表现积极，试图以各种方式提供帮助，参见第 78—80、93—97、158—164、224—227、232、236—237 页。拉克对其他次要犹太领导人的批评更严厉，他对怀斯的副手、世界犹太人大会执行董事会主席纳胡姆·戈德曼（Nahum Goldmann）不抱同情心。戈德曼是欧洲犹太人，他在安全的美国等待战争结束。戈德曼喜欢吹嘘自己认识当时每一位重要的政治家，但这并不妨碍他做出严重的政治误判，参见第 158—162、167 页。犹太人中另一种可能并不孤立的态度是费利克斯·法兰克福特（Felix Frankfurter）法官的态度，他在 1942 年会见了扬·卡尔斯基（Jan Karski）。卡尔斯基是波兰天主教信使，他冒着生命危险离开波兰前往美国，目的是向罗斯福和犹太领导人通报纳粹对犹太人的大规模屠杀，并传达欧洲犹太人的求救请求。卡尔斯基目睹了一场大规模屠杀犹太人的事件，但法兰克福特却当面对他说："我无法相信你。"参见第 237 页。

② Saul Friedländer, *Nazi Germany and the Jews 1939 - 1945: The Years of Extermination* (New York: Harper Collins, 2007), 595. 此书[有中国青年出版社 2015 年版中译本《灭绝的年代》，卢彦名等译。——校注]还记录了怀斯不作为的其他细节，其中一个是他反对向犹太人隔都运送食物，参见 85f, 304, 460ff. 此书作者对怀斯的批评比拉克更严厉。

可以携手并进。怀斯年轻时当过布兰代斯的助手，毕生对布兰代斯敬仰有加，但他不是布兰代斯。

从美国飞机进入欧洲上空的那一天起，美国所拥有的军事手段未必可以阻止纳粹大屠杀，但却能够让它执行起来更加困难，从而拯救生命。如果这是罗斯福的战争目标之一就好了。一个更自信、更强大、更精明的犹太领导阶层，能否减轻自公元135年巴尔·科赫巴起义以来犹太历史上最大的灾难，能否拯救更多注定要灭亡的犹太人？这永远不可能有答案。但很明显，没有一个美国犹太政治家有尼希米那样的能力，也没有出现与罗斯海姆的约瑟尔一样具有魅力的游说者，这两位曾经给当时最强大的统治者留下深刻印象并得到帮助，美国犹太政治家中没有一个比得上。也没有一个美国犹太领导人的道德立场和政治地位能与路易斯·布兰代斯比肩。在第一次世界大战中，犹太人中有几个伟大的领袖，他们知道如何应对艰巨的挑战，并取得了胜利。而在第二次世界大战中，犹太人中只有软弱的领导人，他们不知道如何应对更可怕的挑战，完全不知所措，因而失败了。

本书第四部分第一章中已经提到，拉比们预判能力或领导能力的不足加剧了犹太政治领袖的软弱。对这一课题进行客观研究是困难的，但事实正在慢慢显露出来。在东欧，1919—1929年，犹太教拉比反对犹太人移民到英国托管下的巴勒斯坦，劝阻了许多原本可以幸存下来的人离开东欧。对于即将到来的灾难，拉比们的预判能力并不比大多数非宗教领袖强多少。他们中的许多人与世隔绝，获得信息的机会比非宗教领导人少，而且不了解或不理解自己所在国或世界其他地方的政治家，这与早些世纪一些著名的拉比形成了鲜明对比。他们遵循自己的宗教本能，怀疑犹太复国主义是一个带有弥赛亚色彩的非宗教运动。他们的态度也暴露出他们普遍不愿意面对现实，这种不情愿的态度甚至直到纳粹军队一个接一个地敲开各个国家的大门时也没有改变，例如在 1941 年的立陶宛和在 1944 年的匈牙利。[①] 在表达对犹太领导阶层失败的绝望方面，很少有人能比约瑟·索洛维奇克(Joseph B. Soloveitchik)拉比说得更有力，此人生于立陶宛，后来成为美国犹太教正统派的领袖："我们见证了我们历史上最大和最可怕的灾难，我们却保持了沉默。这是我们历史上非常悲惨和令人不安的一幕。但面对数百万人被谋杀，我们都因沉默而有罪。当我说'我们'时，我指的是我们所有人，包括拉比和普通教徒，包括正统派和自由思想者，包括所有犹太政治组织。"[49]

如果说犹太人的政治领袖和宗教领袖有失误的话，那么自由世界在面对人屠杀时的失败就更加令人不安了。几乎没什么领导人——如果有的话——可以像亚达薜西一世国王那样具有"平和与高贵的心灵"(普鲁塔克语)，或者像皇帝查理五世那样同情犹太人并决心帮助他们。自第二次世界大战结束以来，不断被发现的文件和私人声明揭示了许多同盟国与中立国领导人在第二次世界大战之前和期间的暧昧态度与动机。有一位领导人试图帮助犹太人，他是仅次于罗斯福的重要领导人：温斯顿·丘吉尔。他是犹太人最坚定的朋友之一，但作为实行议会民主制国家的领袖，即使在战争中，他也不能总是把自己

---

① 1940 年，合法通往以色列的大门被关闭，但通往上海的大门仍然敞开着。在立陶宛，米兹拉希(Mizrahi，一个犹太教正统派的组织)犹太领袖泽拉·瓦赫哈夫蒂格(Zerah Wahrhaftig)敦促犹太经学院的拉比领袖让他们的学生逃离欧洲，但只有密尔经学院听从了他的绝望呼吁。密尔经学院的所有学生在上海幸存下来，而其他经学院遭到了灭顶之灾。参见 Chana Arnon, "Jews Rescuing Jews during the Holocaust: Zerah Wahrhaftig," www.yadvashem.org/education/conference2004/arnon。匈牙利也有类似的证据：波兰哈西德运动的一个领导人贝尔泽派的拉比(Belzer Rebbe)有个兄弟，此人目睹了波兰犹太人被屠杀的过程，然后逃到布达佩斯，并于 1944 年 1 月公开向匈牙利犹太人警告说，他们很可能会遭受同样的命运。他的演讲在 1944 年 3 月 19 日纳粹入侵前几天被转载。据当事者称，1944 年逃离匈牙利非常困难，但并非不可能，因为躲藏在城镇和乡村是可能的。这个问题仍然有争议。但一个没有争议的事实是，匈牙利的犹太人和他们的拉比不知道未来会发生什么，而同盟国、中立国、天主教会、红十字会和国际犹太组织知道许多正在进行的大屠杀的细节。参见 Menahem H. Schmelzer, "Personal Recollections," 1ff。

的意志强加给别人，或者他不想把自己的意志强加给别人，因为有其他更为紧迫的优先事项。一本详尽研究丘吉尔毕生对犹太民族和犹太复国主义支持的著作，揭示了他的内阁成员及其军事和外交官僚机构经常反对、拖延和破坏他的亲犹太计划。①

尼希米、以撒·阿巴伯内尔、罗斯海姆的约瑟尔和玛拿西·本·以色列的传记显示，历史上伟大的犹太领导人具有一些品质和动机。他们产生于特定的历史背景，这些背景不时地将具有拯救本能的特殊人格带到了前台。雅各布·布克哈特把伟大领导者的出现看作是对重大历史危机的回应。其他学者则把眼光放在"大人物之外"，认为"时代背景"是让正确的领导人掌权的决定因素。50 如果这些学者是对的，那么为什么这一特定的"时代背景"，即自 1900 年以来犹太人面临的最大危机，未能将更强大、更具影响力的人物带到领导岗位上，这一点仍然无法解释。缺乏信息是问题所在吗？1941 年末，在中立国瑞典和瑞士，在英国情报部门，在红十字会，在基督教会和其他地方，都有人知道种族灭绝已经开始了。看来，犹太领导人的人脉和信息获取渠道都不如人们通常想象的那么好。或者，说到底，这是一个巨大的厄运？第四部分第十一章将讨论犹太历史上的幸运事件或偶然事件。

今天，以色列的领导和治理状况提出了不同的问题。有些与散居地犹太人的问题相似，但也有一些是独一无二的。有人可能会说，只有在犹太人没有政治权力和军事权力的情况下，卓越的领导力才是必要的。因此，领导人的人格必须弥补过去时代严重的客观弱点。为以

---

① Martin Gilbert, *Churchill and the Jews: A Lifelong Friendship* (London: Henry Holt, 2008). 丘吉尔的外交大臣安东尼·艾登(Anthony Eden)就是一个例子。艾登有相当大的自由裁量权来执行政策，或拖延、阻挠政策实施。在艾登的私人秘书奥利弗·哈维(Oliver Harvey)的日记中，马丁·吉尔伯特发现了一个日期为 1943 年 4 月 24 日的条目，内容很直白："他爱阿拉伯人，恨犹太人。"Gilbert, 190. 在他写下这些话的时候，已经有 300 多万名他不喜欢的犹太人死于大屠杀，艾登也知道这一点。

色列未来而进行的持续斗争毫无疑问地表明，国家独立以及政治和军事力量不能取代好的领导。相反，它们要求有更好的领导，因为以色列取得的成就既新又脆弱。在很长一段时间内，无论对西方还是对伊斯兰世界来说，一个犹太国家将持续提出公开和隐藏的意识形态与神学方面的问题。早期犹太复国主义者希望未来的犹太国家与瑞士相似的愿望不会很快实现，因为瑞士从来没有制造过神学问题。

哪种政治制度最有利于伟大领导者的出现，并防止糟糕领导人崛起，这个问题没有简单的答案。其中一个原因是，与其他领域一样，出现杰出的政治领导人在一定程度上靠的是运气。然而，历史可以教会我们一些东西。第一个结论可以从爱德华·吉本和伯纳德·刘易斯的作品中得出。[51]这是一个普遍的自然法则：当一个文明或一个民族世世代代只产生软弱、疯狂、无能或腐败的领导人时——正如在晚期的罗马帝国和奥斯曼帝国出现的情况那样——一定是有更深层次的问题存在，因为这些帝国在早期曾培养出杰出领袖。第二个结论是，在当前，以色列和犹太人散居地的领导才能的状况令人相当担忧。必须强调，这第二个结论绝不是从第一个结论中得出的。第三，值得警惕的是，以色列自1948年以来的历史太短暂，无法对其领导人的表现进行客观和全面的评估。有些人认为，以色列和犹太民族最严重的领导问题不在于没有伟大的人物，而在于他们缺乏达到和担任领导职位的愿望以及执政能力。以色列的治理质量普遍较低，使得这一点更为突出。

《圣经》和《塔木德》偶尔会透露出对犹太史上无政府状态威胁的担忧。在出埃及之前的一个埃及犹太人的故事中就包含了这种威胁，这个故事常被引述。摩西斥责某人打了另一个犹太人，那人就反驳他说："谁立你作我们的首领和审判官呢?"[52]今天，以色列国内的政治分裂以及随之而来的政府的效率低下和偶尔瘫痪，似乎并不是犹太复国主义承诺要带来的犹太历史的转变,而是(借用克劳塞维茨的话说)"通过其他手段延续犹太历史".[53] 政治学家亚伦·威尔达夫斯基(Aaron Wildavsky)认为,犹太民族之所以源远流长,其政治秘诀在于犹太人缺乏对任何一种单一政体的恪守。在威尔达夫斯基看来,这种缺乏帮助犹太人不断适应各种不同的环境.[54] 的确,犹太文明和宗教并不致力于任何特定形式的治理。然而,时至今日,2000 多年来缺乏犹太国家传统的后果越来越令人不安。14 世纪的阿拉伯历史学家伊本·赫勒敦博闻多识,对犹太人的《圣经》历史也有研究,他的材料来自犹太人和穆斯林,对犹太人他并没有敌意。他想知道为什么他那个时代的犹太人有无政府主义倾向,以及他们为什么无法建立和维持一个有效的政府。他不像今天许多人那样把这个问题归咎于犹太人中间缺乏伟大的领者,而是归咎于他们自身的基本特征。他的话是一个警告,外部的朋友和敌人正在从犹太人内部的治理问题中得出自己的结论:"一次又一次,他们的王室权威受到威胁。……他们反对自己的政府并反抗它。因此,他们从来没有一个持续而稳固的王室权威。最终他们被制服了……"[55]

第六章　数量和临界数量

概论

数量确实很重要。是否存在这样一个临界人口数，低于这个数量，文明便不能兴起而注定衰落？人类学家描述过像亚马孙雨林中独立的、运作良好的部落文明，这些部落只有几百人，甚至更少。研究兴衰问题的古典历史学家极少甚至根本不关注人口数量，一部分原因是其他要素对他们来说重要得多，另一部分原因是这些数字不易获得。与此相反，费尔南·布罗代尔很欣赏法国人口学家阿尔弗雷德·索维（Alfred Sauvy）的研究工作，并强调了人口学的重要性。[1] 布罗代尔指出，人口增减往往导致一个文明的兴衰，如果人口激增而经济没有扩张，结局可能会很糟。

例如中国，人口过剩可能使技术进步显得多余，进而遏制了创新。[2] 但这是对中国历史的一种片面的"结构主义"解释。与此相反，马克斯·韦伯则想知道，为什么中国从 17 世纪到 19 世纪的人口激增并没有像预期那样带来更多的技术进步和创新。他认为主要障碍在于儒家传统提倡人民去适应世界，而不是像西方新教那样教导人民让世界适应自己。[3]

另一位学者泰恩特指出，罗马帝国和玛雅帝国的人口是随着文明的衰落而缩减的，[4]但不能确定人口减少是否是先于文明衰落而出现的，因此无法证明文明的衰落到底是人口减少的原因之一，还是其他因素恶化造成的共同结果，随后文明的衰落伴随着人口的缩减愈演愈烈。中国近 2000 年来的人口动荡与内忧和朝代更迭有关，但其因果关系同样并不明确。如果说一个文明的兴衰有一个临界人口数量，那么这个数字很可能因外部环境和相关人物的野心而有很大差异。原则上，人口数量充足本身并不能保证文明的兴盛，人口数量偏少也不一定就导致文明衰落，因为还有许多其他因素的影响。一个族群的人口数量可能非常少，印度帕西人的情况就表明了这一点。帕西人虽然人数不多，但却是一个活生生的文明，他们有共同的历史、宗教和语言。

在印度，普遍认为帕西人作为一个族群在政治、经济和文化上都非常成功。然而，他们的人数只有 30 万—40 万，不到印度人口的 0.03%，比犹太人在世界人口中的占比（0.2%，而且还在不断下降）还要小一个数量级。必须补充的是，在多宗教的印度，帕西人是很逍遥自在的。他们从不需要捍卫自己的生存，也没有野心发展为全球文明。尽管人数不多，但帕西人在印度作为一个文明的延续性和影响力似乎没有受到威胁。

俄罗斯是一个有趣但还没有定论的当代案例，可以用来检验人口数量与文明兴衰之间可能存在的相关性。20 世纪 80 年代，当西方观察家发现欧洲部分的苏联人口停滞不前乃至下降时，其亚洲地区各加盟共和国的人口却在增加，于是他们预言苏联就要遇到麻烦了。苏联解体后 10 多年里，俄罗斯的人口持续萎缩，俄罗斯政府认为这种趋势对俄罗斯的长期生存构成了威胁。有人可能会问，人口减少是否是苏联和俄罗斯国力衰落的主要原因，还是说，这是更深层次的变化或政策失误的结果。

假设存在一个"临界数量"，这就引出了历史学家、哲学家、人口学家和科学家所感兴趣的关于数量和质量之间联系的问题。是否可以通过更高的质量（姑且不论如何定义质量）来弥补数量不足，还是通过更多的数量来弥补低质量？马克思列宁主义支持第二种观点，并把"量变到质变"作为辩证唯物主义的核心要义。无论这些联系是什么，计算出达到某种结果所需的精确临界数量在物理学和化学中是可能的，但在人口学中则不然，因为我们不知道如何把人口的数量与质量联系起来，而且对质量的定义千差万别。

对犹太历史的应用

从最早时期开始，人口学就在确定犹太人的历史及其文明的形态、力量和地理分布方面发挥了至关重要的作用。虽然在千百年的散居历史中，人们有可能忘记这一点，但以色列和巴勒斯坦之间的冲突却让人口学的巨大战略分量再次显现出来。"人口的力量"并不是近东战略平衡的唯一组成部分，其实远非如此，但它对于理解巴以冲突的过去、现在和可能的未来都是必不可少的。[5]印度帕西人所证明的人口数量少不会威胁到一个文明的生存的说法，不能简单地适用于所有犹太历史。这一论断对犹太民族的某些分支在某些特定时期有效，但并不普遍有效。

犹太人对于犹太人数量的反思和关注由来已久，其历史与犹太教本身一样古老。《圣经》中的三位族长亚伯拉罕、以撒、雅各，曾不下五次得到神的应许，说他们的子孙后代会多如天上的繁星、海边的沙粒、地上的尘土。[6]12世纪末和13世纪的《塔木德》评注者对这些承诺有所怀疑，特别是那些对雅各的承诺。以色列之名得自雅各，雅各被当作以色列民的唯一祖先，而亚伯拉罕的后代还包括以实玛利的子孙，一般认为是指阿拉伯人。由于这些评注者生活在欧洲，他们知道犹太人的数量非常少，不久前十字军对犹太人的屠杀使他们的数量进一步锐减。

评注者解释说，神圣的应许不是指字面或人口数量上的，而是指人口质量。他们把重点放在"尘土"一词，并指出，神给雅各的应许——他的后裔将像"尘土"一样，指的是犹太人将像尘土一样永远存在于世界各地。

按照古老的米德拉什传统（即解释《圣经》的传统），评注者们将这解读为对犹太人无处不在和绵延永久的应许，而不是数量庞大的应许。[7]《圣经》中摩西在他生命最后时刻所传达的信息，比先祖们所接受的应许更加令人清醒。犹太人被选中，"并非因为你们的人数多于别民，原来你们的人数在万民中是最少的"。[8]犹太传统早就知道，人口数量不是万能的，人数的力量关键取决于犹太民族内部的认同感。

《圣经》叙事和犹太律法显示了对认同感消退的极大关注。在中世纪，认同感不那么岌岌可危，但在《圣经》时期和古代晚期肯定是一个严重问题。我们从拉比文献[9]中得知，只有五分之一的犹太人跟随摩西离开埃及，这些文献的作者可能想到的是更近期的历史事件，而非《圣经》中的出埃及。一个戏剧性的例子可以追溯到 1492—1496 年，当时面临天主教国王驱逐令的大多数犹太人没有离开西班牙和葡萄牙，而是改信了基督教。

任何人口学上临界数量的定义，无论是相对数量还是绝对数量，不可能在所有时间和情况下都有效；临界数量在不同时期有不同的含义。犹太文明的四种不同需求即政策目标，取决于临界数量：

——防卫和保命。

——在犹太家园的人口占多数。

——文化和宗教创造力。

——政治影响和权力。

临界数量因不同时期和不同地方不断变化的需求而不同。并非所有时期和所有犹太民族分支都必须同时追求这四个目标。在独立时期和依附时期不同，而且随着犹太民族地域分布的不同也存在差异。犹太人的领土在历史上可以分成五个时期。如何划分时期有多种可能，但下面的划分有助于突出人口数量的一些更广泛的影响：

1. 以以色列为中心的单领土文明（约公元前 12 世纪至公元前 8 世纪）

从以色列历史的起源到公元前 722 年亚述人摧毁北方王国，再到公元前 586 年巴比伦人摧毁耶路撒冷第一圣殿，几乎所有古以色列人/犹太人都共同生活在同一片土地上。因此，我们可以将其看作单领土文明。在这四个世纪，最关键的人口数量问题是战胜外敌的能力。他们的数量加上其他资产，足以打败非利士人和迦南人，但不足以抵御更强大的亚述人和巴比伦人。在公元前 8 世纪，以色列和其他近东王国一样，规模太小，无法单独阻止亚述人扩张。以色列国王亚哈（Ahab）便建立了一个由 12 位近东地区国王组成的联盟，并于公元前 853 年在卡尔卡尔（Qarqar）战役中与亚述国王撒缦以色三世（Shalmaneser III）交锋（见第四部分第九章）。他们至少暂时阻止了亚述人的前进。

亚述人在这次战役的详细报告中提到，以色列人的战车部队是所有战车部队中数量最多的，足有 2000 辆之多。[10] 历史学家纳达夫·纳阿曼（Nadav Na'aman）否认了这一数字，他认为这在战略物资上是不可能的，一定是书写错误的结果。他倾向于 200 辆，这使得以色列成为联盟中贡献最少的之一。[11] 纳阿曼似乎认为，在被外国征服和驱逐之前，以色列的人口数量已经相当庞大了。人口数量少对宗教和思想发展会产生什么影响已无法评估。

2. 以以色列/犹大和几个散居地为中心的多领土文明（公元前 8 世纪至公元 135 年）

公元前 722 年和公元前 586 年，亚述人和巴比伦人分别摧毁了以色列王国和犹大王国。此后，或多或少有一部分犹太人继续生活在古老的家园，直到公元 70 年和 135 年罗马人将这个家园摧毁。在这 800—900 年的时间里，犹太教是以以色列/犹大和几个散居地为中心的多领土文明。对于这个时期及之后的时期，我们用"多领土"（multi-territorial）而不是"无领土"（non-territorial）来描述散居地犹太人的状况。他们大多数生活在同一个省、同一个城市、同一个城市街区和同一个村庄，往往并不觉得自己是外国人中的少数族裔。相反，一定程度上他们觉得自己是占多数的。在这个漫长的时间跨度内，人口状况和需求在三个不同的时期有不同的变化：

（1）亚述和巴比伦扩张时期（公元前 8 世纪至公元前 586 年）：从公元前 8 世纪开始，甚至可能在公元前 722 年以色列王国毁灭之前，就已经出现了散居在王国以外的犹太人。我们不知道他们的数量有多少。在公元前 8 世纪至公元前 5 世纪出现的先知中，有一部分就来自散居地，他们非常重视散居问题，提到了那些"在亚述地将要灭亡的，并在埃及地被赶散的"，[12] 也提到了那些"从远方来的人，有的从北方、从西方来，有的从希尼（Sinim，埃及南部）来"。[13] 无论数量如何，这一时期是思想创造的活跃时期之一。《圣经》的重要部分，包括一些伟大的先知的著作，都可以追溯到这个时期。

（2）波斯统治时期（公元前 586 年至公元前 332 年）：在波斯时期，从巴比伦流亡开始至公元前 332 年亚历山大大帝摧毁波斯帝国并征服以色列地，犹太人的人口数量与对外防御无关。波斯帝国统治并保护了在犹大和巴比伦的犹太人。这种外族保护的模式会在犹太历史上反复出现。尽管有让犹太人处于依附状态的危险，但这不失为一个令人舒适的解决方案。

伊利亚斯·比克尔曼曾说过，在波斯人的保护下，犹大才不会被阿拉伯游牧者不断从阿拉伯半岛涌出的浪潮所席卷。这会吞噬犹大，而"锡安的岩石会早于奥马尔(Omar)的清真寺 1000 年成为阿拉伯神庙的地基"。[14]然而,在第一圣殿被毁后的几十年里,如何维持犹太人在其家园的多数地位被提上议程。巴比伦人对犹大的部分破坏和犹太人中的重要部分被掳到巴比伦,使包括阿拉伯部落在内的其他族群在随后 70 年里渗透进来并在此定居。

当犹太人被居士王释放并返回时,正如我们从《尼希米记》中得知的那样,他们与当地新居民爆发了激烈冲突。20 世纪犹太复国主义的主要难题是与敌对的本地居民的冲突,这其中有悠久的历史渊源,以色列当前对潜在不友好的阿拉伯少数族裔的担忧可以追溯到 2500多年以前。在波斯统治后期,以色列地上的犹太人口数量开始大幅增加。[15]同时,第一圣殿被毁后波斯统治的两个半世纪是犹太史上宗教和文化最富创造性的时期之一,那是充满重大变革的两个半世纪。在一定时期内,巴比伦的犹太侨民是创造力的主要来源:一些最伟大的先知,如以斯拉和尼希米都在巴比伦。在这几个世纪里,犹太散居人口在历史上第一次产生了政治影响力,这可能是上述人口学的第四个政治目标。历史学家萨洛·巴龙也许是受了他所处时代的美国经验的影响,认为人口因素在帮助犹太人提高其在波斯帝国的政治影响力方面确实发挥了重要作用,波斯国王对犹太人的事务怀有浓厚个人兴趣,因为不断增长的犹太侨民已经成为波斯人口中的重要组成部分。[16]巴龙没有提供来自波斯或任何其他史料的佐证数据,不像我们可以从后来的罗马史料中得到关于罗马帝国犹太人的资料那样。尼希米是国王亚达薛西一世的"酒政",他的故事表明,至少有一个犹太人,可能还有以斯拉和其他一些人,在波斯宫廷中具有一定影响力。在一个专制和等级制度中,离王位近的人的质量很容易取代远处许多人的数量。

(3) 托勒密-塞琉古(Ptolemaic-Seleucid)和罗马统治时期(公元前

332 年至公元 70 或 135 年）：这一时期前半段突出的人口因素是以色列地上的犹太人口持续增长，这是从波斯人统治时期开始的。这对未来至关重要，因为在塞琉古统治下，希腊移民的数量也在不断增加。犹太人的人口增长至关重要，因为这为哈斯摩尼家族（Hasmoneans）提供了公元前 167 年后反抗塞琉古统治所需的军事力量。[17]获胜之后，哈斯摩尼王朝的统治者通过强迫新领土上的非犹太人皈依犹太教，进一步增强了犹太人的数量实力。就目前所知，这是历史上唯一有记载的强迫实行集体犹太化的案例。当然，哈斯摩尼王朝的意识形态理由并不是人口方面的。他们提出的主要理由是希望以此防止偶像崇拜亵渎以色列地的神圣性。虽然犹太人在哈斯摩尼王朝对塞琉古帝国的战争中人数够多，但在后来对罗马帝国的战争中，他们的数量就不够了，输掉了每一场战争。这并不意味着犹太人在数量上无足轻重，但不管有多少，他们在罗马帝国的总人数在军事上没有达到临界数量，由于地理上的分离、缺乏交流和不同的政治观，[①]他们不可能建起一支统一的部队。然而，在犹太人生活的主要中心，特别是犹地亚和巴比伦之间，存在着频繁的宗教和文化交流，当然也有竞争。人数显然足以发挥宗教和文化的创造力。在这一时期，罗马帝国的犹太人口数量开始具有政治影响力，非犹太人的史料也佐证了犹太人数量的影响。犹太人在罗马人数众多，他们的利益不容忽视，从恺撒大帝开始的罗马统治者都明白这一点。反犹太人的政治家西塞罗（Cicero，公元前106—前 43）抱怨说，"蔑视犹太人群"需要极大的勇气，因为犹太人到处都是，而且非常强大[②]——这是赤裸裸的抗议，至今仍是反犹宣传的

---

① 当罗马人包围并摧毁耶路撒冷时，罗马城和意大利的犹太人并没有以任何方式转移或抗争。

② Goodman, 389. 西塞罗在公元前 59 年对弗拉库斯（Flaccus）的诉讼过程中，作为辩护律师说了这番话。一些历史学家认为，他的言论只是修辞，为了给法官留下深刻印象，而不是现代意义上的"反犹"。然而，当前著名反犹主义者们在反犹汇编中不断引用西塞罗的话。

主要内容。

3. 多领土的散居文明(公元 70 或 135—约 1800)

在此期间,犹太人开始了其历史上最漫长的一段没有家园的生活,演变成一个多领土的散居文明。无论定居在世界上哪个地方,他们中的大多数人都生活在联系紧密的地域内,并且保持着日常交流。通常居住在不同国家的犹太社群通过定期讨论和互动,带来了相当大的文化和经济利益(关于经济利益的讨论,见第四部分第七章)。由此,犹太人的自卫问题以及自卫所需的人口数量问题不再出现,除了少数例外。如果基督教和穆斯林势力不保护犹太人,他们的人口数量和领土集中程度对他们没有任何帮助。然而,他们的领土尽管被分割成不同的地理区域,却为文化—宗教创造力和政治影响力提供了充足的群众基础。虽然无法对这方面的临界数量进行量化,但我们要引用费尔南·布罗代尔的一个发人深省的观点(II,11)。谈到 17 世纪犹太人的数量时,他和乔纳森·以色列(见第二部分第十四章)一样,认为这是犹太人文化、经济和政治进步时期的标志。犹太人组成了世界上最主要的商业网络,然而,即使在最重要的城市里他们的数量也很少,另外必须说明的是,周围的村庄里有许多规模较小、与城市社群相连的犹太人定居点。1586 年,威尼斯只有 1424 名犹太人,几年后,汉堡只有不足 100 人,阿姆斯特丹最多有 2000 人。往往只在较小的犹太人口中心,才能找到最富有的犹太人。所有这些犹太人的中心城市都紧密相连。他们通过教育和信仰,通过源源不断的旅行者——包括神职人员、商人和乞丐,以及通过持续不断的法典教义、商业、家庭和朋友通信联系在一起。犹太书籍的印刷在凝聚犹太人方面也发挥了必不可少的作用。根据布罗代尔的说法,17 世纪犹太人经济力量的数量基础非常薄弱。[18]

早在 16 世纪之前，即使人数很少，犹太人也爆发出了巨大的知识和宗教创造力。从 11 世纪到 13 世纪，斯佩耶（Speyer）、美因茨（Mainz）和沃姆斯（Worms）的犹太社群规模很小，但那里与法国几个地方一起，取代了巴比伦等地大得多的社群，成为整个犹太世界最重要的学习中心。12 世纪沃姆斯的犹太社群，成员不过几百人，但有几十个大家庭，构成了一个文化临界点，这得益于几位学者留下的持久宗教影响，以及这些犹太人在一起生活、交谈、祈祷和学习。从犹太人的角度来看，因为缺少著名学者和有文化创造力的人，19 世纪后期沃姆斯虽然有大得多的犹太社群，却达不到临界点，没有留下知识或文化影响。

中世纪的历史使人们对这个现代假设产生怀疑，即犹太人的社会凝聚力和社群可持续性直接取决于人口数量。这种假设意味着，一个社群的凝聚力和持续性在其人数减少时减弱，在人数增加时加强。可持续性与人口数量之间存在着联系，但并不是简单的因果关系，当然，除非是在人口数量变得太少，以至于没有足够的人去履行最基本的社群功能时。其他因素也发挥了作用。正如过去几十年里许多小规模的欧洲犹太社群所呈现的那样，持续性的下降不仅仅是人口数量问题，还是质量问题，原因主要是受过最好教育和最有活力的年轻人外流或移民，特别是移民去了以色列。

19 世纪前散居地犹太人的数量是否具有足够政治影响力去改善犹太人的现状？至少在阿拉伯人入侵之前甚至可能在入侵后，巴比伦都居住着大量的犹太人，因此，犹太人的数量可能给他们带来政治和社会经济力量。欧洲的情况则不同。在 1492 年遭驱逐之前，西班牙犹太人估计占总人口的比例高达 10％。基督教统治下的西班牙自然感到犹太人的数量太庞大，对此表示反感，进而导致西班牙宗教反犹主义和经济反犹主义的出现。此时数量变成了负担。当驱逐令下达后，犹太人口的数量无法拯救犹太人。

4. 无领土的流散文明（约 1800—1948）

随着启蒙运动的开始、犹太隔都的开放，以及其他限制的慢慢废除，至少在西欧和美国，犹太文明成为一个真正无领土的文明。在俄国、波兰和伊斯兰世界，这个过程则要慢很多。这种新的无领土状态与政治、经济、文化上的自由一同出现，也伴随着犹太世界可以与非犹太世界几乎完全互动同时出现，但在这一过程中，犹太人失去了与其他犹太人密切交流的优势，而在过去这是小犹太社群具有"临界数量"的主要文化优势。

从 1945 年以前犹太人散居地的自卫手段来看，至少欧洲的情况表明，更多的犹太人并不能带来更大的安全或决定性的政治影响力和权力，哪怕是在犹太人口众多的国家，如波兰、波罗的海诸国、罗马尼亚和匈牙利等。这些国家的犹太人口占总人口的 7％—12％，但其结果与西班牙犹太人如出一辙。除了短时期内在匈牙利等国家的经济和学术界取得影响之外，犹太人数量的增加导致了反犹主义高涨，并没有增强犹太人的权力和影响力。这些国家在当时的大部分时间内并非真正推行民主和平等，或只是宣扬名义上的民主和平等；有些国家推行旨在反犹的排斥和歧视政策。有些国家的情况则不同，特别是在美国，犹太人数量从 19 世纪末开始膨胀。美国犹太人口的增加确实增强了其政治影响。

1939 年，犹太人口有 1600 万—1700 万，占世界人口的 0.7％，其中约 800 万—900 万生活在欧洲，犹太人很少像此时一样，在面对致命危险时孤立无援。相比之下，以色列于 1948 年 5 月立国时，66 万犹太人虽然装备简陋，但构成了足够的临界数量，面对阿拉伯人的全面进攻，他们自卫险胜，并使犹太人和世界历史发生了根本性变化。今天，犹太人只占世界人口的 0.2％，但他们的力量和文化影响力却与占 0.7％的时候不可同日而语。20 世纪初，俄国犹太人口有 500 万，在沙皇统治下受尽苦难，他们全然无力，几乎无法保命。今天，俄罗斯犹太人的人数不到 30 万，但他们拥有的权利、自由和影响力，是他们的曾祖父母所梦寐以求的。至于文化影响力，可以说 1800 年后，犹太人在各个文化领域的贡献成倍扩大，远远超过了犹太人口数量的增长。数量显然不是文化创造力的限制因素。相较于对当代犹太人影响力的乐观介绍，我们应该持有一种悲剧性的假想图景，即如果没有发生纳粹大屠杀，今天犹太人的数量会是多少。人口学家塞尔吉奥·德拉佩戈拉(Sergio DellaPergola)结合大屠杀中欧洲犹太人相对年轻的人口结构，并基于 1939 年以前他们的长期生育趋势进行统计学预测，完成了相关人口数量的估算，认为 2000 年全球犹太人的数量可能在 2600 万—3200 万，而不是实际上的 1300 万。[19] 如此规模的犹太民族在地理分布、政治、宗教、文化观以及与世界的关系上，都会与目前的实际情况有根本不同。甚至我们对犹太史上"临界数量"的含义和规模的讨论也会有所不同。

5. 以以色列和散居犹太社群为中心的多领土文明(1948 年以来)

以色列国的建立从根本上改变了犹太历史的人口状况。犹太文明又被分割成两个不同的部分：一个是单一领土部分，即以色列；另一个是无领土部分，即分布在世界各地的犹太社群。自第二圣殿时期以来，以色列的犹太人第一次需要有足够的临界数量来同时实现全部四个目标：保卫防御、国内人口数量占多数、创造力和政治影响力。以色列目前与美国的安全联系，可能与尼希米及其追随者统治下的犹大地区犹太人从波斯帝国得到的保护约略相似，但在今天，以色列国自身对其防御工作的贡献最重要，也更加不可或缺。在公元前 5 世纪末和公元前 4 世纪，情况并非如此，当时波斯是中东地区无可争议的主人。

　　散居地犹太人与以色列犹太人不同，他们争取到了文化上的创造力和一定的政治影响力，但他们保卫的是自己的居住国。此外，像在美国、法国和英国这样的散居地，犹太人已经能够通过民主的方式将其人口数量转化为政治影响力。犹太人在美国具有相当大的影响力，他们可以对美国内政和外交政策产生重要影响。也许是自古罗马以来，散居地犹太人的数量首次产生了实质性的政治影响。然而，犹太人口数量的持续减少在中长期内可能会危及他们的影响力。在许多西方国家，犹太人正忧心忡忡地看着自己的选票不断减少，而穆斯林选票却在迅速增长。

　　今天的人口挑战已经和启蒙运动前的截然不同了。"人口结构和人口数量不能局限于人数，而必须与文化内容和身份认同有机结合起来。"[20]群体认同的强弱和质量决定了犹太人的婚姻与家庭规模的模式，从而决定了人口结构。在散居地犹太人中，群体认同的质量决定了犹太社群的参与度和可持续性。犹太人在以色列面对的人口挑战与在散居地所面对的不同。在以色列保持犹太人在人口结构中占清晰的、无可争议的多数，以此作为犹太民族的核心状态，是个至关重要的问题。以色列的犹太人比例不应低于一个固定的阈值。这一阈值的大小取决于其他变量。除了这个压倒一切的问题，以色列在许多具体方面还面临着"临界数量"问题，比如，维持一支军队，发展先进经济，以及提供众多服务。散居地犹太人面临的主要问题是如何维持犹太社群的凝聚力和精神文化，如前所述，这不仅仅是一个数量问题。决策者们忧心忡忡地关注着散居地犹太人口的不断萎缩，在他们看来，这是疲软和衰落的症状。犹太人在一些国家拥有真正的政治影响力，在许多国家保持着经济、宗教或文化上的影响。现在的问题是，在人口数量不断减少的情况下，犹太人如何才能维持自己的影响力。相比于担忧文化影响力的衰落，他们更加担心有可能会出现政治影响力的削弱。

　　政策措施可以应对人口挑战。必须让公众认识到，合理的人口政策对犹太民族的未来至关重要，有必要在以色列建立一个旨在规划并执行全面人口政策的中央高级政府主体。

第七章　文明持久的经济基础[①]

概论

现代人相信经济学是历史中的一个自主因素,同时又是其他因素的驱动力。这解释了为什么从修昔底德到 19 世纪的布克哈特等主流历史学家如此轻视经济。伴随着 16 世纪、17 世纪重商主义的出现,一种独特的经济理论和政策问世,当时欧洲刚成立的国家及其统治者发现经济是民族和国家力量的工具。19 世纪发生了翻天覆地的变革。从 18 世纪末开始的工业革命带来了强大、明显独立、不可抗拒的经济力量,这种力量将彻底改变世界。

可以说 1800 年是世界经济史的分水岭。经济史有两个主要时期:一个是 1800 年之前,一个是 1800 年之后。卡尔·马克思对工业革命及其引发的痛苦社会后果观察得最为透彻。他的著作也成为一个分水岭,引发了对历史的深远反思和史学的持久变化。马克思认为,经济或者更准确地说是生产力和掌握生产力的社会阶级,诠释了各个时代的历史。历史上从未有过一种经济理论和历史哲学能比这产生更直接、更深刻的政治和思想影响。

① 耶路撒冷希伯来大学的纳胡姆·格罗斯(Nahum Gross)教授慷慨地提供了本章所使用的许多资料的参考文献,并提出了非常宝贵的建议。

本研究罗列的许多历史学家都拒绝接受马克思的主要观点，特别是他对历史唯物主义的解释。马克斯·韦伯如此，[1]奥斯瓦尔德·斯宾格勒、约翰·赫伊津哈、阿诺德·汤因比和皮蒂里姆·索罗金也或明或暗地对此加以反对。他们都不认为经济是文明繁荣的决定性驱动力，但斯宾格勒在这方面（以及其他方面）的见解比他所处的时代超前了几十年。"自蒸汽机发明以来，全球经济都由极少数杰出的头脑创造的。没有他们杰出的贡献，现在就一无所有。他们的成就不是'数量'的成就，而是创造性思想的成就。"[2]无论这些历史学家是否提到马克思，他们都不能忽视他，也不能否认他们受到他提出的基本问题的启发。对其他人来说，这些问题是他们自己在研究历史过程中不可缺少的部分。伯纳德·刘易斯指出了直接导致奥斯曼帝国衰落的经济因素，[3]乔纳森·以色列提出了那些同样决定性地促成荷兰共和国兴起的经济因素。[4]沃德-珀金斯认为，只有了解西罗马帝国所受到的外部冲击对经济和金融的致命影响，才能解释西罗马帝国的衰落。[5]吉本在他那个时代是看不到这些联系的。经济是所有文明的决定性因素，历史学家费尔南·布罗代尔是这一论点的最有力捍卫者。他也是这群人中唯一一个反思犹太文明长期经济基础的人，他认为17世纪的国际犹太企业家精神和贸易网络是犹太文明长期的经济基础，至少在地中海地区如此。[6]

对犹太历史的应用

19世纪和20世纪初的主要犹太历史学家对经济学没有足够重视。在20世纪10年代和20年代，关于犹太经济史的两本最有影响力的学术著作并非出自犹太历史学家之手，而是德国社会学家马克斯·韦伯和维尔纳·桑巴特所著。像19世纪的史学惯例那样，海因里希·格雷茨在其著作中几乎没有提到犹太经济史。他想把犹太人定位为一个精神民族，同时认为犹太史是由犹太人的宗教理想或外来压迫所驱动的。这并不意味着 19 世纪的欧洲对犹太经济学不感兴趣，而是意味着这一主题的文章有时是反犹主义的。1844 年，26 岁的卡尔·马克思发表了小册子《论犹太人问题》(On the Jewish Question)，此作令人难忘。在这本小册子里，他嘲讽犹太人是"骗子和贪财者"，嘲讽他们的宗教是贪财的信仰。具有讽刺意味的是，卡尔·马克思和海因里希·格雷茨相识且关系友好，并有书信往来。马克思早期中伤犹太人的论文，及其他学者的类似论文，显然并没有引起更严肃的犹太学者对经济史的研究。① 萨洛·巴龙写了多卷本犹太世界史，在他的书中，经济被视作犹太人生活的核心支柱，但这要到 20 世纪中期才出现。[7]

　　毫无疑问，经济是犹太史中的一个重要因素。如果不了解经济背景，就无法充分理解历史。这里不是要建立一种全新的关于犹太经济史的"宏大理论"，但对"宏大理论"的怀疑绝不应该使人走向相反的极端。美国学者雅各布·纽斯纳(Jacob Neusner)拉比抨击"他们所谓的'犹太经济史'的大杂烩，同样是虚构的'犹太史'的一个分支"。[8] "宏大理论"与"大杂烩"之间的通道是狭窄的，我们将通过介绍五个不同的案例研究，来尝试谨慎地走下去，目的是讨论特定时期经济活动与犹太文明兴衰之间的联系，然后寻找在这些时期犹太人经济活动之间可

----

　　① 后来的许多犹太历史学家、政治思想家和领导人都是马克思主义者、共产主义者或马克思主义犹太复国主义者。有些人试图强行将犹太史纳入阶级斗争、资产阶级剥削无产阶级等马克思主义框架。拉斐尔·马勒(Raphael Mahler, 1899—1977)持温和立场，他深受伯尔·博洛霍夫(Ber Borochov)的影响，后者是东欧社会主义犹太复国主义"锡安工人"(Poalei Zion)运动的主要思想家。马勒用希伯来语撰写了《最近几代以色列编年史》(Chronicles of Israel in the Last Generations, Tel Aviv: Ha-Kibuts ha-Meuhad, 1976)一书，其中部分内容被翻译成英语，如今已鲜为人知。他本着当时共产主义意识形态的精神这样描述纳粹大屠杀："随着 1917 年俄国社会主义革命的胜利，一股逆流席卷了整个资本主义世界，这在法西斯主义和纳粹主义加强征服欧洲时达到了高潮。……这是我们所见的直接针对新社会主义政权核心的最可怕的攻击，工人阶级被血腥的恐怖所镇压，犹太人遭受了迄今为止从未有过的灾难。"参见 Mahler, 18。

能的共同点。

我们遵循经济学家西蒙·库兹涅茨(Simon Kuznets)的观点，他在1960年出版的一篇现已成为经典的论文中提出，犹太人的经济史存在"常见的、可以反复观察到的特征"，以及"历史的连续性"。[9]以下所选个案皆为成功案例，它们在20世纪以前往往是特例，不代表犹太史上大部分时期的平均经济状况，而只是出现在不常见的经济繁荣时期。

案例一 犹太人作为9—11世纪之间阿尔卑斯山北部的城市先驱[10]

4世纪早期，就有犹太人居住在罗马帝国日耳曼省的莱茵河和摩泽尔河沿岸。科隆有一个很有名望的犹太社群，321年，君士坦丁大帝邀请该社群的犹太精英进入市政府工作。由此产生的新责任迫使犹太人纳税，这可能是君士坦丁的主要目标。在随后长达四个世纪的"黑暗时代"，我们对这些省份的犹太人几乎一无所知。最新的研究更精确地描绘了9世纪后犹太人的生活场景，他们沿着德国南部和东南部的大河谷、贸易路线一路东进。这幅场景与人们熟知的"眼泪谷"形象截然不同，后者将散居历史描述为一连串无休止的迫害。贸易对于经济增长和发展不可或缺，而犹太人在贸易技能和人脉方面的优势众所周知，无人能及。由此便可解释为什么加洛林(Carolingian)王朝和奥托(Ottonian)王朝的皇帝们向犹太人提供了特许状，允许他们作为商人和贸易商在莱茵河谷定居。犹太人获得了与贵族和其他自由人一样的权利，并准许携带武器。他们在国际社群网络、语言技能等方面拥有重要的竞争优势，并且在伊斯兰教和基督教不断对抗的时代能够保持宗教中立。

贸易是犹太人的主要职责，其贸易能力广为人知。他们经常活动在巴格达和更东方的地区。797年，查理大帝派遣使节团前往巴格达拜见哈伦·拉希德(Harun Al-Rashid)哈里发，他任命了犹太商人以撒

(Isaac)作为使节团的向导和翻译，这并非巧合，以撒显然是个有钱人，还可能是社群领袖。使节们死在了巴格达，但在 802 年，以撒带着一头名叫阿布尔-阿巴斯（Abul-Abbas）的白象回到了亚琛（Aachen）的查理大帝宫廷，白象是哈伦·拉希德送给西方大帝的礼物。这个故事在当时一定非常流行，查理大帝的编年史对此做了详细而生动的记录，记载了以撒和白象的非凡旅程。① 1200 年后，这位犹太长途商人丰富多彩的故事又重新出现在欧洲人的记忆中。[11]

穆斯林统治下的巴比伦犹太人，与法兰克王国和后来的加洛林帝国统治下的犹太人，通过远距离的贸易和学者间的交流联系在一起。查理大帝的以撒并不以学者身份著称，但纳波内（Narbonne）的马基尔（Makhir）拉比却是。马基尔是巴比伦人，可能还是巴比伦犹太人的领袖。8 世纪后期，马基尔成为高卢（Gaul）纳波内犹太社群的领袖，创办了著名的纳波内犹太经学院，在当时吸引了许多外国学生。19 世纪出版的伊本·达乌德（Ibn Daud，1110—1180）撰写的犹太史书中介绍，哈伦·拉希德哈里发选择将马基尔送到欧洲，以满足查理大帝邀请一位著名犹太学者的诉求。② 其他史料显示，马基尔的到来是在查理大

① *Annales Regni Francorum ab a. 741 usque a. 829*（Records of the Kingdom of the Franks from Year 741 to 829），Internet edition.这个故事是童话故事。以撒和白象从巴格达走到耶路撒冷，又从那里走到北非的凯鲁万（Kairouan），再乘船到意大利，然后一直走到亚琛。白象在查理大帝的宫廷里又生活了几年，陪同皇帝上过一次战场，似乎是在莱茵河里洗澡后死去的。801 年的一份记录报告写道："这年 10 月，犹太人以撒带着他的大象从非洲回来，进入维尼斯港（Portum Veneris，位于利古里亚海岸）。然而，由于大雪，他无法越过阿尔卑斯山，于是在韦尔塞利斯（Vercellis）过冬。"DCCCI, VII. 笔者译。

② "于是，查理国王派人去找巴格达的国王，要求给他从犹太人中派遣一名大卫家族的后裔。巴格达国王同意并派出了一位富裕的智者，此人名叫拉比马基尔。查理把他安置在纳波内……"这段话来自亚伯拉罕·伊本·达乌德的《圣贤和时期的纪事》（*Seder Ha'chachamim Ve' Korot Ha'itim*，ed. Neubauer，Oxford：Clarendon，1887，82）。格森·D. 科恩（Gerson D. Cohen）编辑和注释的伊本·达乌德此书被认为是最权威的。科恩删去了这个故事，他发现这个故事是后来补充进去的，并非出自伊本·达乌德之手。引用这个例子是因为它反映出两位皇帝之间关系中关于犹太维度的古老记忆。

帝的父亲——法兰克国王丕平(Pepin)的时代。显然,丕平想争取犹太人的帮助,来消灭占领纳波内的倭马亚王朝的萨拉森人。无论地缘政治原因如何,犹太人的贸易往来、财富和学术交流之间存在联系这一假设并不牵强。无论丕平和查理大帝与犹太人的亲疏关系如何,他们都不太可能用自己的钱资助犹太学者移民或创办犹太经学院。这笔钱显然是犹太人自己出的。

　　犹太人的贸易商品是便于运输的价值高、体积小的物品,如丝绸、香料、教堂仪式用香(只有也门才有)和奴隶。① 在第一次十字军东征(1096)之前,他们的特权地位基本上没有受到挑战,尽管爆发过几次针对犹太人的暴力事件。犹太人的平均经济地位大大高于当地农业人群。他们的物质文化财富可与贵族和高级神职人员相媲美。从 9世纪到 12 世纪,欧洲的气候比此后几个世纪要暖和得多,这大大促进了农业生产力的提高和人口的增长。为了适应快速增长的人口,大约12 万个新村庄和城市建立起来,在许多已知的例子中,犹太人是城市的开拓者。在德国南部的斯佩耶(Speyer)和弗莱堡(Freiburg),在今天瑞士的伯尔尼(Bern)和弗里堡(Fribourg),以及在许多其他城市,犹太人依据《塔木德》和拉比法令组建了自治社群。一些历史学家认为,后来 13 世纪和 14 世纪的商人与手工业者创建的自治城市公社效仿的正是这种犹太人的自治模式。

　　因此,在莱茵兰地区(Rhineland)和法国,在坚实的城市基础和不断增长的经济财富支持下,充满活力的犹太研究中心得以出现。[12] 在十字军东征之前甚至之后,经济繁荣促进了犹太学术的发展。在 10

---

　　① 今天,奴隶贸易引人反感。然而,必须将 9 世纪和 10 世纪的这一做法放在当时的背景下看待,而不是放在后来惨绝人寰的跨大西洋大规模贩卖非洲奴隶的背景下看。在基督教治下的早期欧洲,人们认为只要奴隶不是基督徒,就可以被交易。就目前所知,所贩卖的这些奴隶全是白种欧洲人,主要来自北欧和东欧的异教地区,犹太人当然也不是唯一的奴隶贩子。Toch 著作的第 6 页和第 96 页断言,犹太人在中世纪早期奴隶贸易中的作用被大大夸大了。

世纪和 11 世纪，"由学者和批发商人组成的贵族"[13]统治了阿尔卑斯山北部的犹太教。在五代人的时间里，最重要的知识分子来自不超过七个社会经济上有联系的家族，这些家族通过彼此的婚姻巩固了他们的财富。精神上的权威、政治上的领导和经济上的权力都集中在同一群人手中。阿什肯纳兹犹太教的兴起由此开始。

案例二　10—12 世纪犹太人在地中海和中国间的长途贸易：马格里布人(Maghribis)和拉唐人(Rhadanites)

在 10 世纪和 11 世纪，阿尔卑斯山北部的犹太人是商人和城市先驱。与此同时，生活在伊斯兰世界的犹太人中的 80%—90% 也发展了部分类似的技能。长途贸易在此发挥了重要作用，正如长途贸易之于阿尔卑斯山北部那样，但伊斯兰统治下的犹太人依然当着农民、工匠和手艺人。有些人从事例如医学等高技能的职业。在欧洲犹太人被迫从事货币贸易之前的几个世纪里，大量犹太人就无所顾虑地主动进入了这一领域，其中包括银行业务、汇款和铸币，而不是后来在欧洲盛行的放贷。然而，由于包括文化在内的一系列原因，商人的作用尤其重要。通过一个例子，我们可以更全面地了解犹太人的竞争优势。

马格里布人是一群犹太商人和企业家，他们在 10 世纪从巴格达周围移民到突尼斯。从那开始，马格里布人及其后裔遍布整个伊斯兰的地中海地区，他们在以色列、黎巴嫩、埃及、伊斯兰西西里、北非和西班牙等地居住和贸易。基于来自老开罗犹太会堂的大约 1000 份密库文书和许多拉比的答问集，经济史学家得以重构马格里布人的组织和权力的详细图景。此项研究显示了"犹太人的网络系统"或"犹太人的团结"这种经常被提及但却很模糊的概念究竟在实践中意味着什么，以及这在特定情况下是如何运作的。[14]在现代信息和通信渠道以及有效的国际执行机制出现之前，长途贸易虽然风险很大，却有利可图。

对长途贸易者来说，除了相当大的人身危险外，关键问题是如何确保需要长途运输货物的商业伙伴的诚信。当怀疑远在数百英里或数千英里之外的伙伴有欺骗行为时，如何进行有效的控制并提出补救的要求？如果没有一定的保障，就不可能有长途贸易。在地方边界之外缺乏有效的政府力量，迫使马格里布人基于犹太文化习惯和宗教法律发展出原始的自我组织、控制和强制措施。马格里布人组成了一个商人联盟，有点类似于后来的欧洲商人行会。马格里布商人和他们的海外代理人都是犹太人，他们都是联盟的成员，并发誓要相互团结，诚实守信。当发现成员有欺骗行为时，可以号召所有人抵制他，所有成员都会与他断绝关系，拒绝向他还债，拒绝交付欠他的商品。马格里布人只与其他马格里布人有贸易往来。他们没有其他的商业伙伴，甚至与日益重要的意大利犹太商人也没有贸易关系。马格里布人通过复杂的希伯来语写信交流，讨论复杂的经济交易和计算。12 世纪的埃及统治者解散了马格里布联盟，因为他们想控制地中海贸易。

然而，这并没有遏止犹太人贸易网络的蓬勃发展。历史学家施洛莫·戈伊坦（Shlomo Goitein）发现，11 世纪后广大中东地区的犹太人有很大一部分参与了国际贸易，如西班牙、埃及和印度之间的贸易。[15] 由于长途商人需要在许多地方统治者的宫廷上有常驻代表，需要保护他们免受无处不在的强盗和海盗的侵害，他们只能与其他犹太商人进行密切的、相互信任的合作。

对穆斯林统治下的犹太人来说，所有这些贸易网络不仅仅具有经济上的重要性，而且肯定超越了地方层面的意义。贸易网络还具有重要的文化作用。一些商人同时也是犹太社群的宗教领袖。"在受教育程度最高的犹太人中，做学者和做商人往往是一回事"，[16] 这与欧洲的情况并无太大区别。马格里布人和其他商人在犹太社群与学者们远距离沟通过程中是不可或缺的。商人们把来自世界各地的书面的宗教问题带到巴比伦的经学院，再把拉比的回答带回给提问者。来自法国和拜占庭的犹太商人经常要去埃及，不仅仅是去采购商品，还要购买书籍和寻求宗教问题的答案。有一位埃及长途商人因其对犹太历史和学术的间接帮助与巨大贡献而名垂千古，他便是大卫·本·迈蒙（David Ben Maimon），或者叫大卫·迈蒙尼德（David Maimonides），他就是大名鼎鼎的摩西·迈蒙尼德的弟弟。大卫赞助了哥哥整整八年时间，让哥哥得以在最好的年华里能够用全部时间专心学习和写作。如果不是大卫富有且慷慨，并意识到他哥哥才智非凡，我们今天可能就看不到迈蒙尼德的作品了，或者只能看到其中一小部分。大卫做的是宝石贸易，在一次危险的印度之行中死于海上，这让摩西·迈蒙尼德心碎不已。他在绝望中萎靡不振，整整一年没能安心工作。

这个时代的犹太人维持着广泛的贸易关系，其贸易范围甚至超越了印度。与马格里布人和欧洲长途商人有相似之处的一个例子是9世纪和10世纪的拉唐人。拉唐人也许是以家族关系为纽带的犹太长途贸易团体。有些人认为他们起源于巴比伦，而另一些人则认为他们的名字与法国南部的罗纳河（拉丁文为 Rodanus）有关，那里有早期的犹太人定居点。关于拉唐人起源最详细可靠的资料是9世纪中期阿拉伯官员、旅行家伊本·胡尔达兹比赫（Ibn Khordadbeh）的《道里邦国志》①，同时代的人称他为"巴格达的邮政局长"。他负责阿巴斯帝国的邮件投递，对帝国各部都有广泛而精确的地理及人种知识。他在描述犹太商人时，首先指出他们的语言流利程度令人印象深刻，"他们会说阿拉伯语、波斯语、希腊语、法兰克语、安达卢西亚语和斯拉夫语，他们从东方回到西方，从西方去到东方，从陆地到海上。他们从西方带去仆人、女奴、男奴、锦缎、海狸皮、毛皮、貂皮和剑……他们从中国带回

---

① 有中华书局1991年版中译本，宋岘译注。——校注

麝香、芦荟木、樟脑、肉桂和其他商品".[17]伊本·胡尔达兹比赫在他们的语言列表中省略了希伯来语,拉唐人当然懂希伯来语,但他并没有提及汉语。他的故事可能是对犹太精英们非凡语言才能的第一份书面记录,这种才能将使犹太精英们在几个世纪内脱颖而出,并一直持续到 20 世纪的中欧和东欧(如第四部分第四章所讨论的那样)。

拉唐人像其他犹太长途商人一样,从事奢侈品交易,同时也从事武器贸易。他们肯定知识渊博,不仅仅通晓多种语言,还了解外国文化和市场贸易,并拥有地理学和航海知识。有了这些商业技能,他们能够管理从西班牙、法国到中国的贸易,这在当时是世界上最广泛的贸易网络。像其他犹太商人一样,拉唐人躲开了伊斯兰教和基督教之间的冲突。穿越伊斯兰中东时,拉唐人从教友那里得到指引和庇护。当他们选择漫长又危险的陆路穿越中亚沙漠时,正如伊本·胡尔达兹比赫所提及的那样,旅程的第一段可能会经过哈扎尔人的犹太王国,他们在那里寻求到了保护,这是另一个竞争优势。

拉唐人是否对中亚或远东的犹太文化和历史有重大意义,我们无从知晓。中国开封的犹太社群大约存在于 11 世纪或 12 世纪直到 19 世纪,正如一些人认为的那样,[18]开封犹太社群如果与拉唐商人有任何联系的话,后者的重要性可能会大很多,但我们无法肯定这一点。开封的犹太人在 18 世纪之前一直使用波斯语汇,其中有些人的祖先肯定是来自中东和波斯的商人。《中国科学技术史》的作者李约瑟(Joseph Needham)认为,拉唐人在文明史上的作用跨越了犹太教的边界,他们是早期在中国和西方之间的科技知识的传播者。[19]

通过广泛的宗教关系,以及丰富的知识和多种技能,犹太长途贸易商享有竞争优势。在贸易以外的事务中,类似的因素也可能发挥作用。例如,在伊斯兰世界的许多地方,犹太人在珠宝和染料的制造以及丝绸和羊毛的染色业务中发挥着重要作用。关于伊斯兰世界艺术和手工艺的专门文献提到了犹太人在这些领域的重要作用，如在摩洛哥、也门、波斯、阿富汗和中亚地区。制作珠宝和染料在某种程度上是高技能职业。在多数情况下，用天然染料染色是基于复杂的实验和家族的秘密传承。投身货币贸易的犹太人也需要诸如铸造金币等技能。当外来的多种钱币出现在伊斯兰世界时，必须要有特定的知识才能发现钱币上的瑕疵和假币。

案例三　约 1600—1713 年，欧洲犹太人在重商主义时代的经济繁荣

在欧洲，从十字军东征开始，法律上和经济上对犹太人的歧视日益严重，直到重商主义的世纪出现后，这一漫长时期才被打断。17 世纪，犹太人的法律和经济条件得到改善，这对政治和文化产生了深远的影响。许多历史学家知道相关的事实，但没有以更广阔的视野去对待这些事实，在他们看来，18 世纪的启蒙运动和随后的犹太人解放运动才是现代犹太史上的重大突破。乔纳森·以色列在《重商主义时代的欧洲犹太人》一书中质疑并推翻了这一传统模式。[20]

从 1470 年到 1570 年的 100 年间，西欧和中欧许多地方的犹太人几乎灭绝，损失无法估量。欧洲各地的反犹主义情绪高涨，导致大规模的驱犹运动的出现，犹太人于是向波兰和奥斯曼土耳其大规模迁徙。严重的经济困境导致了内部团结的降低和社群机构的解体，并成为犹太人皈依基督教的主要原因。[21] 1570—1620 年期间出现了一个转折点，犹太人逐渐被欧洲部分地区重新接纳。从那时起直到 18 世纪初，重商主义成为主导经济理论，整个欧洲大陆的专制王权都将此理论付诸实践，重商主义由此成为决定犹太人命运的主要力量之一。该理论提到国际贸易是国家财富的关键，而犹太人是贸易的关键。国家对犹太人的态度从此发生了根本性的变化。在国家权力的干预下，尽

管有敌对的基督教教会和民众,但犹太人重新融合进欧洲。

多年的动荡和移民使犹太人跳出一个狭隘的经济框架,而进入一个更广泛的经济框架,并使他们得以与非犹太世界频繁互动。1550年,除了典当和货币兑换外,犹太人几乎已经从中欧的大部分经济生活中消失了,但他们在波兰—立陶宛和巴尔干地区的贸易中所起的作用却在迅速扩大。这为他们在西方发挥更大的作用奠定了基础。到1650年,情况发生了巨变,犹太人进入了经济生活的主流,在德国和波兰之间以及意大利和巴尔干半岛之间的重要贸易路线上占据了主导地位。1650—1713年,犹太人的经济持续扩张,其间发展出的"犹太经济"从巴西和加勒比海地区一直延伸到中欧、意大利、波兰、巴尔干地区和奥斯曼土耳其。犹太人在这些国家的贸易活动蔓延之快令人印象深刻,其贸易包括宫廷财政和军队供给,还有珠宝、贵金属、铜铁、货币、香料、药品、烟草、食品、牲畜、羊毛、亚麻、皮革、毛皮和服装的买卖。阿姆斯特丹的塞法迪犹太人起了关键作用,他们开始进入跨大西洋和远东贸易,使阿什肯纳兹犹太人在珠宝、贵金属、烟草等方面发挥作用成为可能。在三十年战争期间,犹太人的贸易网络对于交战双方来说都至关重要,因为他们可以既迅速又可靠地转移资金和军事物资。犹太人在艺术和手工艺方面发挥的作用同样令人印象深刻,这对一些人来说可能有点出乎意料,不过德国仍然除外,德国的大多数手工艺仍旧不对犹太人开放。在布拉格,30％的犹太人是工匠和手艺人,从事裁缝、毛皮匠、制革工、皮革工、珠宝商以及蜡烛和烈酒的生产商的工作。1652年,萨伏伊(Savoy)公爵强调了犹太人作为"新手艺的发明者和引进者"的作用,以此作为其领地接纳犹太人的理由。[22]犹太人从事丝织和纺织生产、炼糖、烟草加工、肥皂和蜡烛制造、马鞍制造、巧克力加工、裁缝、制帽、皮革加工、钻石切割、书籍装订、珊瑚抛光(出口到印度)等。

犹太人此时的一些竞争优势在几个世纪前就已经非常明显了。一位在 16 世纪访问过君士坦丁堡和埃及的法国人对当地犹太人的多才多艺惊叹不已，他像 9 世纪的伊本·胡尔达兹比赫那样感叹："他们能说希腊语、斯拉夫语、土耳其语、阿拉伯语、亚美尼亚语或意大利语……生活在土耳其的犹太人通常会说四五种语言，有的甚至会说十种或十二种语言……所以他们什么语言都会，这对我们的帮助很大，他们不仅为我们翻译，而且向我们介绍那个国家的情况。"[23] 但即使在最好的时代，也只有少数犹太人生活很富裕，其中有宫廷犹太人、王室代理人、大商人和制造商，其次是一些手工业者，而更多的是小商小贩和摊贩，社会金字塔底层的流浪汉和乞丐从未消失过。

17 世纪初犹太经济的兴起对犹太文明产生了诸多有益的影响。首先，犹太人的数量开始迅猛增长，而欧洲总人口却停滞不前甚至萎缩。其次，在德国、波兰和巴尔干半岛等地的主要贸易路线上，新的犹太社群如雨后春笋般涌现，老的犹太社群也在蓬勃发展。最重要的是，经济实力和王室保护给犹太人带来了一种新的自豪感，这种自豪感可以称为"犹太国民性"（Jewish nationhood）。它是一种基于宗教但超越宗教的犹太文明意识，也是一种对融入了神秘主义、史学、诗歌、音乐等新元素的犹太教的坚持。犹太人有一套务实可行的独立司法、财政、福利机构体系，这比几个世纪前支离破碎的那些机构和 18 世纪正在解体的框架都要强大。最典型的例子是犹太人在分裂的波兰四个地区的自治权，犹太人由"四地委员会"统治，经选举产生的领导人有一个骄傲的头衔——"四地的以色列之家的主席（Parnass）"，他与由富有贵族（而非拉比）组成的一个关系密切的小团体一起，作为犹太人的代表，与国王、贵族和天主教会进行谈判。

其他学者用更多的证据证实了乔纳森·以色列的结论。在重商主义的最后时期（17 世纪下半叶），犹太人在德国享有的经济繁荣与人身保护带来了希伯来语和意第绪语书籍印刷业惊人的发展。[24] 在统治者的允许下，20 多家希伯来语出版社成立了。1650—1750 年，包括世俗文学在内，至少出版了 2500 种不同的希伯来语和意第绪语书籍，总印数超过 250 万册。从印刷术发明到 18 世纪末，所有印刷的希伯来语书籍中，有三分之一来自这些德国犹太人的出版社。其中很大一部分被发往波兰和俄国，这些国家直到 1692 年才有希伯来语出版机构。东欧犹太人的宗教和文化需求完全依靠这些德国犹太出版商，后者的重商主义财富和宗教慈善成为 17 世纪和 18 世纪阿什肯纳兹犹太人宗教与文化发展的关键因素。①

1714 年，普鲁士国王弗雷德里克·威廉一世（Frederic William I）再次对犹太人采取歧视措施，严格限制他们移民。一个接一个国家慢慢转向反犹浪潮。国家保护主义取代了重商主义时代的国际化视野，反犹统治者取代了支持犹太人的统治者。当犹太人的贸易体系日渐衰落，被排斥在手工业之外的情况越来越严重时，犹太人的城市中心开始动摇，他们的急剧贫困化开始了。

18 世纪中期，阿姆斯特丹曾经引以为豪的葡萄牙犹太社群约有40％的人一贫如洗。尽管 18 世纪仍然产生了杰出的精神领袖，但犹太经济的崩溃导致人口减少和严重的文化后果。犹太人对犹太传统和价值观念的排斥越来越严重，而且与 15 世纪和 16 世纪初一样，经济困境再次增加了皈依基督教的人数。犹太人的自治被废除，旧的体制框架开始瓦解。

按照乔纳森·以色列的观点，在重商主义时代，经济是犹太文明

---

① 一个典型的例子是勃兰登堡一位富有的宫廷犹太人贝伦德·莱曼（Behrend Lehmann），在他的资助下，第一本完整的、相对不受审查的《塔木德》在德国出版（Frankfurt an der Oder，1697ff）。此书的出版响应了当时的迫切需求，堪称重大事件。莱曼还将一半出版物免费发放给有需要的犹太学者。参见 Schmelzer，45f。

兴起的主要因素，也是犹太文明衰落的重要因素，但它不是唯一的因素。精神因素也非常重要，特别是假弥赛亚沙巴塔·泽维失败后造成的深重危机以及欧洲启蒙运动的影响，启蒙运动从根本上敌视犹太传统和学问，蔑视希伯来《圣经》。极端贫困和"开明的"非犹太人的蔑视带来的双重压力是强有力的，大量犹太人被迫放弃了他们的民族和传统。

案例四　19世纪和20世纪初德国犹太人的经济崛起[25]

在18世纪，德国犹太人的经济生活笼罩在重商主义鼎盛时期的阴影之下。越来越多的犹太人失去了居留权，被禁止从事传统的经济活动。据估计，那个时代三分之一的德国犹太人靠乞讨和轻微犯罪为生，至少还有三分之一的人靠摆小摊、做小买卖和垃圾交易为生。许多犹太人是农村的流浪汉。1800年，仍有15%—20%的犹太人没有职业，只能靠施舍度日，而只有2%的人属于富有的上层阶级，这也是众多文学作品和反犹主义作品关注的唯一焦点。法国大革命后，拿破仑下令解放犹太人，他们的处境开始慢慢改善。

值得注意的是，犹太人的文化和教育进步比他们的经济崛起早了几十年。不受约束的经济增长只有在废除一切形式的歧视之后才可能实现，但无论如何，教育准备是第一位的。由于对德国语言、服装、行为职业道德的适应，犹太人的解放被认为是向中产阶级的集体进步。经济上的融合并不是主要目标，但人们期望它能伴随着各方面的进步。1810年前后，犹太隔都的围墙刚一倒塌，德累斯顿的犹太人和其他许多城市的犹太人就成立了一个"读书会"，以实现他们"通过知识成为有用的人"的愿望，因为"我们民族的大部分人缺乏文化和科学知识"。[26]到1815年，德国至少有15所犹太学校，还有无数的私人教师负责讲授一般知识。德国犹太人首先开始积累"文化资本"。在短短

10 多年间，大多数犹太人能流利地说德语，而在 1800 年前，很少有人会说德语。他们没有计划，也没有预料到，过了一两代人之后，他们急切追求的教育将使他们迈上很长一段时间以来一个大的犹太社群所经历过的经济增长最快的一条道路。

起初，社会经济变化仍然缓慢。当拿破仑在 1815 年战败，解放法案被废除时，离开德国的犹太人的比例是德国非犹太人移民的四倍。留下来的犹太人中，从乡村迁往城市的比例要比德国人的小。在城市化进程下，犹太人寻找商业和行政行业工作，而非手工业和工业。这与 18 世纪末以来著名的德国人和犹太人曾不断发出的对犹太人"改善"的呼吁中所要求的不符。人们劝告犹太人离开商业，选择农业、工业和手工业等所谓"生产性"的行业。但犹太人还是待在商业领域，而且更上了一层，比如从小贩变成了老牌商店的老板。他们留在自己最熟悉的地方。在那里他们找到了许多犹太同胞，维持了独立。

个体经营的统计数据是惊人的。在普鲁士，独立或个体经营的犹太人的比例在 1843—1861 年从 61.8％上升到 66.3％，仅在商业方面，犹太人的个体经营率就从 39.7％上升到 44.6％，而工人和雇员中的比例则从 29.5％下降到 27.2％。德国犹太人的职业结构直到最后都一成不变。根据另一项对普鲁士的统计，1852 年，71.1％的犹太人从事个体经营，到 1925 年，这个比例仍保持在 50.5％。在这同一时期，德国（而不是普鲁士）人口中的犹太人比例从 29％下降到 22％。为"改革"犹太人的职业构成而做出的一切努力（往往是对反犹偏见的回应）都以失败告终。在职业上，德国犹太人从未被"同化"，尽管他们大多数人希望在文化和意识形态上被同化，成为德国人，但他们仍然是犹太人。他们颠覆了卡尔·马克思的模式：经济"底层结构"没有动，但意识形态"上层建筑"却完全改变了。这种职业上的不灵活既源于残存的歧视，犹太人无法在所有的经济领域碰运气，也源于他们内心的驱动。在文化同化方面，弱势的民族和宗教群体往往仍然感到有必要建立内部联系和从属关系，自然也希望从他们继承的能力和习俗中获益。

19 世纪末，犹太人开始走出商业，但仍然没有进入手工业和工业。相反，他们选择了自由职业，这对德国和犹太民族都产生了重大影响。在普鲁士，犹太人的就业人数在 1852—1925 年间增长了 2.5 倍，商业领域增长了 2.4 倍，而在自由职业领域，足足增长了 7.2 倍！因此，1925 年时，普鲁士所有独立医生中有 26.6％是犹太人，律师中有 15％是犹太人，而同年犹太人只占到德国人口的 1％。这一时期，犹太人的收入开始超过非犹太德国人。1890—1899 年，德国西部的犹太纳税人缴纳的所得税是非犹太人的 3 倍；1900—1914 年，犹太人缴的税是非犹太人的 3.5 倍（在亚琛是 4.5 倍）。[27] 在两三代人的时间里，犹太人从一个被鄙视和被压迫的小商贩、小摊贩和乞丐群体，变成了德国最富裕的少数民族。由几千个家庭组成的新的德国犹太人上层阶级正在崛起。1900 年，全体犹太人中属于这一阶层的人数不超过 2％—4％，大致是 1 万—2 万人，但他们在政治、经济和文化上的影响是巨大的。1882 年，普鲁士所有独立银行董事和工业企业家中有 43％是犹太人，这个数字在 1895 年下降到 38％。犹太人占所有金融服务业从业人员的 22％。许多犹太社群的领导人都来自这个新的上层阶级。

从历史上看，另一个进步更为重要。现代的"知识经济"在 19 世纪末开始在德国发展，新的技术和组织知识开始渗透到传统的经济、工业和服务部门，犹太人发挥的作用远远超出了基于他们的人口数量所能做的预期。许多由犹太人董事创办、经营的大型银行为工业扩张提供了资本。励精图治的犹太人还建立了一系列紧跟先进技术潮流的新产业，例如化工、金属加工、电气、冶炼和印刷等。犹太人建立了德国第一家飞机厂和百货连锁店。AEG 公司的创始人、德国电气工业的先驱埃米尔·拉特瑙(Emil Rathenau)将电灯和有轨电车引入德国大部分城市，这是一场重大的技术和社会革命。阿尔伯特·巴林(Albert Ballin)通过改革跨大西洋旅行成为德国最大的航运巨头。通过技术和产业创新，德国犹太人获得了前所未有的职业地位，由此积攒了一定财富。[28]

正如本书第四部分第三章所讨论的，[29]德国犹太人在科学中的作用也是如此。通过对科学、技术、产业创新和经济组织做出的贡献，犹太人在德国崛起为大国的过程中发挥了重要作用。在所有这些成就中，最令人印象深刻的出现在学术界各领域，在科学、人文、医学、哲学、文学、艺术和音乐乃至犹太研究等各个领域都涌现出大批人才，人们至今仍可从中获得智慧和灵感。自 11 世纪的西班牙黄金时代以来，犹太历史上没有哪一段时期的文化繁荣能与之相媲美，但它的消失速度比前一个时期更快。显然，这种繁荣得益于过去 50 年甚至更长时间在经济和教育方面的稳定发展。

案例五　1945 年以来美国犹太人在教育和经济方面的成功以及对其背后原因的探索

美国犹太人在经济和教育方面取得的显著成就是当代犹太史上最知名的现象之一。这种成功的原因却不太为人所知。下文主要关注社会学家保罗·伯斯坦(Paul Burstein)的分析，他对数据进行回顾，并探讨了可能的解释。[30]德国犹太人在 19 世纪初以前曾在法律和经济上广受歧视，并经历了大规模的贫困，但美国犹太人从来没有这种经验：最早在美国定居的犹太人与其他移民多多少少拥有平等的地位。

无论如何衡量，犹太人在教育和经济方面的成就自 1945 年以来都是惊人的。教育首先获得发展。伯斯坦统计了从 1945 年开始的犹太人相对教育程度，当时犹太人与其他美国人之间的受教育程度差距还不是很大。但到 1957 年，犹太人受教育时间比平均水平多了 1.7 年，他们中有 16％是大学毕业生，而美国民众的这一比例只有 9％。从那时起，大约有 20 年的时间，犹太人的教育程度陡然持续上升，远远超过了全国平均水平。① 1972—1980 年，犹太人的受教育时间比平均水平多 2.6 年，39.3％的人是大学毕业生（全国为 12.6％）。另据一项对 1983—1984 年的统计，56％的犹太人是大学毕业生，这几乎是 1957 年数据（16％）的 3.5 倍。在随后 20 年左右时间里，即 1983—2002 年，犹太人的相对教育程度增长趋于平稳，基本保持不变。1991—2002 年，犹太人的受教育年限仍比全国平均水平多 2.6 年，与 1972—1980 年的情况相似，其中 61.2％的人是大学毕业生，[31] 比 1983—1984 年的 56％略有上升。然而，犹太人的收入趋势却是另一条不同的曲线。1957 年，犹太人的收入是新教徒的 126％，是天主教徒的 140％。大约 20 年后，即 1972—1980 年，犹太人的收入为非犹太人的 147％（同年另一项研究表明犹太人的收入为新教徒收入的 136％），增长幅度不大。1980 年以后这种情况发生了根本性的变化。犹太人的收入急剧上升，又过了 20 年（到了 1999 年），达到了新教徒收入的 246％，天主教徒收入的 243％。

人们试图依据其他犹太人的经历来解释这些数据，比如德国犹太人的经历。美国的情况跟德国的差不多，也是先有非同寻常的教育投

---

① 伯斯坦没有讨论这种急剧上升的原因。在经济学家看来，这像是突然释放出来的潜在需求。除其他原因外，这可能是由美国国会 1944 年通过的 G. I. 法案（官方名称是《军人再调整法案》）引起的。G. I. 法案为每一位从第二次世界大战战场归来的美国军人提供了政府资助的读大学或职业教育的机会。约有 55 万名美国犹太人在战争中服役，超过 53 万人活着回来。随着一些大学在第二次世界大战前对犹太学生施加的数量限制逐渐减弱并最终消失，全国普通大学的招生人数迅速增加。许多犹太退伍军人很可能在战后的几年里进入大学，按比例来说可能比非犹太裔的退伍军人要高。这可能是 20 世纪五六十年代犹太教育大兴的开始。要证实这一假设，还需要进一步研究。

资，进而引发了经济的强势崛起，但这也是需要在二三十年之后才能有所显现。受教育程度和经济表现之间的因果关系是可信的，尽管可能还有其他的因素。未来将会显示，与非犹太人相比，美国犹太人是否会因为过去 20 年的教育增长曲线趋于平稳而遭受经济后果。就像在德国一样，犹太人在美国所取得的经济和教育成就，也伴随着他们在科学、文学、艺术、文化、经济、金融和政治等各个领域涌现出大批人才。《美国名人录》(*Who's Who in America*)[32] 展示了一个惊人的趋势。在 1924—1925 年，犹太名人明显不多。相对而言，一个犹太人出现在名人录的概率是一个美国人的 70%，是一个在美国的英国移民的 43%。20 年后，这种情况几乎没有改变：1944—1945 年，犹太人出现的概率是美国人的 79%，是美国的英国移民的 53%，仍然平平无奇。30 年后发生了巨大的变化，犹太人在《美国名人录》中所占比例的增加超过了他们在教育和经济上的增长幅度，在 1974—1975 年达到美国全国平均水平的 245%，以及在美国的英国人的 216%，1994—1995 年跃升至美国全国平均水平的 468% 和在美国的英国人的 587%。虽然这些非凡的数据或许在一定意义上反映了《美国名人录》的编辑对少数族裔的态度有所改善，更愿意承认他们的贡献，但毫无疑问，那些年里犹太人参与美国公共生活方方面面的程度大幅提升。许多书籍、文章和网站都试图记录犹太人对美国文明各个领域的贡献，但要写出这一贡献的最终历史还需要很长时间，这种贡献目前仍在继续。

在统计学上很难统计并比较犹太人与非犹太人的贡献大小。例如，有个专门的网站试图衡量犹太人在所有计算机和信息学相关领域做出的贡献，这些领域是美国技术力量和领导力的支柱。[33] 2007 年的一些比较性质的数据很能说明问题：美国国家科学院计算机与信息科学部 40% 的成员是犹太人，约翰·冯·诺依曼(John von Neumann)运筹学理论奖 44% 的获得者是犹太人，互联网最常被引用的六位发明者中有三位是犹太人，等等。但其他的数据只是对重大发现的描述，只注明了发明人的姓名和年份。相对于其他领域，只有这些领域的专家才能充分了解这些发现的重要性。

对于为什么犹太人在教育、商业和创新方面做得这么好这个问题，这篇文献提出了三个主要的"值得信赖的"（即非遗传的）答案。最常见的是"人力资本"理论：犹太人通过接受更多的教育和工作更长的时间使自己做得更好。第二个答案强调了犹太人的特殊性，换句话说，它认为犹太人做得更好不是因为任何教育，而是因为教育传递了特定的犹太价值观。第三个答案在犹太人的边缘性中找到了原因，即犹太人有更大的前进动力，因为他们仍然害怕受到歧视。如果把这三个答案以单因果解释的形式呈现，经验数据并不能证实其中任何一个答案。伯斯坦提出了第四个答案——"社会资本"，即通过关系网和其他社会结构中的成员身份来获得优势的能力。犹太人通过中学、大学、家庭和当地犹太社群来发展这种关系网。"社会资本"论并不否定人力资本（个人教育）的重要性和犹太人的特殊性。相反，它增强了这两者直接的关系，并把它们放在一个更广泛的框架中。例如，研究发现，上过犹太日制学校的人的收入比没有上过的人要高得多。[34]这可以证实"社会资本"理论，尽管其他解释也同样有可能。

美国的经验似乎证实，在经济成功、教育成就和总体创造力之间存在着强大的、可能的因果关系，但这些联系是复杂的，而且作用方向不同。经济、文化和教育成功的联系是如此紧密，以至于很难确定哪一个因素优先。

共性

如果要寻找犹太文明的社会经济"长时段"（这是借用布罗代尔的术语）的结构，那么就必须将古代以色列和《塔木德》时代（5 世纪之前）

的经济史与所有后来的犹太经济史分开。古代以色列和巴比伦的犹太社群的经济主要依靠农业。犹太人的经济从接下来的几个世纪一直到今天已经完全不同了，在散居地和在以色列尚存的农业定居点数量有限，通常还属于临时性质。本章的五个个案研究都来自犹太历史上农业还并不占主导地位的几个世纪，在过去的 1500 年里，事实上农业有时甚至根本不存在。在此期间，犹太文明的一种类似于社会经济"长时段"的结构形成了。

犹太人或者犹太精英们都有能力过上好日子，并通过相似的方式创造出大量财富，他们为整个群体的社会、文化、宗教和政治福利做出了贡献。经济上的成功往往与犹太文明的兴起联系在一起，而经济上的萧条有时又与衰落联系在一起。然而，这种联系是循环的：通常文化有助于催生和促进经济发展，而经济反过来又继续支持文化繁荣。历史并非始于经济的"底层结构"，而经济的"底层结构"催生了宗教、文化或意识形态的"上层建筑"。此外，经济从来不是兴衰的唯一原因，尽管它可以大大加强或削弱其他原因的影响。经济繁荣和文化繁荣之间的关联从来都不是绝对的。19 世纪东欧犹太人中的绝大多数都很贫穷，有些甚至是一贫如洗，但这并不妨碍他们过着活跃的文化和知识生活。

这五个案例研究中得出的共性，一方面是类似的制约和"挑战"带来的结果，另一方面是犹太人对挑战做出了类似的反应。主要的挑战如下：

自然资源的缺乏。2009 年和 2010 年，以色列在地中海发现了天然气，在此之前，犹太人从未拥有过可以作为固定收入或稳定财富基础的大型矿产或其他自然资源。这是整个犹太历史的真实写照，包括古代以色列时代。在以色列，农业生产所需土地很可能足够满足自给自足的需求，但长期来看，却没有足够的盈余满足出口所需。正如我们从《圣经》和《塔木德》中所知，缺水和饥荒经常发生。在散居地，犹太人经常不被允许拥有土地，即使他们拥有土地，因为害怕被驱逐和/或土地被征用，往往也不愿意投资土地。地理位置能够给以色列带来的价值，无法与苏伊士运河之于 20 世纪的埃及、阿尔卑斯山上通道之于瑞士的价值相媲美。

其他文明和国家的自然资源同样匮乏，至少在历史上的大部分时间和大多数国家都是如此。但很少有像犹太人这样自然资源穷得叮当响的：没有自然资源，没有肥沃的农田，没有水质有保障的水源供应，也没有战略地理优势。同样贫瘠的或许只有希腊。

少数民族地位。在第二圣殿时期，犹太人在以色列地以外的国家常年是少数群体。从巴尔·科赫巴叛乱结束(135 或 138)到以色列建国(1948)，这期间所有国家中的犹太人也多是维持少数群体规模。这是与犹太历史最具相关性的经济特征之一。西蒙·库兹涅茨曾指出，不仅是犹太人，所有少数群体的经济生活一般都与多数群体的不同，而且当少数群体努力争取社会凝聚力时，其经济生活更会大相径庭。[35]凝聚力要求在地理位置上邻近并具有多方面的密切联系，其中便包括经济和专业联系。因此，少数人为了维护内部的团结，其经济结构很少是"正常的"，也即与多数人的经济结构相同。即使其他外部或内部条件发生了变化，少数人的经济结构也往往会被历史和传统所维系。库兹涅茨对少数民族地位的经济影响的观察，对于中世纪和现代的散居地犹太人无疑是有效的。

散居。从公元前 586 年第一圣殿被毁至今，犹太人一直生活在不同的地方，彼此往往相距甚远。散居和少数民族地位不是同一个问题。犹太人可以分散到许多国家，但在其中一些国家仍然保持多数，事实上，如上文所讨论的那样，他们有时在特定的省份或城市是多数。但是，散居和少数民族地位具有类似的影响。社会团结和宗教团结的愿望在地方与国际层面的紧密联系中得以表现，从而为经济网络创造了适当的条件。

歧视。由于众所周知的宗教原因，基督教和伊斯兰教统治下的犹太人受到歧视的时间比世界历史上其他任何民族都要长。歧视总是伴随着经济限制。在信奉基督教的欧洲，重大的歧视始于1096年之后。在13世纪犹太人被迫以放贷作为主要职业时，情况更加恶化，花样繁多的歧视在一些国家断断续续地一直维持到19世纪末和20世纪初。在伊斯兰教统治下，犹太人比在基督教统治下更容易从事某些职业，特别是艺术和手工艺，但同样发生过迫害和歧视。歧视对人具有深刻的心理影响。即使消除了所有外部歧视的迹象，内在的限制仍然存在，而且会长期存在。从1948年5月以色列建国那天起，散居地犹太人的局外人地位及其产生的相应后果在一定程度上以新的形式延伸到以色列国。阿拉伯世界和穆斯林对以色列的经济抵制产生了各种非常重要的影响。一些抵制活动持续至今，偶尔还会在西方敌对势力那里引发回响。

国家作为关键决策者和伙伴。在犹太人的大部分历史中，外部国家权力为犹太人的经济活动设定了法律和政治条件。国家权力与宗教歧视、社会歧视交织在一起，但必须加以区分。国家往往顺应教会或一般社会发起的歧视性趋势，但国家也可以加强这些趋势，如1492年斐迪南和伊莎贝拉利用宗教借口将犹太人驱逐出西班牙，或者可以反对和压制敌意，如重商主义时代的国王所做的那样。

在三十年战争期间（1618—1648），古斯塔夫·阿道夫（Gustav Adolf）国王率领可怕的瑞典步兵向准备掠夺犹太人隔都的德国暴徒开火。这种情况在犹太历史上鲜有发生，但确实发生过。中世纪早期，神圣罗马帝国的皇帝指派犹太人在阿尔卑斯山北部进行有利可图的长途贸易。1250年后，马穆鲁克（Mamluk）王朝统治埃及，马格里布人在地中海的贸易被终止。17世纪欧洲犹太人有限的经济繁荣既起于皇权,亦终于皇权。德国犹太人经济崛起的最后阶段需要法律保证犹太人的解放,这在 19 世纪 60 年代和 70 年代得以实现,但在 1933 年被纳粹终止。在很长一段时间里,无论是在伊斯兰世界还是在基督教世界,犹太人都是至关重要的纳税人。"国家……成了犹太人经济事业综合体中的沉默伙伴。"[36]

犹太人以各种方式回应了这些制约因素,如下三种因素最具说服力。这三种因素并非全部出于经济原因,而是犹太教古老的文化和历史传统的一部分,事实证明它们在经济发展中发挥了重要作用。早在 20 世纪末"知识经济"一词出现之前,犹太人就创造了"以知识为基础"的经济繁荣。[37]通过对这些因素的研究,可以发现一些相似点,它们也可能对未来有意义。

1. 教育或"人力资本"

教育使犹太人积累了人力资本,进而使他们在城市技能型职业中具有相对优势,从而鼓励他们从农田迁向城市。基于技能的经济利益反过来又促进了教育和文化的进一步发展(见第四部分第三章)。

犹太人目前可能正进入其教育和经济成功的历史上一个新的、更困难的长期阶段。他们的教育优势一直持续到 21 世纪,但与世界其他地区相比,可能很快就会开始萎缩。犹太人在 19 世纪已经失去了他们对识字社会的主导地位,如果不是垄断的话,到 20 世纪他们已不再精通多种语言。在美国,按照受教育年限和大学毕业生比例衡量,犹太人的教育优势似乎自 1980 年以来便停止了增长,且保持相对稳定。犹太人的平均收入仍普遍高于非犹太人,但在大多数西方国家,收入差距正在缩小。[38]人们不禁要问,这一发展是否与在美国观察到的犹太教育增长相对平缓有关。2007 年美国犹太人的收入仍然是非犹太人的两倍以上,而以色列的国内生产总值(GDP)和生活水平的增长速度比其他许多西方国家快，在这种情况下抱怨所谓的经济繁荣将受到威胁似乎不合时宜。然而，如果说犹太人的经济史可以提供任何指导的话，那么在散居地和以色列加大教育力度，甚至进行一场教育革命，似乎是必要的。

等待经济增长把教育从危机中拉出来，本身就是本末倒置。在以色列，只有在教育得到显著改善或受过高等教育的犹太人大规模移民以色列的情况下，经济高增长率才能长期持续，而这在今天看来是不可能的。经济增长率的大幅下降可能会影响以色列的国防地位，削弱以色列对拥有高技能的以色列人才和散居地人才的吸引力，使以色列犹太人的人口地位比起以色列少数民族和邻国来显得更加岌岌可危。以色列人给出的少生孩子的最主要原因是经济原因。

2. 关系网或"社会资本"

单纯的人力资本理论不足以解释犹太人在经济方面的成功。[39]当犹太人与非犹太人在接受教育的数量和质量完全相同时，就像美国那样，犹太人在经济方面的表现仍然比非犹太人要好。从9世纪到13世纪，以及在17世纪，从事长途贸易的犹太商人的成功表明，国际网络和跨国界的密切合作是犹太人经济成功的基础。经济学家谈论"社会资本"，而社会资本远远超出了远距离贸易的范畴。在每个有大量犹太人的国家，经验表明犹太教和犹太文明通过对犹太组织、社群、社会和教育网络以及家庭施加影响来运作。正是这些影响创造并增强了社会资本。社会资本创造的经济优势来源于更好的信息、特权关系等。社会资本也是解释犹太人科技成就的原因之一（如第四部分第三章所述）。犹太人一般不喜欢这种解释，因为它会被那些声称犹太人擅长"抱团"的人所利用。简单地说，犹太人做的是所有少数民族一直在做并将继续做的事情。

犹太人这些国际社会资本优势的持久性，不能像其人力资本优势那样被视作理所当然。在这个通信便利的全球化世界里，几乎任何人都可以与他人取得联系。近年来出现了许多新的侨民：越来越多的中国人、印度人、俄罗斯人、穆斯林群体（土耳其人、阿拉伯人、巴基斯坦人）大量定居国外。他们中的许多人正在建立国际网络，并与彼此及祖国保持联系，从而创造新的经济联系和投资。从长远来看，犹太民族可能会失去优势，其国际社会资本可能也会变得相对较小。

3. 创业、创新和冒险

人力资本和社会资本都必不可少，但它们本身不会产生新的经济活动。这些活动是由具有企业家精神、创新精神、开拓精神和冒险精神的个人发展起来的。美籍奥地利经济学家约瑟夫·熊彼特（Joseph Schumpeter）认为，发起创新、技术变革和经济发展的是在大公司工作的个人企业家或新技术发明者。他们的举措带有风险，但当他们被视为成功典范时，其他人也会效仿。

上述五个个案研究表明，犹太人的创业、创新和冒险精神在不同的时代和国家都有明显的体现。从查理大帝时代的以撒到大卫·迈蒙尼德，早期的长途商人都是冒险的企业家。今天的许多犹太科学家、工程师和经理人也是如此，他们在美国、以色列和其他地方创建新的高科技公司或在现有的公司中发展创新。当前或以往成功从事金融和投资的犹太人，也有类似的冒险、创业的心态。究竟是所有孜孜于创业的少数派都有这些特点，还是犹太人的创业少数派与其他人不同？一位经济史学家曾把欧洲犹太人和东南亚华人称为"现代世界最突出的两个创业少数群体"。[40] 他断言，像犹太人这样的少数群体具有特别的风险承受能力或倾向，并具有经济或技术的创新能力。[41] 从历史上看，具有这种能力的犹太人会周期性地出现，这是对犹太人所面临的经济挑战的又一种历史回应。这也是最神秘的回应。没有任何一个单一的理由能用来解释上述五个个案。历史学家和社会学家提出了一些理由，其中一些是互补和重叠的：

歧视。被排除在经济主流活动之外迫使犹太人寻找"安身之所"，即那些高风险的企业和其他人忽视的机会。在某些情况下，统治者当局指派犹太人从事如长途贸易等特定的创业活动。犹太人的经济习惯是经过几个世纪磨炼形成的，不会轻易消失。这一解释适用于漫长的犹太人散居历史，也适用于以色列为应对外国禁运而进行的技术开发，但当它应用于今天的西方国家时，却越来越难以令人信服。

地位不协调。[42] 当犹太人在经济领域相对畅通无阻，但在政府、军队和教会中的职业却屡屡碰壁时，其中一些"最优秀和最聪明的人"，往往也是最有野心的人，就会寻求高风险的企业，由此可能成名、致富，或两者兼得。这可以解释第二次世界大战前德国或匈牙利的犹太企业家精神，但在今天的以色列或美国却并非如此，因为那里的任何职业都对犹太人开放。

局内人／局外人的视角。创业、冒险以及科技创新都是创造力的表现形式。创造力通常出现在掌握两个或两个以上领域、文化或语言的人身上，这些人利用其中一个领域的框架来思考另一个领域，从而可以想象出前所未有的东西，也能激发别人的想象力。[43] 犹太人能够把局内人和局外人的观点结合起来。信息学科学家、谷歌联合创始人谢尔盖·布林在网络传记中强调，他同时是美国人、犹太人和俄罗斯人，他的妻子曾在美国和以色列学习生物化学。四个视角带来的创新比一个视角更多。当然，这个解释也不能用来解释所有例子。有些非常成功的、以出口为导向的高科技企业家只懂一门语言（英语）、一种文化、一种技术专业。

颠覆经济现状。犹太人在现代科学中发挥突出作用的原因之一，是他们对事物的怀疑态度以及敢于挑战、颠覆既定"真理"和传统的意愿。从历史上看，犹太人在知识现状中的利害关系比大多数人要小，同样的道理也适用于经济现状。这比寻找"安身之所"以补偿歧视（上述第一点）更进一步：它意味着通过破坏现有的经济结构来积极创造新的"安身之所"。当犹太企业家在19世纪的德国创建了第一家大型百货商店时，他们提高了普通民众的生活水平，但同时也威胁到许多本土小店主。并非是因为被排斥在小商店经营权之外而不得不寻找其他机会，相反，许多犹太人都是小店主，而且只要他们愿意，就可以一直做下去。他们之所以创造这种新型商店，是因为看到了这种创新的巨大机会，而他们一般没有既得利益，也就对社会和经济现状造成的破坏无动于衷。

独立和个体经营。即使是在先进的工业国家，犹太人这种希望保持独立和个体经营的愿望也是众所周知的。在19世纪的德国，这种愿望可以用许多经济部门中残存的歧视来解释，但这一解释对今天的美国来说是站不住脚的，在美国，犹太人对个体经营的偏好仍然高于非犹太人。[44]要想自主创业，一个有吸引力的方法就是成为一名创新创业者。对独立的渴望加上对在大型、等级森严的组织中工作的厌恶，很可能刺激个人创业精神。

宗教约束和习惯。这种解释与独立问题交织在一起。安息日禁令和其他宗教律法使守教的犹太人难以在大型非犹太组织中工作。这在一定程度上解释了犹太人在散居地自主创业的原因。一位匈牙利犹太社会学家也断言，犹太人的宗教习惯有助于成功创业，例如通过自律，以及对时间、空间和身体的控制。[45]这用来解释过去欧洲一些地方犹太人企业家的精神是有趣的，虽然还不够充分。但如果放在今天的以色列，它的信服力就不明显了。①

---

① 今天大部分以色列人并不守教。——校注

少数族裔中间人。例如在波兰或奥斯曼帝国，统治精英利用少数族裔（往往是犹太人）作为经济和行政"中间人"。在封建社会，当精英与大众之间存在巨大鸿沟时，少数族裔往往在双方之间扮演某种经济中介的角色。在一些国家，犹太人是封建统治者或国家统治者的收税员。这种创业精神并没有使犹太人受到大众的喜爱。中世纪教会强加给犹太人的放贷业，也属于这类。"中间人"这种解释放在今天，其历史意义要大于实际意义。

没有任何迹象表明今天的犹太人缺乏创业动力。当今仍然有许多犹太和以色列的企业家与创业公司。2008 年秋季开始的全球经济和金融危机，减少了对创业企业和慈善事业的资金支持，但不会摧毁创业精神。也许这场危机还将引导部分犹太人的创业动力从金融领域转向技术领域（见第四部分第三章）。成功企业家对犹太事业的贡献将继续对文化和教育产生巨大影响，而慈善事业的大幅减少将严重破坏教育和经济繁荣之间的"良性"循环，这种循环在过去是非常重要的。2011—2012 年的数据显示，美国的犹太慈善事业正从经济危机中缓慢恢复，但仍远远无法满足社会、文化和教育需求。

第八章 战争：一把双刃剑[1]

概论

关于战争的专业文献数量庞大，但我们的 23 位历史学家对此能够做出的贡献非常有限。尽管如此，看看他们如何评价战争以及战争与文明兴衰的关联，也有意义。他们在此问题上的见解是多样的，这些见解还彼此矛盾，一如他们在其他的文明驱动因素如领导力上表达的见解是互相抵牾的那样。

对于古典历史学家来说，战争是国家历史中必不可少的常规事件。作为一个具有社会地位和经济实力的雅典人，修昔底德曾以资深角色参与了战争。他说雅典领袖伯里克利鼓动雅典人发动对斯巴达的战争，是为了维护并扩大雅典的权力："我们必须意识到，战争不可避免。"伊本·赫勒敦研究了阿拉伯世界的战争，对技术和战略尤其关注，他认为赢得战争是任何国家幸存下去不可缺少的条件。[2]爱德华·吉本对此也深信不疑。罗马的崛起在很大程度上也取决于它强大的军事精神，与此同时，军事精神的丢失也是造成它衰落的众多原因之一。[3]在这方面研究的经典名作中，只有中国的司马迁公然反对战争是常规的、不可避免的这一说法。他近距离目睹过战争，看到了战争带来的可怕损失。对他来说，最伟大的统治者应该是和平使者，而不是好战分子。[4]

其他中国学者却不这么认为。公元前 6 世纪至公元前 5 世纪的中国军事家孙子在其《孙子兵法》一书的开头提出："兵者,国之大事,死生之地,存亡之道。"[5]司马迁知道孙子这本书,并且在自己的书中提到了他。[6]雅各布·布克哈特的言论中,可以看到 19 世纪晚期古典历史学家观点的一个分支,即宽容对待战争的看法。尽管布克哈特没有目睹过战争,但他认为长久的和平"有助于产生许多悲惨的生活",而战争能带来"真正的力量"。他深感遗憾地提出："一个民族只有在与其他国家的战争和竞争性的打斗中,才会了解其全部国力……"[7]

文明史学家们对于战争的态度在 20 世纪发生了深刻转变。布克哈特的评论中能看到的那种战争可以带来有利影响的假设,人们已经无法接受了。战争不再被当作生存和兴盛的驱动因素,而是毁灭的动因。许多历史学家惊骇于两次世界大战,视之为历史的断裂。如此多的国家中发生大屠杀和破坏,如此多的生命惨遭暴力毁灭,都是史无前例的。斯宾格勒断言军国主义是一种衰朽文化的临终状态。索罗金和汤因比终生都是和平主义者。汤因比称所有的军国主义都是自杀性的,因为它蒙蔽了领导人,并驱使他们试图用军事力量解决一切纷争,导致文明分崩瓦解。[8]他还发出了"胜利之毒"[9]的警告,即一种威胁到胜利者的典型而危险的陷阱。他宣称这种毒已经毁灭了古罗马、西班牙,甚至大英帝国。汤因比就战争和兴衰之间的关系提出了一种不同的、反向的见解："中了毒"的胜利是衰落而不是兴盛的动因。

最后,在布罗代尔和其他人寻求兴盛与衰落之间普适性、综合性规律的作品中,几乎没有战争的一席之地。布罗代尔的《文明史纲》全面呈现了今天主要文明的图景。其中没有战争,因为布罗代尔不相信战争能够停止或推翻长期的文明趋势。寻找兴盛与衰落之间普遍而稳固的规律的理论家们,倾向于把战争视为文明的自发性动因,因而忽视它。约瑟夫·A. 泰恩特宣称所有文明都是因内部原因而崩塌，没有一个是被战争或外部侵略而毁灭的。

普鲁士军事家卡尔·冯·克劳塞维茨在 19 世纪初写出了这句名言："战争从来不是孤立的行为……只不过是通过其他手段而延续的政治话语。"[10] 所有重要的史学家都明白，战争和其他的文明驱动因素，如治国之道、经济学、科学与技术、宗教信仰等，都有着复杂的相互联系。而且，文明史学家雅各布·布克哈特和约翰·赫伊津哈都对文明之于战争的影响而不是战争之于文明的影响更感兴趣。战争是文艺复兴期间城邦内部或城邦之间每天都会发生的事情，但是在布克哈特的《意大利文艺复兴时期的文化》一书中，战争所占的篇幅仅为 560 页中的 3 页多。[11] 他提到了"背景中战争的科学与艺术"，也就是说，在文艺复兴背景下，不是战争塑造了文明，而是文明塑造了战争。约翰·赫伊津哈也持相同观点。14 世纪的欧洲被连续不断的战争搅得支离破碎，但是他记录的这段时期的文化史却鲜有提及战争。战争的发动是由中世纪晚期的文化理想控制的，即骑士制度的理想。[12] 他的《17 世纪的荷兰文化》一书也传达了同样的信息。在 17 世纪，荷兰人大多数时候都在为生存而战斗，但赫伊津哈却对战争鲜有提及，在他看来，战争并不是影响荷兰人性格特征和文明的因素。[13] 今天，我们仍然能发现文明塑造战争这一信念。美国战争史学家 V. D. 汉森（V. D. Hanson）争论道，战争的进行和结果本质上是由一个文明的价值观决定的。因此，他预言道，西方国家从希腊战胜波斯就开始拥有的军事优势将会持续很长时间。他的理由是，这种优势基于西方文明最基本的方面，比如政治自由、个人主义、理性主义、科学探究等，这些价值观也将西方国家和其他所有文明区别开来。[14]

犹太人的历史以及许多被摧毁的文明的历史充分表明，战争的胜利创造了文明，或者允许这些文明兴盛、繁荣，而战败则摧毁、耗尽这些文明,加速了它们的衰落。很难找到一个在其兴衰过程中战争没有发挥作用的主要文明。

对犹太历史的应用

斯宾格勒喜欢发布挑战性的言论来抵制传统信仰。他赞扬犹太人的军事素质和美德,反复说他们根本上是一个战斗民族,不仅在《圣经》和《塔木德》时代如此,在很久以后都一直如此。[15]为了更好地理解犹太人对于战争那复杂而变化的态度的本质,我们应该区分出三条时而相互交织、时而相互独立的思想线索,它们要么同时存在,要么前后相连：

——遵守《圣经》诫命向敌对国家发动战争(这如今已被遗忘很久),在古代迦南,同时还有自卫战争和侵略战争,以及经文和祈祷书中对击败敌人的庆祝。

——向往和平并服从遵守"和平之道"的指令,这不仅是出于实用,还因为和平本质上就是一种神圣的祝福和道德价值。

——遵行合适且实际的拉比和平主义,这是在带来灾难的巴尔·科赫巴起义之后出现的,意在防止更多灾祸。

(1)遵守发动战争的《圣经》诫命

所有关于战争的讨论都必须基于这个基本事实：与其他宗教伦理哲学形成鲜明对比的是,《圣经》宗教不是在任何情况下都认可非暴力政策。相反,犹太人被要求为了自己和民族的生命去战斗。军国主义与之不同,尽管托拉和《圣经》的其他篇章,尤其是《约书亚记》,提供了大量材料来支持斯宾格勒认为犹太人生来就是军国主义者的观点。但斯宾格勒可能简化了这个问题。拉比们的释经区分了三种战争：义务性的诫命战争(mitzvah wars),这是向七个迦南人国家发动的;自卫战争或侵略战争;选择性的非自卫战争。诫命战争有着宗教责任,是希伯来《圣经》中反复出现的一个主题。[16]19世纪晚期,德国的《旧约》

学者称它们为"圣战"（Holy Wars），这个名称沿用至今。根据托拉，诫命战争和自卫战争是义务性的：每个体格健全者都有参战义务。以扩张以色列领土为目的的选择性的战争可以由以色列国王决定。

初看之下，《圣经》中诫命战争的主要目标不只是取得胜利，更是要彻底毁灭敌人的城镇和人民。拉比犹太教对此诫命表现出的明显的严酷性感到不自在，因此将其稍做缓和：拉比们不想让人误以为诫命战争是"种族灭绝的通缉令"。[17]迈蒙尼德强调了《圣经》中要求的预防措施："当你接近一个城镇要攻打它时，你应该向它提供和平条款。"[18]他宣称，这一限制甚至被应用到了诫命战争中作为主要目标的七个国家身上。只要他们拒绝以色列的和平条款、奴役和特别税，毁灭就会来临。迈蒙尼德在其所撰法典《律法再述》中清楚地说，拉比传统发展出一套全面的战争神学，并重新审视了诫命战争的条件。[19]他对于特定情况下发动此类战争的宗教义务态度明确，但总的说来，他在书中是尽可能倾向于温和、避免流血与杀戮的。此外，法典中讨论这些内容的章节标题也能说明问题："国王们的法律和他们的战争。"当迈蒙尼德把战争立法归入国王的法律时，他其实暗指这个问题纯粹是理论性的。这些战争律法适用于过去，那时候一个独立的以色列拥有一位国王、一座圣殿和祭司，依照这些战争律法，他们都在战争的准备工作中扮演不可缺少的角色。在弥赛亚时代，诫命战争将再次变成话题。有些学者宣称，迈蒙尼德对于犹太教战争律法的解释往往和穆斯林战争教条相似，比如说阿威罗伊（Averroes）的观点，此人和迈蒙尼德生活在同一时代，两人还曾同住一个城市——科尔多瓦（Cordoba）。[20]这些学者总结道，迈蒙尼德在其法典中对战争的一些解释借鉴了伊斯兰教的模式。[21]

伏尔泰等启蒙时期的作家忽视了拉比文献中大量对战争的讨论，他们读了《圣经》中的战争律法和灭绝故事，就把这当作历史事实；今

天的《圣经》学者和考古学家们就不会这样做。伏尔泰诽谤犹太人是
"恶劣的""杀手"，因为他们在耶利哥(Jericho)做出了"屠杀男人和妇
女儿童"的决定。[22]在《圣经》所属的远古世纪，大肆屠杀战败的敌人极
少会招来辱骂，而它是埃及人、巴比伦人、希腊人、罗马人以及许多其
他征服者的惯用手段。然而，也存在个别例外：司马迁对于屠杀已被
缴械的战俘表示厌恶，并预言那些犯此罪行的将遭受"大不幸"。[23]修
昔底德也感到了同样的悲哀，他说雅典军队在米洛斯岛的大屠杀预示
了雅典人的狂妄自大，这将使他们很快步入衰败。与此相反，约瑟夫
斯讲述了《圣经》中的灭绝故事，例如针对米甸人或耶利哥的迦南人的
战争，他下笔时带着一个犹太人为犹太教辩护的自豪，想让罗马读者
欣赏他的犹太祖先们，这些祖先不仅是凯旋的战士，也能够像罗马人
一样坚韧和残忍。[24]后世拉比们的顾虑不会对他造成困扰。他要是担
心罗马读者觉得这些故事是对犹太人的负面宣传的话，或许就已经把
这些故事从他的《犹太古史》(Jewish Antiquities)中删除了。[①] 约瑟夫
斯和亚历山大城的斐洛——早在斯宾格勒的时代之前很久——都试
图让心存疑虑的希腊罗马人相信，犹太人曾是英勇的战士，他们的领
导者摩西是伟大的战术天才。[25]

(2) 向往作为道德价值的和平

就像对待战争律法和战役记叙那样，犹太教也把和平理想化为一
种主要的宗教价值观并向往之，而不只是把和平作为对军事失败和苦
难的一种反应。祈求和平的祈祷文出现在著名的祭司祝祷文中，该祝
祷文出现在希伯来《圣经》被最早引用的一段文字中，至今仍构成犹太

---

① 约瑟夫斯在他的犹太历史中去除了不止一个《圣经》片段，比如摩西在西奈荒漠中造出
铜蛇以阻止蛇咬人的故事，以及金牛犊的故事。省略第二个故事的原因很明显。有个反犹的
谣言在罗马广为流传，说犹太人在他们的圣殿中敬拜一只死驴的头，塔西佗严肃地写到了这
件事。金牛犊的故事可能会加深罗马人对犹太人动物崇拜的怀疑。

教宗教仪轨的高潮部分。祝祷文在庄严地请求上帝"赐你和平"[26]的呼唤中达到高潮，一块公元前7世纪晚期、早于巴比伦之囚的银质护身符上就刻着这段文字。[27]此后，对和平最深的向往、对和平结局的预言——即全人类最终的黄金时代——随着那些伟大先知们的出现而出现了，这些先知生活在第一圣殿被毁之前、期间或之后。[28]对和平这一人类历史最终也是最崇高的状态的向往和预示，成了犹太教的核心信仰。与庆祝敌人的战败相似，对和平的向往进入了犹太教的祈祷文，并给犹太思想留下了深刻印记。希腊和罗马各有一位战神，阿瑞斯（Ares）或玛尔斯（Mars），却没有和平之神，相形之下，《密释纳》和《塔木德》把希伯来语中表示和平的词"shalom"作为上帝的一个隐秘的名字。因此，《塔木德》提出了使用这个名字是否应当被禁止的疑问。答案是肯定的——例如，当一个人赤身站在公共浴池中时，"就不能说 shalom 这个问候语"，[①][29]因为在不干净的环境中说出这个词是对上帝神圣名字的玷污。因此，和平的政治理想有着天赐的神圣化。在当代以色列政治中扮演了如此重要角色的和平理想，在犹太教里有着久远而深厚的根源。

（3）向往作为实用价值的和平

135—138年巴尔·科赫巴的失败也是宗教上的转折点。一些领导者认为反抗罗马是义务性的诫命战争，但它彻底失败了，随之而来的是可怕的大屠杀。拉比犹太教由此明白了，发动"圣战"可能不仅非常危险，还会自取灭亡。拉比们重新做出定义，使诫命战争让人几乎无法想象。[30]他们想要达成一种平衡，禁止犹太人反抗列国，并禁止犹太人在没有得到列国允许的情况下就大举移民到以色列，相应地，列国也会平等地对待犹太人。尽管这些拉比法令是基于现实需要而不

---

① "shalom"在希伯来语中还被用作问候语，相当于汉语的"你好"。——校注

是基于原则性的对和平的爱，它们直到 20 世纪都对犹太人产生相当大的影响。但是，《圣经》中的先知[31] 和《塔木德》中的拉比，都不认为犹太人的失败是人数较少、资源不足或军事领导无能的结果，而是上帝暂时性的惩罚。未来通往胜利的大门并没有被永久关闭。

在纳粹大屠杀期间，"列国"显然没有对拉比们的讨价还价让步。从此，拉比们以及更大世界开始重新审视整个义务性的诫命战争的概念。在 1967 年的六日战争胜利之后，以色列一些持宗教复国主义立场的拉比和学者，便开始废除阻碍实施义务兵役的陈旧的、实用主义的拉比教义，并唤醒了潜伏着的、从未被彻底从犹太思想中抹除的"圣战"观念。政治和宗教领袖们经常在这个问题上展开激烈辩论，至今如此。

战争需求与期盼和平之间的对峙和紧张自古就有，且一直持续至今，给犹太思想和文明打下了深刻烙印。

古代以色列

历史阐释了为什么在古以色列人被放逐前的早期，似乎是战争而不是和平主宰了当时的日常思考。在战争中获胜是早期以色列生存和兴盛的一个绝对条件。这不是唯一的条件，却是一个不可或缺的条件。在长达几个世纪的时间里，以色列都在和许多民族和城市交战。最长也是最艰难的一场战争应该是与非利士人之间的长期对抗，非利士人是来自海上的侵略者，是"没有受过割礼"的原始希腊人。根据《圣经》记录中明显的苦恼和仇恨判断，非利士人几乎就快成功征服和消灭以色列了。一些考古学家认为以色列科技落后，因为它仍处于青铜时代，而非利士人使用了更高级的铁制武器。这场犹太史上最长的战争持续了大约 300 年。

巴比伦人和亚述人带给以色列的军事失败结束了第一圣殿时期。两次对抗罗马的军事失败结束了第二圣殿时期。这些失败给犹太记忆留下了永久影响。面对罗马人擅长的有组织的大规模战争，犹太反叛者在技术、战术和策略上都没有准备好。然而，他们还是给罗马造成了严重损失，在两场战争中，都有整支罗马军团遭歼灭。138年，哈德良皇帝在获胜之后并没有庆祝，在他传回罗马的消息中并未按照惯例提到他的军团"安好"。现代史学家认为，他肯定损失了大量人员。[32]犹太人面对死亡时的英勇无畏给敌人留下了深刻印象，但是，正如史学家塔西佗和约瑟夫斯写道，他们最终还是敌不过可怕的罗马战争机器。

如果说早期的战争是古代以色列兴盛和生存的动因，那么后来几个世纪中的战败是它衰落唯一的动因吗？下引的以色列国史学家约瑟夫·克劳斯纳尝试过解答这个问题，但有些问题是所有史学家都无法给出肯定回答的。两座圣殿的毁灭导致了一些重要的转变，使犹太教能够以一种新的形式继续生存并重新崛起，甚或还使犹太人后来免受更糟糕的命运：没人能够说得清如果没有经过这种断裂，犹太教会如何发展。当然，70年和135年犹太人的反抗和115—117年地中海地区犹太人的叛乱造成了可怕的流血与杀戮，生命的牺牲使犹太人极为悲痛。根据本书所选的这些世界史学家们对于兴衰的常规标准来看，这是最有戏剧性的衰落和崩溃。

犹太人大流散

在散居的多个世纪中，战争和军事美德能够发挥的作用与古代以色列或现代国家中的情况不同。然而，犹太历上记录的胜利仍然年年被犹太人带着欢乐和希望庆祝着。在大流散期间，《圣经》之外关于战争和英雄事迹的记忆仍在继续，比如约瑟夫斯的《犹太战争》[①]最初以亚兰语写就，但只有主要为了罗马读者而翻译的希腊语译本流传至

---

① 有山东大学出版社2007年中译本，王丽丽等译。——校注

今。也有一些早期犹太人没有读过约瑟夫斯的书，但想了解更多关于决定命运的公元 70 年的战争，而拉比文献对此又语焉不详。在长达800 年的时间里，中世纪最受欢迎、流传最广的犹太历史书是《约希丰之书》。这本书以简单的《圣经》希伯来语写就，因而犹太受众甚广。[33]人们误以为它出自约瑟夫斯之手，因为书中包含并发展了他原有的一些叙述片段。它其实很可能是 953 年在意大利南部编纂的，以各种手稿形式流传了 500 多年，1476 年在曼图亚（Mantua）首次付梓，是最先被印刷的希伯来语书籍之一。在 20 世纪前，就有大量希伯来语版本的《约希丰之书》存在，译本甚至更多。[34]大卫·弗拉瑟（David Flusser）在 1979 年出版了一个新的完整版，用他的话说，这本书用大量篇幅描写了犹太人反抗罗马的战争，"充满了民族自豪感"。[35]不仅如此，《约希丰之书》包含了斯宾格勒会喜欢的尚武精神，可用来支撑他认为犹太人是个好战民族的观点。

与约瑟夫斯的《犹太战争》一样，《约希丰之书》也以马萨达（Masada）的故事结尾，但是这两种叙述有着发人深省的区别。两者都讲述了犹太反叛者在马萨达最后的英勇抵抗，这在《塔木德》和其他拉比文献中都未曾提及。约瑟夫斯讲述了最后一批防卫者为了避免落入罗马人之手，是如何杀死他们的女人和孩子，然后再杀死彼此的。《约希丰之书》中的相关记载却迥然不同：防卫者杀死了他们的女人和孩子，然后"早上起来，出了城［马萨达］，所有人仿佛融为一体，带着凶猛狂怒的心情。他们与大量罗马人作战，杀死了数不清的敌人，直到全部战死沙场"。[36]这个故事是捏造的，但却明显迎合了犹太群众想看到犹太军队英勇奋战的口味，而不是集体自杀、受苦、殉道的故事。[37]如果这是犹太人想听到的内容的话，那么《约希丰之书》中还提供了许多这类故事："罗马的统治者们……喜爱我们祖先的魄力、英勇和忠诚。"[38]这本书多年以来一直受到欢迎，表明犹太人一直都对我们知之甚少的战争和英勇事迹很感兴趣。史学家约瑟·克劳兹纳也怀疑道："毋庸置疑，亚夫内拯救了犹太民族，使其免于灭亡。但马萨达或许也拯救了犹太民族？除了托拉，对英勇事迹的记忆……会不会拯救犹太民族，使其免于停滞和灭亡？这谁能知道呢？"[39]

我们不可能知道这类集体记忆是否对散居地犹太人的现实生活态度产生了影响。英雄事迹的记忆无法取代《塔木德》拉比们所规定的实用和平主义，也不能改变散居地犹太人的无权状态。一旦遭受人身攻击，犹太人很少能够或愿意提供集体武装抵抗，尽管不乏如此尝试的例子，如 1095 年第一次十字军东征期间的莱茵兰地区就有此类尝试。然而，犹太史学和一般的史学都忽略了一个明显相关的史实：散居地犹太人频繁参与了东道国的兵役，有时还会身处高位。从最早时期开始，甚至圣殿还在的时候，犹太人参与世界战争就是被犹太史删减最多的内容。这种内容不符合犹太教或犹太复国主义者的史学观点，更别提那些基督徒或穆斯林史学家的观点了，他们都认为《圣经》时代之后英勇善战的犹太人这一观念令人不快。尽管如此，犹太人确曾为许多国家战斗过。他们的"尚武美德"（斯宾格勒）——如果这是描述他们的适当的术语的话——在为一些世界强国效力时表现杰出。下文将举几个例子。这类例子还有很多，不过一部全面的犹太军事史尚有待汇编成册。

在探究兴衰的研究背景下，我不得不提出许多问题。例如，犹太人为他国效力产生了什么影响？就算这不是犹太民族兴盛和生存的主要动因，那它是否至少为犹太民族的权利、声望和繁荣做出了一些贡献？加入其他国家军队的犹太人又是什么人？他们是无视宗教律法、脱离了犹太社群的微不足道的少数群体吗？他们仅仅是急需找份工作吗？还是被迫的？最后，这些例子展示了某种历史连续性吗？还是属于不定期随处出现的孤例？时间和地点不同，这些问题的答案也各不相同。

甚至在第一圣殿被摧毁之前，犹太战士在以色列或犹大王国之外就已不是单独行动，而是以单位行动的。[40] 早在公元前 7 世纪或公元前 6 世纪，一批犹太雇佣兵就出现在今埃及阿斯旺（Assuan）附近的象岛（Elephantine），帮助法老萨美提克一世（Psammetich I，公元前 664—前 610）或萨美提克二世（公元前 595—前 589）保卫国家的南部边境。[41] 这支犹太军队写的是亚兰语，可能也说亚兰语。我们从士兵们写的书信并从他们和敌对的埃及邻居的冲突中得知，他们仍然想继续做以色列人民的一员。

公元前 525 年，波斯征服埃及后，这些战士就被雇佣来帮助波斯：将犹太人从巴比伦之囚中解放出来的波斯帝国，明显更信任这些犹太职业军人的忠诚和军事上的勇猛，而不是信任当地居民。从尼希米的故事中我们得知，从公元前 6 世纪到公元前 4 世纪这段时间里，波斯国王同时保护巴比伦和犹大王国的犹太人。一个在边界地区效忠波斯的犹太部队的存在只会提高犹太人在波斯帝国的地位。后来，在整个托勒密时期（公元前 323—前 30），显然有为数众多的犹太人以各种身份在埃及效力，包括作为女王克利奥帕特拉三世（Queen Cleopatra III，公元前 142—前 101 年在位）的最高军事指挥官。从法老时代晚期到罗马时代，犹太人在埃及服役的历史持续了 500 多年。在欧洲，为法国和其他国家的国王而战的瑞士部队，创造了最长也是最著名的雇佣兵传统，它持续了大约 350 年，从 15 世纪初或中期一直持续到法国大革命。

相较于效力象岛，效力罗马对犹太历史甚至更为重要。[42] 这是犹太历史上常被封禁的一段历史，有待更多研究。它与犹太人对罗马的反抗、他们在罗马统治下的苦难，以及他们对罗马无可争辩的仇恨不太相符，但它确实展示了在更为广阔的罗马帝国中犹太人生活的广泛性、多样性和复杂性。有些人把在罗马服役的犹太士兵称为"叛徒"或"叛教者"，但我们从许多史料中了解到，他们其实仍自视为犹太人，是犹太会堂的成员，并委托人以犹太图像装饰墓碑。[43] 他们的真实数量可能永远不会为人知晓，因为他们中的许多人都有希腊名字或罗马名字，能够揭示他们犹太身份的大多数史料也久已失传。

一些出人意料的考古发现不时有助于对罗马军队中的犹太人做出新阐释。[①] 在罗马，犹太人拥有 500 年的军事历史，断断续续地从恺撒大帝（公元前 100—前 44）时期持续到公元 5 世纪早期。恺撒大帝对犹太人直言不讳的友谊产生了深远影响，经过公元 70 年和 135 年罗马两次镇压犹地亚的起义，仍然有部分幸存下来。这份友谊最初能够产生，是因为在公元前 48—前 47 年的埃及战役中，恺撒大帝在关键时刻得到了犹地亚的军队——而非个别士兵——的支持。在本国的敌人庞贝死后，恺撒要想控制罗马，就必须击败庞贝的埃及盟友。他登陆埃及时带了大约 5000 人，不足以打败埃及军队。然后，据约瑟夫斯所说，支持恺撒的大祭司许尔堪二世（Hyrcanus II）派遣了 3000 名（也有史料说 1500 名）犹太士兵前往埃及。[44] 大祭司还呼吁埃及的犹太人要记住同犹地亚犹太人之间的共同纽带，并支持恺撒，他们照办了。

统领犹地亚军队和其他部队的是一个无畏的指挥官安提帕特（Antipater），他是希律王的父亲。[45] 安提帕特的犹地亚军队决定了尼罗河三角洲的关键战役，打得埃及军队四处逃散。恺撒在"这场最危险的战役"[46]中一直依靠安提帕特，而安提帕特在其中一次行动中受伤。恺撒对犹太士兵及其领袖所给予的帮助分外感激。他的法令（公元前 47—前 44）得到罗马元老院的批准，将许多特权赐予罗马各省和

---

① 瑞士考古学家在巴塞尔附近一个罗马军事殖民地的废墟中发现了一枚刻有犹太象征记号烛台（menorah）的戒指。这枚戒指的年代暂时定在 3 世纪，可能是一名犹太士兵或商人带到那里的。参见 *Der Menora-Ring von Kaiseraugst. Jüdische Zeugnisse Römischer Zeit zwischen Brittanien und Pannonien* (The Menora Ring of Kaiseraugst, Jewish Documents of Roman Times between Brittania and Pannonia), ed. L. Berger (Basel: Verlag Schwabe, 2005). 有人认为，许多在罗马时代晚期定居德国南部的犹太人是士兵，而不仅仅是奴隶或商人。

犹地亚的犹太人，以表彰他们的军功和其他功绩，奥古斯都皇帝后来维持了这些特权。其中就包括守安息日的权利，讽刺的是，在某些地方，犹太人还被免服兵役。值得注意的是，这是一个多神教文明第一次公开承认安息日是"犹太人的发明"，由此表彰了犹太人在军事上的英勇。

在犹地亚，这些法令的好处是短暂的，但对那些在更广阔的地中海犹太人散居地来说却是长久的。犹太传统和一些犹太史学家对于拯救了恺撒和提升了犹太人地位的埃及关键战争没有给予关注，或只给了很少关注。显然，犹太人对精神错乱而罪行累累的希律王的厌恶也延伸到了他的父亲身上。[1]

犹太人在罗马军队中谋生。其中最成功但也最麻烦的是提比略·尤利乌斯·亚历山大(Tiberius Julius Alexander)，此人公元16年生于亚历山大城。他是亚历山大城的犹太哲人斐洛的外甥。他的犹太父亲，一位罗马高级官员，捐了一扇金门给耶路撒冷圣殿。在罗马，没有一个犹太人升到过比他更高的军衔。46—48年，他是犹地亚总督；69年，他在罗马军队进入犹地亚期间陪伴他的朋友罗马将军提图斯(Titus)。他的职位相当于参谋长。他指挥两个军团，全程参与了围攻耶路撒冷。约瑟夫斯多次提到他，称赞他的领导才能，但只有一次提到他的犹太出身，说提比略·尤利乌斯·亚历山大没有他父亲那么"虔诚"，"因为他没有继续信奉他祖上的宗教"。[2] 这种谨慎的斥责意味深

---

① 海因里希·格雷茨没有质疑约瑟夫斯叙述的准确性，并描述了安提帕特的胜利及其对恺撒大帝的重要性，但他对安提帕特多加漫骂(说他"不忠""纵容""肆无忌惮"等)。轻信格雷茨的犹太读者自然不会为安提帕特的行为感到骄傲。参见 Heinrich Graetz, *Volkstümliche Geschichte*, 464ff。

② *Jewish Antiquities*, 20.5.2 (100), 648. 由于提比略·尤利乌斯·亚历山大没有留下任何著作，我们只能猜测他对自己出身的态度。申菲尔德(Schoenfeld, 120)相信他保留了一些宗教敏感性，因为约瑟夫斯说他是跟着提图斯试图阻止焚毁圣殿的官员之一。相反，哈达斯-勒贝尔(Hadas-Lebel)写了一本他叔叔斐洛的传记，其中说他是"犹太人自我憎恨"的一个例子，见第 356 页。另见 Mireille Hadas-Lebel, *Rome, la Judée et les Juifs* (Paris：A&J Picard, 2009), 94。

长：罗马城的犹太人约瑟夫斯要与不再有犹太信仰的同胞保持距离。

从卡拉卡拉（Caracalla）统治时期（211—217）起，犹太人加入罗马军队的人数似乎有所增加。甚至还有一个以犹太名字命名的清一色犹太人组成的部队，即"皇家埃梅森犹太人部队"（Regii Emeseni Iudaei），它356年驻扎在亚历山大城，409年驻扎在意大利。据信，这支罗马军队中埃及犹太人人数最多，其次是叙利亚、小亚细亚和意大利的犹太人。许多人驻扎在潘诺尼亚（Pannonia，匈牙利）和达契亚（Dacia，罗马尼亚）。[①] 当基督教成为国家宗教时，罗马的犹太军事史就结束了。狄奥多西一世（Theodosius I，379—395年在位）禁止犹太人当官。410年和418年，狄奥多西二世将他们全部逐出军队。他不得不反复强调此法令，因为人们执行不力。

必须得出的结论是：服兵役维持了犹太人在罗马帝国的延续、生存和广泛散居。这是犹太文明的真正驱动力，在罗马帝国灭亡很久之后，还产生了次生性的影响。许多阿什肯纳兹犹太人是古典时代晚期意大利犹太人的后裔，这些意大利犹太人本身又是罗马帝国犹太人的后裔。这些意大利犹太人在8世纪到10世纪期间向北迁居德意志的土地，加入了在那里已经生活了几个世纪的其他犹太人，已生活在德意志的犹太人不仅作为罗马奴隶或商人来到这里，而且，正如刚刚说的，他们还是作为罗马士兵来到这里的。从恺撒大帝、许尔堪和安提帕特，直到阿尔卑斯山以北的阿什肯纳兹犹太教的兴起，有一道长线将他们联系起来。

早期流散时代最著名、最值得骄傲的犹太军事领袖是穆斯林王国格拉纳达的宰相（vizier）撒母耳·哈纳吉德（Samuel Hanagid，993—1055）。他不仅作为政府首脑为国王效忠，而且作为统帅亲自率军参

① 在潘诺尼亚所有犹太人的墓志铭中，有三分之二来自罗马军团士兵，他们与第一叙利亚号箭手和第一埃梅森弓箭手一起服役。Schoenfeld, 122.

加了许多战斗。他还是才华横溢的诗人，他的希伯来语诗篇《阿方特之战》(*The Battle of Alfuente*)歌颂了战争，并显示了自己的尚武精神："马儿像从巢穴里出来的毒蛇一样来回奔跑。长矛像闪电一样在空中闪耀。箭矢宛如雨滴，刀剑闪闪发光。"①撒母耳·哈纳吉德也是《塔木德》学者，精通犹太律法。他同时作为文职官员和军事领袖的威望，可能提高并促进了他那个时代生活在穆斯林王国的犹太人的地位和繁荣。

令人意外且仍不大为人所知的是中国的犹太军官和士兵，他们于元代、明代和清代早期(14—17 世纪)在皇家军队中服役。在这些朝代，只要通过了科举考试，犹太人就可以畅通无阻地参军和从政。中国历史学家已经发现并仍然认为值得注意的是，中国犹太人这个小群体的后代中有人拥有很好的军衔。一位当代中国历史学家写道，这"反映了元朝政府(14 世纪)的信任和重视……以及犹太人和元世祖皇帝之间的密切关系"。[47]在 17 世纪，几名犹太人再次得到很高的军衔。[48]在 18 世纪，一位耶稣会来访者报道说，有一篇中文文献提到犹太人在"公职和军队"等的职位上"备受尊重"。[49]据一些汉学家说，所有体面的职业都对这些中国犹太人开放，一份好的官职比一份军职更能赢得公众声望。中国犹太人很可能是出于自愿而在战争中寻求荣誉，而非被迫从军。

印度犹太人的军事历史更令人震惊，也有更好的记录，尤其是他们最大的团体"以色列之子"(Bnei Israel)，他们声称公元 70 年后就来印度了。与中国一样，印度从来没有反犹歧视或迫害，16 世纪葡萄牙

---

① *A History of the Jewish People*，456. 撒母耳·哈纳吉德的其他诗歌表明，他也知道战争悲惨的一面。他最短小、最著名的一首诗是《第一次战争》："第一次战争宛如美丽的女孩，谁都想与她调情，都相信她。后来的战争更像可恶的老妓，找她的嫖客满怀苦涩与悲痛。" *The Dream of the Poem*，58f.

侵略者对印度犹太人施加的暴力除外。在 17 世纪和 18 世纪，"以色列之子"的成员在当时统治了印度中部大部分地区的马拉塔联盟（Maratha confederacy）的陆军和海军中服役。1760 年英国人击败了马拉塔联盟之后，"以色列之子"开始加入东印度公司的军队。1837年，"以色列之子"总计有 5225 人，其中有包含家属在内的 1000 人以当兵谋生。考虑到在向"当地人"开放的职业上犹太人并没有被排除在外，这个数字所占的比例很高。将军队作为优先选项，显然是依照了旧传统。犹太人在迈索尔（Mysore）、阿富汗、缅甸和其他地方作战，许多人获得了很高的军事荣誉，或者达到了英国统治下"本土"士兵可以达到的最高级别。[50] 1947 年当印度获得独立时，这一古老的军事传统又获新生。这个小小群体的成员中涌现出与之不成比例的一大批杰出的印度高级军官。[51]

"以色列之子"的历史学家倾向于赞美其人民的军事成就，而西方犹太历史学家更愿意回避大流散时期的犹太军事历史。一些"以色列之子"成员坚信他们从《圣经》中的犹太人身上继承了军事上的英勇。1897 年，海姆·撒母耳·凯希姆卡尔（Haeem Samuel Kehimkar）写了一本关于"以色列之子"的史书，直到 1937 年才出版。其中第九章的标题是"作为勇敢和忠诚的士兵的以色列之子"，他在描述犹太军事英雄主义时所使用的语言自约瑟夫斯和《约希丰之书》以来就从未听过："事实上，以色列人所拥有的战士品质是从祖传的皇室家族中继承而来……对其祖先英雄事迹的回忆，对他们在战场上英勇无畏的记忆，让'以色列之子'的许多英勇的士兵在火枪大炮等的狂轰滥炸下冲向战场。"[52] 最近一位"以色列之子"的历史学家同样自豪地指出，他的民族很早就被当作像锡克人那样的"尚武民族"，且他们"比当代以色列人更早成为战士"。[53]

从 12 世纪开始，基督教和穆斯林统治下的犹太人就被排除在兵役之外。法国大革命把他们引入了欧洲军队。从 19 世纪起，大量犹太人大多通过强制征兵加入欧洲军队。波兰有个令人惊讶的事例，那里的犹太人自愿在一个犹太军事团体里服役。1794 年，波兰革命领袖塔德乌什·柯斯丘什科（Tadeusz Kosciuszko）授权波兰犹太裔陆军上校贝雷克·约瑟莱维奇（Berek Joselewicz），让他组建一支纯犹太部队，参加波兰反抗俄国和奥地利的起义。[54] 约瑟莱维奇用意第绪语发出了爱国的武装号召，数百名志愿者响应了号召。500 人被选入骑兵团。他们可以吃合乎犹太教教规的食物，可能的话，可以在安息日不打仗，甚至可以蓄胡子。他们在战斗中几乎被全歼。他们可能是到处找工作的穷人，但他们对犹太宗教律法的关注似乎表明他们并不是微不足道的浪子。

他们的牺牲对整个波兰犹太教的未来毫无帮助。然而，这种新模式却无处不在。人们期待犹太人为他们各自的家园而战斗、牺牲，但这并没有改善犹太人的地位和生活条件，甚至没有减少反犹主义。然而，一些 20 世纪的犹太人在一些国家中获得了最高军衔，这些国家的武装部队中显然不存在反犹主义，或没那么明显。在西方，这类国家包括意大利、[55] 比利时、[56] 印度和澳大利亚。其中最杰出者是第一次世界大战中澳大利亚最伟大的士兵——1918 年澳新陆军军团（Australian and New Zealand Army Corps，简称 ANZAC）总司令、波兰犹太移民的儿子约翰·莫纳什爵士将军（General Sir John Monash，1865—1931）。在西部战线，莫纳什被认为是一位鼓舞人心的领导人、杰出的战术家和创新的战略家，在运动战中领导着他的兵。据报道，英国首相劳合·乔治（Lloyd George）称他为"第一次世界大战中唯一具有领导者必要品质的士兵"。[57]

陆军元帅伯纳德·蒙哥马利（Bernard Montgomery）是 1942 年阿拉曼（El Alamein）战役的胜利者，1918 年曾在莫纳什手下任初级军官，他自己后来也成了运动战专家。他敬佩莫纳什，后来在信中称他是"欧洲西线最优秀的将军"。[58] 莫纳什一生都是忠诚的犹太人，有消息人士还说他守教，1927 年他成为澳大利亚和新西兰犹太复国主义联盟的第一任主席。他的威望很可能提高了他所处群体的声望。

犹太人在历史、文化和地理位置迥异的意大利、比利时、印度和澳大利亚都担任了高级军事指挥官，这一现象的确奇怪。人们想知道这些例子到底是巧合，还是代表了斯宾格勒假设的那种历史传统，或是由类似的社会学因素造成的。这些因素有哪些呢？在这四个国家中，其他有声望、有回报，并且不那么危险的职业也是对犹太人开放的。然而最终，这四个国家的犹太将领都没有在他们的国家、犹太民族的命运或世界历史上留下明显的印记。在 20 世纪，除了以色列之外，只有一位犹太军事领袖对他的国家、整个犹太民族和世界历史产生了决定性的影响，这就是利昂·托洛茨基（Leon Trotsky，1879—1940）。

列宁临终时承认，是托洛茨基而非其他人赢得了俄国内战，[59] 斯大林在 1918 年《真理报》（*Pravda*）的一篇文章（后来被删除了）中也承认了这一点。托洛茨基出身于乌克兰富裕的犹太农民家庭，原名叫列夫·戴维多维奇·布朗斯坦（Lev Davidovich Bronstein）。1917 年，他加入了列宁的布尔什维克党，并于 1918 年春成为他们的最高军事领袖，尽管他从未在军队中服过役。在俄国内战期间，共产党人已经在各条战线上遭受惨败，托洛茨基明白，只有实行两次重大的军事改革，革命才能继续下去。他号召数千名有意愿且训练有素的前沙俄军官重新入伍，不顾政党理论家和普通民众的强烈反对，推行大规模征兵制。1918 年 5—10 月，他将一群由 30 万散兵游勇组成的乌合之众，改造成一个由 100 万人组成的纪律严明的战争机器。他的组织才能、战术天赋、鼓舞大众的非凡影响力，以及他在彼得格勒（圣彼得堡）前线的个人英勇事迹都很好地被记录在册。同时也可以说，他对人类生命的无情和轻视也同样有据可查。

作为一名公众演说家，领导层中没有任何人能够比肩托洛茨基，但在 1919 年，托洛茨基的军事权威开始下降，他的傲慢为他树敌太多。当列宁于 1924 年去世时，托洛茨基的命运就注定了。斯大林1927 年将他逐出党，又于 1940 年在他流亡墨西哥期间将他谋杀。

托洛茨基的军事天才对俄罗斯和世界历史产生了深远而持久的影响，因为他可能挽救了俄国革命。他对犹太历史产生了间接的负面影响。托洛茨基知道反犹主义是他受人敌视的一个主要因素，甚至在革命的布尔什维克中也是如此。1923 年 10 月，他在全体苏联领导层面前为自己辩护，反对"波拿巴主义"（Bonapartism）的指控时也公开提到了这个因素。[60]尽管他觉得自己对其他犹太人没有敌意，但他一开始排斥说意第绪语的"犹太工人联盟"和犹太复国主义的文化需求，并谴责这些犹太人搞"自我孤立"。[61]纳粹德国和反犹主义的兴起促使他在流亡期间重新审视自己的立场。他承认，"犹太民族要保持自我"，并反思了"为巴勒斯坦的犹太人建立领土基础"的条件。[62]对苏联犹太人来说，这为时已晚。他曾大力帮助建立的苏联，很快就脱离了他所想象的一切，变成了犹太人和后来以色列无法改变的敌人。尽管斯大林对犹太人日益致命的不信任可能在与托洛茨基的斗争之前就形成了，但由于这场斗争，斯大林变得更加偏执了。另一方面，对纳粹及其支持者而言，没有谁比托洛茨基更好地证明了苏联的布尔什维主义与犹太教在本质上是一样的。这两者都令人憎恨，都被诅咒要走向灭亡，因此犹太人在各条战线上都失败了。对于托洛茨基在 20 世纪犹太人命运中所扮演的不情愿却具有灾难性的角色，莫斯科一位首席拉比曾用一句令人难忘的俏皮话来这样概括："托洛茨基们（the Trotskys）发动革命，而布朗斯坦们（the Bronsteins）买单。"[63]

托洛茨基是苏联最重要的犹太裔军事领导人，但还有许多其他领导人。曾压迫犹太人的沙皇统治崩溃后，少数活跃的犹太人接受了新政权，这个政权最初看起来是理智的、世界性的。它向犹太人许诺了更多的自由和尊严，这是他们中的很多人渴望得到的东西。俄罗斯历史上第一次将显赫的军事职位向犹太人开放。一些人选择了这条道路，并获得了高级职位，后来却被斯大林撤职或消灭。其中最著名的是在俄国内战期间表现突出的约拿·埃马努伊洛维奇·亚基尔（Yona Emmanuilovich Yakir，1896—1937）将军。在两次世界大战之间，他与其他几个指挥员共同发展了"大纵深作战"的军事理论，被认为是军事史上的重大创新之一。他创造和训练了世界上第一批大型坦克与空军编队，与托洛茨基拥有共同的军事创新嗜好，且都在战争中拥有独立、灵活的思维。斯大林恰如其分地指控他为"托洛茨基主义"，并在1937年处决了他和他的大部分家人。有人认为，苏联在第二次世界大战中取得胜利的一些战略来自亚基尔将军的教导。

其他犹太将军也在斯大林清洗并杀害的大批高级指挥官之列。1945年后，300多名犹太将领和海军上将被撤职，高级军事职位从此对犹太人关闭。[64]据一项未经核实的估算，超过30万犹太人在1941—1945年于各条战线上参加红军抗击德军时牺牲或被俘后遭受杀害。[65]这是犹太士兵为他们居住的国家所做的最大一次牺牲。但即使这样，也没有减少苏联的反犹主义。苏联犹太裔战争通讯员瓦西里·格罗斯曼（Vasily Grossmann）报道了他在1941年与反犹主义小说家、后来的诺贝尔奖得主米哈伊尔·肖洛霍夫（Mikhail Sholokhov）发生的激烈冲突，后者是斯大林的支持者。格罗斯曼目睹了许多犹太人在战斗中死去，当肖洛霍夫嘲笑他是"亚伯拉罕在塔什干做生意"时，他非常愤怒。[66]

在美国，犹太人被征召时会像其他人一样服兵役，但很少有人能升到高级职位。他们从来没有像在政治和法律、商业和金融、电影工业、文学艺术、教育、科学技术和体育等领域寻求职业那样寻找军事职业。美国犹太人唯一没有或很少取得成功和全国声誉的重要领域就是作战领域。原因之一可能出在美国的一些高级指挥官身上，这些人的反犹主义是有案可查的。乔治·巴顿（George S. Patton）将军就是个极端例子，他在 1944—1945 年指挥美军第三军，被一些人誉为"美国最伟大的作战将军"。他在战后表达了对犹太人甚至纳粹集中营犹太幸存者的蔑视，这种蔑视超越了 1945 年以前美国白人上层阶级所能接受的任何言论。[67]这类态度肯定增加了美国军方对沙皇俄国和中欧犹太移民带来的任何与军事相关的一切的厌恶。在那里，军队常常是反犹主义和民族沙文主义的大本营。

犹太人对世界各国做出的军事贡献往往是自愿的，这一长期记录无法简单解释。当允许犹太人或邀请他们去当志愿兵时，总有些人会去。在斯宾格勒关于根深蒂固的犹太"尚武美德"的观点中，必须加入社会学因素。在犹太人或多或少被接受并过着体面生活的国家，大多数人扎根下来，成为优秀的爱国者。犹太人是典型的孤立无属、无家可归、无根无源的"服务性游牧民族"，这种说辞根本不对。[68]如果可能的话，他们更加喜欢在不违背犹太教的情况下展示对东道国的忠诚。这种双重效忠可能有助于解释他们在大流散时期的军事历史。

我们现在必须回到上面提出的那些关键问题。犹太人的军事英勇在为非犹太人效力时会有不同吗？它是犹太文明的推动因素吗？它有助于犹太人的生存吗？对于古代世界，答案是明确肯定的，古代世界的犹太人或者说犹地亚人无论生活在哪里，都有着独特的国民身份。在埃及、波斯，尤其是罗马服役的犹太士兵很可能增加了犹太人在所在国的特权、威望和生存能力。古代中国和印度的情况则不同。那里不知道犹太人的故事及历史，也不知道他们在世界上的分布情况，那里的犹太人数量也非常少，可以忽略不计。他们服兵役与否对犹太人在所在国或当时世界上的地位没什么影响，而只是历史上有趣的一章。近现代欧洲的情况又有所不同。欧洲犹太人在军事上做出的牺牲是不可否认的，但并没有提高犹太人的整体地位。在苏联及其他地区，犹太军事指挥官的显赫地位反而加剧了反犹主义。

在第二次世界大战期间，散居地犹太人的军事经验对保证他们的生存几乎没有帮助。[1] 在纳粹大屠杀中丧生的数百万人中，许多人受过军事训练，却没有机会展示。但这个问题还有另一个重要方面。犹太人在缺席几个世纪后大规模重返世界各地的军队，必然间接促成犹太人的重新崛起和以色列国的出现。问题不仅仅在于战斗技能的获得。在世界各地军队中的军事经验有助于改变犹太人对待战争的态度，尤其是对待犹太人自卫的态度。约瑟夫·特伦佩尔多(Joseph Trumpeldor，1880—1920)的生平是一个非同寻常但很有教育意义的例子。特伦佩尔多的军事生涯始于沙皇军队。正如古老的俄罗斯誓约所说，他必须和所有俄国士兵一样向尼古拉斯二世(Nicholas II)和"神圣福音书"(Holy Gospels)宣誓效忠。他在1905年的日俄战争中失去一只胳膊，因为英勇而获得圣乔治十字勋章(圣乔治是庇护俄罗斯的圣人)，他由此成为俄国军队中受到最高表彰的犹太士兵。1911年，他移民到奥斯曼帝国治下的巴勒斯坦，并在1915年帮助成立了"锡安骡马队"(Zion Mule Corps)，与英国人并肩作战。这并不是犹太复国主义者所断言的"2000年来第一支纯犹太军队"，但它是古老犹太家园上第一支带着犹太民族目标而建立起来的军队。1920年，特伦佩尔多在与阿拉伯人的战斗中倒下。莫纳什将军是另一个例子。特伦佩尔多和莫纳什可以看作是一种新行为榜样的两个版本。他们在自

---

[1] 这种说法并不适用于落入德国人手中的西方军队中的犹太士兵，与苏联和波兰犹太士兵不同，他们基本没有被谋杀。成千上万的法国犹太人在德国战俘营中幸存下来，因为他们穿着法国军服(尽管德国人知道他们是犹太人)，而他们的家人如果被抓住，就会被驱逐到死亡集中营。所有加入法国外籍军团的外国(主要是东欧)犹太人也在战争中幸存下来，除非战死。

己国家的战争中以勇敢著称，在军队中迅速崛起，但无论如何都忠于他们祖先的家园。前者是以色列第一位民族战争英雄，后者是自豪的澳大利亚和新西兰犹太复国主义联盟主席。

现代以色列

现代以色列的建立和持续的存在要归功于它随时准备作战。这种意愿源于早期犹太复国主义关于"新犹太人"的理想，但也与古老的传统和记忆有关。上述犹太士兵在外国的军事经验和 20 世纪 30 年代以色列本土士兵的经验非常重要，后者是由支持犹太复国主义的英国军官、富有创新精神的战术家奥尔德·温盖特（Orde Wingate）训练出来的。但外国经验并不能突然转移到以色列犹太人身上。这是一个缓慢的、有机的过渡过程，自 19 世纪末 20 世纪初沙皇俄国的犹太人在被集体迫害后建立武装自卫队开始，持续了半个多世纪。这些自卫队的军事影响有限，但长期的心理影响是重要的：它们代表了许多世纪以来犹太人第一次使用武器保卫自己，而不是去保卫其他国家。同时，少数犹太士兵，如特伦佩尔多，加入了俄国的犹太复国主义运动，移居到了仍属奥斯曼帝国的巴勒斯坦。从第一次世界大战到 1948 年期间，建国前的以色列的犹太防卫组织不断壮大，从世界上每一支犹太人曾服役过的军队中汲取力量和专业能力，无论是旧奥斯曼军队还是法国外籍军团，遑论最重要的英国军队了。

1948 年上半年，英国托管下的巴勒斯坦的犹太社群伊休夫，在与巴勒斯坦的阿拉伯人及周边国家的军队展开的军事决战中取得了决定性胜利。第二次世界大战期间在同盟国军队服役的约 28000 名巴勒斯坦伊休夫成员的大多数都加入了哈加纳（Haganah）①，后来又加

---

① 哈加纳（希伯来语"防御"之意），是 1921 年由巴勒斯坦伊休夫领导人建立的军事武装组织，以色列建国后被并入以色列国防军。——校注

入了以色列国防军,1948 年 7 月时以色列国防军有 65000 名战士,同年 10 月有 88000 人。这意味着,以色列士兵中有很大一部分人有军事经验,其中相当一部分人经历过真正的战争。此外,从 1948 年 5 月起,大约 4000 名从第二次世界大战退伍的外籍志愿兵加入了以色列武装部队。他们中的许多人是急需的专家,如水手、坦克兵、后勤和通信专家、空中和地面人员以及医务人员。以色列小型空军共有 193 名飞行员,其中 171 人(90%)是外籍志愿者,约 100 人来自美国。军队的医疗队有大约 20%由外籍志愿军组成。[69]哈加纳的成员和军事最高司令部的第二次世界大战退伍老兵之间的关系变得很紧张。1948 年7 月,大卫·本-古里安总理对一些经验丰富的哈加纳指挥官的军事能力不屑一顾,在任命中央战线和内盖夫的指挥官时,不考虑时任哈加纳头目作为候选人,而是希望任命在第二次世界大战中为英军作战的两名老兵。总参谋部煽动了一场针对本-古里安的内部"叛乱",以阻止这一行动,并成功削减了他的权力。[70]

可见,犹太人通过第二次世界大战在外国军队中获得的军事经验为 1948 年以色列的胜利和新生国家的生存做出了不可估量的贡献。我们可以统计出有经验的退伍军人的相关人数,但无法准确衡量他们的贡献的质量或重要性。即使没有他们,以色列也会赢得独立战争,但会更加吃力,也可能会造成更大的人员损失,收获更少的领土。

现代以色列的特征和政治深受战争影响,这些其实就是通过战争形成的。以色列在存在的 65 年中(1948—2013),经历了五次传统战争(1948、1956、1967、1973、1982)、一次"消耗战"(1968—1970)、三次新的非对称战争(2006、2008—2009、2012)以及两次巴勒斯坦人起义(Intifadas,1987—1991、2000—2005)。换言之,以色列比同一时期任何西方国家经历的战争都要多,更不用说从 20 世纪 20 年代起就几乎一直存在的反恐战争和反游击式突袭战了。从狭义的战术意义上说,

11 次战争中以色列至少赢了八次。大多数以色列和西方军事专家似乎都认为第九次，即 2006 年的黎巴嫩战争是失败的。相比之下，一些中国和印度的军事专家用不同标准审视了这场战争，得出了不同的结论，认为以色列胜利了。必须指出的是，这场战争的内部和外部影响在几年后仍在显现。这是以色列第一次重要的非对称战争，2008—2009 年的加沙战争是第二次非对称战争，判断非对称战争成败的标准不同于传统战争，目前还没有明确的标准。

除了两次巴勒斯坦人的起义之外，对以色列影响最深的战争就是 1948 年的独立战争、1967 年的六日战争和 1973 年的赎罪日战争。除独立战争外，六日战争对整个中东和国际体系的影响最深远。用汤因比的话来说，对六日战争的第一反应是中了"胜利之毒"，其他国家在胜利之后也会这样。在这种兴高采烈之后，出现了政治僵局，后来的赎罪日战争只是部分打破了僵局。"胜利之毒"和精神创伤可能使以色列无法充分利用它有史以来最伟大的胜利。一位历史学家已经表明，六日战争那计划周详的胜利在很大程度上要归功于纯粹的运气和阿拉伯人方面的失误。也许每一次伟大而迅速的军事胜利都是如此。[71]

战争在许多方面深刻影响了以色列，甚至形成了以色列的特征。它涉及国家每一个主要的政治、社会经济和精神发展领域。有些改变的产生是为了将外国敌对情绪转化为对以色列有利的条件。以下涉及国家利益和政策的领域受战争的影响最深：

国家领导层。大批以色列将领和高级军官在退役后进入政坛，其中几人成为塑造未来的国家领导人，三人成了总理，几人成了国防部部长和政府其他部门的部长。很长一段时间内，以色列民众很欢迎他们这种从军队向政坛的转变，因为至少在赎罪日战争之前，以色列民众更信任军队，而不是平民政客。这些官员中有些人可能以专业能力丰富了以色列的治国方略，但也有人对他们的贡献持批评态度。例如，有人说，成为政客的军官可能犯了历史性错误，因为他们的思维方式受军事经验的影响太深。另一种批评认为，军事机构对以色列的政策制定影响太大，因为其成员的观点总是能得到那些已成为政府部长的前军队同事的支持。无论如何，总的来说，化身政客的军官对以色列历史的影响可能比任何其他单一的政治家群体都要深刻。必须补充的是，这种影响绝非单方面的。一些前将军有右翼信念，其他人有左翼信仰，还有些人在职业生涯中从政坛的一端走向了截然相反的另一端。我们还需要更多时间才能公正地判断前军官成为领导人这一现象对历史的长期影响。

内部凝聚力。直到 1973 年赎罪日战争之前，以色列的战争都加强了以色列人民的内部凝聚力。这一点不仅在 1948 年和 1967 年很重要，而且在 1956 年也是如此。1956 年争夺苏伊士运河的战争产生了"凝聚力"的社会效应。这次战争是在伊斯兰国家出现了几次大的犹太移民出逃浪潮之后爆发的，这些出逃透露出社会和文化方面的紧张关系。赎罪日战争和随后的所有事件，包括巴勒斯坦人的两次起义，可能造成了更多的内部异议和动乱，而非凝聚力。然而，并非所有的异议都是坏事。带来根本性改变的，通常不是凝聚力，而是不同的意见。

移民的融合与教育。几十年来，服兵役——不一定要参加战争——被当作促进社会融合和文化适应的一个不可或缺的因素，在许多情况下兵役还教育了来自几十个国家的数十万移民。许多以色列人在军队中学会希伯来语，其中一些人在军队接受了职业培训，而且他们中的绝大多数由此了解了以色列的各种社会和族群结构，这是光靠过公民生活所办不到的。

经济和技术发展。战争与外国敌意的一个重要影响是成功发展了以色列的经济和现代技术。从一开始，以色列的敌人就劝阻他国向以色列出售武器，并试图说服全世界对以色列发动全面的经济抵制，以此削弱以色列，让它屈服。然而，以色列——不仅是通过政府，还常常出于个人主动——利用外部危险及其伴随的需要来发展本国军事工业，建立一个具有竞争力的高科技经济体，这个经济体不断成长并已成为其军事、经济和科学力量的组成部分。这种高科技经济的一个核心支柱就是以色列在许多信息学领域的能力，这在很大程度上是军事研发的结果。成千上万具有创新精神的管理者、科学家和工程师将这种独创性从军事部门转移到了民用领域。当然，军事研发也催生了以色列在武器装备和其他军事硬件方面的国际竞争力，这些都是以色列出口的主要产品。20 世纪，在没有现代工业或非军事技术基础的情况下，没有任何一个小国能够在技术上取得如此的成功。

寻找国际联系和朋友。阿拉伯国家的敌意促使以色列政府在全世界寻找盟友和朋友。本书第四部分关于地缘政治的第九章将进一步讨论这一点。大卫·本-古里安总理希望以色列得到至少一个大国的支持，且要避免与其他大国对抗。他还希望有一个由友好国家组成的包围圈来围住周边主要的敌人。因此，他和他的继任者们在与土耳其、伊朗、埃塞俄比亚和撒哈拉以南非洲地区建立友谊和联盟方面投入了相当大的努力。本-古里安还把中国和印度视为伟大的文明，并预见到它们终有一天会成为大国。他深信，作为一个亚洲国家，以色列必须尽可能与这两个大国建立好关系。本-古里安和他的继任者在这些地缘政治的努力中取得了一些成功，但有些方面却没有成功，或者像在伊朗那样只取得了时间很短的成功。以色列目前的一些国际关系都可以追溯到早期的这些努力。

与犹太民族的凝聚。以色列打的仗很可能与和平倡议一样，加强了其与世界犹太人的联系。这些影响是精神上、政治上的，也是实用的。每场战争都让许多散居地犹太人情绪高涨，随之而来的是财政、政治和其他方面的援助。乍一看，以色列战争对全球犹太人的影响似乎是积极的。但是，迅速、激烈的战争是一回事，而永久的、僵持的紧张局势又是另一回事。无休止的阿以冲突及其血腥事件、敌对言论、对以色列人权记录的频繁批评，以及一些国家眼中以色列与美国政策之间的联系，所有这些都对散居地犹太人的身份、团结和自豪感产生了恶劣影响。很难比较战争和紧张局势的正面与负面影响。

考虑到整个世界的大局势和中东的区域局势，以色列仍不得不忍受备战与渴望和平之间棘手的张力，正如本章开篇处便提出的。以色列不太可能在短期内忘掉军事准备。历史上许多其他国家的命运都是在为战争做准备的同时争取和平。要确保以色列的未来，就需要战略、战术和技术上的创新。保持以色列解决和赢得暴力冲突的能力，并保持其社会这样做的决心，将取决于其领导层的素质。在军事技术和战术之外，努力在思想上创新也必须是这种能力的一部分。比如，可以鼓励修订现行的国际战争法，这些法律本是为传统战争及尊重这些战争的对手制定的，但不是为非常规和非对称战争而定的。以色列敌人手中可能拥有大规模杀伤性武器，这种威胁给犹太人的生存带来了巨大挑战。但这一次，也是历史上第一次，对大部分犹太人的生存威胁同时也是对全世界的威胁，因为对以色列使用这种武器将给更广大的中东和其他地区带来难以估量的后果。

第九章　地缘政治和文明亲和力

概论

本章将集中讨论为治国方略或地缘政治服务的文明或文化的亲和力。地缘政治学的定义比比皆是,有的与地缘战略的定义重叠,有的相互矛盾,有的根本无法理解。本书对地缘政治学的定义是,通过地理、经济、军事或文化的资产,并通过赢得外国朋友和盟友来提高国家实力的治国手段或工具。地缘政治的手段与目标必须匹配。在许多情况下,这需要通过获得更多的影响力、朋友、盟友、领土、武器或经济资产来加强手段。在其他情况下,它需要限制目标。修昔底德说,伯里克利曾告诫雅典人,既要增强他们在海上处于优势的主要军事资产,同时又保持谦逊的战争目的,可雅典人没有听从他的劝诫。[1]早在地缘政治这个词被发明之前,伯里克利就已经是这方面的大师了。

战争是战胜其他国家的最具戏剧性的治国手段。如前一章所述,这一问题必须放在地缘政治背景下看待。文化表达了一种文明的价值观和传统,可以成为另一种增强力量、赢得朋友和盟友的工具。现有的文明亲和力可以利用起来,新的文明亲和力也能被创造出来。塞缪尔·亨廷顿断言,文明或文化目前已成为地缘政治学最重要的一个方面。[2]根据他的论题所说,全球政治正在按照文明这条线重组。有着相似文明的民族和国家走得越来越近。文明将成为国家和人民之间最牢固的纽带，政治边界将被重新划定，以更好地反映文化边界。一个由多个国家共同拥有的文明，往往会有一个"核心国家"，它可以代表所有国家。美国目前是西方文明的核心国家。如果同在一个"大家庭"的国家缺少公认的核心国家，那就会出现问题。伊斯兰文明就是如此。还有一些国家，如日本，是一种文明的唯一成员，因此也是孤立的。它们也有问题。亨廷顿认为，以文明为基础的地缘政治代表着一个重大的历史变革，它会将未来和过去区分开来。这是否会实现还很难预测。人们不必接受他所有的论断，也会认可文明亲和力一直在历史和国际强权政治中发挥着作用，并将继续如此。

然而，文明的相似性并不等同于亲和力，也不一定会产生亲和力。在过去，属于相近文明和语言的不同国家之间发生冲突的时间，通常与这些国家和睦相处的时间一样多。俄罗斯人和波兰人、塞尔维亚人和克罗地亚人、瑞典人和挪威人、泰国人和老挝人等都有基本相同的文化和语言特征，但拥有长期存在紧张关系和战争的共同历史。在外人或后人看来，他们之间的差异似乎微不足道或难以理解。尽管如此，亨廷顿在很多情况下是对的。文明间的相似和熟悉可以成为亲和力、友谊与合作的基础。纵观历史，各族人民和文明一直在寻求联盟，以对抗共同的敌人。最强大且持久的联盟，往往是那些拥有共同的战略利益与共同的文化纽带的联盟。当一个民族帮助保护另一个民族的时候，这会成为其力量的一个因素。在另外一些情况下，即使战略利益不完全相同，文化或历史纽带也足以支撑一个联盟。本书第二部分所讨论的历史学家给出了一些地缘政治的例子，在这些例子中，共同利益带来了基于文明亲和力的联盟和战略。为了避免与不明确或有分歧的地缘政治学理论定义相混淆，我们选择了两个具体的个案研究来说明治国方略是如何运用文明亲和力的。然后，它们将与一个地缘政治倡议重大失败的例子形成鲜明对比,这个失败案例不仅仅是因为完全缺乏历史理解和文化亲和力。这三个案例都产生了深远的历史影响。

公元前 2 世纪的中国地缘政治与丝绸之路的开通[3]

两国交战时寻求与第三个国家即理想情况下"敌人的敌人"结成联盟,这种例子相当普遍,但中国的汉武帝(公元前 141—前 87 年在位)的远见卓识,以及他的使者张骞在追求主权的地缘战略方面的勇气和坚持是罕见的。在汉武帝统治期间,中国最严重的问题是中亚匈奴游牧民族的入侵,他们给中国人民带来了难以言表的痛苦。中国军队努力追击他们,但无法越过中亚广阔的疆域去征服他们。一天,汉武帝得知匈奴杀害了中亚西部的一位国王,他的人民想要复仇。他认为赢得对方的友谊来对匈奴施加双重压力是有益的。公元前 138 年,登基刚三年的 19 岁皇帝就派探险家张骞率领一个庞大的使团前往"西方"(对中国而言,这是指中亚和西亚或印度),以建立联系,探索新的政治和军事选择。但是张骞要到那里必须要越过敌国领土,结果他被匈奴逮捕并关押了 10 年,一直关到公元前 128 年。他从未透露自己作为帝国特使执行秘密任务的信息,最终成功逃离。他到达了大夏(Bactria)、康居(Sogdania)和安息帝国(Parthia,即现在的乌兹别克斯坦、阿富汗和伊朗),在那里找到先进的城市文明。用司马迁的话说,他们都是"多奇物,土著颇与中国同业,而兵弱,贵汉财物"。[4] 这意味着,建立对抗匈奴的真正军事联盟的机会微乎其微,但新的政治联系和巨大的经济机会反而打开了,这将在许多方面强化汉帝国。

令汉武帝高兴的是,在离开 12 年后,也就是公元前 126 年,张骞不仅带回了这些国家的地理、民族志和经济的详细描述,还带回了那之前在中国还不为人所知的奢侈品和外来水果,如葡萄。公元前 115

年，张骞二度访问这些国家，走了一些不同的道路。他的成功，以及汉武帝的成功，不仅仅是开辟了一条新的贸易路线，更是冲破了西方游牧民族的壁垒，打开了中国通往其他文明世界的大门。司马迁很可能在朝堂上看到了张骞的书面报告，他说张骞强调了这个新世界与中国的文明亲和力，这一点非常重要。随着探险家的返回，"丝绸之路"成为一条重要的、繁荣的贸易路线，中国的大型使团继续访问西亚。公元前 97 年，即皇帝驾崩前 10 年，班超将军在远征匈奴期间于里海附近建立了军事基地。① 一个本来是为了遏制敌人的秘密地缘战略举措，催生了一个重要的贸易联系，在长达几个世纪的时间里提高了中国的威望和商业影响力。这并没有破坏匈奴的滋扰能力，甚至无法得知这是否减少了他们的滋扰。当然，有人可能会说，中国的一些丝绸早就出口了，而且无论如何，更多的丝绸迟早会流向西亚和罗马。可能在一两个世纪后，另一个中国皇帝也会发现西亚。但事实上，正是年轻的汉武帝——也许是第一人——对中亚和西亚有着深远的憧憬，他在执政54 年的大部分时间里一直在追求这一愿景，这也成为后来统治者的典范。为了追求这样一个长期的地缘政治目标，需要有一位强有力的、在位时间特别长久的皇帝。后来的朝代会继承中国对这些地域的兴趣，并试图在这些地域站稳脚跟，而清朝在 18 世纪中叶成功做到了这一点。[5]目前中国在中东地区日益提高的参与度有着非常古老的历史根源，而有些西方人只将其归因于中国对石油的需求，这种观点是错误的。

奥兰治的威廉三世与"光荣革命"：一项改变历史的大胆举措[6]

1685—1691 年，荷兰共和国发起了一项成功的地缘战略和军事行动，其胆识和老练程度是罕见的。所谓的"光荣革命"以戏剧性的方式

---

① 原文如此。——译注

改变了荷兰、英国乃至世界历史。这一事件的直接推动力是法国对荷兰的侵略性贸易战，这引发了路易十四发动的另一场军事入侵的恐慌，就像 1672 年那次一样，这场战争几乎给荷兰共和国带来了灭顶之灾。在英国，坚定的天主教斯图亚特王朝国王詹姆斯二世（James II）统治的人民主要是有着强烈反天主教情绪的新教徒。仅此一点，就在英国人和荷兰人之间，并在英法统治者之间产生了明显的宗教亲和力。詹姆斯二世依赖路易十四。当荷兰人发现这两位天主教国王在密谋反对他们时，就担心自己的生存正面临着危险，这种担心也许没错。他们无法保卫自己那连自然边界都没有的小国不受法国军队入侵，更不用说英法联合入侵了。后来，荷兰共和国的"执政者"（Stadthouder）奥兰治的威廉三世王子做出了惊人的决定。他是国王詹姆斯二世的侄子，看中了英国的王位。1688 年 9 月，在议会的一次秘密会议上，他透露了准备入侵英格兰的决定。几周后，他以惊人的速度和效率召集了一支由近 500 艘船只组成的舰队，其规模是 1588 年西班牙无敌舰队的 4 倍，拥有 21000 名武装人员、数千匹马，以及荷兰所有的重型火炮。舰队于 11 月初出发，登陆时几乎没有遇到反抗。詹姆斯二世的军队迅速瓦解，1688 年 12 月威廉胜利进入伦敦。

　　威廉成为英国和荷兰共和国的联合新教君主，英国也就加入了对法战争，从而拯救了荷兰共和国。法国不会再威胁到荷兰的存在了，直到 1795 年，法国革命军席卷了整个欧洲。观察者们对威廉王子的组织和军事表现感到敬畏。乔纳森·以色列写道："这可以说是任何早期近代政权所取得的最令人印象深刻的组织成就之一。"[7]就算不是胆大妄为，也是一次极其危险、可能会大错特错的地缘政治冒险。但事实并非如此，荷兰得救了。与中国汉武帝的倡议不同，威廉王子的成功在很短时间内奏效了，这也是他追求的目标，但这种成功无法持久。荷兰和英国之间的纽带无法承受这两个不平等的伙伴之间不可避免的利益冲突。严重的贸易和政治紧张局势后来导致两国之间爆发了战争。

这两个例子都是一种大胆的地缘战略的主动出击，其中一个是长期的，而另一个是短期的，它不仅得到了紧迫的军事需求的支持和证明，还受到了文明亲和力的影响。在这两个例子中，卓越的地缘政治成就也是卓越领导品质的结果，这又将我们带回到第四部分第五章所讨论的领导力问题上来。汉武帝和威廉是当时杰出的领袖人物，他们兼有三种品质：对历史的远见卓识、实事求是的品质和强烈的行动意志。修昔底德在雅典的救世主特米斯托克利身上看到了同样的天赋。而且，这两位统治者都愿意赌博和冒险，但并非没有细致的准备。运气也起了很大作用：命运最终还是青睐他们的。然而，由于能力不足和判断失误，或者由于缺乏事实性知识，地缘政治失败的案例可能也同样多。通常，厄运也起着重要作用，本部分第十一章将对此进行讨论。

"齐默尔曼电报"：第一次世界大战期间一次失败的地缘政治冒险

一个极其笨拙的地缘政治主动出击的案例是"齐默尔曼电报"（Zimmermann Telegram）或"齐默尔曼便笺"，[8] 即 1917 年 1 月 16 日，德意志帝国外交大臣阿瑟·齐默尔曼（Arthur Zimmermann）在第一次世界大战最激烈的时候发给德国驻墨西哥大使的一封密文。德国不顾当时仍处于中立的美国的警告，计划开展无限制潜艇战以削弱美国，以防美国站在德国的敌人一边参战。因此，德军向墨西哥人提议建立联合军事同盟，承诺如果他们加入对美战争，将获得经济援助，并将收复在美墨战争中失去的领土。

墨西哥人很明智，立即拒绝了这一想法，但电报被英国人截获并解码后交给了美国人，在美国被刊发。反德的敌意和宣传于是在美国激增。早在 1915 年，德国潜艇击沉了卡纳德（Cunard）轮船公司的"卢西塔尼亚号"（Lusitania），许多美国人因此丧生，这使国际和美国国内的舆论开始反对德国。不到两年，"齐默尔曼电报"更直接地促使美国加入第一次世界大战，它改变了美国公众以前的中立态度。1917 年 4 月 6 日，美国国会向德国宣战。齐默尔曼计划考虑不周密，且有些鲁莽。它显示出对美洲大陆均势的无知，以及对墨西哥人心态和利益的误判。事实上，这是亨利·基辛格所说的"由于缺乏地缘政治理解，威廉二世的德国逐渐孤立了自己"的一个奇异例子。[9] 还应指出，德国和墨西哥之间没有历史或文化上的亲和力。

威廉皇帝和他的政府缺乏汉武帝渴求的以及奥兰治的威廉三世显然拥有的天赋本领。全面了解世界，了解其他国家的大政方针和情感意愿，以及他们的物质资产，是地缘政治获得长期成功的先决条件。在某些情况下，要获得所有必要的知识是完全不可能的。吉本指出，罗马的衰亡，除其他许多原因外，部分原因是它未能及时发现隐藏在远方的致命危险。根据 18 世纪对亚洲历史的解读，遥远的匈奴人在被中国打败并赶走后才开始西迁，入侵东欧，再入侵罗马帝国。[10] 公元 5 世纪的罗马人对中亚大草原上曾经发生的战争能有什么了解呢？即使在今天，我们对 20 世纪 50 年代早期在那里发生的事情尚且所知甚少。然而，在其他许多情况下，如果领导人不受宗教的阻碍，或不像威廉皇帝那样被民族主义所一叶障目的话，就可能有更好的理解和远见。不止一个国家在战争中战败，与其说是它低估了敌人的确切军事力量，不如说是它忽视了敌人的真正动机、战斗精神和文化。地缘政治既要重视物质因素，也要重视无形因素。这就是上文引用的塞缪尔·亨廷顿的意思，他写道，文化已经或将成为地缘政治战略和联盟的重要组成部分。

对犹太历史的应用

犹太人没有自然资源，也没有地理优势，直到最近才在以色列近海水域发现天然气。他们的土地很小，经常有被侵占的危险。在犹太史上，他们有超过一半的时间没有自己的土地。古老的犹太历史记录中找不到汉武帝或荷兰共和国威廉三世运用的那种大胆而成功的地缘政治战略。不管怎样，对古代以色列来说，要正确评估可能会影响其命运的中东和地中海地区所有大国和小国的行动与意图，是异常困难的。对于散居地犹太人来说，由于他们在地理上的分散，这种困难就更大了。世界上任何重大的权力转移或一个大国的任何重大行动都可能影响到至少一部分犹太人。

古代以色列

以色列历史上第一个有记载的地缘政治决策可以归于亚哈王，以色列最强大的国王之一，他的在位时间有不同的推算，从公元前874年、前871年或前869年开始，一直到公元前853年、前852年或前850年截止。亚哈娶了腓尼基国王的女儿耶洗别（Jezebel），这不仅是为了爱情，也是为了得到北方重要邻国的政治和战略支持。《圣经》的编年史家最看重道德，而不是亚哈的地缘政治计划，所以他痛斥耶洗别，说她从腓尼基带来了邪淫的异教。亚哈另一个更复杂的战略计划是为公元前853年叙利亚中部的卡尔卡尔战役做准备。这一事件是从亚述碑文"库尔赫巨石"（Kurkh Monolith）中得知的，本书已经在人口统计学背景下提到过此事件（见第四部分第六章）。考古学家认为这段碑文值得信赖，尤其是因为它没有吹嘘亚述人的胜利。亚哈王参加了一个由12位国王组成的联盟，以阻止亚述国王撒缦以色三世在近东的推进。这个联盟建立在共同利益的基础上，也许还有一些文化上的联系，至少在卡尔卡尔取得了短暂的成功。[11]《圣经》中没有记录这件事。《列王纪》的作者们可能是敌对的南国犹大王国的公民，而不是北国以色列的。他们大概不想赞扬这个他们严厉批评的国王在军事上的成功,因为"他比所有前任以色列国王更能激怒以色列的上帝"。[12]

亚哈提供了可信的地缘政治思想的例子,但总的来说,在《圣经》经文中寻找地缘政治学很困难,因为《圣经》的主要目的不是历史分析。然而,上、下两卷的《列王纪》是政治和军事战略、契约、战争和背叛的宝藏。必须强调,本研究没有对将要提到的例子的历史准确性或年代发表意见,也不会对围绕这些事件或统治者的学术辩论进行回顾。然而,这些例子表明,以色列早期的历史学家描述了其政治和精神领袖所面对的地缘政治的危险、困境和机遇,而这些与古代和现代世界历史上的相关记录没有根本区别。这些例子还表明,这些领导人,或编写和完成《圣经》文本的编年史家,是以一种理性的战略方式而不仅仅是宗教方式看待危险、困境和机遇;事实上,他们看待自己的方式与现代历史学家看待他们的方式基本一致。他们不相信只有神意才能干预,人的智慧和行动也是必要的,但即便如此,也不能违反宗教和伦理律法。以色列统治者的言行是否与《圣经》文本中所记录的完全一致,或者后来的编者是否认为他们做到了,这与我们的目的无关。无论如何,即使后来的编者生活在巴比伦流放之后,他们仍属于古代以色列,反映了它的一些思维方式。[13]

《圣经》中关于以色列独居的愿景,及其反对亲近偶像崇拜的邻居的劝诫,都不可能有助于它寻找朋友和盟友。然而,以色列的统治者确实在寻找盟友。据记载,所罗门王与腓尼基和非洲等建立了许多贸易和外交关系,并娶了一位埃及公主和另外一些外国女性。虽然这些故事不能像他的后继者亚哈的历史那样得到证实,但它们似乎反映了国王或后来的编年史家在如何通过获得外国盟友来提高国家安全、增加财富这方面不说是政治总体规划,至少也是实用的政治直觉。很明显,以色列国王和犹大国王面临着严重的地缘政治困境,他们的国家地处当时的战争巨头即亚述—巴比伦和埃及之间的十字路口。当时最重要的先知们在如此困难的情况下扮演了重要的政治角色。以赛亚提醒他的统治者要低调行事，专注于内部改革而不是外交政策。耶利米提醒他的国王不要在交战的列强之间玩把戏，既然犹大国王已经承诺忠于巴比伦，那就要信守诺言。犹大国王不听先知的话，付出了惨重代价，其百姓亦如此。

如今看来，先知们的良策似乎也包含了对现实的地缘政治的理解。也许他们比其国王更了解——正如今天的历史学家所知道的——埃及在中东的力量正在迅速减弱，亚述和巴比伦的力量增长得更快。他们也知道亚述和巴比伦的国王在遇到反对或不忠时会表现出可怕的残忍。

耶路撒冷和第一座圣殿被摧毁之前的 20 年，在《圣经》的几本书里以及巴比伦的史料中都有记载。[14]犹大王西底家曾宣誓臣服于巴比伦王尼布甲尼撒，但在公元前 592 年左右，他似乎暗中邀请埃及人，如果他可以依靠埃及人的帮助来对付巴比伦的话，他们便能成为盟友。一支埃及的支援部队似乎进入了犹大，然后又突然撤退，留下西底家及其人民独自面对尼布甲尼撒的愤怒，使耶路撒冷遭受了毁灭。从今天的角度来看，这一切都很清楚，但是在他们的时代，国王和先知们真正知道的是什么，制约他们的又是什么？西底家国王的困境及其致命的错误，将在世界历史上受到重视。弱国在不确定的情况下必须做出有重大影响的决定时，自然会通过当"两面派"来增加机会。

接着，在公元前 539 年，耶路撒冷陷落半个世纪后，波斯国王居鲁士摧毁了巴比伦帝国，为犹太人和其他许多人创造了一个全新的地缘政治局势。这个例子为学者们提供了一个历史上确凿的《圣经》案例，表明地缘政治的抉择可能得到了文明亲和力的支持。历史学家伯纳德·刘易斯认为，琐罗亚斯德教与巴比伦的多神教极为不同，它向居鲁士灌输了一种与犹太人宗教信仰密切相关的思想，这也是他将他们从囚禁中解救出来并鼓励他们返回家园的原因之一。[15]事实上,居鲁士对所有臣服的民族都奉行分权政策。如果他们奉行波斯至上,就被授予宗教和文化自治权。犹太人无疑知道所有被解放的民族都享有同样的特权,这就是为什么先知以赛亚用尊敬和钦佩的话语赞美居鲁士时称他为弥赛亚,《圣经》没有将这种赞美给予任何其他非犹太统治者,实际上,也只有少数犹太统治者拥有这种赞美。米底亚人(Medes)和波斯人并不"崇拜人形的偶像",[16]新的帝国缔造者可能确实对世界上已知唯一具有类似宗教信仰的另一个民族感到同情。犹太人也明白居鲁士的善意和友好,两个世纪以来一直忠于他的王朝和帝国,直到亚历山大大帝将其摧毁。

三个半世纪之后,我们可以更好地评估哈斯摩尼王朝时期各种事件的地缘政治背景。公元前188年,罗马打败了塞琉古王朝,并让其支付巨额赔偿金。大约在公元前167年爆发的哈斯摩尼家族反对塞琉古王朝统治的犹太战争,始于宗教原因,但也有部分经济原因。塞琉古王朝需要把从各个省份索取来的钱财全部用来偿还欠罗马的战争债务。哈斯摩尼家族寻求罗马人的支持,罗马人对此表示欢迎,因为他们想进一步削弱塞琉古王朝。犹地亚收到了罗马元老院的正式条约。"犹太人的胜利在很大程度上是因为他们在反对塞琉古王朝时得到了外国势力的支持。"[17]该条约的物质利益不为人所知,但它肯定加强了哈斯摩尼王朝的国际政治地位。与居鲁士时代的情况相比,宗教或文化上的亲和力不太可能引导这个罗马—犹太联盟。这是纯粹的强权政治。

在公元70年和135年犹太人对罗马帝国的两次灾难性战争及公元116—117年地中海许多地区的犹太人起义这些事件中,都产生了无法回答的地缘政治问题。在一个熟悉地缘政治远见和计谋的理念世界里,对如此规模和实力的帝国进行反抗之前,会事先反思手段和目标的现实性，并寻求盟友。但这是用当代视角来审视古代历史。在公元66—70年的混乱岁月里，犹地亚不太可能产生这种条理清晰的思考。这次叛乱是自发的，从未有同一个犹太领导层控制过它。此外，那些确实进行了反思的人，如犹太王阿格里帕二世（Agrippas II）、拉比约哈南·本·扎卡伊（根据拉比文献的说法）和约瑟夫斯——如果他可信的话——强烈建议不动武。约瑟夫斯把犹太人的反抗和他认为在那几年中使罗马陷入混乱的"大动乱"联系在一起。早在公元60年和61年，不列颠东部的波迪卡（Boadicea）王后就发动了一场反对罗马侵占的暴力起义，造成巨大伤亡，使尼禄皇帝考虑从不列颠撤军，但起义最终被镇压了。几乎可以肯定的是，犹太人一定知道这场战争，根据约瑟夫斯的说法，提图斯在耶路撒冷向犹太人公开讲话时警告过他们不列颠人的命运。他们有没有把波迪卡王后看作一个鼓舞人心的榜样？尼禄在公元68年被谋杀，随后的三位皇帝都在执政数月内死亡或自杀，直到公元69年韦帕芗称帝。罗马近100年来从未遇到过类似麻烦。犹太叛军是否认为这是打击他们明显已经瘫痪的敌人的最有利的时刻？难道他们不应该知道，一个内乱严重的帝国对外部挑战的反应往往比一个和平的帝国更积极吗？他们有没有想过，罗马可能一直在寻找一个外部敌人来转移人们对其内部困难的注意力？事实正是如此。韦帕芗需要一场压倒性的胜利，通过摧毁一个据说危险而强大的敌人来巩固王位。有了这场战争，他就稳了。公元70年犹太人战败后，下一次犹太暴动发生在公元116—117年，当时是图拉真皇帝统治的最后几年，暴动没有发生在犹地亚，而是在地中海的几个地区。一些历史学家认为，这与罗马帝国面临的其他外部问题同时发生并非巧合。这次起义可能是犹太—帕提亚联合进攻罗马的战略的一部分。[18]

　　对于公元135年的大起义，我们知之甚少，而我们所了解的情况中，没有任何证据可以表明在这场起义之前有人从地缘政治的角度反思过犹太人和罗马人的力量对比，或者将这种反思贯穿在战争中。与公元70年的失败形成对比的是，犹太人这次有了一个明确的领导层，由巴尔·科赫巴和阿基瓦拉比统领。两者都是出于宗教热情，而不是地缘政治。他们掌握的关于罗马的信息很少，可以想见，在这种情况下，理性的战略分析是不可能的；也许他们被迫揭竿而起，以免罗马人消灭犹太教。此外，对神迹的相信可能压制了在公元70年最后一次起义之前和期间存在的那类质疑。没有任何迹象表明犹太领导人在寻找外国盟友对抗罗马，尽管犹地亚在地理位置上靠近帕提亚帝国，这个帝国在大约公元前150年到公元224年之间繁荣兴盛，而且对罗马怀有敌意，也未吃过败仗。

大流散

在近代以前，除了钱之外，散居地的犹太人领袖几乎没有什么过硬的资产可以用来保护和捍卫其人民。他们必须尤其对整体的地缘政治（通常指"地缘宗教"）格局保持高度警惕，善于利用地缘政治为自己的人民谋取利益，并对某个统治大国那里出现的任何对犹太人民有亲和力的迹象保持敏感。正如第四部分第五章所示，一些犹太领导人具有这种能力，非常了解世界。波斯首都苏撒（Susa）的尼希米，罗斯海姆的约瑟尔以及玛拿西·本·以色列都是这种领导人。在玛拿西的干预下，奥利弗·克伦威尔做出了让犹太人返回英国的决策，这是一个更为漫长的故事的一部分，这个故事最终包括了英国人如何来到巴勒斯坦，[19]并像2500年前居鲁士国王所做的那样帮助犹太人改变命运。

在英国这个例子中，地缘政治的利益因与犹太人有亲和力而得到加强，在波斯人的例子中或许也是如此。英国人的亲和力有着悠久的历史，其中包括关于盎格鲁-撒克逊人（Anglo-Saxons）起源于中东的古老传说，1611年英国国王詹姆斯钦定的英语《圣经》一度成了英国文化中最重要的一本书，最后还有奥利弗·克伦威尔领导的清教徒运动。1649年，在清教徒统治的鼎盛时期，两名英国清教徒向英国政府请愿，"用他们的船把以色列的儿女送到上帝向他们的祖先亚伯拉罕、以撒和雅各许诺过的土地上"。[20]从那时起，基督教的犹太复国主义乌托邦从未完全从英国的知识界和宗教界消失，直到19世纪末最终与英帝国政策合流。

英国在以色列复国中扮演的角色有着宗教和政治的双重动机：一个是英国眼中的对《圣经》民族的历史亏欠，另一个是要求他们拥有土地的帝国战略。英国首相迪斯雷利（Disraeli）收购了苏伊士运河和塞浦路斯岛（1874—1878），这使英国更有可能征服巴勒斯坦，尽管陆军元帅基钦纳（Kitchener）勋爵会在第一次世界大战中对此提出反对。基督教犹太复国主义会给征服巴勒斯坦披上一件和善的道德外衣。犹太复国主义运动早期对这两个动机的敏锐觉察，以及英国希望在战争的艰难时刻获得全世界犹太人的支持，再加上一点意外的运气（这将在第四部分第十一章中讨论），最终促成了1917年的《贝尔福宣言》。这是文化—宗教的亲和力有力支持和证明地缘政治目标的经典例子。

并非所有散居地犹太人的地缘政治冒险都是有益或合理的。犹太人在散居地的无权状态造就了一大批救世主似的怪人、梦想家和彻头彻尾的骗子，他们试图向犹太人和基督徒推销异想天开的地缘政治计划。其中一位是大卫·卢本尼（David Reubeni，1490—1535或1541），他成功地觐见了教皇克力门七世（Clement VII）、葡萄牙国王胡奥三世（Juao III）、神圣罗马帝国的查理五世（Charles V）和其他统治者。他告诉他们，阿拉伯有一个强大的、由他兄弟统治的犹太王国（实为子虚乌有），并向他们提出与"东方犹太人"结盟的计划，以击败奥斯曼帝国。他还展示了葡萄牙船长的信件，这些信件似乎证实了他的童话故事。他最终落入西班牙宗教裁判所手中，很可能遭处决。他没有帮助到犹太人，反而使他们的生活更加艰难。

现代以色列

自以色列建国以来，犹太民族又在与其他独立国家相似的情况下发展了地缘政治战略。本书关于战争的一章（第四部分第八章）解释了阿拉伯国家的敌意是如何促使以色列政府从最早开始在更广泛的中东和世界其他地区寻找联系、朋友和盟友。当以色列希望或已经与一个国家成为朋友或盟友时，它会适当地强调它们之间的文明和历史的亲和力。在20世纪50年代和60年代初，法国是支持以色列的大国，双方都喜欢提到它们之间的文化亲和力、个人主义，都受过纳粹统治的痛苦，以及犹太人从法国大革命中的获益——正是法国大革命开启了欧洲犹太人解放的进程。当美国成为以色列的主要盟友时，重点转移到了激励两国的自由和民主的强烈理想上。在21世纪的头十年里，当福音派基督徒在美国的政治权力增加时，以色列的《圣经》遗产和它曾得到的《圣经》中的许诺成为文明亲和力的另一个重要因素。对一些美国人来说，这是支持以色列的另一个理由。这与19世纪和20世纪初的情况有相似之处，当时因《圣经》而对犹太人产生的亲近感促成了英国对犹太复国主义的同情。

目前，犹太和以色列领导人都清楚地认识到犹太人面临的内部和外部危险。然而，要预测未来可能发生的变化和威胁是很困难的。对于一个像犹太人这样分布广泛且对动荡的中东至关重要的民族来说，许多已知和未知的事件可能都很重要。犹太人民的未来仍然与美国的未来密不可分，而且很可能在未来几十年内一直如此。超过40%的犹太人生活在美国，而居住在以色列的犹太人只略多于美国。与强大的美国结成地缘政治联盟这一事实影响着以色列的生死。尽管如此，以色列仍应持续努力寻求与欧洲国家、俄罗斯或日本等其他国家建立联系，尤其是亚洲的中国和印度等新兴大国。这些努力应该得到犹太人的普遍参与，尤其是以色列的参与。在某些情况下，中国和印度对犹太人的偏见似乎比过去基督教和伊斯兰世界的许多国家少得多，今天仍然如此。犹太人和以色列应该针对这些国家制定一个更广泛、资金更充裕的文化合作和外联政策，加强他们在那里的集体意识和想象中已经存在的一切。经济、技术和军事联系是必要的，但还不够。犹太人对亚洲正在开放的更广泛、长期的机遇所做出的回应太慢了。此外，一些犹太人的反应是错误的。当犹太人拿出他们的犹太人身份资格来批评重要的非敌对国家的人权记录时，他们应该意识到，这有可能损害整个犹太民族的利益。地缘政治还包括要做出艰难的选择和设置优先事项。

与美国结盟给以色列带来了巨大的、不可替代的优势，但对美国的依赖也限制了以色列自身的地缘政治选择，并可能引发重大困境。过去美国与俄罗斯或中国之间的紧张关系对后者在中东和联合国的政策产生了影响，尽管在 21 世纪的头十年里，这些政策的真正原因不是出于对以色列的敌意，但它们对以色列和犹太民族是不利的。因此，以色列可能不得不在华盛顿的全球战略中首当其冲，而以色列并不能对此负责。在 21 世纪的头十年，一些伊斯兰国家希望组织一个更加公开、更加咄咄逼人的反美联盟。一些人希望能像苏联时代一样，伊斯兰国家和非国家行为者也能够加入这个联盟。[21]

从长远来看，世界上主要宗教的未来与它们对待犹太人及其国家的态度的发展可能会和大国政治同样重要。预测"地缘宗教"甚至比预测地缘政治更需要运气。在基督教和伊斯兰世界中，没有什么是确定的，一切皆有可能。犹太人必须知道，如果他们愿意伸出手去寻求联系和伙伴关系，或者他们愿意在必要时回击，他们就还有选择。第四部分第五章已经说明，16 世纪的罗斯海姆的约瑟尔和 17 世纪的玛拿西·本·以色列巧妙利用了欧洲不和的天主教徒、新教徒和清教徒之间的差异，为犹太人谋取利益。他们取得了一定程度的成功，尽管他们可用的资源与以色列和犹太民族今天摆在台面上的可用资源相比微不足道。

以色列和犹太民族现在是世界历史的重要组成部分，对世界史的贡献比以往任何时候都要大，但犹太人的观点往往是短期的和局部的。在散居的情况下，远见和长期计划是罕见的选择，这并不是典型的犹太人特征。相反，犹太人学会了即兴创作，不幸的是，以色列继承了散居地犹太人其实是弱点和脆弱一面的这种"天赋"，把短期的即兴创作变成了一门艺术。

以色列有太多影响外交政策和国际合法性的决定是由国内政党政治推动的。相当大比例的以色列人口和不少政治家，不能或不愿去理解政府决策与国家地缘政治利益和需求之间复杂的、短期和长期的相互作用。也许他们的缺乏远见和对地缘政治复杂性的理解，与大多数其他西方国家相差无几，但这种安慰性的说辞无济于事。由于以色列面对的形势比其他国家更困难，它不得不比其他国家更聪明一些。

当前以色列和犹太民族的地缘政治形势要求有一个前瞻性的地缘政治愿景，即犹太人在世界上的地位的概念。在这一愿景中，文明亲和力和文化外联应当在备选之列。

第十章　内部分歧

概论

在早期哲学中，两个相争的隐喻描述了世界和社会的自然状态。老子称："不失其所者久""圣人处无为之事"。[1] 可能就在同一个世纪，位于世界另一端的古希腊人赫拉克利特则写道："战争和冲突是人间常态，万事万物都是由冲突和需要引起的。"[2] 这两大哲学观点可以看作是对这几个世纪内各自国家充满血腥暴力并饱受战争摧残的历史的反映。赫拉克利特将古希腊人无休止的战争和动荡视为人类文明的常态。中国古代春秋战国时期的老子则反对战争，认为相比有为，无为才是理想的状态。这两个隐喻相距甚远。一个主张自然状态是和谐与共识，另一个则认为是对峙与运动。从那以后，这两种主张形成了历史上相争的两大哲学观点。

根据剧烈程度，分歧可划分为以下类型：同一民族和领土内的意识形态分歧、内战和地理分割。汤因比认为，和谐是文明的常态，文明的瓦解是由内部因素而非外部因素造成的，即内部无法达成共识。所以，他用许多章节专门讨论了内部意识形态分歧对文明团结的破坏。但是，内部分歧就算被证明可导致文明消亡，也不一定以暴力的形式出现。文明和民族的解体并没有伴随太多的杀戮。汤因比辩称，在他发现的 19 个消失的世界文明(在其他地方,他给出的数字是 21 或 23)中,有 16 个文明是由于心理学和社会学意义上的"分裂"或矛盾而消失的。[3]不仅汤因比持这种观点,伊本·赫勒敦[4]和吉本[5]也认为由外来人口和宗教带来的相斥的信仰、价值观和风俗习惯是内部衰落的主要原因。伊本·赫勒敦指出,由剥削、贫富差距和不公正的统治引起的愤懑情绪造成了内部对峙,进而造成了文明毁灭。美国历史学家亚瑟·赫尔曼探讨了 19 世纪和 20 世纪提出类似解释的文化悲观主义者。[6]他们将自己文明的衰落归罪于外来人口及其所谓的腐蚀力量。

更为暴力的第二种分歧是内战,这通常是意识形态和社会上的对峙或权力斗争的结果。尽管内战与革命并不等同,但两者存在联系。革命是推翻某一统治势力或某种政府形式——这通常是(但并不总是)通过暴力手段实现的——再由另一势力或另一种政府形式将其取代。革命可能引发内战,比如 1911 年的墨西哥内战或 1917 年的俄国内战,也可能在内战结束时爆发。1949 年的中国就属于后一种情况。当时,中国共产党在历经数年的激烈内战后取得了胜利。以非暴力的手段用一种政府形式取代另一种政府形式(例如由共和制取代君主制)也可以称为革命。然而,这一情形与本章的主题即真正的内战无关。

地理分割是第三类,同时也是最后一类分歧。历史上最著名的此类案例就是罗马帝国的分裂:"希腊人和拉丁人的分裂……加速了罗马帝国的衰亡。"[7]假如语言、宗教和政治上的差异在同一领土内的任何区域相互融合,那么就更容易处理。近现代的瑞士就是这种情况。瑞士有两大主要语言即德语和法语,两大宗教即天主教和新教,以及两大阶层即城市精英阶层和乡村精英阶层,两者统治不同的州并经常发生冲突。一些历史学家认为,瑞士能够作为一个整体幸存,是因为这三大差异并不是重叠的，而是相互交叉的。说法语和说德语的天主教徒有共同的宗教信仰，但母语不同；说法语的天主教徒和加尔文主义者在宗教上存在分歧，但可以用相同的语言交流；等等。如果语言差异和其他差异与地理分隔同时存在，那么分裂和分离将不可避免。古代和现代都有许多这样的例子。最近一例是 2011 年南苏丹的分裂。更早前，由于地理分隔、语言的差异以及一定程度上的宗教分歧，捷克斯洛伐克在 1993 年分裂为两个独立的共和国。与几年前的加拿大一样，比利时现在被认为是另一个有可能分裂的国家。

显然，吉本、汤因比和其他人使用"分裂"（schism）一词来描述导致文明衰落并消亡的内部分歧。这个词起源于宗教，其首次使用指的是 1054 年分出了罗马天主教和东正教的"东西教会大分裂"。东西教会大分裂是由于长期的疏远，这在根本上使教会发生了神学、政治和地理意义上的分裂。在 1204 年之后，即教皇和威尼斯的第四次十字军东征后，两大教派的裂痕再也无法弥合。自从东西教会大分裂以来，基督教实际上已不再是统一的文明。即使面对生存威胁，两大教会也不相互支持。东西教会大分裂削弱了双方的实力，加速了拜占庭帝国的衰亡，同时成为未来分裂，特别是新教兴起所仿效的模式。汤因比坚信内部分歧或"分裂"必将导致文明的衰落，部分是因为他是在基督教家庭中长大的。其他历史学家也是如此：他们通过将一个承载着贬义价值观的词从宗教史移用到文明史，可能使人们一反思所有的内部分歧就会产生反感。

对犹太历史的应用

内部分歧——即便是武装斗争和内战——并不总会摧毁文明，或者甚至都不一定会对文明造成破坏。犹太人的历史包含所有三种分歧形式：意识形态分歧、内战和地理分割。如上文第三部分第五章所述,这三种形式都没有对犹太教的长期生存构成威胁。

意识形态分歧

亚伯拉罕·盖格(Abraham Geiger,1810—1874)是德国犹太教改革派和"科学地研究犹太教"的共同创始人,他声称精神上的分歧是犹太教的永恒状态,内心的挣扎是犹太教"精神英雄主义"的主要根源。[8]这位抛弃了传统犹太教的自由派拉比和学者会宣扬如此宽容地看待分歧的观点,并不足为奇。本章研究的问题是犹太人的历史总的来说是否支持盖格的观点,尽管这里无法给出答案。产生分歧的原因是什么? 哪些分歧具有创造性?

从最前面的几页(该隐杀死亚伯)到《历代志下》的最后一页(其中复述了第一圣殿被毁的故事),希伯来《圣经》就是一本关于斗争、冲突、叛乱和战争的书。犹太人的历史就是一部分歧和纷争史。《塔木德》认识到差异和歧义不仅充斥在生活中,而且反映了人脑并不总能理解的更高级的形而上真理。正如《塔木德》所述,对一段文本或一条诫命的两种显然相互冲突的解释都可以表达"永生上帝"的意愿。这种态度必定对许多犹太人的智力发展产生长久影响。

第二圣殿时期的宗教史因教派冲突(尤其是撒都该派和法利赛派之间的冲突)而闻名,而这种对峙可能产生了创造性的影响。撒都该派可能是以哈斯摩尼王朝大祭司支持者的身份出现于公元前2世纪,并在公元1世纪末圣殿被毁后消失。他们是贵族祭司团体,否认口传律法和来世观。对于更多成功对抗撒都该派的法利赛派来说,口传律法和来世观是犹太教的核心信仰。尽管法利赛派创造了标准的犹太教,但其内部并非没有争执和冲突。其内部冲突以及与撒都该派的冲突其实并非"分裂",也没有人声称撒都该派不是犹太人。就像法利赛派所说,撒都该派可能已经无法"在来世享有一席之地",但他们并未被逐出犹太会堂。否认犹太教信仰的犹太人尽管是"罪人"，但仍然是犹太人。

"革除教籍"（excommunication）是用来威慑和惩罚的，而非逐出犹太教。在当前的宗教实践中，叛教者（已皈依另一宗教的犹太人）仍然是犹太人，并且总是可以返回犹太教。中世纪的拉比们讨论了叛教情况，因为这在当时真是个问题。他们的结论是，叛教者即使受洗成为基督徒，也不会失去犹太人身份。[9]犹太人每日祈祷中有一句祷文——"birkat ha-minim"——谴责了"minim"这类人，翻译过来就是"异端""叛教者""诽谤者""恶人"以及"傲慢的罪人"。这句祷文有无数变文（其他祷文从未遭到如此频繁地更改），而且其每个词的确切含义在历史语言学上至今仍有争论。这表明如何定义"异端""分裂者"或逐出犹太教仍存在一些困难。[10]直到最近，一个忠实的天主教徒才确切地知道异端和分裂者的含义。保守的逊尼派穆斯林也知道这一点。萨洛·巴龙和其他历史学家写道，犹太教的主要"分裂"是与基督教的分裂。基督教是何时从犹太教中"分裂"出去的，以及将基督教称为"犹太教的大分裂"是否合适，[11]已成为许多历史学和神学讨论的主题。本书只是提一下这一尚未解决的问题，并不持任何立场。

圣殿被毁后，拉比们致力于将犹太教的各种流派统一起来，在同一历法下奉行同一套宗教律法。他们知道，在犹太人不再拥有统一的宗教中心之后，持续的教派分裂将带来比第二圣殿被毁更为灾难性的后果。对撒都该派的分歧和犹太教—基督教的分道扬镳的记忆必然让他们时刻警惕这类危险。公元前1世纪末撒都该派的衰落意味着拉比犹太教的胜利。显然，后者为犹太教如何在圣殿被毁后幸存下来提供了唯一有效的答案。

七个世纪后，大多数犹太人已正式定居在新的伊斯兰帝国——阿拔斯王朝。此时，卡拉派对拉比犹太教造成了新的挑战。这一挑战在某些方面类似于撒都该派的挑战。卡拉派教义的起源比撒都该派教义的起源更广为人知，因为该教派 8 世纪末的创始人阿南·本·大卫（Anan Ben David）及其继任者的一些著作流传至今。众所周知，卡拉派否认了《塔木德》和口传律法。更确切地说，他们反对《塔木德》的拉比圣贤对托拉的专有解释权，并呼吁每位信徒对托拉进行严格的文本诠释。同时，卡拉派不赞成依赖拉比传统，尽管他们在定义律法细节时也不得不诉诸旧习俗。[12]

　　卡拉派深受伊斯兰哲学和习俗的影响。雅各布·布克哈特曾说，异端的形成总是表明，占主导地位的宗教不再满足人们形而上的渴望。[13]卡拉派思维严谨，保守而严厉，并主张禁欲。[14]这些特征可能并非直接源于阿拔斯王朝统治下犹太人的形而上的渴望。但学者们也确实同意，卡拉派起源于 9 世纪犹太世界"更深层次的政治和思想动荡"。[15]该教派似乎吸引了犹太社会中愤懑不满和受压抑的那些人，一度成为犹太史中的一股主要势力。尽管卡拉派和拉比派势不两立，但至少在最初的一两个世纪中，他们都自视为犹太人，也没有声称对方不是犹太人。直到 10 世纪，卡拉派和拉比派一直在通婚。许多宗教婚姻契约（ketubot）留存下来，证明双方之间确实通婚。一些历史学家称卡拉派和拉比派破除了"分裂"——这个诞生于中世纪基督教历史中的词汇再次被用于描述另一宗教和时代的事件。

　　不论是否存在分裂现象，直到 10 世纪或 11 世纪，卡拉派的挑战显然对犹太教的发展产生了强烈的促进作用，即使也存在负面影响，例如，论争性质的卡拉派著作加剧了中世纪伊斯兰教徒对犹太人和犹太教的中伤。最伟大的高昂萨阿迪亚的作品既受到了阿拉伯文明成果的影响，也是对卡拉派威胁的回应。他的一生一直在与卡拉派斗争。从萨阿迪亚时代开始，犹太哲学的出现，部分是由于有人希望将反卡拉派的言论系统化。另一大重要的创新来自卡拉派对希伯来语语言和语法的开拓性研究。尽管拉比犹太教过去几乎不关注语法，但卡拉派出现后就再也无法忽略了。并非巧合的是，萨阿迪亚写出了已知最古老的关于希伯来语语法的著述。卡拉派促进了《圣经》希伯来语研究沿着更科学的方式发展，并间接促进了西班牙希伯来语新诗的诞生。[16] 据记载，西班牙历史上第一位伟大的希伯来诗人杜纳什·本·拉卜拉特（Dunash Ben Labrat，10 世纪中叶）来自巴格达，曾在萨阿迪亚高昂的指导下学习。卡拉派研究《圣经》的文学和历史学方法还影响了后来的拉比评注家，尤其是亚伯拉罕·伊本·以斯拉（Abraham Ibn Ezra）和大卫·金奇（David Kimchi）。最后但并非最不重要的一点是，所有犹太人都认可的希伯来《圣经》的马所拉文本最终统一于 10 世纪完成。这是一项巨大的成就，对于犹太教的未来必不可少。历史学家雷蒙德·谢德林（Raymond Scheindlin）指出，卡拉派的挑战等因素促进了这些工作的完成。[17] 其他历史学家同样坚信，卡拉派为拉比犹太教的未来做出了重要的智力贡献，但显然，这并不在他们的计划中。"卡拉派的挑战触及了中世纪犹太人身份的核心要素，并且无疑为犹太思想和文学的许多方面，特别是在哲学、语言学和释经学领域做出了贡献。这些贡献产生了持久的、塑造性的影响……"[18] 很久以前，施洛莫·戈伊坦已经将卡拉派称为"复兴犹太教的伟大力量"。[19]

卡拉派的历史引申出了与此相关的两个问题。在 12 世纪，在拉比犹太教的言论反击下，卡拉派已开始式微。西班牙犹太哲学家亚伯拉罕·伊本·达伍德（1110—1180）拉比写下了《传统之书》，此书是最早的犹太"世界史"之一。他亲眼见证了西班牙安达卢西亚犹太人的光辉岁月在血腥暴力中戛然而止。1147—1148 年，狂热的柏柏尔人的穆瓦希德王朝从摩洛哥入侵西班牙，摧毁了科尔多瓦、格拉纳达、塞维利亚和许多其他城市的犹太社群。有人希望伊本·达伍德告诫犹太读者，伊斯兰狂热主义是危险的，但他的书中只字未显露出对伊斯兰教或穆斯林的公开的敌意。① 相反，他书中的最后几页全在痛斥卡拉派异端，认为这是对犹太人民未来最大的威胁。当伊本·达伍德为卡拉派在某一事件上"像哑巴狗一样保持沉默"而欢欣鼓舞时，[20]他的诋毁只表明他仍害怕他们狂吠。

卡拉派在犹太人中的占比可能从来没有超过10％，但是在伊本·达伍德的时代，他们仍在西班牙拥有影响力，这让拉比犹太教感觉受到了挑衅。事后看来，伊本·达伍德的担忧似乎有点杞人忧天了。在12世纪末，卡拉派对拉比犹太教的严重威胁（如果曾经存在）早已消散。显然，伊本·达伍德一方面对犹太人在某个地区面临的危险过分担忧，但另一方面又对犹太人在其他地区的实力知之甚少。他提到了法兰西的新犹太学识，对此抱有一丝希望，但没有提及在他出生前五年就在法兰西逝世的拉熹。拉熹后来成为最有影响力的犹太学者和评注家，并对接下来1000年里的《圣经》和《塔木德》研究产生了挥之不去的重要影响。如果伊本·达伍德听说过此人，并听说过拉熹毫不担心卡拉派的威胁，一定会大为震惊。阿什肯纳兹犹太教出现了，并在200年内成为犹太人发展的推动力，从此永远埋葬了卡拉派的威胁。尽管欧洲仍存在少量卡拉派群体，但他们对犹太社群没有任何影响。伊本·达伍德毫无根据的担忧，使得任何对犹太人未来的悲观预测都会受到一定质疑，无论这些预测是何时做出的。尽管他预见了一个令人担忧的趋势，但却没有意识到这个趋势正在消减，同时他忽视了其他趋势。如今，我们是否也同样对某些趋势视若无睹？

第二个问题涉及犹太人对多样性的显著包容及多样性作为创造

---

① 伊本·达伍德没有跟伊斯兰教进行神学论战，但他对伊斯兰教起源的真正看法可从其侧面评论中推知："以实玛利国王穆罕默德在［犹太历］4374年开始自命不凡。"参见 Abraham ibn Daud, 45, Hebrew text 34f。作为虔诚的犹太人，他否认伊斯兰教的创始人是一位"先知"，认为他只是阿拉伯人的国王。

力来源的作用。我们之前提到，犹太教对内部精神挑战的处理方式比其他宗教要温和一些。犹太教要求对离经叛道者进行惩罚，但并没有要求将其逐出教门。拉比派除了包容之外别无选择。从一开始，阿拔斯王朝的统治者就授予卡拉派独立于拉比派的社群自治权和司法独立权：他们拥有自己的法庭和学者。从长远来看，卡拉派之所以衰落，是因为精神文明的凋零，而非遭到暴力镇压。无论如何，拉比派对待卡拉派的方式绝不像穆斯林和基督徒在同一世纪或其他世纪中对待教内"异端"的惯用方式那样残忍，即使他们曾经有这样的想法。没有人能确定如果拉比派保留全部的政治和司法主权，他们将如何行事。拉比犹太教"对多样性的包容"在公元 135 年以后没有经过现实的检验，但也许这对于犹太人来说是件幸事。

下面的例子同样在犹太人的对峙和分歧史上占有重要地位：[21] 以色列·本·以利以谢（Israel Ben Eliezer，又名巴阿尔·谢姆·托夫 [Baal Shem Tov]，1698 或 1700—1760）在东欧创立的哈西德运动。从某些方面来说，哈西德运动与卡拉派背道而驰。哈西德运动最初提倡情感价值和神秘主义实践，而不像卡拉派那样提倡在学术上苦心钻研或在祈祷时遵守严苛的纪律。格肖姆·肖勒姆将哈西德运动称为"犹太神秘主义的最新（或最后）阶段"。[22] 尽管哈西德运动提高了超凡魅力型拉比的领导力，但不太重视独立研究。两者间决定性的历史差异是，哈西德运动的思想在东欧的大部分犹太人中盛行，这是卡拉派在犹太世界的任何地方都无法做到的。

哈西德运动对占统治地位的精英拉比们的挑战，可能根本没有像卡拉派的挑战那样触及根本。哈西德运动可能对口传律法的某些方面做了修改，并在摒弃一些旧传统的同时增加了一些新的传统，但哈西德运动从未否认或质疑过口传律法。从地理上讲，该运动在其创始人去世后的两代人之内（约 1760—1830）在东欧遍地开花，短时间内就涌现了一大批魅力非凡的杰出人士，而且每个人都个性独特。这一迅速的扩张必然是在沙巴塔·泽维(1626—1676)和雅各布·弗兰克(Jacob Frank，1726—1791)的假弥赛亚运动失败后，对席卷东欧犹太人的严重的形而上的和情感的危机做出的一种回应。这也是由东欧大部分地区的犹太人面临的物资短缺之苦引起的。雅各布·布克哈特将"异端"的兴起归因于对未满足的形而上需求的回应，该解释能轻易说明哈西德运动为何会取得成功。哈西德思想首先传播到了加利西亚、波兰和乌克兰等沙巴塔运动曾大肆流行的地区，这绝非偶然。巴阿尔·谢姆·托夫必定了解沙巴塔·泽维的前追随者或秘密追随者，因为在他早年，这些人仍大量存在。根据他在 1752 年左右写给居住在以色列的妹夫的一封"圣信"所示，①他既了解弥赛亚思想对犹太民族的巨大吸引力，也了解该思想在现实生活中会表现出使人冒失和引起混乱的危险特征。用肖勒姆的话来说，他和他的大多数信徒"中和"了弥赛亚主义。他们并没有将之摒弃，而是将它与长远的视角、普遍的乐观精神以及一种肯定当下生命的反禁欲观结合起来。

后来在 1772 年，以利亚拉比(Rabbi Elijah，维尔纳的高昂，1720—

---

① 哈西德传统非常重视这封信。杜布诺夫的《哈西德运动史》通常对一切哈西德的资料持批判态度，视许多资料为后期伪造，但令人信服地论证了此信是真实的。杜布诺夫在卷一第 1105 页几乎重述了信件的整个文本。1746 年，巴阿尔·谢姆·托夫记述了他的"灵魂飞升"，并得以在伊甸园遇到弥赛亚。他问弥赛亚："主将何时到来？"弥赛亚回答："只有当你的教义为全世界所知的时候。"巴阿尔·谢姆·托夫说："我为将时间拖到如此遥远的未来感到非常痛苦……"显然，他选择了一种间接和含蓄的方式，来向那个时代迷失方向和失去耐心的犹太人传达一个难懂但又必要的信息。摩西·罗斯曼(Moshe Rosman)最近对巴阿尔·谢姆·托夫做了全面研究。他同意，巴阿尔·谢姆·托夫确实在 1752 年左右写了一封信，但原信并未流传下来。现有的版本是副本，且每个副本都有增补和变文。罗斯曼称，在 1780 年左右，即巴阿尔·谢姆·托夫逝世 20 年后，人们才将有关弥赛亚救赎的内容添加到信中。他认为这些增补的内容反映了巴阿尔·谢姆·托夫的继任者梅泽里奇的传道者(Maggid of Mezerich)的传统。不论有关弥赛亚的话是否出自巴阿尔·谢姆·托夫本人，它们都清晰地表明：早期哈西德运动领导人担忧狂热的弥赛亚主义会带来危险。参见 Moshe Rosman, *Founder of Hasidism: A Quest for the Historical Baal Shem-Tov* (Berkeley，1996)，99ff。

1797)发动了针对哈西德运动的你死我活的斗争。这场斗争将消耗他本人及其许多支持者的精力，直到他死去为止。这位高昂是公认的18世纪最伟大的拉比思想家。这位拥护理性主义的天才拒绝了任何迫使他管理犹太人日常琐事的任职。他的全部兴趣都一股脑儿放在了犹太教而不是犹太人上。他宣布，不断扩大的哈西德群众运动是"异端"，对犹太教的生存构成了威胁，而人们无法轻视这位当时最伟大的犹太思想家的警告。他几次革除了哈西德信徒的犹太教教籍，禁止所有其他犹太人与他们见面、一起就餐、一起祈祷或通婚。"所有追随他们的人永远都不要回来。这是异端……如果我可以的话，我会像先知以利亚对待巴力的先知那样对待他们。"[23]也就是说，如果他当真的话，他会将他们全部处决。[24]以利亚拉比及其支持者构成哈西德运动的"反对者"(Mitnagdim)，他们之间展开了几场恶斗，包括谋杀、未遂谋杀以及"反对者"将哈西德人告发至俄国政府的事件，这些告发使哈西德领导人被捕并遭到监禁。但是，这位高昂输掉了他认为对犹太教的生存至关重要的战斗：他无法阻止哈西德思想的传播。随着时间流逝，大多数哈西德信徒变得不再那么古怪——这也许是因为高昂的谴责，而且与立陶宛的反哈西德运动者一样，哈西德信徒中也没有多少人脱离犹太教正统派。今天，曾使大批犹太人互相对立的激烈纷争已大幅缓和，哈西德信徒与其"反对者"之间的对立只局限于犹太教正统派内部，主要表现为民众间的打趣说笑、祷文和宗教习俗的差异，以及对以色列国的不同态度。

从更大的历史角度看，这场斗争并非劳而无功，反而对双方的发展都起到了令他们意想不到的巨大推动作用。对于"反对者"来说，这场斗争极大地促进了犹太学问的发展，并使在标准犹太教的历史中发挥了巨大作用的立陶宛经学院实现了扩张。对于哈西德信徒来说，这场斗争使其信徒以新的方式捍卫自己，他们得以首次把哈西德教义系统而连贯地写出来。毫不奇怪的是，这是由利亚迪的施努尔·扎尔曼（Shneur Zalman of Lyadi）拉比及其继任者（即哈巴德运动的发起者）领导的哈西德运动的立陶宛分支实现的。最重要的是，在维尔纳的高昂从未影响过的加利西亚、波兰和乌克兰的许多地区，哈西德派及其情感传统对于保持犹太教不受同化的侵蚀起到了关键作用。哈西德思想还有助于维持和传播犹太文化、民俗甚至希伯来语。20 世纪初，阿哈德·哈阿姆批评了当时的现代希伯来文学。他写道，作为犹太启蒙运动的追随者，他"羞愧"地承认，如果想找到"原始希伯来文学的影子"，就得看哈西德信徒的书籍，而非启蒙运动的书籍。[25]此外，哈西德信徒带着弥赛亚思想越过了沙巴塔·泽维打开的危险深渊。可以这么说，他们将弥赛亚主义冷藏了起来。半个多世纪后，犹太复国主义者将其找到，并以一种新的世俗化的政治形式将其复兴。

可从这个例子中得出两个主要结论，它们与从卡拉派和拉比派之间的斗争中得出的结论相似。首先，即使是学富五车和知识渊博的一代思想家，也往往无法正确预见哪些趋势对犹太人的生存构成威胁。显然，哈西德信徒没有构成这种威胁。其次，内部分歧和冲突之所以对犹太教产生了创造性影响，原因之一是散居地的犹太教领袖相对缺少政治和司法权力，无法轻易压制对手。在这个时期，宗教迫害在世界其他地区是常态，因此如果维尔纳的高昂或其他人保留了真正的行政或司法权力，没人知道他们会在一个主权犹太国家中做出何种举动。虽然维尔纳的高昂写的是气话，但却足够令人害怕。

启蒙运动、同化运动和世俗的犹太复国主义对拉比犹太教提出了新的挑战，其本质比卡拉派或哈西德运动更为激进。这次，受到质疑的不仅是口传律法和/或对它的解释，而且是宗教本身和整个犹太传统。现在，犹太教面临着一个类似于黑格尔"正反合"过程的阶段："反题"对已建立许久的"正题"构成了威胁，但是真正的"合题"还没有出现。寻找一个"合题"可能会持续很长时间。

将来，犹太民族的创造力很可能会受益于一种以非暴力进行辩论和保持分歧的能力。犹太人的争论将继续集中在价值观上，集中在对真理、传统和仪式的各种相互冲突的解释及其对犹太人的含义上。对于各主要参与方来说，这类问题对于犹太教的生存至关重要，而且常常得到极为严肃的对待，有时甚至会以暴力方式处理。但这些问题似乎与后代无关（通常是因为一方获胜而另一方几乎销声匿迹，比如卡拉派这个例子），要么不为大众所理解（比如哈西德信徒与其"反对者"间的冲突这个例子）。

内战

对于内战这一更为活跃的分歧阶段，犹太历史中是有记载的，但早期犹太史中的内战与第二圣殿时期的内战有所不同。

《圣经》关于士师时代的记载表明，十二支派之间经常发生对峙和边界冲突，甚至存在其他支派企图消灭另一支派（便雅悯支派）的情况。[26] 对于血腥冲突的记忆定然保持了很久。但是，看待这些事件不应用现代人的观点，而应把它们放到所有时期和所有地点的支派历史的背景中去。对于一个被划分为若干相关但相互竞争的支派的民族，战争是个常见特征。就像古代以色列的支派一样，北美洲的土著部落与巴布亚新几内亚的部落经历了数个战争与和平交替的时期。"内战"一词仅在较大和稳定的后部落社会中才有意义。尽管《士师记》所记载的关于以色列支派之间的小型血腥冲突细节令人毛骨悚然，但与激烈而宏大的伯罗奔尼撒战争还是没有可比性。后者持续了30年，将大多数希腊人卷入杀戮，致使数十万人死亡。19世纪和20世纪的现代内战就更不用说了。除美国内战外，内战使相关国家5%—30%的人口遭到了灭绝（中国内战：1852—1864和1945—1949；美国内战：

1861—1865；墨西哥内战：1911—1914；俄国内战：1918—1920；西班牙内战：1936—1939；柬埔寨内战：1970—1975；卢旺达内战：1994）。在每种情况中，都有外国势力的干预，其中一部分，外国军事力量进行了大规模干涉（中国较早的一次内战、俄国内战、西班牙内战和柬埔寨内战），而另一些，则没有大规模的外国军事力量干预（中国较晚的一次内战、美国内战、墨西哥内战和卢旺达内战）。在前一种情况中，除俄国内战外，外国军事干预影响了最终结果。

第二圣殿时期的最后两个世纪的内战，与以色列较早期的支派战争以及 19 世纪和 20 世纪世界上的大规模内战都不同。在这两个世纪中，从公元前 167 年至前 164 年的马卡比起义（部分是内战）到公元 70 年圣殿被毁为止，发生了一系列内战。在这期间，专制的哈斯摩尼国王亚历山大·雅拿（Alexander Yannai，公元前 103—前 76 年在位）发动了长达 6 年的内战，据约瑟夫斯称，他在内战中屠杀了 5 万名犹太人。这与伯罗奔尼撒战争中最严重的暴行一样残酷。另一场内战是两位哈斯摩尼王子许尔堪（Hyrcanus）和亚利多布（Aristoboulos）之间的继位战争，从公元前 67 年持续到前 63 年。这场战争仅在罗马将军庞培介入并实质上结束了犹太人的独立后才终止。哈斯摩尼王位竞争者之间的战争是为了争夺权力，而非为了信仰或原则。在哈斯摩尼王朝与塞琉古帝国的战争以及公元 66—70 年的大起义中，宗教是主导因素，尽管不是唯一的因素。

整个这一时期在政治上并不光彩，犹太传统对这个时期的记载更侧重于描述精神和宗教发展，而不是政治发展。公元 66—70 年的大起义不仅破坏了犹太人的独立，也摧毁了犹太民族的家园和宗教中心。内战和罗马军事干预、宗教冲突以及内部权力政治的交织是如此紧密，以至于几乎不可能将内部和外部因素梳理清晰。约瑟夫斯作为参与者花了大量篇幅描述这次战争，试图让后人牢记起义和耶路撒冷的毁灭是由犹太人的狂热性格引发的内战造成的。他写道："摧毁它的是我们叛逆的性格，并且犹太人中的暴君又引来了罗马势力。后者不得不向我们发动攻击，焚毁了我们的圣殿。"[27]

约瑟夫斯在书的开头就承诺要描述一场战争，"这场战争不仅是我们时代最伟大的战争，而且在某种程度上是我们曾经听说过的所有战争中最伟大的"。对于当时的读者来说，这显然是在修辞上模仿修昔底德《伯罗奔尼撒战争史》的开头部分。他之所以要将伯罗奔尼撒战争和犹太战争对比，将罗马的责任降到最低，并归罪于自己的阵营，是有个人原因的：他必须为自己抛弃犹太人而投靠罗马人的行为开脱。这是一场残酷的内战，但犹太战争与伯罗奔尼撒战争中希腊的剧烈动荡有着很大的不同。没有任何外国军队参与伯罗奔尼撒战争或者烧毁雅典或斯巴达的神庙。我们无法知道如果罗马不干预，犹太战争将如何结束，或者即使在没有罗马的情况下，是否还会出现全面的战争，但是任何交战方都不太可能烧毁圣殿。

《塔木德》里的圣贤把第一圣殿和第二圣殿的毁灭分别归罪于犹太人的过错、偶像崇拜和兄弟阋墙。[28]换句话说，他们像约瑟夫斯一样，将内部原因放在首位。这个时期的历史教训对如今的借鉴意义——如果真有的话——就是：如果发生一场犹太内战，那么这次战争几乎肯定会招致大国干预，并对犹太人独立造成巨大威胁。不管当时还是现在，以色列的地理位置及其在中东地区的战略重要性都将招致类似的干预。

地理分割

分割是由分歧导致的最激进的结果。正如前面关于地缘政治的一章（见第四部分第九章）中所强调的，这里必须再次强调，下文所引用的《圣经》例子并不代表笔者对其历史准确性的判断。但是，这些内容确实提高了古代以色列历史学家及其编辑的可信度。他们主要是用理性而现实的词汇描述了当时的动荡事件，从而使其可与修昔底德、吉本和许多其他历史学家描述的类似事件比较。

《圣经》说，在所罗门王的儿子罗波安的领导下，以色列分为拥有十个支派的北部以色列王国和拥有两个支派的南部犹大王国。分割无疑削弱了两个王国的实力，但却可能拯救了犹大王国。亚述人在公元前722年或前720年摧毁了北部王国后，没有继续攻打犹大王国。以色列沦陷后，大量难民涌入犹大王国，犹大的人口大大增加，国家地位也加强了。就算王国保持统一，仍然几乎没有可能击败亚述。相反，亚述会毁掉一切，特别是犹大首都耶路撒冷。假如耶路撒冷在公元前722年或前720年就遭到破坏，那么这次破坏可能比公元前586年巴比伦人的破坏更为彻底。也许历史上就会剩下"十二个消失的支派"的传说，而非后来所谓的"十个消失的支派"。历史上一时的厄运——在此例中是王国分裂——反而成就了后来的幸运。

《圣经》记载了两个王国之间的合作以及对峙、小型冲突和军事冲突。《列王纪》记载了许多富有教育意义和观察细致的事件。有不少都是有关分歧、内乱和战争的故事，公元前8世纪和前7世纪有无数这种故事。例如，在公元前785—前784年，犹大王国国王亚玛谢（Amaziah）决定挑衅以色列王国国王约阿施（Joash），发起军事对抗。约阿施的回复是一声令人难忘的呼吁，显示了当时的编年史家或后来的编辑所看到的时代精神："自打你打败了以东后，你变得自大了。待在家里享受荣耀，难道不好吗？非得招灾惹祸，将犹大王国和你一起拖下深渊。"[29]约阿施之所以对他嘲讽和贬斥，是因为熟悉对方，而非因为种族或宗教因素而怀恨在心。在这场发生在伯士麦（Beit Shemesh）的战役中，亚玛谢被击败并被俘。约阿施攻入耶路撒冷——按《圣经》中的记载，犹大首都城墙第一次被击破是以色列王国干的，而非亚述或巴比伦。他彻底掠夺了圣殿（尽管此举颇为不敬），并将其财宝运回了本国的首都撒玛利亚。除此之外，犹大王国显然没有遭受其他伤害。

在另一起涉及更危险的地缘政治影响的战争中，以色列王国向犹大王国发起了挑衅。公元前733—前732年，以色列国王利玛利的儿子比加（Pekah Ben Remaliah）谋划袭击犹大王国，并向耶路撒冷进军。[30]绝望的犹大王国国王亚哈斯（Ahaz）向亚述王提格拉毗列色（Tiglat-Pileser）求助。亚述王欣然接受了这次机会，入侵以色列，吞并了加利利，并将一部分人民流放。历史上有许多类似的关系紧密的国家之间的战争，在这些战争中，失势的一方在绝望之中向共同的外部敌人求助。公元前67—前63年，在许尔堪和亚利多布为争夺王位而发起的犹地亚内战（上文已有提及）中，类似的故事重新上演，并在罗马的干预下结束。在第一圣殿时期，以色列王国和犹大王国之间的冲突，与真正的外部敌人不久将对两者发动的毁灭性战争完全不同。两个王国之间的文明共性从未消失。

如今，类似第一圣殿时期的领土分割在当前的以色列已不是问题，但从更广泛的意义上讲，地理分割是散居地犹太人历史中的永久经历。这种经历一方面有助于犹太民族的生存，但另一方面又有导致各方日渐疏远的风险。如今，以色列人与散居地犹太人之间的隔阂可能确实日益扩大。关于以色列人和散居地犹太人对彼此看法的各种统计证据不尽相同，有时甚至是矛盾的。根据一些数据，绝大多数年轻的以色列人对散居地犹太人几乎一无所知，也不愿意更多地了解他们。

其他数据表明，以色列人日渐认识到了解散居地犹太人的重要性，但大部分移居国外的以色列人在当地犹太社群并不活跃，许多人并不希望与当地犹太人见面。然而，最近的民意调查显示，他们仍然与以色列的家人、朋友和同事保持着紧密的联系。如果条件合适，许多人将返回以色列。以色列人和散居地犹太人的关系在未来是开放的，也不可预测。冷漠比强烈的分歧对犹太文明的破坏更大。在这方面有争议的问题是年轻的美国犹太人对以色列的态度。批评以色列政策的以色列人和犹太人断言，由于这些政策，年轻的美国犹太人对以色列的感情正日益疏远。但数据并不支持这一观点。

刚开始学业或职业生涯的年轻犹太人对以色列的兴趣一直不如老一辈，与非犹太人结婚的犹太人对以色列的兴趣则更低。这两种现象并不新奇。除此之外，2008 年对 20 年来的民意调查进行的元分析显示，在这段时间内，散居地犹太人对以色列的态度没有发生根本变化（必须与对以色列特定政策的态度分开来看）。2012 年进行的民意测验的结果令人耳目一新：18—35 岁的美国犹太人对以色列的感情正日益加深。这个群组对以色列的感情比年龄较大的群组要深。这可能是"发现—出生权计划"（Taglit-Birthright project）促成的，该计划使成千上万的年轻美国犹太人访问了以色列。同时，这一结果表明，比起政府的公共政策，私人慈善家发起的富有远见的倡议和他们的奉献精神，有时候（以及在关键时刻）会更深刻地影响到犹太文明的未来。从长远来看，只要犹太人散居在以色列地之外，冷漠的威胁就不会消失。即使到现在，其威胁程度丝毫不亚于以色列仍可能发生的内战。1995 年总理伊扎克·拉宾的遇刺以及约旦河西岸的犹太定居者的骚乱是一个警告：以色列存在引发内战的因素。各方对和平进程的态度仍可能再次出现严重甚至强烈的分歧。如果犹太史给了我们什么教训，那就是意识形态和宗教对峙不会消失。当前的分歧并不表明未来会有一场前所未有的危机。相反，这一分歧是犹太民族艰难历史的延续。在犹太史中，分歧一直是常态，而不是例外。然而，在未来几十年中，要解决犹太人可能面临的危险和挑战，可能并不需要全体的一致意见，而是需要犹太人比以往拥有更统一的目标。

第十一章 运气或偶然事件

概论

几千年来,人们一直认为运气干预了人类历史进程。希腊人和罗马人深信,运气是国家和个人命运的终极仲裁者:运气甚至比神灵还要强大,因为神灵本身也受运气的影响。因此,古代文明将运气拟人化为希腊幸运女神堤喀(Tyche,拉丁文是 Fortuna)。古代和现代历史学家都相信,意外的偶然事件会在很大程度上干预历史进程,他们的历史判断不一定与各自的宗教或非宗教的信念有关。不信教的修昔底德和信教的伊本·赫勒敦都知道,战争运气的好坏可能会将天平从胜利向失败倾斜,反之亦然。[1]修昔底德写道:"事件的进程并不像人的计划那样具有逻辑,这就是为何我们会将出乎意料的事情归咎于运气。"[2]司马迁认为,偶然事件在中国的地域扩张中发挥了作用。[3]

爱德华·吉本并没有将罗马的沦陷归因于偶然,因为从长远来看,那是不可避免的。牛津大学的近代史学家布莱恩·沃德-珀金斯承认,罗马帝国不可能永远幸存,但考虑到东罗马帝国的存在时间要长 1000 年,西罗马帝国不一定非得在 5 世纪早期灭亡。西罗马帝国的灭亡始于 378 年的一场战役,在这场战役中,一支罗马军队晚到了一天。[4]有些历史学家认为政治或精神领袖在国家命运中起决定性作用,他们也意识到了出乎预料的偶然事件的潜在影响。那些主张长期的物质或社会力量是历史驱动力的作家,却对偶然事件毫不在意。对于马克思来说,历史由铁律决定,偶然事件无关紧要。这个问题的终极答案可能仍来自西方第一位政治学家——尼可罗·马基雅维利(1469—1527),他坚信历史是由善人与恶人以及智者与无知者创造的,但运气至少也发挥了同等重要的作用:

> 很多人认为,世上的事在某种程度上受到了运气和上帝的支配,以致人类无法通过远见卓识去改变;而且它们实际上都得不到任何改善。我并不是没有意识到这一点。相信这一观点的人认为,他们不需要付出辛劳和汗水,而只需要让自己听凭运气支配。由于我们目睹过大规模的动乱,这种观点在我们的时代变得更加普遍……运气似乎是我们一半行动的仲裁者,但为使我们的自由意志占上风,她的确没有左右我们另外一半或几乎另外一半的行动。我将运气比作涌入平原的暴力洪流。她摧毁了树木和楼房,将土地从一地冲卷到别处……人们应在风平浪静的时候建好堤坝,这样才能在洪流来临时让其涌入水道,以防止其肆虐横行。运气也是如此,在人们没有采取成熟的预防措施来抵抗她的地方,她将释放自己的力量……但是,在我看来,急躁比谨慎要好……如果要将她(运气)驯服,就必须打倒她。显然,她会让急躁的人战胜自己,而不是步履谨慎的人。[5]

马基雅维利建议的第一部分——提倡对未来做预见和长期系统的准备——是有说服力的。但是,第二部分不无危险。大胆和鲁莽之间的界限并不是那么容易辨别的:想要不越界,可能需要相当大的自制力和直觉。历史上的所有统治者都遇到过或担心过不可预测的偶然事件,有的还试图防范。将希望寄托在宗教、占星术或魔术上的也为数不少。甚至在 20 世纪也有向占星家咨询的世界领导人。有些人遵循了马基雅维利的第一条或第二条建议，有些则遵守了两条，无论他们是否读过他的著作。一些领导人做了广泛准备，以缩小不可预测事件的潜在范围；其他人则扼住运气的喉咙，大胆行事。

奥托·冯·俾斯麦是现代最成功的领导人之一，他同时体现了这两种倾向。他的政策既谨慎又大胆，同时也显示了对出乎意料的厄运的担忧。俾斯麦在回忆录中评论了这三个因素以及这些因素影响他的方式。[6] 当然，每位退休政治家的自传都包含某种程度的自我辩护，俾斯麦也不例外。但是，在这个问题上，过分怀疑其见解的真实性是没有必要的，因为俾斯麦作为战争领袖的职业异常成功。他无须强调自己的勉为其难和恐惧。如果他失败了，他的公众形象将大为不同，而人们必将对他迟来的解释更加警惕。

俾斯麦引起和发动了三场决定性的战争，且都赢了。他的自传既传达了他相信精心准备是有必要的，同时也体现出他的极端谨慎。他写道，20 年来，他坚决反对普鲁士将军提出的抢先发动战争的所有想法，即使是在以下情况下：一是战争看起来迟早要进行；二是敌人仍然很弱，己方迎来了发动战争的良机。他坚持认为，即使是胜利的战争，也只有在将它强加于人的时候才能被证明是正当的，因为"我们不能通过自己的算计来查看天意牌，以抢占历史发展的先机"。这是他平时保持谨慎的基础。然而，在 1870 年，他走到了历史的分水岭。他发现了一个独特的机会：在普鲁士的领导下将统一德国的百年梦想变为现实。

俾斯麦最伟大的天赋之一就在于他能准确评估权力之间的关系，而这份天赋的关键在于他能准确判断欧洲和世界各国同僚与对手的性格、能力和弱点。这种敏锐的判断力是他谨慎和大胆兼具的基础。他似乎比其他所有观察家都更了解他的对手，也就是法国皇帝拿破仑三世。拿破仑三世被称为"斯芬克司"，因为他的计划似乎太神秘了，但俾斯麦从一开始就看穿了他。俾斯麦早在 19 世纪 50 年代就嘲笑道："人们过分注重了拿破仑三世的才智，而忽视了他是个情绪化的人。"[7]拿破仑三世热衷于外交政策，但缺乏洞察力。他阴晴不定、自我矛盾，有时还鲁莽。他没有了解清楚权力的现实状况，同时高估了法国的实际状况。当普鲁士在 1866 年对奥地利发动战争时，他公开做出了普鲁士会失败的愚蠢预测。普鲁士获得了速胜。1870 年，俾斯麦诱使拿破仑三世向普鲁士宣战，然后在德意志其他所有州的支持下致以决定性的一击。胜利使他能够将德意志战时盟友统一起来，建立一个新的德意志帝国。这次事件是 1815 年拿破仑一世战败和 1914 年第一次世界大战爆发之间欧洲历史上最重要的事件。假如马基雅维利是俾斯麦的同时代人，会对他的精心准备——包括他对权力和对手性格的深入研究——给予很高评价。他还会因俾斯麦做好了"迎战运气"的准备以及一到关键时刻就大胆攻击而对他赞赏有加。然而，有趣的是，在大获全胜 28 年后，俾斯麦在回忆录中透露，他十分担心"不幸"或不可预见的偶然事件会挫败他的所有计划。在写到有关 1870 年普法战争的部分时，他深深担忧"不幸或无能有可能会带来各种疾病和意外挫折"。[8]

如果回顾历史上记载的重大突发事件，大部分似乎属于以下三个类别中的一个或多个：

（1）与至关重要的领导人有关的事件：他们的横空出世和令人惊讶的事业，他们因暗杀或疾病而突然死亡，他们难以预测的、不合法的或"异常"的决定。

（2）与战争有关的事件：意料之外的战局变化、战术和战略失误、技术事故、新武器系统、评估力量平衡的重大失误，以及不可预见的第三方干预等。

（3）自然与健康灾难：火山喷发、地震、海啸、洪水、干旱和仍极具破坏力的主要流行病（比如艾滋病等现代疾病）。尽管许多类似的灾难不可预测，但有些却可以预测。不可预测的事件就是真正的偶然事件，从逻辑上来说属于本章的讨论范围。我们采用了同样有效的另一种逻辑，并将在第四部分第十二章中讨论可预测灾难时详细审视这些问题。这两类灾难被归为一个类别，且直到最近才被公认为文明的独立推动因素。因此，两大推动因素（偶然事件和灾难）之间不可避免地会有部分重叠。

20 世纪后期新增的第四类：

（4）技术事故造成的健康和安全灾难：有些属于人为错误，有些属于技术事故。部分是不可预测的，因此是偶然事件，但其他是可以预测和预防的。该类别也是偶然事件与灾难之间的重叠部分。尽管该类别既属于偶然事件，也属于灾难，但在讨论时我们将其归类为灾难。

几类意外的偶然事件碰到一起可导致重大的不幸。例如，在伯罗奔尼撒战争的第三年，雅典必不可缺的战争领袖伯里克利突然死于致命的流行病。胜利的天平从此朝对雅典不利的方向倾斜。古代神话中，好运或奇迹可以保护伟大英雄的出生和成长，但危险也从一开始就威胁着他们。历史学家同样了解这一点。如果亚历山大大帝没有在 33 岁时突然去世，而是继续统治 20 多年，那么他之后的欧洲和亚洲的历史很可能就与现在大不相同了。如果在公元前 44 年，恺撒大帝没有被暗杀，那么罗马、罗马帝国和整个西方国家的历史可能就与现在大不相同，犹太人的未来也将被彻底改变。没有哪个罗马领导人对罗马历史的影响比恺撒更深远，也没有哪个罗马领导人像他一样是犹太人公开而坚定的朋友。在改变世界历史进程的所有世纪中，类似的设想都有可能发生。如果列宁、斯大林、希特勒或丘吉尔早逝 20 年或 30 年，那么只有专业历史学家才能记住他们的名字，而 20 世纪的历史,包括犹太民族的历史,将会被彻底改变。马基雅维利估算,所有历史事件中有一半是运气造成的,这并不离谱。

如今,包括心理学和政治学在内的许多科学都具有检测、预防或阻止至少某些(尽管不是全部)偶然事件的手段。历史似乎不可预测,而且运气在其中占据了支配性的地位,但在有可能预测和预防的领域中,减少运气的支配程度是可能的,而这正是马基雅维利当年已想到的。如今,日益扩增的科学、医学、地质、气候与技术知识以及其他知识(包括对治理和人类心理的更好理解)可以对部分预测提供帮助,并减少运气对历史的影响。复杂性理论(complexity theory)是应用数学的一个分支,有时等同于混沌理论,它研究的是偶然事件和控制其中某些事件的潜在方法。其他科学正在研究如何在面对不确定性的情况下改善认知过程,以及如何更好地应对不确定性对心理造成的影响。最后但并非最不重要的一点是,政府系统可以更好地进行准备,以应对意外危机。

如果科学和常识的进步令人放心,那么偶然事件的影响在各时期也不尽相同。正如马基雅维利在 15 世纪指出的那样,动荡和多变的历史时期比稳定和安静的时期更容易发生意料之外的偶然事件。21世纪似乎正在变成一个十分动荡的时期。更糟糕的是,并非所有可以通过更好的科学或更好的治理来改善的事物都会及时得到改善——马基雅维利也了解这一点。我们面临着许多障碍。但从原则上讲,一波正在兴起的偶然事件可能会得到一波正在出现的可以对付这些事件的科学的答案。只有历史才能告诉我们此类答案是否会得以实施。

对犹太历史的应用

犹太人已经对偶然事件形成了特定的态度,并且犹太历史受到了许多偶然事件的影响。这两者并不相同。关于前者,以色列学者以法莲·乌尔巴赫(Ephraim Urbach)写了很长的一章,描述了古代犹太人对待可影响事件(尤其是偶然事件)的魔法和奇迹的态度。《圣经》和拉比文献假定上帝的无所不能与远见卓识将使"偶然事件"不可能发生。[9]在罗马神话中,诸神必须屈从于命运女神,这种观念是标准犹太教所憎恶的,因为在后者看来,没有任何力量源可以独立于上帝的力量。对命运女神或命运的信仰不可避免地导致了许多习俗的传播,人们期盼这些习俗能对命运产生积极的影响,并防止或消除厄运,这些习俗包括主导罗马帝国晚期和整个东方地区数百万人日常生活的巫术、魔法和密教礼仪。人们还认为运气或命运由星星决定,对运气的迷信常常导致星辰崇拜。迈蒙尼德将星辰崇拜贬斥为所有偶像崇拜行为的核心要素:"废止并最终根除偶像崇拜,以及推翻那种认为星星可以或好或坏地干涉人间事物的观念,乃是整个犹太律法的目标与核心内容。"[10]

《圣经》和拉比犹太教坚信,上帝为证明自己的能力而施行奇迹。《塔木德》记载了迟至5世纪仍在发生的奇迹。罗马知识分子知道犹太人相信奇迹,并因这一"迷信"而嘲讽他们。拉比们尽管从未排除未来出现奇迹的可能性,但禁止在应对世俗的恐惧和危险时有意依赖奇迹发生。尽管如此,拉比们在这个问题上仍然存在一些分歧,[11]而且有些信徒过去发现——至今依然发现——他们无法区别相信过去的奇迹和依赖未来的奇迹之间的细微差异。

拉比圣贤们似乎对自然法则和奇迹之间的关系并没有忧心忡忡。他们普遍认为,自然法则显示了创造的秩序,相比于任何可能违反自然法则的个人奇迹,代表了更伟大的神迹。犹太教否认除神力以外的任何力量,其逻辑结果就是:犹太教谴责用来驱散厄运和招引好运的一切形式的巫术与魔术。然而,这一观点并未被广大犹太民众所接受。《塔木德》中的许多讨论表明,修炼巫术和魔法在犹太人中间很流行,拉比们有时还会试图给它们披上宗教的外衣,使它们更能被标准信仰所接受。即使在今天,这类信仰和习俗似乎在宗教界和非宗教界都拥有相当数量的信徒。以色列人类学家埃利·亚西夫(Eli Yassif)在 2002 年记录道,以色列陆军和海军中也有"信仰魔术的普遍证据"。[12] 当然,即使在西方世界,这类信仰也很普遍,不过,当人们遭受严重创伤、感到无能为力、怀疑领导阶层并担忧不确定的未来时,它们很可能更容易得到传播。

历史学家是否应该从事"虚拟"历史写作这一问题是存在争议的,因为描述和解释实际发生的历史已经够困难了。然而,他们普遍禁不住去猜测在对历史产生影响的已知事件没有发生的情况下,将会发生或不会发生的事情。这类猜测的问题在于,戏剧性的事件没有发生并不意味着历史上的其他事件会按原轨迹进行。其他更激进的事件可能会对历史进程造成更重大的干预和改变。对此,我们无法得知结果。犹太史中当然有许多产生了深远影响的偶然事件。以下我们将提供五个例子:三个正面例子和两个反面例子。它们只应当被理解为是对马基雅维利范式的推测性阐释。

公元前 701 年西拿基立对犹大王国的入侵

一例早期的偶然事件自 19 世纪以来就一直让历史学家感兴趣:据记载,亚述统治者西拿基立(Sennacherib)在入侵并破坏了犹大王国的大部分地区(但还未破坏其首都耶路撒冷)之后突然就返回了亚述。大多数学者仅就事件发生的日期即公元前 701 年达成了共识,但除此之外的共识寥寥无几。这场战争产生了大量的研究和讨论。在伦敦的大英博物馆,最著名的近东古文物展品是一些亚述的石雕,上面描绘了西拿基立征服犹大王国南部的拉吉(Lachish)城并杀死或带走犹大王国俘虏的场景。关于这个故事,《圣经》中的记载最广为人知:在西拿基立围攻耶路撒冷时，以赛亚向希西家王预言道，亚述人"不会进城，也不会向城门射箭"。[13] 第二天晚上，"一位天使"摧毁了敌人的营地，破晓时分，"他们全都变成了死尸"。一些历史学家认可《圣经》的记载，并推测了西拿基立定然遭遇的瘟疫的性质——难道是鼠疫？[14] 另一位非《圣经》历史学家布雷（R. S. Bray）认为整个故事是彻头彻尾的捏造，因为它与现今已知的鼠疫暴发的典型模式不符。[15]

大多数学者在这两极之间摇摆。有人指出，《圣经》故事的某个关键部分与西拿基立自己的书面陈述非常一致。[16] 一般而言，大多数学者并不反对以下三个事实：（1）犹大王国的几个城市遭到了征服和破坏，尤其是仅次于耶路撒冷的第二大城市——拉吉城，而农村也遭到摧毁；（2）犹大王国被迫向亚述进贡，尽管进贡时间尚不确定；（3）西拿基立没有摧毁耶路撒冷就返回了亚述。显然，他从未提到过一次胜利或一次完整的围攻。对于亚述人是全面进攻并包围了耶路撒冷，还是仅通过封锁道路孤立了这座城市，学者之间尚未达成共识。在亚述铭文上，西拿基立自夸说，他像钳制"关在笼子里的小鸟"一样钳制着希西家王，这句话意味着以上两种情况皆有可能。[17]

西拿基立放过耶路撒冷的原因尚不清楚。在已提出的各种原因中，除了常常被忽略的瘟疫理论外，还有：本土发生宫廷政变，在已占领的敌国巴比伦遇到了麻烦，怀疑耶路撒冷是否真的值得一战。不管是什么原因，亚述人的撤退对于以赛亚（或以其为笔名的作者）来说，都是如此神奇，以至于他只能将其视为上天的干预。这可能是具有重大历史意义的幸运"偶然事件"。大英博物馆令人毛骨悚然的浮雕，以及在发掘过程中发现的妇女和儿童的骨骸，都充分记录了对拉吉城人民的拷打和屠杀。毫无疑问，如果西拿基立征服了耶路撒冷，耶路撒冷人民也将遭受同样的命运。巴比伦的尼布甲尼撒的确在 115 年后摧毁了耶路撒冷，但在此期间，政治和精神得到了许多持久且不可逆转的发展。如果西拿基立摧毁了耶路撒冷，那么首先以赛亚就很难活下来，他的话语如今将不为人知；其次，以赛亚、耶利米或以西结可能也不会存在。犹大王国的命运以及犹太人民的未来（如果确实有的话）将会截然不同。以赛亚的预言对犹太教至关重要。犹太人对他的爱戴要胜过其他先知，[18]基督徒也非常珍视他。

其至在西拿基立进攻犹大王国之前，耶路撒冷也可能遭到摧毁，但它逃过了一劫。这就是为何我们要在第四部分第十章思索一个类似的假设问题：如果亚述在公元前722年或前720年不仅征服了以色列王国，而且征服了犹大王国及其首都耶路撒冷，那么历史将会如何发展？

公元70年第二圣殿的焚毁

第二个例子同样具有戏剧性，但更广为人知：公元70年第二圣殿的焚毁。提图斯的一个士兵先在圣殿里点了一把火，然后又有几个士兵点了几把火。约瑟夫斯详细描述了提图斯如何以及何时决定在任何情况下都不愿摧毁圣殿。他向六位总谋长以及他召集的其他讨论战略的人员十分清晰地阐明了这点。当得到通告圣殿已经起火时，他拼命试图阻止，"仓促起床［这种措辞很可能意味着他精疲力尽并正在熟睡］，然后赶往圣殿试图灭火"。[19]他大声呼唤士兵们灭火，但为时已晚：军团士兵情绪激动，他已经无法控制他们。这个故事也是大量研究和辩论的主题。1861年，历史学家雅各布·贝尔奈斯（Jacob Bernays）对约瑟夫斯描述的真实性提出了质疑，特奥多尔·蒙森随后也提出了同样的观点。大多数学者追随他们，认为一位5世纪早期的基督教历史学家更可信：他声称提图斯下令烧毁了圣殿，并假设约瑟夫斯为奉承提图斯而操纵真相。

在21世纪初，两位罗马史学家揭露了一些对客观理解约瑟夫斯造成阻碍的偏见。多伦多约克大学的托马索·里安尼（Tommaso

Leoni)研究了所有现存史料以及前人学术讨论，称约瑟夫斯的叙述"是十分明确和一致的，基本上可信"，[20] 原因之一就是，在当时提图斯、提图斯的弟弟图密善（他在提图斯于公元 81 年去世后继承了王位）以及许多目睹这场大火的罗马退伍军人还在世的情况下，出版一本包含弥天大谎的书十分危险。

牛津大学历史学家马丁·古德曼（Martin Goodman）提出了更多令人信服的理由来证实约瑟夫斯对事件的描述。[21] 实际上，在叛乱国家战败后就立即捣毁其宗教圣所并非罗马人的惯例。在约瑟夫斯出版他的书时，提图斯可能仍然是罗马皇帝，也是第一批读者。约瑟夫斯如果假惺惺地说提图斯想要拯救圣殿而其实不想，那他是不明智的，因为提图斯没有对犹太人宽容的公开理由。相反，圣殿被焚毁后，提图斯别无选择，只能庆贺。罗马为他举行的公开凯旋庆典是这座城市有史以来最隆重的活动之一，其中包括对战利品即圣殿内的礼器的游行展览。罗马帝国不可能公开承认，说如此重大的事件居然是破坏了罗马军队纪律的结果。当然，无论是犹太传统还是基督教传统，都不会承认这是个偶发事件，而只会说这是天命注定的。历史学家也必须问自己，一个不起眼的偶发事件（在本例中，就是一个罗马士兵违背总司令的命令而点了第一把火）是否能改变接下来 2000 年的历史进程？做以下猜测是徒劳的，即如果圣殿没有被毁，并且在反抗失败后，犹太人由受罗马控制的"温和"犹太领导层的领导并继续在圣殿中举行宗教仪式，那么将会发生什么？犹太教可能如今会变得大为不同，基督教和伊斯兰教的历史进程也将发生改变——或许就不会出现在历史舞台上。

沙巴塔·泽维

另一例偶然事件是士麦那的假弥赛亚沙巴塔·泽维（1626—

1676)的出现，以及他在整个犹太世界造成的灾难性动荡。格肖姆·肖勒姆撰写的沙巴塔·泽维传记是最经典和最权威的。[22] 他是第一位与医学专家讨论沙巴塔·泽维的重要学者，并确定了理解泽维人格的关键是将他视为一种特定的严重精神疾病的患者。他还发现了当时仍不为人知的泽维随从的第一手个人回忆。有几个遇见他的人否认他的弥赛亚主张，他们意识到他是"疯子"。大量同时期证人的证词，包括许多确实相信他的人，都无一例外地证明他是"极端躁狂抑郁症患者，时而极度抑郁和悲伤，时而极度狂躁、亢奋和高兴"。[23] 这种疾病的重症如今被更准确地称为"双相情感障碍"（bi-polar disorder），与其他精神疾病明显不同。其发病模式是在兴奋、相对平静和沮丧之间循环往复，最后可能自杀。病因是多种风险基因和环境影响，但直到现代，它才被当作一种疾病。与其他严重的精神障碍相反，患者的人格不会瓦解，智力和记忆也不会受损。患者在大多数情况下承认处在抑郁期的病情，但通常不愿将欣喜若狂期描述为一种疾病。沙巴塔·泽维的一位追随者说，他处于抑郁状态时，"上帝的脸就对他隐匿了"。[24]

　　第四部分第三章提到，某些犹太人比普通人群更易患某些遗传病。根据西方国家的研究，双相情感障碍是犹太人中更为普遍的一种疾病。[①] 如今，这种疾病在某种程度上可以通过医学和药物治疗。[25] 如果沙巴塔·泽维在近代出现，他和家人可能会像许多面对相同情况的人一样，将病情保密，并寻求医疗。在 17 世纪，犹太人坚信奇迹存在，对奇迹的信仰在当今的宗教信徒中也没有消失。然而，如今可能很少有人会公开追随沙巴塔·泽维。他一再声称悬浮，即飘浮在空中，这

---

　　① 肖勒姆在其著作（*Mystik*, Chapter VIII, 447, footnote 4）中参考了布鲁勒（Bleuler）和朗格（Lange）的精神病学手册。哲学家卡尔·雅斯贝尔斯最初是临床精神病学家，他在 1913 年参考了许多研究论文后，发现犹太人比非犹太人更易患躁狂抑郁症，参见 *Allgemeine Psychopathologie* (General Psychopathology) (Berlin-Heidelberg-New York；Neunte Aufl., 1973), 562。

种念头受到质疑后他又会做出激烈反应，[26] 这些都暴露出他是精神病患者。有关悬浮的妄想是极端躁狂期一种广为人知的典型症状，对患者非常危险。[27] 沙巴塔·泽维的故事以及他对犹太世界独特的破坏性影响是罕见而不幸的巧合。犹太人在被逐出西班牙后深深渴望弥赛亚出现，而此时正好有一位富有魅力、智力高超和外貌卓著的人突然出现，他宣称自己就是众人渴望的答案。在那个时代，人们不了解他的妄想其实是由严重精神疾病导致的。如果他没有出现，那么犹太人对远离迫害和驱逐的渴望可能会以其他或许更具建设性的方式表现出来。

1916 年基钦纳勋爵之死

运气在戏剧性的 20 世纪犹太史中发挥作用了吗？20 世纪初可能对犹太史产生重大影响的偶发事件要数喀土穆（Khartoum）的陆军元帅基钦纳勋爵的意外去世。1914 年，这位富有传奇色彩且广受欢迎的战争英雄被邀请加入英国内阁担任陆军大臣。基钦纳对理想的中东战后结构的看法与最终占据主导的看法截然不同。他长期担任英国驻开罗的代表，这对他的观点的形成产生了影响。他提议应让新的阿拉伯哈里发统治整个中东，以取代奥斯曼哈里发，并认为巴勒斯坦最终应与埃及合并。他一再表示强烈反对英国征服和保护巴勒斯坦。在他看来，巴勒斯坦没有战略价值。[28]

尽管他对犹太人没有特别的敌意，但显然认为犹太人无足轻重，并且对古老的《圣经》中的主张和新的民族抱负都不感兴趣。1916 年，他在战争内阁中的影响力在减弱，许多同事希望他离职，但没人能保证他的权力在战争后期不会再次增强。如果他的权力得到增强，英国政府将很难忽略他对中东未来的看法。在这种情况下，1917 年的《贝尔福宣言》可能根本就不会发布，或者不会在合适的时机发布，或者其措辞可能会大大不利于犹太人。《贝尔福宣言》的终稿是个折中方案，激怒了哈伊姆·魏茨曼及其领导的犹太复国主义者。为了平息埃德温·蒙塔古(Edwin Montague)的反对，更加亲犹太复国主义者的初稿在最后一刻被折中处理。蒙塔古是个低级别的犹太裔政府官员和坚定的反犹太复国主义者，他受到了一群人数虽然不多但敢于发声的反犹太复国主义的英国籍犹太人的支持。与基钦纳勋爵相比，他在英国社会和政治中的地位微不足道。

可以预料，如果这位英国最负盛名的士兵当时还活着，即使他的政治权力遭到削弱，他也会提出反对，进而对犹太复国主义者的抱负造成更多甚至是无法弥补的伤害。然而，他当时已经去世。1916 年 6 月 5 日，一枚来自德国潜艇上的鱼雷或其埋设的水雷击沉了他所乘坐的"汉普郡号"装甲巡洋舰。基钦纳的尸体从未被找到。犹太复国主义者的抱负也许迟早会通过其他方式获得成功。但如果像今天的共识所认为的那样，《贝尔福宣言》的确对英国托管巴勒斯坦、对犹太人建立自己的民族家园并对最终成立以色列国都是必不可少的话，而且它的确必须在战争结束前宣布，那么犹太人的独立要归功于许多重要因素，而德国鱼雷就是其中之一。不可避免的是，反犹主义的阴谋论者将基钦纳之死与犹太复国主义的抱负联系起来。[29] 对他们来说，他的死绝非偶然事件，而是由国际犹太人锡安长老、某些罗斯柴尔德家族成员，或据称受雇于这些人的温斯顿·丘吉尔策划的谋杀造成的。

约瑟夫·斯大林之死

20 世纪还有其他正面和反面的偶然事件。对犹太民族和其他民族有重大影响的一个事件是约瑟夫·斯大林在 1953 年突然去世。在第二次世界大战前，斯大林对犹太人的态度既含有老式的偏见，又有对无家可归的散居地犹太人的怀疑和不信任，因为托洛茨基等一些犹太人曾是他的主要敌人，尽管其他一些犹太人也曾是他亲密的同僚。

1945 年后，这位衰老的独裁者变成了一个"邪恶而偏执的反犹主义者"（用其传记作者西蒙·蒙蒂菲奥里的话来说）。[30] 1953 年 1 月 13 日，斯大林宣布逮捕许多著名的犹太医学教授和医生，《真理报》复述了斯大林的原话，称这些人为"可鄙的间谍和杀手"。在接下来疯狂的公开的反犹主义浪潮中，斯大林编了一封信，命令著名的犹太人士在信上签名。这封信指示他们乞求当局将所有犹太人驱逐出苏联城市，而绝大多数犹太人住在城市里，其目的据称是保护他们免受一次想象中的集体迫害。这封信从未被找到，但是阿纳斯塔斯·米科扬（Anastas Mikoyan）和拉扎尔·卡冈诺维奇（Lazar Kaganovich）等斯大林最亲密的同僚确认，斯大林确实曾准备大规模驱逐犹太人。那时，他已在着手建立新的集中营。在他生命的最后几天，斯大林热衷于阅读秘密警察通过酷刑从被捕医生的口中拷问出的"供词"。1953 年 3 月 1 日，他因严重的中风而跌倒，四天后去世。同一天（1953 年 3 月 5 日），《真理报》停止了反犹运动。

斯大林会执行他偏执的计划吗？到了最后，尽管苏联的官僚们不再自动遵循他的所有命令，但他们已经开始执行这一命令。为了驱逐和杀害数百万犹太人，一个经过充分测试的庞大体系建立了起来，或者古拉格已经做好了接纳他们的准备，许多人愿意担任行刑者。在疯狂的斯大林面前，没有守卫者能够帮助犹太人。说他们九死一生地躲过了这场灾难——它堪称纳粹占领后的第二场灾难——并不为过。或许只要再过几周，如果不是几天的话，这场灾难就会成真。

展望未来

如前所述，如果 21 世纪确实会比之前那些更平静的历史时期经历更多的动荡，并见证更多的偶然事件，那么对于中东而言，情况更是如此。换句话说，犹太史将继续受到不可预测性和运气的影响。这并不意味着包括以色列人在内的犹太民族的未来将主要取决于无法控制的外部因素。相反，这意味着在不出现偶然事件的情况下，犹太人可以控制的因素，例如身份维系、治理质量、教育、科学和技术上的领导能力以及赢得朋友和盟友的能力等，将比过去更为重要。主要取决于犹太人本身的驱动因素可能会有助于他们部分地预测到偶然事件，有时或许还能控制其影响。

第十二章 自然与健康灾害[1]

概论

在 12 种驱动因素中,自然与健康灾害直到最近才被认为是文明衰落的潜在因素。在对本研究产生启发的历史学家中,有两个人——司马迁和吉本——谈到了这个问题。另一位历史学家贾雷德·戴蒙德将其作为《崩溃:社会如何选择成败兴亡》一书的议题。司马迁评论了中国大型水道对中国历史的巨大影响:"水之为利害也!"[2]在描述一场毁灭性的地中海海啸(下文将有详细讨论)时,吉本指出,"大自然的震荡"并没有影响到帝国的历史和衰落。[3]

然而,有人也相信剧烈的自然事件会对历史产生戏剧性的影响,甚至导致整个文明毁灭,并且这一信仰很早就有了。柏拉图讲述的亚特兰蒂斯被海洋吞没的故事,以及《圣经》中的洪水故事,可能反映了史前被自然灾害全然摧毁的文明对自然灾害的真实记忆。许多类似的神话坚信,必然会受到天谴的人类犯罪行为将导致灾难。关于过去灾难的断言和对未来灾难的预测,通常具有并且仍然具有意识形态和道德上的议程。在 20 世纪 50 年代,苏联犹太作家伊曼纽尔·维利科夫斯基(Immanuel Velikovsky)出版了许多具有轰动性书名的书,例如《碰撞的世界》(*Worlds in Collision*,1950)和《混乱年代》(*Ages in*

Chaos，1952）。他声称，由天体引起的一系列剧烈的全球性事件已在数千年前撼动了人类历史，但由于集体健忘症，除了希伯来《圣经》中对奇迹的某些描述，人类对这些事件的记忆已不复存在。

维利科夫斯基声称，《圣经》中有关奇迹的某些故事反映了可以用科学证明的事件，从而揭示了他自己的意识形态议程。[4] 更为严肃的是，1972 年，罗马俱乐部发表了一份名为《增长的极限》（*Limits to Growth*）①的报告，引起公众的广泛关注，售出了 3000 万本。该书指出，当前的经济增长方式是不可持续的，最终将破坏地球的自然环境。西方世界的环保运动不断发展，对政治和思想的影响力不断增强，并使人们对未来的危险保持警惕。2005 年，贾雷德·戴蒙德出版《崩溃》一书，将许多文明的衰亡归因于其自杀式的环境行为。许多人开始将自然和环境事件视为过去和现在文明兴衰的驱动力。此书启发了其他学者。美国人类学家和考古学畅销书作者布莱恩·法根（Brian Fagan）将 10—13 世纪的全球变暖期与同时期的三大历史发展（其中两个是文明的崩溃）联系在一起。这三大发展是：欧洲的粮食大丰收，促使人口激增，并推动了阿尔卑斯山以北许多新城市的建立；中国唐朝的覆灭；中美洲玛雅文明的覆灭。[5]

自第二次世界大战以来，顶尖的科学家表达了对有限的灾难以及人类（如果不是地球上的所有物种）生存面临的危险的关注。[6] 现在，许多科学研究正致力于环境影响问题和自然灾难。以下几个领域吸引了科学、政策和公众的关注：全球变暖、灾难性地质事件、微生物大流行病，以及技术事故造成的健康和安全灾难。

全球变暖

在大部分专家看来，当前的全球变暖现象不是偶然事件，而是人

---

① 有多个中译本。——校注

为因素造成的。全球变暖的危险正在引起公众和政府的极大关注。戴蒙德的书出版后，气候变化活动家开始谈论全球变暖的"不可逆点"或"倾覆点"："全球变暖可能很快就会失控……[并]使西欧陷入寒冷的冬季，以及威胁到全球的气候系统。"[7]目前，国际科学界的绝大多数科学家普遍对全球变暖感到担忧。联合国政府间气候变化专门委员会的一份综合性权威报告（IPCC 2007）指出："气候系统正在显著变暖，这从全球平均气温和海洋温度的升高、冰雪大面积融化和全球平均海平面上升等观察结果中可见一斑。"该报告还进一步指出："自 20世纪中叶以来，全球观测到了大部分平均气温升高的现象，这很可能是由观测到的人造温室气体浓度升高的现象造成的。显然，文明导致的全球变暖构成了真正的风险，但我们尚不确定如何通过精确的缓解政策来减少这些风险。"[8]

一些专家认为，气候变化的最大威胁是格陵兰岛和南极的巨大冰层的消融。它们正在融化已是不争的事实，尽管冰层的融化对全球海平面的影响仍然很小，但可能会加速。未来海平面上升将部分取决于温室气体的增量。这类发展的速度虽说不可预测，但是地球早期历史中的一些情况表明：一旦冰层开始融化，海平面将每 20 年上升 1 米。经合组织 2007 年的一项研究假设，到 2070 年，海平面平均上升幅度要小得多，为 0.5 米。这一估算涵盖了近几十年来被证明为重要的融化冰层的贡献，并且与中高风险的情景相符。该研究通过对 136 个人口超过 100 万且极易受极端气候影响的港口城市进行排名，发现到2070 年，受百年一遇沿海洪灾影响的人口可能会比现在增加近 4 倍。估计到 2070 年，此类事件的财政影响将从 2007 年的 3 万亿美元增加到 35 万亿美元。[9]受灾最严重的人口大多居住在中国、印度、孟加拉国、泰国、缅甸和越南等国家的沿海大都市。

少数资深科学家对某些更为危言耸听的全球变暖预测持否定态

度。物理学家弗里曼·戴森(Freeman Dyson)就是其中之一。他不相信全球变暖会像绝大多数科学家所担心的那样构成严重的危险,并警告说,在科学史上,绝大多数人常常是错误的。[10]决策者无法了解科学真相,因为在任何情况下,科学真相都在不断变化;他们只知道他们承受不起低估真正严重的危险所带来的后果。全球变暖的直接后果是可以部分预测甚至估算的,看起来足够糟糕,而重大的地缘政治问题带来的许多间接后果却难以细想且无法预测,结果一样糟糕或者更加糟糕。如第三部分第八章所述,这些间接后果包括失控的人口流动、大规模的暴力和因资源减少而引起的战争。

灾难性地质事件

灾难性地质事件包括地震、海啸、火山爆发以及陨石撞击或其他来自太空的影响,这在许多地区都很常见,特别是在中东地区。预测此类事件的科学方法正在不断进步,并将逐渐增加预测和控制的可能性。自从2004年12月26日南亚遭受海啸侵袭以来,海啸就引起了大众的兴趣。除了公元79年庞贝古城被火山爆发掩埋外,地中海地区所遭受的重大火山喷发以及由海底地震引发的巨大海啸之苦,迄今为止仍鲜为人知。其中一些对地中海东海岸造成了严重破坏。古代历史学家记载了365年发生的一次巨大海啸。爱德华·吉本对其做了扣人心弦的描述。① 地质学家已经确定,克里特岛附近陡峭的、至今仍

---

① "破坏性极强的猛烈巨震撼动了罗马帝国的大部分地区。震波随后传到水域。在地中海沿岸,海水突然退去,露出了沙滩。人们徒手就能捉到大把大把的鱼,大船搁浅在沙泥中。一位好奇的看客注视着自地球形成以来就从未见过阳光的山脉和山谷的各种外形,此情此景令他炫目,甚或浮想联翩。然而,潮水很快卷土重来,化作势不可当的巨洪,重创了西西里岛、达尔马提亚、希腊和埃及的海岸。大船要么被卷上屋顶,要么被冲到距海岸两英里之处;沿岸居民连带其住所都被大水冲走。亚历山大城每年都会纪念有5万人丧生的这一天。这场巨灾……使罗马的臣民惊慌和恐惧……他们想起了先前将巴勒斯坦和比提尼亚的城市摧毁的地震……"(Gibbon,791)

活跃的断层最有可能引发了这次海啸。551年，一场同样严重的地震引发了巨大海啸，摧毁了包括贝鲁特在内的黎巴嫩海岸。1303年，一场特大海啸袭击了克里特岛、罗得岛、亚历山大城和以色列的阿卡（Acre）等地。地震专家说，此类事件将再次发生。[11]意大利南部火山爆发造成的规模较小的海啸更为频繁，最近一次发生在1908年。当时，7级地震引发的海啸几乎摧毁了意大利的墨西拿（Messina）地区的城市和雷焦卡拉布里亚（Reggio di Calabria）。[12]但是，即使是较小的海啸也可以到达北非、埃及和近东。据计算，由意大利南部或希腊附近的地质事件引发的海啸大约每个世纪发生一次。自1908年以来，地中海一直风平浪静。灾难性地震、海啸和火山喷发以及流星撞击将在一定程度上继续对文明造成部分不可预测的威胁。

微生物大流行病

历史学家告诉我们，瘟疫席卷了各个国家和大陆，改变了历史进程。黑死病（或鼠疫）在14世纪中叶传播到了世界许多地方，据估计，光在欧洲它就消灭了当时三分之一到三分之二的人口，更不用说在中国、非洲和中东地区造成的死亡了。近年来，随着亚洲禽流感的流行，以及政府和科学界对禽流感的担忧，人们对健康灾难的兴趣开始增长。令人担忧的是，与1918年的西班牙流感类似的大流行病可能再次席卷整个世界。西班牙流感造成的死亡人数比第一次世界大战期间丧生的1000万名士兵还要多。2009年的猪流感暴发则加剧了这种担忧。

技术事故造成的健康和安全灾难

就定义而言，造成人员伤亡的技术事故是人为事故，且一直为人所知。然而，影响数百万人并改变历史进程的低概率、高影响力事故却是新近出现的。现在有几种技术可能具备这种潜力，尽管只有核能发电让这种潜力几乎变成了现实。在一系列核事故中，有三起在国内和国际上产生了重大影响：1979 年美国三英里岛上的反应堆事故，1986 年苏联的切尔诺贝利事故和 2011 年日本的福岛核泄漏事故。切尔诺贝利事故和当局的最初否认造成了巨大的公众恐惧与愤怒，并被认为导致了苏联解体。

转基因技术是第二种被批评者怀疑具有极大的健康和安全风险的普遍使用的技术。故意将转基因生物释放到农业生产环境中，或意外释放此类生物尤其会带来风险。这项技术在世界许多地方使用了数十年，但迄今还没有报道说它引发了事故。科学共识是，只要受到监管，这项技术是安全的。法律规定负责技术创新的人和行业必须高度重视风险规避。尽管技术事故引起的可能影响文明未来的重大人为灾难是低概率偶然事件，但我们绝不能掉以轻心。

对犹太历史的运用

犹太人在其漫长的历史中遭受了几次重大灾难，但这些灾难都不是源于特定的地质灾害或其他自然灾害。袭击以色列地的最具破坏性的地震和海啸发生在史前时期或犹太人散居海外的数个世纪（在此期间，几乎没什么犹太人居住在以色列地）。但是，干旱和饥荒的威胁一直笼罩着以色列地。这两大灾难是古代影响犹太人的主要自然灾害。《圣经》中有许多对干旱和饥荒的叙述，即使住在雨水充沛的国家，犹太人仍会为以色列的土地祈雨。此外，《塔木德》中有一整章名为"斋戒"（Taanit），其中讨论了斋戒日的时间选择和条件，在雨水缺失将导致局部灾难或举国灾难时，犹太人就需要奉行斋戒。除了祈祷之外，《圣经》中唯一提到的应对干旱和饥荒的策略是临时移民。《圣经》中没有明确提及节水技术或种植适合干旱地区的农作物等技术对策，因此这类对策是否存在尚无定论。

在 21 世纪，环境和地质对于犹太人来说将变得更加重要。无论他们生活在哪里，或多或少都将受到环境恶化和全球变暖的影响。此外，有近一半的犹太人生活在环境脆弱的小国以色列。犹太民族几乎无法影响全球环境趋势和政策，除非他们能够实现重大科学发现和技术创新。

全球变暖

全球变暖的后果将在不同程度上影响犹太人。上文引用的经合组织报告指出，在西方国家的大城市中，受影响最严重的人群是大纽约地区和南佛罗里达州（包括迈阿密）的居民。这可能影响超过 200 万名犹太人。就受影响的资产而言，排名前十的城市地区包括纽约、迈阿密、弗吉尼亚海滩、阿姆斯特丹和圣彼得堡。如果最悲观的预测（但该预测并非共识）成真，那么预期的海平面上升也可能损害其他犹太人。所有犹太人中有 77％居住在世界 20 个主要城市，其中近一半居住在沿海地区。尽管许多犹太人所处的地理位置可能会带来长期的特殊问题，但大多数犹太人将有能力应对这些挑战，因为他们有着悠久的迁徙和移民传统，并且往往消息灵通，人脉广阔。

对以色列来说，全球变暖的后果可能非常严重。2007 年，以色列环境保护联盟这个非政府游说组织研究了上述联合国政府间气候变化专门委员会报告对以色列的影响，发出警告，说如果全球变暖持续下去，以色列的整个海岸线会被淹没，海港就没了。该报告基于下述假设提出了第二种不那么危言耸听的方案，该假设认为世界会共同致力于减少温室气体的排放，而这正是美国总统巴拉克·奥巴马承诺要奉行的政策。[13] 2008 年 8 月，以色列环境保护部发布了更多审慎客观但仍令人不安的报告：以色列对即将到来的全球气候危机没有做好准备，以色列的供水也面临风险。如果不采取预防措施，到 2020 年，以色列将遭受巨大的经济损失。[14] 显然，无论过去和现在，以色列都过于关注政治、外交政策和国防问题，未对气候变化给予足够的重视，但以色列的政治和国防问题也可能受到气候变化的影响，这预计将对中东产生重大影响。潮湿地区有可能会更潮湿，而干燥地区可能变得更干燥。未来的天气图显示，中东的水资源短缺可能会加剧。这一变化对中东冲突的影响方式将在很大程度上取决于大规模的技术改进和有关国家的政策。

灾难性地质事件

以色列的地质条件并不优越。地质灾害过去中东有，将来还会有。最危险的将是里氏 7 级或 7 级以上的地震，震中位于以色列或其附近地区。一些地质学家认为，以色列的大地震逾期未发。人们认为以色列没有为这种危险做好充分准备，以色列的许多老建筑未经过加强抗震性的翻新。改造所有老建筑花费巨大，需要对国家优先事项重新排布。自 2010 年左右以来，以色列政府已开始让公众意识到潜在地震的危险。急救小组已经进行了备灾演习，以测试准备的程度和装备，并在学校和工作场所开展了抗震演习。不过，与日本等其他受地震威胁国家的公民相比，绝大多数以色列人可能不知道在发生严重地震时该做些什么。海啸几乎肯定会像过去一样再次袭击以色列的海岸。尽管无法采取任何措施来预防海啸，但预警系统可以帮助我们将破坏降至最低。

微生物大流行病

与气候变化和地质灾害相比，大流行病更容易受到小国的预防和保护政策的影响。微生物学家担心大流行病会再次发生，既可能来自大自然，也可能由生物恐怖主义引发。犹太人需要做好充分准备，因为除了面临所有人都共同承担的风险外，他们还可能成为生物恐怖主义和战争的特定目标。特别令人担忧的是，据有关微生物学家称，大流行病可能对聚居着世界上大部分犹太人的大城市地区产生最大的影响。据说，以色列正在为这种可能性的发生做准备。

技术事故造成的健康和安全灾难

以色列或犹太社群尚未发生对人类造成深远影响的技术事故。以色列拥有一个供研究用的小型核反应堆，并在迪莫纳（Dimona）拥有一个广为人知的更大的核反应堆。自 2004 年以来，以色列国内和国外消息人士偶尔会对迪莫纳反应堆的安全性有所担忧，并推测其存在泄漏的危险。最危言耸听的言论是由敌视以色列的国外消息人士精心策划的，以色列当局视之为空穴来风。

以色列一直在开展转基因研究，且数十年来一直在使用转基因产品。有关其负面影响的报道尚未见诸报端，与欧洲公众形成对比的是，以色列公众几乎不担心转基因技术。

潜在的危险多种多样，许多还是不可预测的。自然和健康灾害在未来可能会成为影响犹太文明兴衰的驱动因素。这意味着以色列和犹太民族需要做长期的认真思考，并为此类事件做好准备。

第五部分

转型的驱动力：
两个案例研究

导　言

接下来的两章总结了 17 世纪荷兰共和国和 20 世纪现代土耳其的兴起。我们找出了一些突出的驱动因素，并寻找其与现代以色列可能的相似之处。目的不是要对属于不同时代、不同地区和不同历史环境的国家强行比较，而是要研究一个国家的历史，希望由此可以更好地评估另一个国家的表现。一个国家的成功或失败可以作为对其他国家的激励或警告。

第一个案例是 17 世纪的荷兰共和国，我们试着将它与以色列国而不是将它与犹太民族相提并论。这个故事展示了一个为生存而奋斗的小国是如何在短时间内实现了根本性的自我转变并跻身强国之列的。它将强国地位保持了一个多世纪，直到它的生存不再受到威胁。第二个例子是 20 世纪的土耳其，它说明了衰落和崩溃在某些情况下如何导致深刻的变革和新的崛起。崩溃的目击者很少能看到这种影响，只有后世才能看到。奥斯曼帝国的衰落并不是土耳其历史的终结，而是一个促成重新崛起的非凡挑战。这个故事与现代犹太历史有一些隐喻上的相似之处，后者也是从灾难走向重生。17 世纪的荷兰共和国和 20 世纪的土耳其都面临着外国势力的致命挑战。一开始，它们的存在受到怀疑，它们不仅以军事胜利作为回应，而且以深刻的变革确保了长久生存。

第一章 小国变强国：荷兰共和国[1]

荷兰的案例研究涉及其他章节所回顾的一些有关兴衰的驱动力，如领导、战争、宗教、内部异议、科学和技术，但下文要从一个小国的角度来看。历史上有许多小国或城邦成长为大国或文明，有些国家或城邦持续了很长时间，罗马堪称最杰出的例子。另一些则缩回到小国寡民或完全消失。蒙古帝国就是一个突出的例子。蒙古人出现在中亚大草原上，就历史而言，那是一片空白或"乌有之乡"（nowhere）。他们征服了中国和亚洲大部分地区，组织了有史以来幅员最辽阔的帝国，震慑了欧洲，然后又漂回了"乌有之乡"。

小国兴衰的驱动力并不总是与大国或大文明相同。我们特别感兴趣的是能够将小国转变为大国的崛起动力。在欧洲，一些小国或城邦在或长或短的时间内占据了大国地位，能够与大得多的国家竞争。它们包括意大利的城邦如威尼斯和佛罗伦萨，还有瑞典和荷兰共和国。

荷兰共和国是最有趣的例子，因为它是从一块没有自然资源的脆弱土地上起步的，而瑞典拥有丰富的铁矿石可供出口。意大利城邦和荷兰共和国之间的主要区别在于，后者用自己的语言、文学和艺术创造了一个全新的独立文明，当然它有许多古老的根源，但它并不是更大的总体文明的一部分。荷兰共和国使我们能够做一些有趣的类比，不是与整个犹太民族比，而是与以色列国比。荷兰共和国通过武力兴起并迅速发展，其原因是荷兰人别无选择：如果他们想独立，并在强大的西班牙的敌意以及其他不想冒犯西班牙人的国家的冷漠中生存下来，就必须超越自己的"渺小"。然而，今天的荷兰也表明，兴起和衰落是相对的。与 17 世纪荷兰共和国的大国地位相比，所有随后的荷兰历史必然是"衰落"的，但将 18 世纪以后的兴衰观应用于荷兰毫无意义。今天的荷兰是个繁荣、安全的欧洲国家，既没有必要也没有雄心壮志去超越自己当年的发展规模。

将这片受海洋威胁的狭长土地转变为大国的驱动力包括：

（1）高价值产品占主导地位的全球贸易，这经过了长期积累，并创造出巨大财富。

（2）在重要的科学技术部门以及社会和组织创新方面的领导能力，这是经济实力的基础。

（3）杰出的大学和在普及识字和教育方面的全欧洲领导地位，这些支持了科学和技术的卓越成就。

（4）非凡的艺术创造力，这使荷兰共和国成为公认的欧洲绘画以及其他艺术的中心。

（5）以财富、技术优势、爱国主义和不屈不挠的战斗意志为基础的海上霸权与强大的陆上武装力量。

（6）在政治、经济和宗教方面，民众和精英阶层在长期、艰巨的困难中表现出巨大的韧性：荷兰争取独立的战争持续了 80 年，其间有中断。西班牙非常强烈地拒绝接受荷兰独立，但荷兰人的信仰和耐心比西班牙人的骄傲和狂热更持久。

（7）少数荷兰统治者的非凡政治家风范：需要指出，荷兰的政府机构和决策机制基本上是集体的，这使得有远见的人物很难崭露头角。1609—1621 年的 12 年停战协定是一个体现非凡远见的例子。协定由西班牙提出，并被荷兰统治者接受，但遭到宗教激进派的强烈反对，他们要求西班牙给予全面承认，这显然是无法实现的。在停战协议下，共和国的物质基础和外交地位显著改善，使权力平衡朝着有利于自己的方向发展。

（8）与当时的大国之一英国建立政治和军事同盟：如上文所述，在 1650 年后，两个新教国家甚至在短期内有合并为一个联盟的计划。这个同盟使荷兰人的有效力量倍增，并使他们打败了法国人，但最终造成了英荷之间的敌对。

除了这八个推动荷兰人兴起的因素，可能还要提到两个在荷兰衰落中起作用的因素：

（1）缺乏内部团结：从共和国成立到结束的大约 230 年里，哪怕在共和国的生存面临危险时，荷兰人关于宗教和政治问题的内部争吵也从未停止过。这些斗争是激烈的，有些以暴力和政治暗杀告终。内部的不团结是常态，而内部团结却不是。

（2）缺乏确定的边界：在 230 年中，荷兰共和国的边界不断扩大和缩小，随着胜利和失败摇摆不定。这个国家的最后边界直到 19 世纪才确定。

荷兰的案例表明，一个小国需要外部的帮助和不懈的内部努力、创新精神、质量优势，偶尔还靠点运气，才能维持大国地位甚至维持生存。

对犹太历史的应用

荷兰共和国无法与犹太人古老的跨国文明相提并论。即使与以色列国单独比较，也必须考虑到以色列的跨国因素。以色列得到了世界主要超级大国美国以及充满活力和影响力的美国犹太社群的支持。荷兰人也需要盟友，但它缺乏海外侨民的资产支持。

尽管有这些和其他的限制，两者仍有一些相似之处。如果与荷兰共和国崛起为大国的八个驱动力一一对照，有没有可能衡量出以色列目前的优势和劣势？与荷兰人的比较只能是试探性的，但它可能证实，强敌环伺的小国必须开发出一些类似的禀赋，而且也将遇到一些类似的问题和制约因素。

（1）以色列经济规模不大，但竞争力正在提高。要想达到荷兰曾享有的那种世界领先地位，虽然遥遥无期，但并非完全遥不可及。然而，目前尚不清楚以色列能否长期保持这种优势地位，但是在一个篮子里放太多鸡蛋恐怕是危险的。

（2）以色列的学者和研究人员在一些科学与技术学科方面具有世界级的领先地位，但以色列不能像荷兰在其鼎盛时期那样，可以宣称在任何主要的科学或技术领域都具有全球领导地位。也许，今天只有最大的那些发达国家才有可能达到这一地位。以色列的技术创新能力令人印象深刻，但它在社会和制度创新方面的表现似乎落后于荷兰先前在这方面的突出表现。

（3）以色列的大学在全球排名中名列前茅，但与其他先进的小国相比，它的中小学教育体系还存在不足。以色列普通民众的现代教育水平高于广大中东地区的平均水平，但并不如其他发达国家，也不符合成为一个小型"大国"的要求，其教育成就也无法与当年的荷兰人相媲美：17世纪，荷兰人是全欧洲受过最好教育的人。

（4）以色列的文化和艺术创造力不亚于其他小国，但无法与17世纪荷兰的巨大创造力相比，例如在绘画方面。

（5）以色列在中东享有可以与17世纪荷兰的海上霸主地位相媲美的空中优势。据说以色列在经典意义上的陆战中无与伦比，但在不对称冲突中却未必如此。

（6）以色列人民在逆境中的耐心和韧性受到一些人的质疑，却得到另一些人的肯定。以色列在短时间内表现出了恢复力。但环境差异太大，无法将现代以色列的恢复力与17世纪荷兰持久的恢复力相比较，但很明显，这种生存驱动力对荷兰共和国至关重要，对以色列也是如此。

（7）在其短暂的历史中，以色列冒出少数优秀的领导人，他们能做出关键的、塑造未来的决定。荷兰人中的优秀领导人即使在 200 多年里也为数不多。以色列的制度和集体决策机构可能会阻碍伟大领导人的出现，荷兰共和国就是如此。

（8）20 世纪 50 年代，以色列与美国关系冷淡，但两国慢慢发展出一个强大的联盟，给以色列带来可观的利益，这与英荷同盟的发展不相上下。在这两个例子中，盟国之间的紧张和竞争从未消失。

第二章　从大国衰落到新的崛起：土耳其[1]

在讨论土耳其时，我们必须把视角从"兴起与衰落"转变为"衰落和兴起"。这个国家经历了一场危机与革命，这加速了可能在更安静的情况下缓慢发展的历史进程。土耳其新的大国崛起有许多显著特点：

（1）土耳其发生革命性转型之前有着漫长的历史，转型正式始于1908 年的"青年土耳其党人"叛乱。奥斯曼帝国的几位统治者和改革家知道他们的帝国正在衰落，在 1908 年之前的 200 年里曾反复提出方案并推行改革。

（2）这种缓慢的演变为更广泛和彻底的转型提供了必要但不充分的准备。1918 年之后，随着奥斯曼帝国的失败和分崩离析，以及外国军队入侵安纳托利亚，这场深刻的国家危机要求土耳其采取激进的应对措施，与过去彻底决裂。

（3）这一反应和革命的爆发需要一个强有力的、富有魅力的领袖，他胸有成竹，能够突破一系列"棘手问题"，穆斯塔法·凯末尔·阿塔图尔克就是这样的领袖。

（4）希腊对土耳其不明智的入侵导致了 1919—1922 年的希土战争，最终阿塔图尔克战胜了入侵的军队。军事胜利对新土耳其的建立至关重要。这次入侵得到了土耳其在第一次世界大战中的敌人英国和法国的支持，它们认为土耳其已完全陷入混乱。然而，一旦入侵开始，土耳其国内外关于新生国家生存能力的一切疑虑被一扫而空。希腊人无意中帮了阿塔图尔克一把。

（5）从植根于宗教的传统帝国向西式现代共和国的转变，确实包括采用民主制度，但这肯定不是唯一的变化，甚至可能不是最重要的变化。其他社会、文化和语言的现代化以及阿塔图尔克强制实施的与过去彻底决裂的行动也同样重要。只有时间才能证明，自 2002 年以来执政的正义与发展党（AKP）和土耳其现政府能否成功地削弱阿塔图尔克的关键性改革，使土耳其重新成为虔诚的伊斯兰国家和奉行扩张的强国，就像它过去强盛时那样。许多观察家认为，这似乎是土耳其政府的真正长期意图，尽管没有公开承认。

（6）土耳其的转型由不可避免的事实推动，换言之，土耳其人别无选择。领导一个伊斯兰帝国的选项已经随着阿拉伯人的起义而消失。在苏联吞并高加索和中亚之后，建立一个由所有突厥语国家组成的联邦的可能性也消失了。安纳托利亚地区的土耳其人忠于自己的土地和语言，致力于独立，需要一个新的面向未来的国家规划。一位以色列历史学家比较了 1918 年土耳其和奥地利的困境：两个国家都失去了千年帝国，但只有土耳其经历了真正的转型，开始了全新的国家规划。奥地利则没有，因为它有一个替代品——潜在的泛日耳曼主义（Anschluss），到 1938 年 3 月纳粹德国吞并奥地利后，这个选项就成了现实。[2]

（7）阿塔图尔克相信他已经实现了土耳其必要的、深刻的变革。然而，自土耳其独立战争以来的 90 年里，支持部分恢复宗教的呼声不止一次出现，缓慢的伊斯兰教反革命的可能性（一些人则视之为危险）从未被完全排除。自 21 世纪初以来，伊斯兰教在政治上逐渐地、稳步地卷土重来。2008 年和 2009 年，土耳其开始寻求在政治和军事上与西方和以色列保持更远的距离，转而加强与伊斯兰邻国的关系。这表明有人希望重新获得奥斯曼帝国在中东的传统领导地位。土耳其仍在创造历史。考虑到 1000 年前突厥人就信奉了伊斯兰教并开始建立帝国,90 年的时间并不算长。它的未来依然变数很大。

对犹太历史的应用

乍一看,把犹太史的任何一个时期拿来与奥斯曼帝国的终结和 20 世纪土耳其革命相比,都显得有些牵强。但仔细审视的话,与土耳其革命在隐喻上的相似之处就开始显现了。犹太民族运动兴起于 19 世纪,与此同时,土耳其也开始了民族运动和革命运动。犹太民族运动要求犹太民族回到古老的家园,这使它无法与任何其他运动相比,但这也是对几个世纪以来的歧视和迫害的回应,这种冲动与弥漫在垂死的奥斯曼帝国的失败意识和耻辱意识可以相提并论。政治上的犹太复国主义有着深厚的犹太历史渊源,包括早期对回归圣地的向往和尝试,但它也是一场革命运动,因为它呼吁打破犹太宗教传统,就像阿塔图尔克呼吁与伊斯兰教和泛伊斯兰主义决裂一样。

但正如土耳其的情况一样,为犹太复国主义出现做准备的漫长历史不足以实现转型。犹太人的生存经历了一场深刻的生存危机和挑战——纳粹大屠杀,杰出而意志坚强的领导人如本-古里安强行与过去决裂,把部分犹太民族从一种文明转移到另一种文明中,这样描述以色列的诞生是恰当的。以色列在 1948 年对决心要消灭它的敌对邻国的军事胜利,与 1922 年土耳其战胜希腊侵略者的胜利有很多相似之处,在政治和心理上也有类似的结果。甚至这两场战争造成的两个难民问题(但不是它们的解决办法)也具有可比性:两者都可以恰当地称为强制性的人口交换。在以色列和土耳其,旧文明的许多残余根源仍然存在并得到了振兴。在过去 20 年里,两国国内政治和文化辩论的部分内容聚焦于宗教政党和信教政客进入主流政治,以及这一事态发展在非宗教人口及其代表中引发的恐惧和反对。宗教政党和宗教色彩较少的政党之间的拉锯战将影响两国的未来。这两个国家的未来究竟如何是难以预测的，但除此之外，这种比较就必须到此为止。绝大多数犹太人和以色列人已经接受并内化了现代性，回不到过去，甚至在极端正统派阵营中也有一部分人在朝着现代性迈进，至少在专业领域是这样。

　　这种隐喻上的相似之处表明，犹太复国主义革命的某些组成要素并非独一无二的。然而，我们不应忽视犹太人和土耳其人之间经历的主要差异。一是与安纳托利亚的土耳其人不同，1945年幸存的犹太人还有其他选择。他们可以脱离出生国、母语、宗教和文化，融入普通民众，或消失在遥远的大陆上。事实上，相当多的人这样做了。但也有许多人选择了以色列，因为以色列显示了2000年来梦想的力量。

　　第二个不同之处在于，以色列与全世界犹太人的联系仍然具有压倒性的情感意义，并产生了重大政治后果。欧洲数以百万计的土耳其劳工群体没有可以与犹太侨民相比的作用，土耳其人散居在政治或战略上对土耳其几乎没有什么帮助的国家。土耳其的伊斯兰邻国是否会开始向土耳其提供更大的政治支持和其他支持，尚有待观察。目前很难看到土耳其会像奥斯曼帝国和哈里发时期一样再次成为逊尼派穆斯林世界的中心的愿景。相比之下，以色列很可能仍然是犹太民族的心脏。

展望与结论

如果有耐心读完最后一章，读者可能会感到困惑。他不得不回顾了过去2500年来的23位重要历史学家，评估了12个兴衰的驱动力，然后寻找这些驱动力对犹太历史的影响，无论是旧的还是新的影响。至此，这位读者可能会提出两个问题：

（1）当然，并非所有因素都同等重要。哪些最具决定性？哪个可以打破平衡？

（2）假设有人能把这23位已故和在世的历史学家带到同一个会议室，请他们讨论犹太民族未来的兴衰，他们的结论会是什么？他们会看到犹太人怎样的未来？他们会推荐哪些全面、长期的政策？他们那虚构的辩论纪要应当如何解读？

这两个问题互相关联，可以一起回答。一开始笔者把本书称为"思想实验"，读者所期待的可能是在一个思想实验中进行另一个思想实验，这些实验的危险程度可能一个比一个高。因此，以下是一份虚构的"报告摘要"，这场辩论虚构了23位已故和在世的历史学家（大部分是非犹太人）就犹太人可能的未来展开的辩论：

犹太民族和文明的现状与可能的未来

犹太人很可能在3000多年前就形成了一种独特的文明，并一直以不断变化的形式维持着。一些历史学家把文明描述为"连续体"。它们会改变，但不会消失，即使它们确实发生了变化，许多旧的文明仍然存在，并在新的文明中重新出现。犹太文明历久弥新，虽然可能会遭到削弱，失去一部分甚至许多追随者，但它不会死亡，除非绝大多数成员的肉体被消灭。过去曾有人试图消灭犹太人，但都失败了。只要犹太人保持警惕、捍卫自己、数量遍及全球，只要世界上不存在单一的政治中心或敌视犹太民族的意识形态，这种企图就不会得逞。对犹太教和犹太人的敌意，就像犹太教本身一样，也是一种文明延续。它如此古老和根深蒂固，在许多伊斯兰国家、基督教国家和基督教出现以前的国家中都有，不可能完全消失，即使它的外在表现发生改变或变得更加谨慎。

伟大的文明具有强大的生命力，会像月亮一样盈亏，会扩张和收缩，以应对不断变化的外部和内部约束。犹太民族目前的状况是其整个历史上的高光时刻，尽管不是所有犹太人都做好了看到这一点的准备。也许在 2000 年的历史上，犹太人从来没有同时既成为中东地区的军事和经济强国，又成为在世界主要超级大国的政治上有影响力的少数民族，而且还在世界上许多其他地区拥有强大的知识、文化和科学影响力。如果历史走"正常"的道路，犹太民族将像过去一样走下这个高峰，就像从其他历史高峰走下来一样，无论是因为内部原因如加速的同化、无法改变和应对新需求或其他自我损耗等，还是因为外部原因如世界范围内的重大经济危机或其他危机、袭击以色列的灾难性军事或自然事件、美国内外部局势的根本性变化或全球反犹主义的大浪潮。这些因素中的一些可能结合起来，形成毁灭性的协同作用。

但历史不必也决不能走"正常"的道路。犹太史不止一次避免了遵循历史潮流。现在采取干预措施来防止衰落和促进兴起的条件比以前更好，许多犹太领导人和相当一部分犹太公众已意识到并担心衰落的危险，犹太民族也拥有许多政治、经济、军事和智力资源。但一切都无法保证，犹太文明正处在十字路口。

兴衰必须放入全球的背景中看。21世纪可能会见证前所未有的历史断裂，无论这是从根本上重塑全球政治和金融的长期萧条、使用大规模毁灭性武器的战争、各类恐怖袭击、全球环境或健康灾难，还是导致全球权力重大转移的社会动荡。如果犹太人的衰落与这种断裂同时发生并由此加重，那么犹太文明的未来将变得困难重重，新的崛起可能需要很长的时间。这就是为什么现在必须阻止衰落，防止犹太人被拖入吞噬过许多其他民族的历史漩涡。如果想加强犹太文明，防止衰落，可以关注以下四个优先领域。这里要以一个积极的按语作结：所有四个领域都取决于犹太人的意愿和智慧，而不是外部力量。"如果你渴望它，它就不是梦想。"——西奥多·赫茨尔在向犹太人保证他们可以而且将要有一个国家时曾说过这句名言。

一是献身于一种活的历史

相对来说，研究犹太历史和经文的许多传统犹太人更能从未来可能的历史漩涡中生存下来，并保持犹太身份。而对绝大多数的犹太人来说，只有了解犹太民族悠久的历史并将其传给下一代，他们才能作为犹太人生存下去。知识和献身与使命感相伴而生。现在需要一种强烈的信念，即延续犹太历史，不让它结束。这很重要，因为犹太人过去为一个更美好的世界做出了贡献，他们必须继续为未来更美好的世界而努力。在一个许多人正在丢失自身历史和文化记忆的世界里，那些没有这样做的人将在未来全球政治和文化的重新调整中拥有长期的竞争优势。

二是高质量的领导力和长期的政策

犹太人必须解决领导和治理问题,许多人称之为危机。这场危机已经持续恶化了很多年。以色列和散居地犹太人必须培养出在道德和智力上无懈可击的高质量的领导群体,随时准备动员大部分公众支持关键目标,并能够执行长期政策。以色列目前的政治选择和治理机制显然无法产生这种领导,也无法确保长期政策的执行。潜在的优秀领导人无力或不愿担任(或保住)领导职务,以及对其执政能力设置的重重障碍都令人深深担忧。如果没有更好的领导人、治理体系和长期政策,以色列和犹太人可能无法安然度过 21 世纪。

三是站在知识革命的顶端

犹太人取得目前全球地位的一个主要原因,是他们一直处于知识革命的顶端,这场革命自 19 世纪以来改变了世界。他们一直处于社会科学、经济创新、政治活动、语言知识、科学技术等领域的前沿。在未来,知识即使不构成身体存续的基础,也将越来越多地成为每一种权力的基础。世界上每个人都知道这一点,都在争夺更多知识。许多人在这个竞技场上奔跑,犹太人并不形单影只。以色列和犹太人会留在场上吗? 相关迹象喜忧参半: 既有好的,也有坏的。经济、教育和文化政策应确保犹太人继续争取最高水平的教育,并在持续的知识革命中保持创新的领导地位。

四是长远的地缘政治眼光

对于犹太历史上的挑战和灾难,最具创造性的回应是由政治领袖和精神领袖所引导的,他们对犹太人的命运看得长远,并全面了解周围世界和犹太人在其中的地位。这些领袖能够带领犹太人,或者至少是他们中的一部分,走上生存和新崛起的道路。一些现任领导者可能有着宽广的、长远的地缘政治视野，但即使如此，他们的观点依然与以色列境内以及散居地如此众多的犹太人的观点不匹配。纠正这种不匹配并非易事，部分取决于上述第二个优先领域，即领导力。犹太人在历史上极少像今天这样有必要对未来持长远的全球观点，他们不应当自视为追求地方利益的当地人，而是应当像一些非犹太人看待犹太人那样看待自己：一个遍布全球的、能塑造共同的全球未来的重要伙伴，并能作为一个协力合作、积极主动、无畏无惧的挑战者去面对他们在世界上的敌人。

注　释

导语：一次思想实验

1. *The Jewish People Policy Planning Institute Annual Assessment 2004 – 2005: The Jewish People between Thriving and Decline* (Jerusalem：JPPI, 2005), and other publications. See www.jppi.org.il.

2. David Gans，*Tsemah David* (Offspring of David) (Jerusalem：Magnes, 1983；first printing Prague, 1592).

3. Heinrich Graetz, *Geschichte der Juden von den ältesten Zeiten bis auf die Gegenwart*, *1853 – 75* (History of the Jews from the Earliest Times to the Present, 1853 – 75), 11 vols. (Leipzig：Leiner, 1902), and Heinrich Graetz, *Volkstümliche Geschichte der Juden* (Popular History of the Jews), 3 vols. (Berlin-Wien：B. Harz, 1923).

4. Simon Dubnow, *Weltgeschichte des jüdischen Volkes*, *von seinen Uranfängen bis zur Gegenwart* (World History of the Jewish People from the Earliest Beginnings to the Present), 10 vols. (Berlin：Jüdischer Verlag, 1925), and Simon Dubnow, *Jewish History: An Essay in the Philosophy of History* (Honolulu：University Press of the Pacific, 2003, reprint of 1903 edition).

第 一 部 分

导言

1. Sergio DellaPergola, *Word Jewry beyond 2000: The Demographic Prospects* (Oxford：Centre for Hebrew and Jewish Studies 1999), 9ff. See also DellaPergola, "World Jewish Population 2008," in *American Jewish Yearbook 2008*, ed. D. Singer and D. Grossman (New York：AJC, 2008), 569 – 620. 这篇文章包括对其他不同的人口统计数据的批判性评论，这些计算试图证明犹太人口总数（特别是在美国）比一般估算所显示的要多。Also see *JPPI's 2011 – 12 Annual Assessment* (Executive Report No. 8) (Jerusalem：JPPI, 2012).

第一章　文明还是文化

1. Mordecai M. Kaplan, *Judaism as a Civilization: Toward a Reconstruction of*

American Jewish Life (Philadelphia/Jerusalem：Jewish Publication Society of America，1994).

2. Kaplan，178，179.

3. S.N. Eisenstadt，*Jewish Civilization: The Jewish Historical Experience in a Comparative Perspective* (New York：Suny Press，1992)，5.

4. Ami Buganim，*Jewish Peoplehood in an Age of Globalization* (Jerusalem：Jewish Agency for Israel，2007). Hebrew.

5. "Peoplehood"一词目前在英语词汇中并不存在，也不能翻译成法语、德语或意大利语等语言。观察者为犹太人选择的术语揭示了他的意图。那些想加强犹太人之间的共性和团结的人唤起了他们的"犹太民族性"，因为这也强调了犹太人的独特性。事实上，没有其他民族或文明称自己为"人民"(People)。那些想更好地了解犹太人的历史和现状的人称之为文明，以便在分析上使他们与其他文明相比较，从而使他们的显著特征更明显。

6. Samuel P.Huntington，*The Clash of Civilizations and the Remaking of World Order* (London：Simon & Schuster，1998)，28.

7. 关于西方术语"文明"一词的起源，参见 Norbert Elias，*The Civilising Process*，rev. edition (Oxford：Basil Blackwell，1994); Fernand Braudel，*Écrits sur l'histoire* (Historic Writings) (Paris：Flammarion，1969)，258ff; and David N. Myers，"Discourses of Civilisation：The Shifting Course of a Modern Jewish Motive," in *The Jewish Contribution to Civilization: Reassessing an Idea*，ed. Jeremy Cohen and Michael I. Cohen (Oxford：Littman Library of Jewish Civilization，2008)，25ff。

8. See on definitions Fernand Braudel，*Grammaire des civilisations* (Grammar of Civilizations) (Paris：Flammarion，1993) 40ff，and Braudel，*Écrits sur l'histoire* (Historic Writings) I，(Paris：Flammarion，1969)，256ff.

9. 英国人类学家爱德华·泰勒(Edward Tylor)在 1871 年发表了他影响深远的《原始文化》，其中写到文化包括"人类作为社会成员所获得的知识、信仰、艺术、道德、法律、习俗以及任何其他能力和习惯"。同样著名的美拉尼西亚研究专家布伦尼斯洛·马林诺夫斯基(Bronislaw Malinowski)将文化视为"艺术品、商品、技术流程、思想、习惯、价值观"，包括文明的每一个可以想象的组成部分。See Peter Burke，*What is Cultural History*? (Cambridge：John Wiley & Sons，2004)，29.

10. David Biale，ed.，*Cultures of the Jews: A New History* (New York：Schocken，2002).

11. David N. Myers，35.

12. Numbers 32：14.

13. See Marcus Jastrow，*Dictionary of the Targumim，the Talmud Babli and Yerushalmi，and the Midrashic Literature*.

14. 阿哈德·哈阿姆通常使用希伯来语"ben tarbut"(有教养的人)表达广义的德语意义上的"文明的人"。

15. Biale，*Cultures*，XVII.

第二章　十字路口：难以捉摸的兴起、繁荣和衰落

1. Jonathan I. Israel, *The Dutch Republic: Its Rise*, *Greatness and Fall*, 1477 - 1806 (Oxford: Clarendon Press, 1995; paperback with corrections, 1998).

2. Bryan Ward-Perkins, *The Fall of Rome and the End of Civilization* (New York: Oxford University Press, 2005).

3. 他称之为"视错觉"(optical illusion)。See Marshall G.S. Hodgson, *The Venture of Islam* (Chicago-London: University of Chicago Press, 1974), 2, 380. 术语"失真"(distortion)一词更合适，因为"视错觉"指的是不存在的东西的图像。

4. Arnold Toynbee, *A Study of History* (London: Oxford University Press, 1934 - 1961), I, 37.

5. Edward Gibbon, *The History of the Decline and Fall of the Roman Empire*, 1776 - 1787, 3 vols., ed. J.B. Bury (New York: The Heritage Press, 1946).

6. Jacob Burckhardt, *Die Kultur der Renaissance in Italien* (The Culture of the Renaissance in Italy), ed. W. von Bode (Berlin: Th. Knaur, 1928), 1ff.

7. Johan Huizinga, *Herbst des Mittelalters: Studien über Lebens-und Geistesformen des 14. und 15. Jahrhunderts in Frankreich und in der Niederlanden* (Autumn of the Middle Ages: A Study of the Forms of Life and Thought in 14th and 15th Century, France and the Netherlands), ed. K. Köster, 7th ed. (Stuttgart: Alfred Kroner Verlag, 1953), translated into German from the Dutch *Herfstij der middeleeuwen* (Leiden, 1923).

第三章　选取历史学家的三个类别

1. I Samuel 28:14 - 19.

2. Thukydides, *Geschichte des Peloponnesischen Krieges*, trans. G.P. Landmann (Zürich-Stuttgart, 1960).

3. Ibn Khaldun, *The Muqaddimah: An Introduction to History* (1381), trans. Franz Rosenthal, complete ed. in 3 vols. (Princeton: Princeton University Press, 1958).

第四章　论历史哲学

1. Mircea Eliade, *Le mythe de l'éternel retour* (The Myth of Eternal Return) (Paris: Gallimard, 1969), 121ff.

2. The following analysis is partly based on Michael E. Meyer, ed., *Ideas of Jewish History* (Detroit: Wayne State University Press, 1974), particularly the Introduction, and Yoseph Hayim Yerushalmi, *Zakhor: Jewish History and Jewish Memory* (Seattle and London: University of Washington Press, 1996).

3. Rashi and Ramban on Genesis 26:5, based on Babylonian Talmud Yoma 28a.

4. Mishnah Abot 1：1.

5. Abraham Ibn Daud, *Sefer Ha-Qabbalah* （The Book of Tradition）, Critical Edition with a Translation and Notes, by Gerson D. Cohen （Philadelphia：Jewish Publication Society, 1967）.

6. S.M. Dubnow, *Jewish History: An Essay in the Philosophy of History* （Honolulu-Hawaii：University Press of the Pacific, 2003, reprinted from the 1903 edition）, 177.

7. Nachman Krochmal, "Guide for the Perplexed of Our Time," in *Ideas of Jewish History*.

8. Karl Jaspers, *Vom Ursprung und Ziel der Geschichte* （On Origin and Goal of History） （Frankfurt am Main and Hamburg：Fischer Bü cherei, 1955）.

9. Jaspers, 14.

第五章 预见的障碍

1. Paul Kennedy, *The Rise and Fall of the Great Powers: Economic Change and Military Conflict from 1500 to 2000* （New York：Random House, 1987）, 389, 515, 521, 527, 531.

2. Arnold Toynbee, *A Study of History*, IX, 518.

3. Jacob Burckhardt, *Die Kultur der Renaissance in Italien* （The Culture of the Renaissance in Italy）.

4. Fernand Braudel, *Grammaire des civilisations* （Grammar of Civilizations）, and Fernand Braudel, *Écrits sur l'histoire* （Historic Writings）, I, II.

5. 他的许多预测见他的著作《历史研究》(*A Study of History*, 1954）,VIII, IX, and X。还有更古怪的预测,例如：在非西方世界,农民的军事化程度将会越来越高,埃及和印度等国将因为拥有大量农民而成为军事强国。See IX, 503ff.

6. Babylonian Talmud Shabbat 156a.

7. Toynbee, XII, 478, 569.

第 二 部 分

第一章 修昔底德(希腊,约公元前 460—前 400)

1. *Hobbes' Thucydides* （New Brunswick：R. Schlatter, 1975）; Thukydides, *Geschichte des Peloponnesischen Krieges*, trans. Georg Peter Landmann （Zürich-Stuttgart：Artemis Verlag, 1960）; Thucydides, *History of the Peloponnesian War*, trans. Rex Warner （London：Penguin Books, 1972）.标有"Landmann"的引语是作者参考华纳出版社的英语文本后,从兰德曼的德语文本中重新翻译出来的,它非常接近希腊原文。括号内的数字是指修昔底德希腊文本中的章节。

2. Landmann, 12.

3. Ibid., 36.

4. Ibid., 23 (I, 1).

5. Toynbee，I，53，note 4.

6. Landmann，139 - 147 (II，35 - 46).

7. Ibid.，141 (II，39).

8. Edward Gibbon，*The History of the Decline and Fall of the Roman Empire*.

9. Landmann，107 (I，138).

10. This and the following quotes Landmann，161 - 2，(II，65).

11. Landmann，454 (VI，15).

12. Jacqueline de Romilly，*Alcibiade* (Alcibiades) (Paris：Livre de Poche，1995).

13. Landmann，*Introduction*，16.

14. Ibid.，250 (III，82).

15. Ibid.，433 (V，90).

16. *Hobbes' Thucydides*，7.

第二章 司马迁(中国,约公元前 145—前 90)

1. *Les Mémoires Historiques de Se-Ma Ts'ien* (The Historic Memoirs of Se Ma-Ts'ien)，trad. et annotés par Edouard Chavannes，6 vols. (Paris：Librairie d'Amerique ed d'Orient Adrien Maisonneuve，1895 - 1905；new print，1967) (this is the most complete translation existing in a Western language)；*Records of the Grand Historian of China*，vol.I: *Early Years of the Han Dynasty 209 to 141 B.C.*，trans. from the *Shih chi of Ssu-ma Ch'ien* by Burton Watson (New York：Columbia University Press，1961)；Sima Qian，*Records of the Grand Historian of China*，vol.II: *Han Dynasty II*，trans. Burton Watson (Hong Kong：Renditions Press，1993). Biography of Sima Qian，www. reference. com/browse/wiki/Sima_Qian (4. 8. 2006)，drafted mainly by Chinese scholars；and *Emperor Wu of Han*，www.en.wikipedia.org/wiki/Emperor_Wu_of_Han (2.12.2007)，an extensive and detailed biography also drafted mainly by Chinese scholars.

2. 费正清(John King Fairbank)和谷梅(Merle Goldman)想知道,后来的历史学家是否低估了中国皇帝的"超验的角色"。天子像神明一样赐予臣民生死。See John King Fairbank and Merle Goldman，*China: A New History*，enlarged edition (Cambridge，MA：Belknap Press，1998)，69.

3. 司马迁之后的早期中国史学家们并没有反驳对他的批评,这可以视为一种认可的迹象。目前中国流行的对汉武帝的看法充满了对他的崇拜。司马迁著作的法文翻译者沙畹(E.Chavannes，1895)称汉武帝的统治是"神奇""快乐"和"荣耀"的,而美国翻译者华兹生(B.Watson，1961、1993)则称之为"阴郁"的统治者。

4. Sima，162.

5. 童世骏：《序二：为了共同的理想》,载潘光主编：《犹太人在亚洲：比较研究》,上海三联书店 2007 年版。

6. Sima，3. 华兹生强调汉代"天命"的重要性，参见 Burton Watson，*Ssu-ma Ch'ien*，*Grand Historian of China*，45。

7. Sima，303.

8. Sima，224 and footnote 3.

9. Sima，6.

10. Sima，84.

11. *Records*，I，150.

12. Sima，162.

13. *Records*，I，398.

14. Sima，309.

15. Ibid.，191.

16. Confucius，*Analects* 13∶13。"苟正其身矣，于从政乎何有？"

17. *Records*，I，77.

18. Sima，193.

19. Ibid.，292.

20. *Records*，I，375.

21. Sima，373ff，379ff.

22. Ibid.，328.

23. Ibid.，312. 毫不奇怪，这位官员在一个偏远的省份结束了自己的仕途，在那里他痛苦地抱怨自己无法参与廷议。

24. Ibid.，60.

25. Ibid.，434，437.

26. Ibid.，453f.

27. Ibid.，312.

28. Ibid.，231.

29. Ibid.，224.

30. Ibid.，124.

31. *Records*，I，207.

32. Sima，206.

第三章　伊本·赫勒敦(突尼斯，1332—1406)

1. Ibn Khaldun，*The Muqaddimah: An Introduction to History*，reduced ed. in 1 vol.，ed. N.J. Dawood (Princeton∶Princeton University Press，1967)。"Ibn Khaldun"后面有页码的是指达伍德(Dawood)的版本。当它们前面有 I、II 或 III 时，它们指的是罗森塔尔(Rosenthal)的版本。

2. Michael Shterenshis，*Tamerlane and the Jews* (London∶Routledge 2002)，47. 我们不知道这些不同的观点是什么，但我们知道帖木儿并没有挺进攻占耶路撒冷，而这对他的军队来说没有任何军事方面的问题。

3. Ibn Khaldun, 5.

4. Ibid., 59, 117.

5. Ibid., 188.

6. Ibid., quoted on the back of the book.

7. Ibid., 98.

8. Lee Alan Dugatkin, *The Altruism Equation: Seven Scientists Search for the Origins of Goodness* (Princeton: Princeton University Press, 2006).

9. Ibn Khaldun, 47.

10. Ibid., 25.

11. Ibid., 153.

12. Ibid., 183.

13. Ibid., 298.

14. Edgar Salin, *Politische Ökonomie—Geschichte der Witschaftspolitischen Ideen von Platon bis zur Gegenwart* (Political Economy: History of Economic Policy Ideas from Platon to the Present), 5th ed. (Tübingen: Mohr Siebeck, 1967).

15. Ibn Khaldun, 223.

16. Ibid., 229, 253.

17. Ibid., 213.

18. Ibid., 397, 405, 409.

19. Ibid., 414f, 424, 426.

20. Ibid., 341.

21. Ibid., 285.

22. Ibid., 106, 136.

23. Ibid., 238 – 242.

24. Ibid., 30.

25. Ibid., 375.

26. Ibid., 428.

27. Rosenthal, I, 473 – 478.

28. Ibid., I, 20.

29. Rosenthal, II, 481, footnote 13; I, 275.

30. Rosenthal, III, 306.

第四章　爱德华·吉本(英国,1737—1794)

1. Edward Gibbon, *The History of the Decline and Fall of the Roman Empire, 1776 - 1787*, in three volumes and seventy-one chapters, ed. J.B. Bury (New York: The Heritage Press, 1946). 在这一版中,三卷书的编号是连续的。

2. Gibbon, 2441.

3. Ibid., 2426ff.

4. Ibid., 1218ff.

5. Ibid., 2442.

6. Ibid., 2442.

7. Ibid., 248.

8. Ibid., 964.

9. Ibid., 345.

10. Ibid., 1218.

11. Ibid., 1605.

12. Ibid., 1219.

13. Ibid., 1220.

14. Ibid., 152.

15. Ibid., 1221.

16. Ibid., 1221.

17. Ibid., 1221.

18. Ibid., 2432.

19. Ibid., 2431.

20. Ibid., 43.

21. Ibid., 801ff.

22. Ibid., 792.

23. Ibid., 2428ff.

24. Ibid., 2441f.

25. On Sallust and Livy, see John Burrow, *A History of Histories: Epics, Chronicles, Romances, and Inquiries from Herodotus and Thucydides to the Twentieth Century* (London: Penguin Adult, 2007), 83 - 116.

26. "Selections from the Discourses," *The Essential Writings of Machiavelli*, ed. Peter Constantine (New York: The Modern Library 2007), 101ff.

第五章　雅各布·布克哈特(瑞士,1818—1897)

1. Jacob Burckhardt, *Die Zeit Constantins des Grossen* (The Time of Constantine the Great) (Frankfurt: G. B. Fischer, 1954); W. von Bode, ed., *Die Kultur der Renaissance in Italien* (The Culture of the Renaissance in Italy) (Berlin: Th. Knaur, 1928); W. Kaegi, ed., *Weltgeschichtliche Betrachtungen* (Reflections on World History) (Bern: Hallwag, 1947); *Jacob Burckhardt's Briefe an seinen Freund Friedrich von Preen 1864 -1893* (J.B.'s Letters to his Friend F.v.P.) (Berlin/Stuttgart: Deutsche Verlags-Anstalt, 1922). 英语引文是作者从德语原文翻译而来的。

2. Burckhardt, *Reflections*, 57.

3. Peter Burke, 101f.

4. 这就是为什么布克哈特著作的英文翻译者把德文标题"Die Kultur der

Renaissance …"翻译为"复兴时期的文明……"是正确的翻译的原因。

5. Burckhardt，*Renaissance*，3.

6. Burckhardt，*Constantin*，158.

7. Burckhardt，*Renaissance*，458.

8. Burckhardt，*Constantin*，18.

9. Burckhardt，*Renaissance*，102.

10. Burckhardt，*Constantin*，7.

11. Braudel，*Écrits* I，268ff.

12. Burckhardt，*Reflections*，149ff，166.

13. Burckhardt，*Constantin*，18.

14. Burckhardt，*Reflections*，316.

15. Burckhardt，*Renaissance*，85.

16. Ibid.，283ff.

17. Ibid.，69.

18. Burckhardt，*Letters*，58，137，188，224. 从他的学生时代起，也就是早在 19 世纪末德国反犹浪潮之前，以及从其他信件和他讲课的笔记本中，人们发现了更多反犹主义的评论。

19. Burckhardt，*Renaissance*，354.

20. Giovanni Pico della Mirandola，*Oratio de hominis dignitate-De la dignité de l'homme*（A Speech about the Dignity of Man），trans. Yves Hersant（Paris：Ed. de l'Eclat，2005）. 翻译者赫桑特（Hersant）引用了皮科的一篇评论，他断言，这篇评论可能来自米德拉什。See 22.

21. Burckhardt，*Renaissance*，196.

22. Albert M. Debrunner，"Die antisemitischen Äusserungen Jacob Burckhardt's— Eine verdrängte Seite"（The Anti-Semitic Comments of Jacob Burckhardt：A Suppressed Aspect），in *Israelitisches Wochenblatt der Schweiz*，Nr.8，20. Feb. 1998，6f. 这是迄今为止关于布克哈特讳莫如深的反犹主义的几篇文章之一。

23. Werner Kaegi，*Jacob Burckhardt: Eine Biographie*，7 vols.（Basel：*Schwabe*，1947‒1982）.

24. Debrunner，7.

第六章　马克斯·韦伯(德国，1864—1920)

1. Max Weber，*Gesammelte Aufsätze zur Religionssoziologie*，Bd.1：*Die Protestantische Ethik und der Geist des Kapitalismus*（The Protestant Ethics and the Spirit of Capitalism），ed. Dirk Kaesler（Munchen：Beck C. H.；Aufl age：Vollständige Ausgabe.，2006）. See also Max Weber，*Die Wirtschaftsethik der Weltreligionen*（The Economic Ethics of World Religions），Teil 1 *Konfuzianismus und Taoismus*；Bd. 2 Teil 2：*Hinduismus und Buddhismus*；Bd. 3 Teil 3：*Das Antike Judentum*，4. Aufl.（Tübingen：

J.C.B. Mohr，1947）. "Weber-Kaesler" refers to the latest and most complete edition of *Die Protestantische Ethik* of 2006. Translations into English are by the author.

2. Weber-Kaesler，89f.

3. Ibid.，98.

4. Ibid.，152. 韦伯使用的术语是"现世内的"（innerweltlich）。

5. Ibid.，78，184.

6. 德克·凯斯勒（Dirk Kaesler）在 2004—2006 年编辑了这本书的最新修订版和最完整版本，他支持"误解"理论，但补充说，韦伯本人对此负有部分责任。在这种情况下，也许这不是一个误解，韦伯想说的真的是他的读者所理解的吗？ See Weber-Kaesler preface，8ff.

7. Weber-Kaesler，79，80，94，202.

8. Ibid.，202.

9. Max Weber，*Das Antike Judentum*，Potsdamer Internet Ausgabe (PIA)，6.

第七章　奥斯瓦尔德·斯宾格勒（德国，1880—1936）

1. Oswald Spengler，*Der Untergang des Abendlandes—Umrisse einer Morphologie der Weltgeschichte*（The End of the West：A Morphology of World History）1922 (München：Deutscher Taschenbuch Verlag，2003). Translations into English by the author.

2. Toynbee，I，135，footnote 2，and parallels.

3. Spengler，3 - 4.

4. Ibid.，140.

5. Ibid.，36.

6. Ibid.，293ff.

7. Ibid.，450，681 - 682.

8. Ibid.，675.

9. Ibid.，550，552.

10. Ibid.，942.

11. Ibid.，1098.

12. Ibid.，1100.

13. Ibid.，1140.

14. Giambattista Vico，*New Science：Principles of the New Science Concerning the Common Nature of Nations*，third ed. 1744，trans. D. Marsh（London：Penguin Classics，2001），395.

15. Vico，483f.

16. Spengler，804 - 814；948 - 960.

17. 关于德语和英语中这两个术语的细微差别，见本书第四部分第二章。

18. Spengler，767.

19. Ibid.，951.

20. Ibid.，958.

21. Ibid., 812.

第八章 约翰·赫伊津哈(荷兰,1872—1945)

1. Johan Huizinga, *Herbst des Mittelalters—Studien über Lebens-und Geistesformen des 14. und 15. Jahrhunderts in Frankreich und in the Niederlanden* (Autumn of the Middle Ages: A Study of the Forms of Life and Thought in Fourteenth-and Fifteenth-Century France and the Netherlands), ed. K. Köster, 7th edition (Stuttgart: Alfred Kröner Verlag, 1953), translated from the Dutch *Herfstij der middeleeuwen*(Leiden, 1923, with Huizinga's cooperation); Johan Huizinga, *Holländische Kultur im Siebzehnten Jahrhundert* (Dutch Culture in the Seventeenth Century), ed. W. Kaegi (Basel: B.Schwabe, 1961), first written in German in 1932 and published in Dutch by the author in 1941 (*Nederlands's beschaving in de zeventiende eeuw*); *Homo Ludens* (Man at Play) (Leiden, 1938; German trans. H. Nachod, Reinbek-Hamburg: Rowohlt, 1956). English translations in the text are by the author.

2. John Burrow, *A History of Histories: Epics, Chronicles, Romances and Inquiries from Herodotus and Thucydides to the Twentieth Century* (London: Penguin Adult, 2007), 479.

3. Jonathan I. Israel, *The Dutch Republic: Its Rise, Greatness and Fall 1477 – 1806* (Oxford: Clarendon Press, 1995; paperback with corrections Oxford: Oxford University Press, 1998).

4. Huizinga, *Autumn*, 95. A similar polemic on 15.

5. Ibid., 143.

6. Ibid., 301. Many similar comments can be found on, 35, 67, 69, 290, 347.

7. 他的书有好几个英文译本。那些第二次世界大战后的译著将书名从《中世纪的秋天》改成了《中世纪的衰落》,也许是为了回应赫伊津哈的担忧。

8. 荷兰语原文中的"beschaving"一词最好翻译成"文明",它比荷兰语中的"文化"含义更宽泛。赫伊津哈的书实际上谈到的远不止艺术和诗歌。

9. Huizinga, *Dutch Culture*, 78f, 82f.

10. Jonathan I. Israel, *The Dutch Republic: Its Rise, Greatness and Fall 1477 – 1806* (Oxford: Clarendon Press 1998), 73.

11. Israel, *Dutch Republic*, 405, 727ff and others.

12. Kurt Köster, "Foreword" to Huizinga, *Autumn*, IX.

13. Huizinga, *Dutch Culture*, 138, 140f, 142f, 144.

14. Ibid., 70.

第九章 阿诺德·汤因比(英国,1889—1975)

1. Arnold Toynbee, *A Study of History*, 12 vols. (London: Oxford University

Press，1934 - 1961）。

2. Arthur Herman，*The Idea of Decline in Western History*（New York：Free Press，1997），282.

3. Toynbee，VI，107，111.

4. Toynbee，I，235.

5. Ibid.，39.

6. Ibid.，147ff.

7. Toynbee，III，39.

8. Toynbee，II，335.

9. Ibid.，259ff.

10. Toynbee，III，88ff.

11. Ibid.，242.

12. Toynbee，IV，129.

13. Toynbee，III，245.

14. Toynbee，IV，505.

15. Toynbee，V，3.

16. Ibid.，480ff.

17. Among many others，see "The Modern West and the Jews，" VIII，272 - 313；"A Jewish Alternative Model for Civilisations，" XII，209 - 217；"Fossils，" XII，292 - 300；"Was There One Only，Or More Than One Civilisation，in Syria in the Last Millennium BC?" XII，411 - 430；and "The History and Prospects of the Jews，" XII，477 - 517.

18. Toynbee，II，286.

19. Toynbee，I，246.

20. Toynbee，XII，215，217，414.

21. Ibid.，517.

第十章 皮蒂里姆·索罗金（美国，1889—1968）

1. Pitirim Sorokin，*Social and Cultural Dynamics: A Study of Change in Major Systems of Art*，*Truth*，*Ethics*，*Law and Social Relationships*. Revised and abridged in one volume by the author（Boston：Transaction Publishers，1957；Original edition in four volumes 1937 - 1941）。

2. Sorokin，256ff.

3. Ibid.，8.

4. Ibid.，639.

5. Ibid.，633.

6. Ibid.，427.

7. Ibid.，703ff.

8. Ibid.，622 - 628，699 - 703.

9. Ibid., 702.

第十一章 费尔南·布罗代尔(法国,1902—1985)

1. Fernand Braudel, *Grammaire des civilisations* (Grammar of Civilizations) (Paris: Flammarion, 1993); Fernand Braudel, *Écrits sur l'istoire* (Historic Writings), I, II (Paris: Flammarion 1969; Paris: Flammarion, 1994); and Fernand Braudel, *The Mediterranean and the Mediterranean World in the Age of Phillip II*, translated from French by Sian Reynolds (Suffolk/New York: Collins, 1982). See also Bernand Braudel, *Les Mémoires de la Méditerranée* (The Memoirs of the Mediterranean) (Paris: Bernard de Fallois, 1998). Except for The Mediterranean where the English version is used, the translations from French by Sian Reynolds and by the author.

2. *The Mediterranean and the Mediterranean World in the Age of Phillip II*; *Civilisation Matérielle*, *Economie et Capitalisme* (Material Civilization, Economy and Capitalism) (Paris: Armand Colin, 1979); and *L'dentité de la France* (The Identity of France)(Paris: Flammarion, 1986 – 9).

3. Braudel, *Écrits*, II, 9, 15.

4. Braudel, *Grammaire*, 120.

5. Braudel, *Écrits*, I, 51.

6. "The Death of Phillip II, 13th September 1598," *The Mediterranean*, 1234ff.

7. Braudel, *Écrits*, I, 258 – 288.

8. Braudel, *Mémoires*, 332.

9. Ibid., 276.

10. Braudel, *The Mediterranean*, II, 823.

11. Braudel, *Grammaire*, 456.

12. Ibid.

13. Ibid., 40.

14. Braudel, *Mémoires*, 188.

15. Braudel, *The Mediterranean*, II, 802 – 826.

16. Braudel, *The Mediterranean*, II, 804, 809, 826.

第十二章 马歇尔·霍奇森(美国,1922—1968)

1. Marshall G. S. Hodgson, *The Venture of Islam: Conscience and History in a World Civilization. 1: The Classical Age of Islam. 2: The Expansion of Islam in the Middle Periods. 3: The Gunpowder Empires and Modern Times* (Chicago: University of Chicago Press, 1974).

2. Albert Hourani, *Islam in European Thought* (Cambridge: Cambridge University Press, 1991), Chapter 3, 74ff.

3. Hodgson, I, 30, 33.

4. Ibid., 71.

5. Ibid., 233ff.

6. Hodgson, III, 135f.

7. Ibid., 136.

8. Braudel, *Grammaire*, 120.

9. Hodgson, I, 99.

10. Hodgson, III, 425ff.

11. Ibid., 439.

12. Hodgson, I, 103.

13. Ibid., 177.

14. Hodgson, III, 439.

第十三章　伯纳德·刘易斯(美国,1916—2018)

1. Bernard Lewis, *The Emergence of Modern Turkey*, 3rd ed. (New York/Oxford: Oxford University Press, 2002).

2. Lewis, 35.

3. Ibid., 23.

4. Gibbon, 248, and others.

5. Lewis, 32.

6. Ibid., 86ff.

7. Ibid., 267.

8. Ibid., 327.

9. Bernard Lewis, *The Jews of Islam* (Princeton: Taylor & Francis, 1984), Foreword IX, and Bernard Lewis, "Palimpsests of Jewish History: Christian, Muslim and Secular Diaspora," in *From Babel to Dragomans: Interpreting the Middle East* (London: Oxford University Press, 2004), 53.

10. Lewis, 454.

11. Shalom Salomon Wald, "'Studies on the Confucianisation of the Kaifeng Jewish Community': A Critical Commentary," *Journal of Jewish Studies*, The Oxford Center for Hebrew and Jewish Studies, LVII, no. 2, Autumn 2006, 325.

第十四章　乔纳森·以色列(美国,1946—　)

1. Jonathan I. Israel, *The Dutch Republic: Its Rise, Greatness and Fall 1477 - 1806* (Oxford: Clarendon Press, 1995; paperback with corrections, Oxford: Clarendon Press, 1998). J.I. Israel, *European Jewry in the Age of Mercantilism 1550 -1750*, 3rd. ed. (London: Littman Library of Jewish Civilization, 1998). J. I. Israel, *Radical*

Enlightenment: Philosophy and the Making of Modernity 1650 - 1750（New York：Oxford University Press，2002）.

2. 乔纳森·以色列并不反对布罗代尔的社会经济力量至上的信念，仅有一次例外，他用罕见和难听的言辞表达愤怒。他驳斥说："布罗代尔在犹太人问题上的想法（和其他许多问题一样）……不消多说，纯属一派胡言。"*European Jewry*，224.

3. Israel，*Dutch*，169f.

4. Ibid.，253.

5. Ibid.，241.

6. Ibid.，671ff.

7. Ibid.，198，577，899 and others.

8. Ibid.，348.

9. Ibid.，350.

10. Ibid.，405.

11. Ibid.，727ff.

12. Ibid.，798.

13. Ibid.，841ff.

第十五章　保罗·肯尼迪（美国，1945—　　）

1. Paul Kennedy，*The Rise and Fall of the Great Powers: Economic Change and Military Conflict from 1500 to 2000*（New York：Random House，1987）.

2. Daojiong Zha，"Can China Rise?" *Review of International Studies*，vol.31，no. 4（2005）.

3. Kennedy，XVI.

4. Ibid.，439.

5. Ibid.，513f.

第十六章　贾雷德·戴蒙德（美国，1937—　　）

1. Jared Diamond，*Collapse: How Societies Choose to Fail or Succeed*（New York：Penguin Books，2005）.

2. Ibid.，119.

3. Ibid.，159.

4. Ibid.，341.

第十七章　布莱恩·沃德-珀金斯（英国，1952—　　）

1. Bryan Ward-Perkins，*The Fall of Rome and the End of Civilization*（New York：Oxford University Press，2005）.

2. Ibid., 4.

3. Ibid., 41.

4. Ibid., 57.

5. Ibid., 183.

第十八章　曼瑟·奥尔森(美国,1932—1998)

1. Mancur Olson, *The Rise and Decline of Nations: Economic Growth , Stagflation and Social Rigidities* (New Haven/London: Yale University Press, 1982).

第十九章　彼得·图尔钦(美国,1957—)

1. Peter Turchin, *Historical Dynamics: Why States Rise and Fall* (Princeton: Princeton University Press, 2003).

2. Ibn Khaldun, 98.

第二十章　克里斯托弗·蔡斯-邓恩(美国,1944—)与托马斯·D.霍尔(美国,1946—)

1. Christopher Chase-Dunn and Thomas D. Hall, *Rise and Demise: Comparing World Systems* (Boulder, CO: Westview Press, 1997).

2. Spengler, 3 - 4.

3. Chase-Dunn, 239.

4. Braudel, *Grammaire*, 45ff and parallels.

第二十一章　约瑟夫·A. 泰恩特(美国,1949—)

1. Joseph A. Tainter, *The Collapse of Complex Societies* (Cambridge: Cambridge University Press, 1988).

第二十二章　亚瑟·赫尔曼(美国,1956—)

1. Arthur Herman, *The Idea of Decline in Western History* (New York: Free Press, 1997).

2. Herman, 13.

3. Ibid., 449.

第 三 部 分

第一章 挑战与应战

1. Ibn Khaldun，98.

2. Spengler，140.

3. Toynbee，I，214.

4. Ibid.，XII，255.

5. 日期与细节引自 Haim H. Ben-Sasson，ed.，*A History of the Jewish People* (Cambridge，MA：Weidenfeld & Nicholson，1976)，particularly Part II by H. Tadmor，"The Period of the First Temple，the Babylonian Exile and the Restoration," and Part III by M. Stern，"The Period of the Second Temple"。别的历史学家提出的其他日期是可能的，但不会改变本章的基本论点。

6. 其中之一是后来发起了"普格沃什"(Pugwash)和平运动的英国犹太物理学家约瑟夫·罗特布拉特(Joseph Rotblat)，当他在 1944 年底了解到纳粹德国并没有在研制核弹时就辞职了。他愿意研制核弹来抵御纳粹德国，但不愿意对付任何其他国家。

7. Michael Karpin，*The Bomb in the Basement* (New York：Simon & Schuster，2006)，287.

8. Eric Hobsbawm and Terence Ranger，*The Invention of Tradition* (Cambridge：Cambridge University Press，1992)，Introduction.

第二章 机会之窗

1. Hodgson，I，114，and III，176ff.

2. A. Malamat，"Part I：Origins and the Formative Period," in *A History of the Jewish People*，21，23，25，27；Alfred Weber，100ff，and others. One of the first proponents of this thesis was Julius Wellhausen，author of *Prolegomena zur Geschichte Israels* (History of Israel) (Germany：G. Reimer，1878)，and other works.

3. David Berger，"The 'Jewish Contribution' to Christianity," in *The Jewish Contribution to Civilization: Reassessing an Idea*，ed. Jeremy Cohen and Michael I. Cohen (Oxford：Littman Library of Jewish Civilization，2008)，91.

第三章 全球兴衰趋势

1. Chase-Dunn，149ff.

2. Jaspers，25 – 30.

3. Braudel，*Mediterranean*，820.

4. Lewis，*Turkey*，454.

5. Israel，*European Jewry*，72ff.

第四章　繁荣的文明还是黄金时代的神话

1. Hesiod，"Works and Days," in *Theogony*，*Works and Days*，*Testimonia*，ed. Glenn W. Most（Cambridge，MA：Harvard University Press，2006），97.

2. Burckhardt，*Renaissance*，426.

3. Hodgson，I，233ff.

4. Huizinga，*Dutch Culture*，11.

5. J. Israel，*Dutch Republic*，5.

6. Sima，84 and parallels.

7. I Kings 5:5.

8. Micah 4:4.

9. Amos 9:13.

10. 月亮祝祷文的文本在《巴比伦塔木德》中（见 Babylonian Talmud Sanhedrin 42a）。关于犹太民族历史与月亮盈亏的比较，参见 Midrash Exodus Rabbah，15 and parallels.

第五章　繁荣文明的文化成就

1. 皮蒂里姆·索罗金著作的副标题。

2. 荒谬数据的一个例子：公元前 3500 年到公元 1908 年之间，科学发现的总数被精确到 12761 个，其中约 9000 个是 1800 年以后发现的。

3. Charles Murray，*Human Accomplishment: The Pursuit of Excellence in the Arts and Sciences*，*800 BC to 1950*（New York：Harper Perennial，2004）。

4. Sima，41ff，259ff，355ff；Ibn Khaldun，314ff，333ff；Burckhardt，*Renaissance*；Spengler，*Reflections*，234ff，282ff，330ff；Huizinga，*Middle Ages*；Pitirim Sorokin，256ff；Lewis，*Turkey*，1ff，401ff；J. Israel，*Dutch Republic*，41ff，328ff，547ff，863ff.

5. Huizinga，*Middle Ages*，285 and parallels.

6. Giorgio Vasari，*Vies des artistes—Vies des plus excellents peintres*，*sculpteurs et architectes*（Life of the Artists：The Life of the Most Excellent Painters，Sculptors and Architects），trad. L.Leclanché et Ch.Weiss（Paris：Grasset，2007）。

7. Vasari，67，translation into English by the author.

8. Vasari，on Cimabue and Giotto 21，on Mantegna 162，on Michelangelo 353，388.

9. Burckhardt，*Renaissance*，197.

10. Kate Douglas，"The Other You：Meet the Unsung Hero of the Human Mind," *New Scientist*，1st December 2007，42ff.

11. Vasari，185. English translation from www.fordham.edu/halsall/basis/vasari/vasari-lives.html.

12. Yuri Slezkine，*The Jewish Century*（New York：Princeton University Press，2004）。

13. Flavius Josephus，"Against Apion," Book 2，13（135），*The New Complete*

Works of Josephus, trans. W. Whiston, Paul E. Maier (Grand Rapids, MI: Kregel Publications, 1999), 968.

14. Josephus, 978f.

15. See *The Jewish Contribution*, 12, 18, 59, 154, 160, 185, 196, et al.

16. Cole translates two of her poems, "On Seeing Herself in the Mirror," and "Ah, Gazelle." Peter Cole, *The Dream of the Poem: Hebrew Poetry from Muslim and Christian Spain, 950–1492*, trans. and ed. Peter Cole (Princeton: Princeton University Press, 2007), 364.

17. Norman Golb, "Obadiah the Proselyte: Scribe of a Unique Twelfth-Century Manuscript Containing Lombardic 'Neumes'," *The Journal of Religion*, vol.45, no.2, April 1965, 153ff.

18. 奥巴迪亚的音乐记录保存在特拉维夫的大流散博物馆,并在那里播放。

19. See J. Israel, *Enlightenment. On Spinoza*, 159–174, 230–241, 275–285.

20. *Burckhardt's Briefe*, 137.

21. 穆雷介绍了关于犹太科学创造力的有趣数据,第四部分第三章中将使用这些数据。

22. H. Bloom, *Foreword to Yosef Chaim Yerushalmi*, *Zakhor: Jewish History and Jewish Memory* (Seattle and London: University of Washington Press, 1996), xxii.

23. Yeheskel Kaufmann, *Golah ve-Nekhar* (Diaspora and Foreign Countries), I (Tel Aviv: Dvir, 1929), 166, 168–171, 204–207.

第六章　衰落的多重原因

1. Gibbon, 1219f.

2. Spengler, 607.

3. Toynbee, IV, 120.

4. Elias Bickerman, *From Ezra to the Last of the Maccabees: Foundations of Post-Biblical Judaism* (New York: Schocken Books, 1968), 3.

5. M. Stern, *Ben-Sasson*, 281.

6. Hannah Arendt, *Elemente und Ursprünge totaler Herrschaft* (Origins of Totalitarianism, 12. Aufl.) (München-Zürich: Piper, 2008), 31ff. This is Ahrendt's own extended translation of the first American edition of her book, *The Origins of Totalitarianism*.

第七章　全球未来:"文明的终结"还是"西方的衰落"

1. 有一个威尔·杜兰特基金会还在继续传播其创始人的乐观主义情绪。杜兰特最深刻的动机是宗教。他的遗言是:"彼此相爱:我最后的历史借鉴是耶稣。"www.en. wikiquote.org./wiki/Will_Durant.

2. Sorokin，699.

3. Ibid.，701.

4. 例如，Thomas Homer-Dixon，*The Upside of Down: Catastrophe, Creativity and the Renewal of Civilization*（Toronto：Knopf Canada，2006）。该书预测，能源、环境和政治危机的融合可能会导致全球秩序的崩溃，并认为这种崩溃可以而且应该转化为一次大胆改革我们文明的机会。

5. Gibbon，1222.

6. Toynbee，IX，518，et al.

7. David Fromkin，*Europe's Last Summer: Who Started the Great War in 1914?*（New York：Vintage，2005），4.

8. Burckhardt，*Reflections*，212ff，294ff，311.

9. Huizinga，*Autumn*，IXff.

10. Toynbee，IX，441，et al.

11. Max Weber，201. Translation by the author.

12. Chase，239.

13. Ward-Perkins，183.

14. Braudel，*Grammaire*，56.

15. Braudel，*Écrits*，II，303ff.

16. Spengler，958，et al.

第 四 部 分

第一章　宗教：身份保障及其弊端

1. Sima，3.

2. Ibn Khaldun，375.

3. Gibbon，1221.

4. Ibid.，528 - 737.

5. Burckhardt，*Constantin*，289，297.

6. Toynbee，IV，538，580.

7. Toynbee，I，465.

8. Spengler，942.

9. Lewis，*Turkey*，114ff，123ff，215ff and others.

10. Huizinga，*Dutch Culture*，78f，82f.

11. Israel，*Dutch Republic*，73.

12. Robin Dunbar，"We Believe," *New Scientist*，vol.28，no.1(2006). Dunbar 是一位生物学家和人类学家。

13. 多夫·迈蒙(Dov Maimon)博士阅读并评论了关于犹太宗教的章节，并提供了有价值的参考资料。

14. Mary Douglas, *Purity and Danger* (London: Routledge, 1966; reprint London: Routledge, 2002).

15. Babylonian Talmud Sanhedrin 58b.

16. Genesis 1:5.

17. Ahad Ha-am, *Al Parashat Derakhim* (At the Crossroads) (Tel Aviv and Jerusalem: Dvir/Hozaah Ivrit, 1964), 11, 139.

18. *Analects*, Chapter 10 and many additional references in other chapters.

19. Annping Chin, *Confucius: A Life of Thought and Politics* (New Haven: Yale University Press, 2008), 173.

20. Lin Yutang, *The Wisdom of Confucius* (New York: Carlton House, 1938), 46.

21. *Confucius*, par Donald Leslie, 3rd ed. (Paris: Seghers, 1970), 46.

22. Babylonian Talmud Kiddushin 38b.

23. Haym Soloveitchik, "Rupture and Reconstruction: The Transformation of Contemporary Orthodoxy," in *Jews in America: A Contemporary Reader*, ed. Roberta R. Farber and Chaim I. Waxman (Hanover, NH: University Press of New England for Brandeis University Press, 1999), 320 – 376.

24. Martin Goodman, *Rome and Jerusalem: The Clash of Ancient Civilizations* (London: A. Knopf, 2007), 390f.

25. Elliott Horowitz, "Days of Gladness or Days of Madness: Modern Discussions of the Ancient Sabbath," *The Jewish Contribution*, ed. Cohen-Cohen, 63.

26. 关于犹太人发明七天一周和安息日的优点的通俗而非学术的阐释，参见 Thomas Cahill, *The Gifts of the Jews: How a Tribe of Desert Nomads Changed the Way Everyone Thinks and Feels* (New York: Cengage Gale, 1998), 144。

27. Deuteronomy 32:7.

28. Yerushalmi, Chapter 4: "Modern Dilemmas: Historiography and its Discontents."

29. Max Weber, *Das Antike Judentum*, Potsdamer Internet Ausgabe (PIA), 6.

30. Exodus 30:15.

31. Amos 2:7. The translation is from *The Jewish Study Bible* (*JSB*), ed. A. Berlin, M.Z. Brettler, M. Fishbane (Oxford: Jewish Publication Society, 1999), 1180.

32. *Jewish Study Bible*, 1176.

33. Mishnah Abot 1:2.

34. Mary Douglas, "The Fears of the Enclave," in *In the Wilderness: The Doctrine of Defilement in the Book of Numbers* (New York: Oxford University Press, 2001), 51ff.

35. Louis H. Feldman, *Jew and Gentile in the Ancient World: Attitudes and Interactions from Alexander to Justinian* (Princeton: Princeton University Press, 1993), 227.

36. Jacob Katz, *Tradition and Crisis: Jewish Society at the End of the Middle Ages* (New York: New York University Press, 1993), 170ff, 237, et al.

37. Israel, *European Jewry*, 190, 191.

38. Babylonian Talmud Sanhedrin 56 a/b.

39. *Soziale Ethik im Judentum*, ed. Verband der Deutschen Juden, 2nd ed. (Frankfurt am Main: J. Kauffmann, 1914).

40. Bernardo Kligsberg, *Social Justice: A Jewish Perspective* (Jerusalem: Gefen Books, 2003).

41. Jehudah Mirsky, "Tikkun Olam: Basic Questions and Policy Directions," in *Facing Tomorrow: Background Policy Documents*, provisional ed. (Jerusalem: JPPI, 2008), 213–229.

42. Deuteronomy 16:20.

43. Babylonian Talmud Pessahim 87b.

44. "因此，圣洁的神，愿他得到祝福，将以色列的子民分散到世界各地，以便皈依者聚集在他们周围；但如果他们对非犹太人的行为不诚实，谁会相信他们？" SMAG (*Sefer Mitzvoth Ha-Gadol*, The Great Book of Commandments of Rabbi Moshe Ben Yaakov of Coucy) (Venice, 1574), 152b.

45. Babylonian Talmud Sukkah 55b.

46.《以赛亚书》2:4。《弥迦书》4:3 在关于伟大和平的预言中重复了完全相同的话。他很可能像第一以赛亚那样，在第一圣殿被毁前生活在公元前 8 世纪后半叶，但他可能经历了公元前 701 年亚述人西拿基立对犹大的破坏（见第四部分第十一章）。

47. Moritz Zobel, *Gottes Gesalbter—Der Messias and die Messianische Zeit in Talmud und Midrasch* (God's Anointed: The Messiah and Messianic Times in Talmud and Midrash) (Berlin: Schocken, 1938). 第二次世界大战爆发前不久，纳粹对犹太人的迫害在德国愈演愈烈，佐贝尔(Zobel)在柏林翻译并出版了这本关于弥赛亚降临的拉比评论的汇编。

48. Maimonides, *Mishneh Torah*, *Hilkhot Melakhim* 12:5.

49. Hodgson, I, 177.

50. Abraham Livni, *Le retour d'Israel et l'espérance du monde* (Israel's Return and the Hope of the World) (Monaco: Editions du Rocher, 1984). 本书列举了大量的拉比语录，这些语录认为返回以色列是一条宗教诫命。

51. 尽管如此，《塔木德》确实在不同语境中提出了生活在以色列的重要性。有一段《塔木德》经文引起了中世纪主要评注家的共鸣，并引出了明确的律法阐述："一个人可以强迫所有（他的家人）上以色列地去，但不得强迫任何人离开以色列地，等等。" (Babylonian Talmud Ketubot 110b)。拉嘉(1040—1105)在他的《圣经》评注中至少两次提到这段话（见他对《创世记》17:8 和《利未记》25:38 的注释）。迈蒙尼德(1135—1204)也在自己的作品中提到这段话(*Mishneh Torah*, *Hilkhot Melakhim* 5:11/12)。四个世纪后，《备好的餐桌》(*Shulchan Aruch*,1550—1559 年出版)将这些观点和法规编纂成翔实而严谨的宗教法典(*Even Ha-ezer* 75)。

52. 这种分歧的起点是《民数记》(33:53)中一段简短但关键的经文："你们要夺那地，住在其中，因我把那地赐给你们为业。"对纳赫马尼德来说，这是一条宗教诫命，永远有效。他自己去了以色列,在那里待到死。相比之下,迈蒙尼德没有强调这节经文。对他来说,只有在古以色列人即将越过约旦河进入应许之地的那个历史时刻,这条诫命才具有法律约束力。

53. Braudel, *Mediterranean*, 804, 809, 826.

第二章 超理性纽带:默契共识还是群体凝聚力

1. 本章曾由纽约州立大学下州分部临床精神病学家兼精神病学教授大卫·阿德勒博士和路易斯维尔的肯塔基大学生物学和公共卫生教授罗纳德·阿特拉斯博士审阅。

2. Braudel, *Grammaire*, 189.

3. Haym Soloveitchik, 343.

4. Ibn Khaldun, 26ff, 35, 71, 169f.

5. Ian Buruma and Avishai Margalit, *Occidentalism: The West in the Eyes of its Enemies* (New York: Penguin, 2004).

6. Gershom Scholem, *Die Jüdische Mystik in ihren Hauptströmungen* (Major Trends in Jewish Mysticism) (Zürich: Suhrkamp, 1957), 267ff.

7. 此段不见于德文原版,是弗洛伊德专为希伯来文译本所加。

8. *Cultures of the Jews*, Biale, 741.

9. Spengler, 767ff, 950ff. 斯宾格勒所用的德语词汇与其英语对应词汇意蕴不同。"Magisch"不仅仅是迷信,它意味着"被迷住了"(enchanted),与理性或不再被迷(disenchanted)相对。"共识"意味着"和谐",而不是一致。术语"默契共识"之所以吸引人,是因为它表述了一种难以捉摸的现象,能够吸引人的想象力。

10. Kenneth Kendler, "Toward a Philosophical Structure for Psychiatry," *American Journal Psychiatry*, vol.162, no. 3 (2005).

11. Benedictus Spinoza, "Ethics," in his *Complete Works*, trans. S. Shirley, ed. M. L. Morgan (Indianapolis, IN: Hackett, 2002), Part II, Proposition 13, 251, and Proposition 14, 255.

12. Mathew Stewart, *The Courtier and the Heretic: Leibniz, Spinoza and the Fate of God in the Modern World* (New York: W.W. Norton, 2006), 167, 181. 此书作者将斯宾诺莎的这些和其他见解归因于更古老的拉比传统。

13. Owen Flanagan, "Where in the World is the Mind?" *New Scientist*, Jan.17, 2009.

14. Steven Pinker, *The Blank Slate: The Modern Denial of Human Nature* (New York: Viking, 2002), 51ff.

15. Richard Dawkins, *The Selfish Gene*, 30th Anniversary Edition (Oxford: Oxford University Press, 2006).

16. Dawkins, 200f.

17. David Sloan Wilson and Edward O. Wilson, "Survival of the Selfless," *New Scientist*, Oct.31, 2007, 42-46.

18. Lee Alan Dugatkin, *The Altruism Equation: Seven Scientists Search for the Origin of Goodness* (Princeton: Princeton University Press, 2006).

19. Steven Pinker, *How the Mind Works* (New York: W.W. Norton, 1997), 402 and other pages.

20. 其他科学家后来对这一结论提出了质疑，并报告说，动物实验表明利他主义似乎严格限制在亲属之间，因此只是一种与遗传相关的功能。关于这个重要问题的辩论肯定会继续下去。

21. Ibn Khaldun, 98.

22. Pinker, *Mind*, 448f. 在 *The Blank Slate* 书中，Pinker 解释了为什么重要的现代生物学发现常常为人们所拒绝、恐惧和厌恶。

23. 表观遗传学得到了科学出版物、研讨会和专门研究网络的支持，例如表观基因卓越网络（Epigenome Network of Excellence）和由欢迎信托（Welcome Trust）于 2003 年在欧洲创建的人类表观基因组项目（Human Epigenome Project）。美国的顶级研究期刊《科学》早在 2001 年 8 月 10 日就发表了一期关于表观遗传学的特刊。特拉维夫大学的以色列人 Eva Jablonka 是一位为公众撰写表观遗传学方面著作的专家。See Eva Jablonka and Marion J. Lamb, *Evolution in Four Dimensions: Genetic, Epigenetic, Behaviourial and Symbolic Variation in the History of Life* (Cambridge, MA: MIT Press, 2005).

24. R. Yehuda, W. Blair, E. Labinsky, and L.M. Bierer, "Effects of Parental PTSD on the Cortisal Response to Dexamethasone Administration in Their Adult Offspring," *American Journal of Psychiatry*, vol.164, no.1 (2007): 163–166. A month later the *New England Journal of Medicine* published research results confirming other cases of epigenetic inheritance in humans. See Megan P. Hitchins, Justin J.L. Wong, Graeme Suthers, et al., "Inheritance of a Cancer-Associated MLH1 Germ-Line Epimutation," *New England Journal of Medicine* vol. 356, no. 7 (2007): 697–705. References provided by Prof. David Adler, New York.

25. Explanation provided by Prof. Ronald Atlas, Louisville.

26. Helen Phillips, "How Life Shapes the Brainscape," *New Scientist*, Nov. 23, 2005, 12f; Rowan Hooper, "Men Inherit Hidden Cost of Dad's Vices," *New Scientist*, Jan.7, 2006, 10f; Rowan Hooper, "Inheriting a Heresy," *New Scientist*, March 4, 2006; Tina Hesman Saey, "Dad's Hidden Influence: A Father's Legacy to a Child's Health May Start before Conception and Last Generations," *Science News*, March 29, 2008; T.H. Saey, "Epic Genetics," *Science News*, May 24, 2008; T.H. Saey, "DNA Packaging Runs in Families: Epigenetic Shifts Also Continue Throughout Life," *Science News*, July 19, 2008.

27. http://www.bbc.co.uk/sn/tvradio/programmes/horizon/ghostgenes.shtml.

28. Michael F. Hammer, Karl Skorecki, Sara Selig, et al., "Y-Chromosomes of Jewish Priests," *Nature*, vol.385 (Jan. 2, 1997); and Mark G.Thomas, Karl Skorecki, Haim BenAmi, et al., "Origins of Old Testament Priests," *Nature*, vol.394 (July 9, 1998).

29. Among others, Doron M. Behar, Ene Metspalu, et al., "Counting the Founders: The Matrilineal Genetic Ancestry of the Jewish Diaspora," *PLOS ONE*, vol. 3, no. 4 (April 2008): e2062; Susan M. Adams, Elena Bosch, et al., "The Genetic Legacy of Religious Diversity and Intolerance: Paternal Lineages of Christians, Jews and Muslims in the Iberian Peninsula," *The American Journal of Human Genetics*, vol. 83, no. 6 (April 12, 2008): 725ff. A summary of these scientific findings can be found in Diana Muir Appelbaum and Paul S. Appelbaum, "Genetics and the Jewish Identity," *The Jerusalem Post*, Internet Edition, 11 Feb. 2008.

30. Doron M. Behar, Bayazit Yunusbayev, et al., "The Genome-Wide Structure of the Jewish People," *Nature*, Letters doi: 10.1038/nature09103, 1 – 5, online 9 June 2010.

31. Gil Atzmon, Li Hao, et al., "Abraham's Children in the Genome Era: Major Jewish Diaspora Populations Comprise Distinct Genetic Clusters with Shared Middle Eastern Ancestry," *The American Journal of Human Genetics*, vol. 86, no. 11 (June 2010): 850 – 859.

32. Tina Hesman Saey, "Genome Maps Trace Jewish Origins: Roots of Far-Flung Populations Reach Back to the Levant," *Science News*, July 3, 2010, 13.

33. Doron M. Behar, et al., "The Genome-Wide Structure of the Jewish People."

34. "Exploring Genetics and Social Structure," *American Journal of Sociology*, vol. 114, no. S1 (2008): Introduction vii ff.

35. Christopher Shea, "The Nature-Nurture Debate, Redux: Genetic Research Finally Makes Its Way into the Thinking of Sociologists," *The Chronicle of Higher Education—The Chronicle Review*, Jan. 9, 2009.

36. 关于这个问题的文献日渐增多。See, e.g., *Genetic Testing: Policy Issues for the New Millenium* (Paris: OECD, 2000); David Glick and Hermona Soreq, "Ethics, Public Policy and Behavioral Genetics," *IMAJ*, vol. 5 (Feb. 2003): 83 – 86.

第三章　教育、科学、技术：未来的驱动力

1. Spengler, 940.

2. Ibn Khaldun, 333 – 459.

3. Burckhardt, *Renaissance*, 85, 283ff; Israel, *Dutch Republic*, 271ff, 569ff, 686f.

4. Lewis, *Turkey*, 83ff.

5. Christopher Clark, *Iron Kingdom: The Rise and Downfall of Prussia*, 1600 – 1947 (London: Penguin, 2007).

6. Clark, 539.

7. Ibid.

8. 有关软实力和硬实力，参见 Joseph S. Nye, *Soft Power: The Means to Succeed in World Politics* (New York: Public Affairs, 2004)。

9. *Rising Above the Gathering Storm: Energizing and Employing America for a Brighter Economic Future*, by Committee on Prospering in the Global Economy of the 21st Century: An Agenda for American Science and Technology, National Academy of Sciences, National Academy of Engineering and Institute of Medicine (Washington, 2007).

10. Maristella Botticini and Zvi Eckstein, "Jewish Occupational Selection: Education, Restrictions or Minorities?" *Journal of Economic History*, vol. 65, no. 4 (Dec. 2005): 1ff. Botticini and Eckstein, "From Farmers to Merchants, Conversions and Diaspora: Human Capital and Jewish History," *Journal of the European Economic Association*, vol. 5, no. 5 (Sept. 2007): 885 - 926.

11. Botticini-Eckstein, "Occupational ...," 9.

12. Babylonian Talmud Baba Batra 21a. See Shmuel Safrai, "Elementary Education, its Religious and Social Significance in the Talmudic Period," in *Social Life and Social Values of the Jewish People*, *Journal of World History*, ed. UNESCO, vol. XI, 1 - 2 (Neuchatel: UNESCO, 1968), 149f.

13. Botticini-Eckstein, "Occupational ...," 13; and Ben-Barzilai, Yehudah Ha-Barzeloni, *Sefer Ha-Itim* (Book of the Ages) (originally printed in Krakow 1903; reprinted in Jerusalem, Institute to Encourage the Study of Torah, 2000), Section 175.

14. David D. Rudermann, *Jewish Thought and Scientific Discovery in Early Modern Europe*, Foreword by Moshe Idel (Detroit: Wayne State University Press, 2001).

15. Charles Murray, 275ff.

16. *The Interaction of Scientific and Jewish Cultures in Modern Times*, ed. Yakov Rabkin and Ira Robinson (Lewiston, NY: Edwin Mellen Press, 1995), 4.

17. *Mémoires de Jacob Emden*, *ou l'anti-Sabbatai Zewi*, trad. Maurice-Ruben Hayoun (Paris: Editions du Cerf, 1992), 216.雅各布·埃姆登撰写了第一本由拉比撰写的详细自传。

18. Ira Robinson, "Hayyim Selig Slonimsky and the Diffusion of Science among Russian Jewry in the Nineteenth Century," *The Interaction*, 49ff.

19. Murray, 275ff.

20. Jehuda Reinharz, "Chaim Weizmann, Acetone and the Balfour Declaration," *The Interaction*, 214.

21. *The Jewish People Policy Planning Institute Annual Assessment 2006* (Jerusalem: JPPI, 2006).

22. Thorstein Veblen, "The Intellectual Pre-Eminence of Jews in Modern Europe," *Political Science Quarterly*, vol. 34, no. 1 (March 1919).

23. Anatole Leroy-Beaulieu, *Les Juifs et l'Antisémitisme: Israel chez les nations* (The Jews and Antisemitsm: Israel among the Nations) (Paris: Calmann Levy, 1893), 221. Translation by the author.

24. Babylonian Talmud Berakhot 31b and parallels.

25. Herman Wouk, *The Language God Talks: On Science and Religion* (New York: Little, Brown, 2010), 8, 153.

26. Richard Florida, *The Rise of the Creative Class: And How It's Transforming Work, Leisure, Community and Everyday Life* (New York: Basic Books, 2002).

27. D. L. Preston, *Science, Society and the German Jews: 1870 - 1933*, Ph. D. diss., University of Illinois, 1971, 218. Quoted in *The Interaction*, 9.

28. Freeman Dyson, *The Scientist as Rebel* (New York: New York Review Books, 2006).

29. Thorstein Veblen, 33ff.

30. David Ruderman, particularly Chapter Five, "Science and Skepticism" and Chapter Ten, "The Community of Converso Physicians," 153ff, 273ff.

31. Albert Einstein and Sigmund Freud, *Pourquoi la guerre?*, trans. by B. Briod from the original *Warum Krieg?* Preface by C. David (Paris: Rivages, 2005), 16f.

32. Ruderman, 1.

33. George Steiner, "Zion," in *My Unwritten Books* (New York: New Directions Publishing, 2008), 101f.

34. Richard E. Nisbett, *Intelligence and How to Get It: Why Schools and Culture Count* (New York: W.W. Norton, 2009).

35. Joel Zlotogora, Gideon Bach, and Arnold Munnich, "Molecular Basis of Mendelian Disorders among Jews," *Molecular Genetics and Metabolism*, vol. 69 (2000): 169 - 180. 这篇论文确定了近 100 种遗传或遗传相关的疾病, 这些疾病在犹太人身上比在非犹太人身上更常见。许多这类疾病只集中在某地或某几个地方的犹太人身上。有几种遗传病只有犹太人才有。

第四章　语言: 兴衰的一个因素

1. This chapter has been reviewed by Dr. Aya Meltzer-Asher, senior lecturer at the Faculty of Linguistics, Tel Aviv University, and by the late Professor David Sohlberg of the University of Bar-Illan.

2. Burckhardt, *Reflections*, 114.

3. Thucydides, 250 (III, 82).

4. Confucius, *Analects* XIII, 3.

5. Ibn Khaldun, 422ff, 431ff.

6. Gibbon, 29.

7. Gibbon, 43.

8. Spengler, 385, 689 - 741.

9. Shlomo Morag, *Mekhkarim ba-lashon ha-mikra* (Biblical Language Research) (Jerusalem: Magnes Press, 1995), 33.

10. 约瑟在埃及通过翻译与自己的兄弟交谈，后者不知道他懂他们说的希伯来语。See Genesis 42：23.

11. Nehemiah 13:24.

12. Midrash Mechiltha Bo，Chapter 5.

13. Minor Tractate Soferim，Chapter 1，ed. M.Higger，101f，with parallel sources.

14. 正确的语言学术语应该是"diglossic"，而不是"bilingual"。后者指的是一个人有两种母语，而前者指的是一个使用两种不同语言来实现不同功能的社会。

15. Mireille Hadas-Lebel，*Philo d' Alexandrie*，*un penseur en diaspora*（Paris：Fayard，2003）.

16. *Forte come la morte è l'amore: Tremila anni di poesia d'amore ebraica*（Strong like Death and Love：Three Thousand Years of Hebrew Love Poetry），ed. Cesare Segrè and Sara Ferrari，Hebrew and Italian（Livorno：Belforte，2007），92ff，96ff，102ff，108f，235.

17. 犹太-阿拉伯方言在阿拉伯国家的犹太文化中扮演了同样重要的角色，但除了阿拉伯人听不懂的犹太人之间的特定用语，这些方言都是阿拉伯语。

18. Cecile E. Kuznitz，"Yiddish Studies，" in *The Oxford Handbook of Jewish Studies*，ed. Martin Goodman（Oxford：Oxford University Press，2002），514ff.

19. Paul Kriwaczek，*Yiddish Civilization: The Rise and Fall of a Forgotten Nation*（New York：Vintage，2006）.

20. Ruth R. Wisse，*Jews and Power*（New York：Knopf，2008），X.

21. Aron Rodrigue，"The Ottoman Diaspora：The Rise and Fall of Ladino Literary Culture，" in *Cultures of the Jews*，863ff.

22. Kaplan，193.

第五章　创造性领导力与政治精英

1. Chase，II，18c.

2. Henry Kissinger，*Diplomacy*（New York：Simon & Schuster，1994），351.

3. John Lukacs，*Five Days in London May 1940*（New Haven，CT：Yale University Press，1991）.

4. Thukydides，107（I，138）.

5. Burckhardt，*Reflections*，347，341.

6. Toynbee，III，245ff.

7. Yehezkel Dror，*The Capacity to Govern: A Report to the Club of Rome*（London：Frank Cass，1994），116f.

8. Maimonides，*Hilchot Melachim ve-Milkhamot*（Laws of Kings and of their Wars），1 - 3. See，among parallel laws，3:8："Anyone who embarrasses or shames the king may be executed by the king."

9. Maimonides，*Mishneh Torah*，"Laws of Kings and Their Wars，" 3:9.

10. Ibid., 3:10.

11. Ibid., 3:1-2.

12. Numbers 16:15.

13. I Samuel 12:3.

14. *Jewish Study Bible*, Introduction to Ezra and Nehemiah and commentaries by H. Najman, 1666ff and 1688ff; *The Anchor Bible*, *Ezra-Nehemiah*, trans. Jacob B. Myers (New York: Doubleday, 1965); H. Tadmor, "The Period of the First Temple, the Babylonian Exile and the Restoration," in *A History of the Jewish People*, 175ff; Yehezkel Kaufmann, *History of the Religion of Israel*, IV (New York: Ktav, 1977); and Elias Bickerman.

15. Babylonian Talmud Baba Batra 15a.

16. Tadmor, *A History of the Jewish People*, 175. Ezra too writes a few times in the first person.

17. Nehemiah 1:1.

18. Plutarch, *Artaxerxes: The Internet Classics Archive*, trans. John Dryden, http. classics. mit. edu/Plutarch/artaxerxes. html, 1; see also *Artaxerxes I*, Jewish Encycplopedia. com.

19. Nehemiah 2:11.

20. "Nehemia," *Encyclopaedia Judaica*, second edition (New York: Macmillan Reference, 2007), 15, 60f.

21. Babylonian Talmud Sanhedrin 93b.

22. Babylonian Talmud Sanhedrin 103b. 哈西代引了一则释经材料（*Midrash Hagadol Leviticus* 320），其中说尼希米和弥赛亚本人一样重要！ Yishai Chasidah, *Ishei Ha-Tenach*, *Encyclopedia of Biblical Personalities*, *Anthologized from the Talmud*, *Midrash and Rabbinic Writings* (Jerusalem: Mesorah Pub., 1994), 415ff.

23. *Gilion Ha-Shass* by Rabbi Akiva Eger (*Marginalia to the Talmud*) on Babylonian Talmud Succah 12a.

24. Graetz, *Volkstümliche 2*, second half, fourth Chapter, 160.

25. Dubnow, *Weltgeschichte*, I, 374f.

26. Baron, I, 118.

27. Goodman, 12f, 68ff.

28. J. Goodnick Westenholz, ed., *The Jewish Presence in Ancient Rome* (Jerusalem: Bible Lands Museum, 1994), 71.

29. Louis Finkelstein, *Jewish Self-Government in the Middle Ages* (Philadelphia: Greenwood Press, 1924), 20ff.

30. H. H. Ben-Sasson, "The Middle Ages," in *A History of the Jewish People*, 433.

31. Benzion Netanyahu, *Don Isaac Abrabanel: Statesman and Philosopher* (New York: Varda Books, 2001), and Roland Goetschel, *Isaac Abrabanel*, *Conseiller des*

princes et philosophe（Paris：Albin Michel，Presences du Judaisme-poche edition，1996）.

32. Machiavelli，"The Prince，" Chapter 21 in *The Essential Writings of Machiavelli*，ed. Peter Constantine（New York：The Modern Library，2007），84.

33. Ben-Sasson，*A History of the Jewish People*，691.

34. Zvi Avneri，Eric Lawee，"Abrabanel，Isaac Ben Judah，" *Encyclopaedia Judaica*，second edition（New York：Macmillan Reference，2007），1，276ff.

35. Selma Stern，*Josel von Rosheim—Befehlshaber der Judenschaft im Heiligen Römischen Reich Deutscher Nation*（Commander of Jewry in the Holy Roman Empire of the German Nation）（Stuttgart：Deutsche Verlags-Anstalt，1959）. 这本传记是现存的关于这位重要领导人的唯一一传记，于 2008 年首次被翻译成另一种语言。它以法语出现，得到了阿尔萨斯罗什海姆(Rosheim)的支持，该市希望向其最伟大的后裔致敬。See Selma Stern，*L'Avocat des Juifs—Les tribulations de Yossel de Rosheim dans l'Europe de Charles Quint*（The Attorney of the Jews：The Tribulations of Yossel of Rosheim in the Europe of Charles Quint），ed. F.Raphaël et M.Ebstein（Strasbourg：La Nuée bleue，2008）. Also，"The Middle Ages，" in *History of the Jewish People*，651f，687f，708.

36. 最初的西班牙语术语为"el imperio en el que nunca se pone el sol"，最初用于查理五世的帝国，400 年后成为对大英帝国的标准描述。

37. Alexis Rubin，ed.，*Scattered Among the Nations: Documents Affecting Jewish History 49 to 1975*（Northvale，NJ：J. Aronson，1995），113ff.

38. Selma Stern，*Josel von Rosheim*，76.

39. Dubnow，206 - 217.

40. Cecil Roth，*A Life of Menasseh Ben Israel: Rabbi*，*Printer and Diplomat*（Philadelphia：Jewish Publication Society of America，1934），and Menasseh Ben Israel，*Esperance d'Israel*（Hope of Israel，1650），trad. H.Mechulan et G.Nahon（Paris：Librairie Philosophique J. Vrin，1979）.

41. 艺术史学家最近对这幅肖像画是否真的是玛拿西的画像表示怀疑。

42. Roth，*Menasseh*，71.

43. I. Israel，*European Jewry*，70f.

44. Salomon Wald，"Chinese Jews in European Thought，" in *Youtai: Presence and Perception of Jews and Judaism in China*，ed. Peter Kupfer（Frankfurt am Main：Peter Lang，2008），227ff.

45. I. Israel，*European Jewry*，130f.

46. Oren，*Power*，361.

47. Oren，*Power*，355.

48. 源自与塔尔(Rami Tal)先生的私下交流。塔尔还是高中生时曾在 1964 年拜访了当时已退休的本-古里安。

49. Rabbi Joseph B. Soloveitchik，*Fate and Destiny: From the Holocaust to the*

State of Israel (Hoboken, NJ: Ktav, 1992), 64.

50. Joseph Nye, Jr., "Picking a President," *Democracy: A Journal of Ideas*, vol. 10 (Fall 2008).

51. Gibbon, 248 and parallels; Lewis, *Turkey*, 23.

52. Exodus 2:14.

53. 克劳塞维茨这句名言的原文是"战争无非是政治通过其他手段的延续"。The exact quote is given in Part IV, Chapter 9.

54. Aaron Wildavsky, *Moses as Political Leader* (Jerusalem: Shalem Press, 2005; first published in 1984), 258ff.

55. Ibn Khaldun, 131.

第六章　数量和临界数量

1. Braudel, *Écrits*, II, 207ff.

2. Braudel, *Grammaire*, 236ff.

3. Max Weber, *Konfuzianismus und Taoismus*, 341, 521, 534.

4. Tainter, 150, 167.

5. Sergio DellaPergola, *Israele e Palestina: la forza dei numeri—Il conflitto mediorientale fra demografi a e politica* (Israel and Palestine: The Power of Numbers—The Middle East Conflict between Demography and Politics) (Bologna: Il Mulino, 2007), 13ff.

6. Genesis 13:16; 15:5; 22:17; 26:5; 28:14.

7. Tosafoth to Babylonian Talmud Berakhoth 17a, beginning words: ve-nafshi and parallels.

8. Deuteronomy 7:7.

9. Rashi on Exodus 13:18 and sources in the Midrash.

10. Tadmor, *A History of the Jewish People*, 120f.

11. Nadav Na'aman, "Ahab's Chariot Force at the Battle of Qarqar," in his *Ancient Israel and Its Neighbours: Interaction and Counteraction*, Collected Essays 1 (Winona Lake, IN: Eisenbrauns, 2005), 1–13.

12. I Isaiah 27:13, presumably eighth century BCE.

13. II Isaiah 49:12, presumably sixth century BCE. Other references are Hosea 11:5, 11; Jeremiah 43:6, 7, and 44:12.

14. Elias Bickerman, 10.

15. M. Stern, *A History of the Jewish People*, 191.

16. Baron, I, 131.

17. M. Stern, *A History of the Jewish People*, 206f.

18. Braudel, *Mediterranean*, 817.

19. Sergio DellaPergola, *Word Jewry beyond 2000*, 14ff.

20. Sergio DellaPergola, *Jewish Demographic Policies: Population Trends and Options in Israel and in the Diaspora* (Jerusalem: JPPI, 2011), 87, and DellaPergola, *World Jewry*.

第七章 文明持久的经济基础

1. Max Weber, *Protestant*, 79, 80, 94, 202.

2. Spengler, 1177.

3. Lewis, *Turkey*, 28ff and parallels.

4. Israel, *Dutch Republic*, 307ff and parallels.

5. Ward-Perkins, 41 and parallels.

6. Braudel, *Mediterranean*, 802 – 826.

7. Baron, particularly IV, *Meeting of East and West*, 1957, and XII, *Economic Catalyst*, 1967. See also Salo W. Baron, Shalom M. Paul, S. David Sperling, "Economic History," in *Encyclopaedia Judaica*, second edition, 95 – 139.

8. Jacob Neusner, *Why Does Judaism Have an Economics?* (New London: Connecticut College, 1988), 28.

9. Simon Kuznets, "Economic Structure and Life of the Jews," in *The Jews: Their History, Culture and Religion*, 3rd ed., ed. Louis Finkelstein (New York: Harper & Row, 1960), 1597 – 1666. Quotes from 1597 and 1659.

10. Friedrich Battenberg, *Das Europäische Zeitalter der Juden—Zur Entwicklung einer Minderheit in der nichtjüdischen Umwelt Europas* (The European Age of the Jews: The Development of a Minority in the Non-Jewish Environment of Europe) (Darmstadt: Wissenschaftliche Buchgesellschaft, 2000); Simon Erlanger, *Die jüdische Gemeinde des Mittelalters—Geschichte, Struktur und Einfluss auf die Stadtentwicklung vom 9. bis 13. Jahrhundert mit besonderer Berücksichtigung des Rheinlandes* (The Jewish Community of the Middle Ages: History, Structure and Influence on Urban Development from the Ninth to the Thirteenth Century, with Special Emphasis on the Rhineland), MA thesis, University of Basel, 1992; Michael Toch, *Juden im mittelalterlichen Reich* (Jews in the Medieval Empire) (München: R. Oldenbourg, 1999); Louis Finkelstein, *Jewish Self-Government in the Middle Ages* (Philadelphia: Greenwood Press, 1924).

11. 德国作家西格利德·霍伊克(Sigrid Heuck)将这个故事改编为通俗儿童读物。*Der Elefant des Kaisers* (The Emperor's Elephant) (Stuttgart-Wien: Thienemann, 2006).

12. 大评注家拉希 (Rashi, Rabbi Shlomoh Yitzhaki, 1040—1105)的生平故事是一个重要的例子。他在沃姆斯的犹太经学院学习后返回法国特鲁瓦(Troyes),据说在那里他成为一名葡萄园经营者和商人,生活优裕。

13. Toch, 16.

14. Avner Greif, "Contract Enforceability and Economic Institutions in Early Trade: The Maghribi Traders' Coalition," *The American Economic Review*, vol. 83, no.3 (1993): 525ff; Avner Greif, Paul Milgrom, Barry R. Weingast, "Coordination, Commitment and Enforcement: The Case of the Merchant Guild," *The Journal of Political Economy*, vol. 102, no.4 (1994): 745ff; Avner Greif, "Cultural Beliefs and the Organization of Society: A Historical and Theoretical Reflection on Collectivist and Individualist Societies," *The Journal of Political Economy*, vol. 102, no.5 (1994): 912ff.

15. S.D. Goitein, *Jews and Arabs: Their Contacts through the Ages* (New York: Schocken, 1974; 1st ed. 1955), 111ff.

16. Maristella Botticini and Zvi Eckstein, "Jewish Occupational Selection," 14. The authors base this statement on the path-breaking work of Shlomo Goitein, *A Mediterranean Society: The Jewish Communities of the Arab World as Portrayed in the Documents of the of the Cairo Geniza*, 5 vols., (Los Angeles: University of California Press, 1967–1988).

17. Adam Silverstein, "From Markets to Marvels: Jews on the Maritime route to China ca. 850 – ca. 950 CE," *Journal of Jewish Studies*, vol. LVIII, no. 1 (spring 2007): 96. A list of ancient Arab and Iranian authors who mention Jews in China appears in Donald Daniel Leslie, *Jews and Judaism in Traditional China: A Comprehensive Bibliography* (Sankt Augustin: Nettetal, 1998).

18. Michael Pollak, *Mandarins, Jews and Missionaries: The Jewish Experience in the Chinese Empire* (Philadelphia: Jewish Publication Society of America, 1980), 266.

19. Joseph Needham, *Science and Civilization in China* (Cambridge: Cambridge University Press, 1954). 李约瑟的鸿篇巨制中有好几卷提到犹太旅行者和商人的中介作用。e.g. in. 3, 575f, 681ff, 4, 231, 236, 347f.

20. J. Israel, *European Jewry in the Age of Mercantilism 1550 – 1750*, 3rd ed. (London: Littman Library of Jewish Civilization, 1998).

21. Toch, 87, 124.

22. Israel, 148.

23. Braudel, *Mediterranean*, 809.

24. Schmelzer, 38–57.

25. Avraham Barkai, *Jüdische Minderheit und Industrialisierung* (Jewish Minority and Industrialization) (Tübingen: J.S.B. Mohr-Siebeck, 1988). 如无特别注明,本案例所有的统计数据均来自此书及其图表。Simone Lässig, "How German Jewry Turned Bourgeois: Religion, Culture and Social Mobility in the Age of Emancipation," *GHI Research*, *German Historical Institute Washington*, *GHI Bulletin*, vol. 37 (Fall 2005), 59ff.

26. Lässig, 65.

27. 税收收入并不能精确反映收入水平,但它是一个重要指标。

28. Barkai 引用了一项估算,根据这项估算,犹太人在 20 世纪 30 年代拥有德国全部资本的约 3%。这是一个值得尊敬的数字，因为犹太人只占德国人口的 1%，但并不是压倒性的。德国最大的财富一直掌握在工业大亨手中。

29. Howard Sachar, *The Course of Modern Jewish History*, New Revised Edition (New York: Vintage, 1990), particularly Chapter 19, "The Impact of the Jews on Western Culture," 472ff. A popular description also appears in Amos Elon, *The Pity of It All: A Portrait of Jews in Germany 1743-1933* (New York: Penguin Books, 2002), 265ff and other references.

30. Paul Burstein, "Jewish Educational and Economic Success in the United States: A Search for Explanations," *Sociological Perspectives*, vol. 50, no. 2 (2007): 209ff. 如果没有其他说明，本案例所有的统计数据都来自 Burstein 的文章，或者是笔者根据 Burstein 的统计数据进行的计算。

31. *The Jewish People Policy Planning Institute Annual Assessment 2007* (Jerusalem: JPPI, 2007), 63.

32.《美国名人录》最初由阿尔伯特·纳尔逊·马奎斯（Albert Nelson Marquis）于 1899 年独立出版。它在 20 世纪末几次易主，并于 2003 年被新闻通信公司收购。

33. *Jews in Computer and Information Science*, www.jinfo.org/Computer_Info_Science.html, 21.10.2007. 在许多情况下，科学发现与技术或工业应用之间的区别已经消失，但这是现代科学技术的总趋势。一些科学发现很快就对技术和工业有用。

34. *JPPI Annual Assessment 2007*, 71.

35. See Kuznets.

36. Baron, IV, *Meeting of East and West*, 226.

37. *The Knowledge-Based Economy* (Paris: OECD, 1996). 这份报告在政府圈内被广泛阅读。

38. *JPPI Annual Assessment 2007*, 69f.

39. Burstein, 214, 221.

40. Daniel Chirot, "Conflicting Identities and the Danger of Communalism," in *Essential Outsiders: Chinese and Jews in the Modern Transformation of Southeast Asia and Central Europe*, ed. Daniel Chirot and Anthony Reid (Seattle: University of Washington Press, 1997), 3.

41. Nachum T. Gross, "Enterpreneurship of Religious and Ethnic Minorities," in *Zug Beiheft 64*, *Jüdische Unternehmer in Deutschland im 19. und 20. Jahrhundert* (Jewish Entrepreneurs in Nineteenth- and Twentieth-Century Germany) (Stuttgart: F. Steiner, 1992), 15.

42. The term is from Victor Karady, "Jewish Entrepreneurship and Identity under Capitalism and Socialism in Central Europe: The Unresolved Dilemmas of Hungarian Jewry," in *Essential Outsiders: Chinese and Jews in the Modern Transformation of Southeast Asia and Central Europe*, ed. Daniel Chirot and Anthony Reid (Seattle: University of Washington Press, 1997), 126.

43. Richard Florida, *The Rise of the Creative Class: And How It's Transforming*

Work，*Leisure*，*Community and Everyday Life*（New York：Basic Books，2002）.

44. 1990 年,美国的犹太男性个体户比例为 27%,2000 年为 23%,而这两年美国全国的个体户比例是 14%（Barry R. Chiswick，"The Occupational Attainment of American Jewry：1990 to 2000，"*Institute for the Study of Labour*，*IZA Discussion Papers* Nr. 1736，2005，Tables A‑1，B‑1，C‑1，C‑2，D‑1）。在以色列,个体户的比例不足 15%,远远低于许多散居地的犹太人（*JPPI Annual Assessment 2007*,67）。对以色列绝大多数犹太人口来说,歧视的挑战已消失。研究这些 15%的以色列个体户的种族和宗教构成会是有趣的。

45. Karady，in *Essential Outsiders：Chinese and Jews in the Modern Transformation of Southeast Asia and Central Europe*，ed. Daniel Chirot and Anthony Reid（Seattle：University of Washington Press，1997），130.

第八章　战争：一把双刃剑

1. 耶路撒冷"犹太民族政策研究院"(JPPI)的约盖夫·卡拉森提（Yogev Karasenty）先生审阅了本章和其他章节中的《圣经》历史参考文献,添加了额外的发现并提供了宝贵的建议。

2. Ibn Khaldun，223 and parallels.

3. Gibbon，1223 and parallels.

4. Sima Qian，124，312 and parallels.

5. Sun Tzu，*The Art of War*，trans. T.Cleary（Boston：Shambhala，1991），1.

6. Sima，177.

7. Burckhardt，*Reflections*，253ff.

8. Toynbee，III，150；IV，465ff.

9. Toynbee，IV，505ff.

10. Carl von Clausewitz，*Vom Kriege*（On War）（Reinbeck bei Hamburg：Rowohlt，1963），15，216.

11. Burckhardt，*Renaissance*，99‑102.

12. Huizinga，*Autumn*，96.

13. Huizinga，*Dutch Culture*，45，47.

14. Victor Davis Hanson，*Carnage and Culture：Landmark Battles in the Rise of Western Power*（New York：Doubleday，2001）.

15. Spengler，796ff. and other references.

16. Deuteronomy 3:3‑7；7:1‑2；20；Joshua 6:17；10:28‑40 and parallels. See Reuven Firestone，"Holy War in Modern Judaism？'Mitzvah War' and the Problem of the 'Three Vows'，"*Journal of the American Academy of Religion*，vol. 74，no. 4（Dec. 2006）.

17. Norman Solomon，"The Ethics of War：Judaism，" in *The Ethics of War：Shared Problems in Different Traditions*，ed. Richard Sorabji and David Rodin

(Aldershot: Ashgate, 2006), 110.

18. Deuteronomy 20:10.

19. *Hilchot Melachim ve-Milkhamot* (Laws of Kings and of their Wars), 5 – 8.

20. Noah Feldman, "War and Reason in Maimonides and Averroes," in *The Ethics of War*, 92ff.

21. Feldman, 96; Solomon, 116. 所罗门说，在一些问题上，迈蒙尼德呼应了伊斯兰"圣战"(Jihad)理论。

22. Voltaire, "Sermon des cinquante" (1752), *Mélanges* (Paris: La Pléiade, 1961), 256ff, with many parallels in other works.

23. Sima, 124.

24. Josephus, "Jewish Antiquities," Book 4.7.1 (159 – 162); Book 5.1.7 (28), in Josephus Flavius, *The New Complete Works of Josephus*, trans. Wiliam Whiston and Paul L. Maier (Grand Rapids, MI: Kregel Pub., 1999), 152 and 168. 这是许多例子中的两个。

25. Louis H. Feldman, *Jew and Gentile in the Ancient World: Attitudes and Interactions from Alexander to Justinian* (Princeton: Princeton University Press, 1993), 220ff.

26. Numbers 6:26.

27. Gabriel Barkay et al., "The Amulets from Ketef Hinom: A New Edition and Evaluation," *Bulletin of the American Schools of Oriental Research*, no. 334 (May 2004): 41 – 71, publ. by The American Schools of Oriental Research.

28. For example, Isaiah 2:24 and 11:1 – 9; Micah 4:1 – 5.

29. Babylonian Talmud Sabbath 10 a/b.

30. Firestone, 954 – 982.

31. 例如，参见《耶利米书》第 32 章论尼布甲尼撒："耶和华这样说：看哪！我必将这城交在巴比伦王的手中，他必攻取这城。"

32. Goodman, 489ff.

33. *Sefer Josifon*, Text and Commentary (Hebrew), ed. David Flusser (Jerusalem: Mossad Bialik, 1981); David Flusser, "Jossipon," in *Encyclopaedia Judaica*, ed. Y. Leibowitz (Jerusalem: Keter Pub. 1971/73), 10; "The Sefer Josippon," *Wikipedia*, the Free Encyclopedia, 25.12.2008.

34. 希伯来文版(不全): Constantinople 1510, Basel 1541, Venice 1544, Cracow 1588, Frankfurt-a.M. 1689, Gotha 1707 and 1710, Amsterdam 1723, Prague 1784, Calcutta 1841, Warsaw 1845 and 1871, Zhitomir 1851, Lvov 1855. 译本(不全): 一本埃塞俄比亚文的写本，约 1300 年，至少 4 个意第绪语译本(Zürich 1546, Prague 1607, Amsterdam 1661 and 1771, Cracow 1670)，一个古典阿拉伯文译本，一个也门方言的阿拉伯文译本，另有拉丁文、法文、英文(1558 年，随后又于 1561 年、1575 年、1608 年重印)、德文、捷克文、波兰文和俄文译本。此书 14 世纪在波斯已为人知晓。

35. Flusser, "Jossipon," 297.

36. *Sefer Josifon*, 431. Translation by the author.

37. Yael Zerubavel, *Recovered Roots: Collective Memory and the Making of Israeli National Tradition* (Chicago and London: University of Chicago Press, 1997), 208.

38. *Sefer Josifon*, 174.

39. Quote from Zerubavel, 202.

40. See Bickerman, *From Ezra to the Last of the Maccabees*; Stephen G. Rosenberg, "The Jewish Temple at Elephantine," *Near Eastern Archaeology*, vol. 67, no 1 (March 2004): 4 – 13, publ. by The American Schools of Oriental Research.

41. Bickerman, 34ff; Hadas-Lebel, *Philo*, 60f.

42. Andrew J.Schoenfeld, "Sons of Israel in Caesar's Service: Jewish Soldiers in the Roman Military," *Shofar: An Interdisciplinary Journal of Jewish Studies*, vol. 24, no. 3 (2006): 115ff. Kaufmann Kohler and Herman Rosenthal, "Caesar, Caius Julius," *Jewish Encyclopedia.com.*, 20.11.2007. On Caesar: M. Stern, "The Period of the Second Temple," in *A History of the Jewish People*, 224f, 280f, 366.

43. Schoenfeld, 116, 126.

44. Josephus, "Jewish Antiquities," Book 14. 8. 1 (128), 464, in *The New Complete Works of Josephus*.

45. Abraham Schalit, "Antipater II. or Antipas," *Encyclopaedia Judaica*, second ed., eds. F. Skolnik and M. Berenbaum (New York: Macmillan, 2007), 2, 205.

46. Josephus, "Jewish Antiquities," Book 14.8.2 (133), 465.

47. Zhang Ligang, "The Understanding and Attitude of Chinese Society Toward the Kaifeng Jews," *Youtai*, 143.

48. Michael Pollak, 320f. "1643年,百户(相当于连长)李耀(犹太人)在抵抗李自成的战斗中阵亡。"

49. Salomon Wald, "Chinese Jews," *Youtai*, 223.

50. Shirley Berry Isenberg, *India's Bene Israel: A Comprehensive Inquiry and Sourcebook* (Berkeley: Judah L. Magnes Museum, 1988), 162f.

51. 其中包括海军中将本杰明·萨姆森(Benjamin A. Samson),他是尼赫鲁总理领导下的印度海军总司令,少将乔纳森·萨姆森(Jonathan R. Samson)和中将 J.F.R.雅各布(J.F.R. Jacob),后者在第三次印巴战争中,于1971年在达卡(孟加拉国)接受了巴基斯坦军队的投降。

52. Haeem Samuel Kehimkar, *The History of the Bene Israel of India* (Preface 1897; Tel Aviv: Dayag Press, 1937), 187f.

53. Yohanan Ben David (Samson John David), *Indo-Judaic Studies* (New Delhi: Northern Book Center, 2002), 91.

54. "Berek, Joselewicz," *Jewish Encyclopedia.com*, 20.11.2007; Berek Joselewicz, www.wikipedia.org, 18.11.2007.

55. 在第一次世界大战期间和之后,意大利有高级犹太裔官员和几名犹太裔海军上将。其中一位是海军奠基人翁贝托·普格利泽(Umberto Pugliese)将军，他重建了意大利舰队，两位犹太海军上将甚至在墨索里尼统治时期仍然是意大利的高级海军指挥官。

56. 伯恩海姆(Bernheim)将军在第一次世界大战中对比利时的国防起了关键作用，他指挥着佛兰德斯第一军师，并在比利时军队中升至最高级别。

57. "Monash, Sir John," *Encyclopaedia Judaica*, second edition (New York: Macmillan Reference, 2007), 14, 432.

58. www.awm.gov.au/1918/people/genmonash.htm, 24.12.2007.

59. Orlando Figes, *A People's Tragedy: The Russian Revolution 1891 - 1924* (New York: Penguin Books, 1996), 794.

60. Figes, 803f.

61. Leon Trotsky, "On the 'Jewish Problem'," *Class Struggle*, no. 2 (February 1934), can be found in The Albert and Vera Weisbrod Internet Archives.

62. Trotsky, "Jewish Problem."

63. Figes, 141.

64. Zvi Y. Gitelman, *A Century of Ambivalence: The Jews of Russia and the Soviet Union 1881 to the Present* (Bloomington, IN: Indiana University Press, 2001), 258.

65. 这一数字取自以色列拉特伦(Latrun)市以色列国防军坦克部队博物馆展出的第二次世界大战期间犹太人伤亡名单。其他消息来源给出的数字稍小。

66. Vassily Grossman, *A Writer at War: With The Red Army 1941 - 1945*, ed. Antony Beevor and Luba Vinogradova (London: Pimlico, 2006), 243.

67. Allis Radosh and Ronald Radosh, *A Safe Heaven: Harry S. Truman and the Founding of Israel* (New York: Harper & Collins, 2009), 73.

68. Slezkine, 1ff.

69. Benny Morris, *1948: The First Arab-Israeli War* (New Haven: Yale University Press, 2008), 84, 85, 86. 207, 268. 这一部分所有数据皆出自此书。

70. Morris, 273.

71. Michael Oren, *Six Days of War: June 1967 and the Making of the Modern Middle East* (Oxford: Oxford University Press, 2002).

第九章　地缘政治和文明亲和力

1. Thucydides, 113.

2. Huntington, 21 - 29, and parallels.

3. Sima, *Emperor Wu of Han*; Ann Paludan, *Chronicle of the Chinese Emperors: The Reign-by-Reign Record of the Rulers of Imperial China* (London: Thames & Hudson, 1998), 36ff, 56f; 司马迁作品的英、法译本导言分别由华兹生(Watson)和沙畹(Chavannes)撰写。耶路撒冷希伯来大学的伊爱莲(Irene Eber)教授审阅了这章内容。

4. Sima, 236.

5. Peter D. Perdue, *China Marches West: The Qing Conquest of Central Eurasia*

(Cambridge, MA: Harvard University Press, 2005).

6. 大部分描述都是基于 J.以色列的《荷兰共和国》(*The Dutch Republic*)一书。

7. J. Israel, *The Dutch Republic*, 850.

8. Barbara W. Tuchman, *The Zimmermann Telegram* (New York: Balantine Books, 1958).

9. Henry Kissinger, 179.

10. Gibbon, 801ff.

11. Tadmor, *A History of the Jewish People*, 120f.

12. I Kings 16:33.

13. 根据现代学者的说法,目前有关以色列王室历史的《圣经》文本是在公元前 5 世纪或前 4 世纪完成的,但其中部分内容要古老得多。以色列前三位国王的历史据说是最古老的文献之一,可以追溯到公元前 8 世纪。See Alexander Rofé, *Mevoh Le-Sifruth Ha-Historith Be-Miqrah* (Introduction to the Historical Literature of the Hebrew Bible) (Jerusalem, 2001), 55ff.

14. II Kings 24 – 25. For more see Tadmor, *A History of the Jewish People*, 152ff.

15. Bernard Lewis, *The Middle East: A Brief History of the Last 2000 Years* (New York: Scribner, 1997), 27f.

16. Baron, I, 103.

17. M. Stern, *A History of the Jewish People*, 207.

18. Goodman, 479.

19. Barbara Tuchman, *Bible and Sword: How the British Came to Palestine* (London: Macmillan, 1957).

20. Tuchman, *Bible*, 121.

21. Dimitri Simes, "Losing Russia," *Foreign Affairs* (Nov./Dec. 2007): 51ff.

第十章　内部分歧

1. Laozi, *Daodejing*, first quote Chapter 33, second quote Chapter 2.

2. *Die Vorsokratiker* (The Pre-Socratics), ed. W.Capelle (Stuttgart, 1968), 135.

3. Toynbee, V, 17ff, 376ff and parallels.

4. Ibn Khaldun, 238ff.

5. Gibbon, 152.

6. Herman, 83, 135, 142 and parallels.

7. Gibbon, 2102.

8. Abraham Geiger, "A History of Spiritual Achievements," in *Ideas of Jewish History*, ed. Michael A.Meyer (Detroit, Behrman, 1974), 168.

9. Jacob Katz, *Exclusiveness and Tolerance*, Chapters VI and XII.

10. 这句祷文(*birkat*,字面意思为"祝福")是"十八祝祷"中的第十二条,这是早期拉比犹太教中日常祈祷仪式的一部分。其实这不是"祝福"，而是对几类"异端""叛教者"或"罪人"的咒骂。这些人是谁？通常认为这句祷文指的是早期的犹太基督徒，据说是为了将他们排除在犹太会堂之外，公元85—100年，这句祷文成为祈祷文的固定部分。但也有人反驳了这一论点。有证据表明，在公元70年圣殿倒塌之前这句祷文就已经存在，它的目的并不是要将犹太基督徒或任何其他犹太运动排除在犹太会堂之外。为了使这种"诅咒"适应不断变化的环境，这句祷文的用语被频频改动，"十八祝祷"的其他部分都没有这么大的改动。相关用语最初显然是用来警告犹太教派主义的。莉莲·瓦纳(Liliane Vana)提供了关于这个问题的学术辩论的详尽摘要。L. Vana, "La birkat ha-minim est-elle une prière contre les Judéo-Chrétiens?" (Is the birkat ha-minim a prayer against the Judéo-Christians?), in *Les Communautés réligieuses dans le monde Gréco-Romain—Essai de définition*, ed. N. Belayche et al. (Turnhout: Brepols, 2003), 201–241.

11. Baron, II, "Christian Era: The First Five Centuries," 57ff.

12. Meira Polliack, "Medieval Karaism," in *The Oxford Handbook of Jewish Studies* (Oxford: Oxford University Press, 2002), 295ff; Raymond P. Scheindlin, "Merchants and Intellectuals, Rabbis and Poets," in *Jewish Cultures*, 321ff, 359ff.

13. Jacob Burckhardt, *Reflections*, 105.

14. 巴龙指出，卡拉派"字面上的唯《圣经》是从"(literal biblicism)使他们拒绝了犹太教千年以来的人道主义演变。例如，他们要求毫不吝啬地适用死刑和《圣经》中"以眼还眼"的诫命，这与《塔木德》形成鲜明对比。See Baron, V, "Religious Controls and Dissension," "Karaite Schism," 209ff.

15. Polliack, 305.

16. *The Dream of the Poem*, notes to 214f, 475.

17. Scheindlin, 322.

18. Polliack, 312.

19. Goitein, *Jews and Arabs*, 175.

20. Ibn Daud, 94, in the Hebrew text 68.

21. Simon Dubnow, *Geschichte des Chassidismus* (History of Hassidism), 2 vols. (Berlin, 1982; reprint of 1st edition, 1931); Shmuel Ettinger, "The Modern Period," in *A History of the Jewish People*, 727ff; Philip S. Alexander, "Mysticism," in *The Oxford Handbook*, 722ff.

22. Scholem, 356. 肖勒姆最初用德语写了他的大部分开创性著作，德语中的"最近"和"最后"是同一个词，他的模棱两可能是有意为之。

23. Ettinger, 773.

24. See I Kings 18:40, *Jewish Study Bible*, 716."以利亚对他们说：'拿住巴力的先知，不容一人逃脱！'众人就拿住他们。以利亚带他们到基顺河边，在那里杀了他们。"

25. Ahad Haam, "Techijjat ha-ruach" (The Renewal of the Spirit), in *Al Parashat Derachim* (At the Crossroads) II, 129.

26. Judges 17–21.

27. Josephus, "The Jewish War," in *The New Complete Works of Josephus*, first

quote 1(1)，second quote 1(4)，667.

28. Babylonian Talmud Yoma 9b and parallels.

29. II Kings 14:10，*Jewish Study Bible*，752. See also A. Malamat，"The Decline，Rise and Destruction of the Kingdom of Israel," in *A History of the Jewish People*，127.

30. II Kings 16:5 and Isaiah 7:1. See also A. Malamat，135.

第十一章 运气或偶然事件

1. Thucydides，344ff; Ibn Khaldun，229，253.

2. Thucydides，109.

3. Sima，258.

4. Ward-Perkins，40，57f，62.

5. Machiavelli，"The Prince," in *The Essential Writings of Machiavelli*，ed. Peter Constantine (New York: Modern Library，2007)，94ff.

6. Bismarck，*Gedanken und Erinnerungen* (Thoughts and Memories) (München，1952)，365. Translations by the author. The analysis of Bismarck is based on Bismarck's own book and on Henry Kissinger，*Diplomacy* (New York: Simon and Schuster，1994)，103–136.

7. Kissinger，105.

8. Bismarck，377.

9. Ephraim E. Urbach，*The Sages*，*Their Concepts and Beliefs*，2 vols.，trans. Israel Abrahams (Jerusalem: Magnes Press，1975)，particularly vol.1，Chapter VI，"Magic and Miracle," 97ff.

10. Moses Maimonides，*The Guide of the Perplexed*，trans. M. Friedländer，second ed. (New York，1904; reprinted New York: Dover Publications，1956)，333.

11. Urbach，103.

12. Eli Yassif，"The 'Other' Israel," in *Cultures of the Jews*，1090.

13. II Kings 18:13–37; 19:32. 同样的故事在《以赛亚书》第36—39章中也被不同地复述过，可能就是借自《列王纪》。虽然第一位以赛亚在这幕戏剧中扮演了重要角色，但有人认为他并不是第36—39章的作者。See *Jewish Study Bible*，782.

14.《圣经》和后来的历史学家提出的解释西拿基立突然撤退的各种可能的原因，参看 Tadmor，*A History of the Jewish People*，142ff。

15. R.S. Bray，*Armies of Pestilence: The Impact of Disease on History* (Cambridge: James Clark & Co.，2004)，4f.

16. Lester L. Grabbe，*"Like a Bird in a Cage": The Invasion of Sennacherib in 701 BCE* (Sheffield: Sheffield Academic Press，2003). See also Christopher R. Seitz，"Account A and the Annals of Sennacherib," *Journal of the Study of the Old Testament* (*JSOD*)，vol. 58 (1993): 49f.

17. Complete text in Seitz，51.

18. 拉比文献中引用《以赛亚书》的次数比任何其他先知书都要多，而且 19 篇安息日读物中摘自《以赛亚书》的内容比摘自《圣经》其他任何篇章的都要多。See *Jewish Study Bible*，780.

19. Josephus，"The Jewish War，" in *The New Complete Works of Josephus*，Book 6，4：6，896.

20. Tommaso Leoni，"'Against Caesar's Wishes'：Flavius Josephus as a Source for the Burning of the Temple，" *Journal of Jewish Studies*，vol. LVIII，no. 1（spring 2007），39ff. Hadas-Lebel，*Rome*，121，mentions an earlier paper of Leoni（2000）but suggests that the question remains open.

21. Goodman，441ff.

22. Gershom Scholem，*Sabbatai Sevi：The Mystical Messiah*（Princeton：Princeton University Press，1973）.

23. Scholem，*Die Jüdische Mystik*，318.

24. Scholem，*Sabbatai*，132.

25. 肖勒姆在 1973 年写道，这种疾病以前没有而且现在仍然没有治疗方法。最初的希伯来语版本没有那么强调，只说病人的病情"在余生中不会改变"。See *Sabbatai*，126. 根据笔者从纽约的大卫·阿德勒（David Adler）教授那里得到的信息，这已经不再是事实，而且在 1973 年已经不是这样了。

26. Scholem，*Sabbatai*，127.

27. 根据来自纽约大卫·阿德勒教授的观点，一些从屋顶或窗户坠落死亡的躁狂抑郁症患者的自杀，事实上并不是抑郁期的自杀，而是出于躁狂期妄想飘浮的企图。

28. David Fromkin，*A Peace to End All Peace：The Fall of the Ottoman Empire and the Creation of the Modern Middle East*（New York：Avon Books，1989），96ff，140ff，217，270，278. Isaiah Friedman，*The Question of Palestine：British-Jewish-Arab Relations 1914 - 1918*，2nd ed.（New Brunswick：Transaction Publishers 1992），16f.弗里德曼（Friedman）证实了弗罗姆金（Fromkin）的分析，并补充了关于基钦纳立场的更多细节。

29. 在本书写作的时候，仍然有反犹主义网站支持关于基钦纳之死的阴谋论。

30. Simon Sebag Montefiore，*Stalin：The Court of the Red Tzar*（New York：Knopf，2004），574，559，621，633f. Footnotes 5 and 6 to Chapter 57，739. 蒙蒂菲奥里提供了众多消息来源，包括苏联解体后进行的采访。

第十二章 自然与健康灾害

1. 本章已由巴黎经合组织环境理事会环境、健康和安全司的彼得·科恩斯（Peter Kearns）博士审阅和修订。

2. Sima，60.

3. Gibbon，793f.

4. Irving Wolfe，"Velikovsky and Catastrophism：A Hidden Agenda?" in *The*

Interaction，229 – 262.

5. Brian Fagan，*The Great Warming: Climate Change and the Rise and Fall of Civilizations* (New York：Bloomsbury Press，2008). 法根还写过几本关于全球气候主要历史变迁的著作。

6. 英国皇家天文学家、自 2005 年起担任皇家学会主席的马丁・里斯爵士（Sir Martin Rees）警告说，人类生存到 21 世纪末的概率不超过 50%，但人类的协同行动仍可避免灾难。See Martin J. Rees，*Our Final Hour: A Scientist's Warning: How Terror, Error and Environmental Disaster Threaten Humankind's Future in this Century on Earth and Beyond* (London：Basic Books，2003).

7. *The New Scientist and Science News*，Dec. 2005.

8. *Intergovernmental Panel on Climate Change* (IPCC)，*Fourth Assessment Report* (UNEP，2007)，http：//www.ipcc-wg2.org.

9. *Ranking Port Cities with High Exposure and Vulnerability to Climate Extremes: Exposure Estimates*，OECD，Environment Working Papers No. 1，ENV/WKP (2007)，1.

10. Freeman Dyson，"The Question of Global Warming," *The New York Review of Books*，vol. LV，no.10 (June 12，2008)，43ff.

11. Kate Ravilious，"Major Quake，Tsunami Likely in Middle East，Study Finds," *National Geographic News*，26 July，2007. "Fault Found for the Mediterranean 'Day of Horror'," *New Scientist*，15 March 2008，p.16.

12. S. Lorito，M. M. Tiberti，R. Basili，A. Piatanesi，G. Valensise，"Earth-quake generated tsunamis in the Mediterranean Sea：Scenarios of potential threats to Southern Italy," *Journal of Geophysical Research* (January 2008)：113.

13. Ron Friedman，"Israel Urged To 'Act Now' or Face Global Warming Disaster," *Jerusalem Post*，6.7.2007，1，8，19.

14. Rinat Zafrir，"Report：Israel Unprepared for Global Climate Crisis," *Haaretz. com*，5.8.2008，www.haaretz.com/hasen/pages/1008468.html.

第 五 部 分

第一章　小国变强国：荷兰共和国

1. 这主要是基于 Jonathan I. Israel，*The Dutch Republic*。See also Part II，Chapter 14.

第二章　从大国衰落到新的崛起：土耳其

1. 这主要是基于 Bernard Lewis，*Turkey*。See also Part II，Chapter 13.

2. Emmanuel Sivan，*Mythes Politiques Arabes* (Arab Political Mythmaking) (Paris：Fayard，1995)，20f.

参考书目举要

Adams, Susan M. , Elena Bosch, et al. "The Genetic Legacy of Religious Diversity and Intolerance: Paternal Lineages of Christians, Jews and Muslims in the Iberian Peninsula." *The American Journal of Human Genetics*, vol. 83, no. 6 (2008): 725 – 736.

Agi, Marc, ed. *Judaisme et droits de l'homme* (Judaism and Human Rights). Paris: Des idées & des hommes, 2007. [French original]

Ahad Ha'am. *Am Scheidewege*, *Gesammelte Aufsätze* (At the Crossroads, collected articles), Bd. 1. Translated by I. Friedländer-H. Torczyner. Berlin: Jüdischer Verlag, 1925. [Hebrew original]

—. *At the Crossroads*. Tel Aviv and Jerusalem: Dvir/Hozaah Ivrit, 1964. [Hebrew original]

Alexander, Philip S. "Mysticism." In *The Oxford Handbook of Jewish Studies*, edited by Martin Goodman. Oxford and New York: Oxford University Press, 2002, 705 – 732.

Annales Regni Francorum ab a. 741 usque a. 829 (Records of the Kingdom of the Franks from Year 741 to 829). Internet Edition, http://archive. org/details/ annalesregnifran00anna. [Latin original]

Appelbaum, Diana Muir, and Paul S. Appelbaum. "Genetics and the Jewish Identity." *Jerusalem Post*, February 12, 2008.

Arendt, Hannah. *Elemente und Ursprünge totaler Herrschaft* (*Origins of Totalitarianism*), 12. Aufl. , München, Zürich: Piper, 2008. [German original]

Arnon, Chana. "Jews Rescuing Jews during the Holocaust: Zerah Wahrhaftig." Jerusalem, Yad Va'shem, 2004. http://www.yadvashem.org/yv/en/education/conference/ 2004/39.pdf.

Attali, Jacques. *Les Juifs, le Monde et l'Argent* (Jews, the World and Money). Paris: Fayard, 2002. [French original]

Atzmon, Gil, Li Hao, et al. "Abraham's Children in the Genome Era: Major Jewish Diaspora Populations Comprise Distinct Genetic Clusters with Shared Middle Eastern Ancestry." *The American Journal of Human Genetics*, vol. 86 (2010): 1 – 10.

Avneri, Zvi, and Eric Lawee. "Abrabanel, Isaac Ben Judah." In *Encyclopaedia Judaica*, second edition, vol. 1. New York: Macmillan Reference, 2007.

Babel, Isaac. *The Complete Works of Isaac Babel*. Edited by Nathalie Babel, translated by Peter Constantin. New York: W.W. Norton & Company, 2002. [Russian original]

Barclay, John M. G. *Jews in the Mediterranean Diaspora: From Alexander to Trajan (323 BCE—117 CE)*. Edinburgh: T&T Clark, 1999.

Barkai, Avraham. *Jüdische Minderheit und Industrialisierung* (Jewish Minorities and Industrialization). Tübingen: J.S.B. Mohr (P. Siebeck), 1988. [German original]

Barkay, Gabriel, et al. "The Amulets from Ketef Hinnom: A New Edition and Evaluation." *Bulletin of the American Schools of Oriental Research*, no. 334 (2004): 41–71.

Barnavi, Eli. *A Historical Atlas of the Jewish People: From the Time of the Patriarchs to the Present*. New York: Schocken, 2003.

Baron, Salo Wittmayer. *A Social and Religious History of the Jews*. 18 vols., 2nd ed. New York and London: Columbia University Press, 1952–1983.

—, Shalom M. Paul, and S. David Sperling. "Economic History." in *Encyclopaedia Judaica*, second edition, vol. 6. New York: Macmillan Reference, 2007.

Battenberg, Friedrich. *Das Europäische Zeitalter der Juden: Zur Entwicklung einer Minderheit in der nichtjüdischen Umwelt Europas* (The European Age of the Jews: The Development of a Minority in Europe's non-Jewish Environment), vol. 1. Darmstadt: Wissenschaftliche Buchgesellschaft, 2000.

Bearman, Peter, ed. "Exploring Genetics and Social Structure." *American Journal of Sociology*, vol. 114, no. S1 (2008): v-x.

Behar, Doron M., Metspalu Ene, et al. "Counting the Founders: The Matrilineal Genetic Ancestry of the Jewish Diaspora." *PLoS ONE*, vol. 3, no. 4 (April 2008).

Behar, Doron M., Bayazit Yunusbayev, et al. "The Genome-Wide Structure of the Jewish People." *Nature*, no. 466 (2010): 238–242.

Ben-Barzilai, Yehudah Ha-Barzeloni, *Sefer Ha-Itim* (Book of the Ages). Originally printed in Krakow, 1903; reprinted Jerusalem: Institute to Encourage the Study of Torah, 2000. [Hebrew original]

Ben David, Yohanan (Samson John David). *Indo-Judaic Studies*. New Delhi: Northern Book Centre, 2002.

Ben Israel, Menasseh. *Esperance d'Israel* (The Hope of Israel, 1650). Translated into French by H. Mechulan and G.Nahon. Paris: Librairie philosophique J. Vrin, 1979. [Spanish original]

Ben-Sasson, Haim Hillel, ed. *A History of the Jewish People*. Cambridge, MA: Harvard University Press, 1976.

—. "The Middle Ages." In *A History of the Jewish People*. Cambridge, MA: Harvard University Press, 1976.

Bensimon, Doris, ed. *Judaisme, Sciences et Techniques* (Judaism, Science and Technology). Actes du colloque organisé les 14/15 Nov. 1988 par l'INALCO. Paris,

1989. [French original]

"Berek Joselovich." In *Jewish Encyclopedia*. New York: Funk and Wagnalls, 1901 – 1906. Online version http://jewishencyclopedia.com/articles/3044-berek-joselovich.

Berger, David. "The 'Jewish Contribution' to Christianity." In *The Jewish Contribution to Civilization: Reassessing an Idea*, edited by Jeremy Cohen and Richard I. Cohen. Oxford: Littman Library of Jewish Civilization, 2012.

Berger, L. Der Menora-Ring von Kaiseraugst. *Jüdische Zeugnisse Römischer Zeit zwischen Brittanien und Pannonien* (The Menorah Ring of Kaiseraugst, Jewish Testimonies from Roman Times between Britain and Pannonia). Augst: Römerstadt Augusta Raurica, 2005. [German original]

Berlin, A., M. Z. Brettler, and M. Fishbane, eds. *The Jewish Study Bible* (*JSB*), Jewish Publication Society. Oxford: Oxford University Press, 1999.

Biale, David, ed. *Cultures of the Jews: A New History*. New York: Schocken, 2002.

Bickerman, Elias. *From Ezra to the Last of the Maccabees: Foundations of Post-Biblical Judaism*. New York: Schocken Books, 1968.

Bismarck, Otto von. *Gedanken und Erinnerungen* (Thoughts and Memories). München: Droemersche Verlagsanstalt, 1952. [German original]

Bloch, Ernst. *The Principle of Hope*. Cambridge, MA: The MIT Press, 1986.

Bloom, Harold. "Foreword," in Yoseph Hayim Yerushalmi, *Zakhor: Jewish History and Jewish Memory*. Seattle: University of Washington Press, 1996.

Boot, Max. *War Made New: Technology, Warfare and the Course of History 1500 to Today*. New York: Gotham Books, 2006.

Botticini, Maristella, and Zvi Eckstein. "Jewish Occupational Selection: Education, Restrictions or Minorities?" *Journal of Economic History*, vol. 65, no. 4 (2005): 922 – 948.

—. "From Farmers to Merchants, Conversions and Diaspora: Human Capital and Jewish History." *Journal of the European Economic Association*, vol. 5, no. 5 (2007): 885 – 926.

Braudel, Fernand. *Civilisation Matérielle, Economie et Capitalisme* (Material Civilization, Economy and Capitalism). Paris: Armand colin, Le livre de poche références, 1979. [French original]

—. *The Mediterranean and the Mediterranean World in the Age of Phillip II*, vol. II. Translated by S. Reynolds. Suffolk, NY: Collins, 1982.

—. *Grammaire des civilisations* (Grammar of Civilizations). Paris: Arthaud, 1992. [French original]

—. *Écrits sur l'histoire* (Historic Writings), vol. I, Paris: Flammarion, 1969; vol. II, Paris, Flammarion, 1994. [French original]

—. *Les Mémoires de la Méditerranée* (The Memoirs of the Mediterranean). Paris: Bernard de Fallois, 1998. [French original]

Bray, R. S. *Armies of Pestilence: The Impact of Disease on History*. Cambridge: James Clarke & Co., 2004.

Buber, Martin. *Israel und Palästina—Zur Geschichte einer Idee* (Israel and Palestine: The History of an Idea). Zürich, Artemis-Verlag, 1950. [Hebrew original]

Buganim, Ami. *Jewish Peoplehood in an Age of Globalization*. Jerusalem: Jewish Agency for Israel, 2007. [Hebrew original]

Burckhardt, Jacob. *Briefe an seinen Freund Friedrich von Preen* (Letters to his Friend, Friedrich von Preen), *1864 - 1893*. Berlin, Stuttgart: Deutsche Verlags-Anstalt, 1922. [German original]

—. *Die Kultur der Renaissance in Italien* (The Culture of the Renaissance in Italy). Edited by W. von Bode. Berlin: Th. Knaur, 1928. [German original]

—. *Weltgeschichtliche Betrachtungen* (Reflections on World History). Edited by W. Kaegi. Bern: Verlag Hallwag, 1947. [German original]

—. *Die Zeit Constantins des Grossen* (The Time of Constantine the Great). Frankfurt: G.B. Fischer, 1954. [German original]

Burke, Peter. *What is Cultural History?* Cambridge: John Wiley & Sons, 2004.

Burrow, John. *A History of Histories: Epics, Chronicles, Romances and Inquiries from Herodotus and Thucydides to the Twentieth Century*. London and New York: Penguin Adult, 2007.

Burstein, Paul. "Jewish Educational and Economic Success in the United States: A Search for Explanations." *Sociological Perspectives*, vol. 50, no. 2 (2007): 209 - 228.

Buruma, Ian, and Avishai Margalit. *Occidentalism: The West in the Eyes of Its Enemies*. New York: Penguin, 2004.

Cahill, Thomas. *The Gifts of the Jews: How a Tribe of Desert Nomads Changed the Way Everyone Thinks and Feels*. New York, London, and Toronto: Cengage Gale, 1998.

Capelle, Wilhelm, ed. *Die Vorsokratiker* (The Presocratics). Translated into German by Wilhelm Capelle. Stuttgart: A. Kröner, 1968. [Greek original]

Chase-Dunn, Christopher K., and Thomas D. Hall. *Rise and Demise: Comparing World-Systems*. Boulder, CO: Westview Press, 1997.

Chasidah, Yishai. *Encyclopedia of Biblical Personalities, Anthologized from the Talmud, Midrash and Rabbinic Writings*. Jerusalem: Mesorah Publication Ltd., 1994.

Chin Annping. *Confucius: A Life of Thought and Politics*. New Haven: Yale University Press, 2008.

Chiswick, Barry R. "The Occupational Attainment of American Jewry: 1990 to 2000." Institute for the Study of Labour (IZA), IZA Discussion Papers, no. 1736 (2005).

Chirot, Daniel. "Conflicting Identities and the Danger of Communalism." In *Essential Outsiders: Chinese and Jews in the Modern Transformation of Southeast Asia and*

Central Europe, edited by Daniel Chirot and Anthony Reid. Seattle: University of Washington Press, 1997.

——, and Anthony Reid, eds., *Essential Outsiders: Chinese and Jews in the Modern Transformation of Southeast Asia and Central Europe*. Seattle: University of Washington Press, 1997.

Clark, Christopher. *Iron Kingdom: The Rise and Downfall of Prussia, 1600 – 1947*. London and New York: Penguin, 2007.

Clausewitz, Carl von. *Vom Kriege* (About War). Reinbek bei Hamburg: Rowohlt, 1963. [German original]

Coe, Michael D. *The Maya*, 5th edition. New York: Thames &. Hudson, 1993.

Coghlan, Andy. "'Gene Link to Jews' Middle Eastern Origins." *New Scientist*, June 20, 2010.

Cohen, Jeremy, and Michael I. Cohen, eds. *The Jewish Contribution to Civilization: Reassessing an Idea*. Oxford: Littman Library of Jewish Civilization, 2008.

Cohen, Steven M., and Arnold M. Eisen. *The Jew Within: Self, Family and Community in America*. Bloomington: Indiana University Press, 2000.

Cohn-Sherbok, Dan. *Fifty Key Jewish Thinkers*, 2nd ed. New York and London: Taylor &. Francis, 2007.

Cole, Peter. *The Dream of the Poem: Hebrew Poetry from Muslim and Christian Spain, 950 – 1492*. Translated and edited by Peter Cole. Princeton: Princeton University Press, 2007.

Confucius. *Analects* (numerous translations).

——. *Confucius*. Translated into French by Daniel Leslie, 3rd ed. Paris: Seghers, 1970.

Daojiong Zha. "Can China Rise?" *Review of International Studies*, vol. 31, no. 4 (2005): 775 – 785.

Dawkins, Richard. *The Selfish Gene*, 30th Anniversary Ed. Oxford: Oxford University Press, 2006.

Debrunner, Albert M. "Die antisemitischen Äusserungen Jacob Burckhardts: Eine verdrängte Seite (The Antisemitic Comments of Jacob Burckhardt: A Suppressed Aspect)." In *Israelitisches Wochenblatt der Schweiz*, No. 8 (20 Feb., 1998). [German original]

De Lange, Nicholas. *An Introduction to Judaism*. Cambridge: Cambridge University Press, 2002.

DellaPergola, Sergio. *World Jewry Beyond 2000: The Demographic Prospects*. Oxford: Oxford Centre for Hebrew and Jewish Studies, 1999.

——. *Israele e Palestina: la forza dei numeri—Il conflitto mediorientale fra demografia a politica* (Israel and Palestine: The Power of Numbers—The Middle East Conflict between Demography and Politics). Bologna: Il Mulino, 2007. [Italian original]

—. "World Jewish Population 2008." *American Jewish Yearbook 2008*. New York: AJC, 2008.

—. *Jewish Population Policies: Demographic Trends and Interventions in Israel and in the Diaspora*. Jerusalem: JPPI, 2011.

Dennet, Daniel. *Breaking the Spell: Religion as a Natural Phenomenon*. New York and London: Viking Adult, 2006.

Diamond, Jared. *Guns, Germs and Steel: The Fates of Human Societies*. New York: Norton, 1997.

—. *Collapse: How Societies Choose to Fail or Succeed*. London: Penguin Books Ltd., 2005.

Douglas, Kate. "The Other You: Meet the Unsung Hero of the Human Mind." *New Scientist*, December 1, 2007.

Douglas, Mary. "The Fears of the Enclave." In *In the Wilderness: The Doctrine of Defilement in the Book of Numbers*. New York: Oxford University Press, 2001.

—. *Purity and Danger*. London: Routledge, 2002 (first edition London: Routledge, 1966).

Dror, Yehezkel. *The Capacity to Govern: A Report to the Club of Rome*. Portland, OR: Frank Cass, 1994.

Dubnow, Simon. *Weltgeschichte des jüdischen Volkes, von seinen Uranfängen bis zur Gegenwart* (World History of the Jewish People from the Earliest Beginnings to the Present). 10 vols. Berlin, Jüdischer Verlag, 1925. [German and Russian original]

—. *Geschichte des Chassidismus* (History of Hassidism). 2 vols. Reprint of 1st edition, 1931. Berlin: Jüdischer Verlag, 1982. [German original]

—. *Jewish History: An Essay in the Philosophy of History*. Reprint of 1903 edition. Honolulu, HA: University Press of the Pacific, 2003.

Dugatkin, Lee Alan. *The Altruism Equation: Seven Scientists Search for the Origins of Goodness*. Princeton and Oxford: Princeton University Press, 2006.

Dunbar, Robin. "We Believe." *New Scientist*, January 28, 2006.

Durant, Will. *The Story of Civilization*. 11 vols., *1935 – 1975*. New York: Simon and Schuster, 1975.

Dyson, Freeman. *The Scientist as Rebel*. New York: New York Review of Books, 2006.

—. "The Question of Global Warming." *The New York Review of Books*, vol. 60, no. 10 (June 12, 2008).

Eger, Akiva. *Gilyon HaShas* (Marginalia to the Talmud). [Hebrew original]

Einstein, Albert, and Sigmund Freud. *Pourquoi la guerre?* (Why War?) Translated from the original German by B. Briod. Paris: Rivages, 2005.

Eisenstadt, Shmuel N. *Political Systems of Empires*. London: Transaction Publishers, 1963.

—. *The Origins and Diversity of Axial Age Civilizations.* Edited by Shmuel Eisenstadt. New York: SUNY Press, 1986.

—. *Jewish Civilization: The Jewish Historical Experience in a Comparative Perspective.* New York: SUNY Press, 1992.

Eliade, Mircea. *Le mythe de l'éternel retour* (The Myth of Eternal Return). Paris: Gallimard, 1969. [French original]

Elias, Norbert. *The Civilizing Process: Sociogenetic and Psychogenetic Investigations.* Rev. edition. Oxford: Basil Blackwell, 1994.

Elon, Amos. *The Pity of It All: A Portrait of Jews in Germany 1743 - 1933.* New York: Henry Holt, 2002.

Emden, Jacob. *Mémoires de Jacob Emden, ou l'anti-Sabbatai Zewi* (Memoirs of Jacob Emden or the Anti-Sabbatai Zewi). Translated by Maurice-Ruben Hayoun. Paris: Editions du Cerf, 1992. [Hebrew original]

Encyclopedia Judaica. Edited by Yeshayahu Leibowitz. Jerusalem: Keter Publishing House, 1971 (reprint 1973). Second edition edited by. F. Skolnik and M. Berenbaum. New York: Macmillan Reference, 2007.

Erlanger, Simon. *Die jüdische Gemeinde des Mittelalters: Geschichte, Struktur und Einfluss auf die Stadtentwicklung vom 9. bis 13. Jahrhundert mit besonderer Berücksichtigung des Rheinlandes* (The Jewish Community of the Middle Ages: History, Structure and Influence on Urban Development from the 9th to 13th Century, with Special Emphasis on the Rhineland). MA Thesis, University of Basel, 1992. [German original]

Ettinger, Shmuel. "The Modern Period." In *A History of the Jewish People*, ed. Hayim Ben-Sasson. Cambridge: Weidenfeld & Nicolson, 1976.

Ezra, Nehemiah (The Anchor Yale Bible). Edited by Jacob M. Myers. New York: Doubleday, 1965.

Fagan, Brian. *The Great Warming: Climate Change and the Rise and Fall of Civilizations.* New York: Bloomsbury Press, 2008.

Fairbank, John King, and Merle Goldman. *China: A New History*, enlarged edition. Cambridge, MA: Belknap Press, 1998.

Farissol, Abraham ben Mordecai. *Sidur Shalem Mikol Ha'Shana Kephi Minhag Italiani (An Italian Rite Siddur), Mantua, 1480, Manuscript, Treasures Revealed From the Collections of the Jewish National and University Library in Honor of the 75th Anniversary of the Hebrew University of Jerusalem 1925 - 2000.* Edited by R. Weisser. Jerusalem: R. Plesser, 2000. [Hebrew original]

Feldman, Louis H. *Jew and Gentile in the Ancient World: Attitudes and Interactions from Alexander to Justinian.* Princeton: Princeton University Press, 1993.

Feldman, Noah. "War and Reason in Maimonides and Averroes." In *The Ethics of War: Shared Problems in Different Traditions*, edited by Richard Sorabji and David

Rodin. Hampshire: Ashgate Publishing Limited, 2006.

Ferguson, Niall. *The War of the World: Twentieth-Century Conflict and the Descent of the West*. London and New York: Penguin Press, 2006.

Figes, Orlando. *A People's Tragedy: The Russian Revolution 1891 – 1924*. New York: Penguin Books, 1996.

Finkelstein, Louis, ed. *Jewish Self-government in the Middle Ages*. Philadelphia: Greenwood Press, 1924.

—. *The Jews: Their History, Culture and Religion*, 3rd ed., 2 vols. New York: Harper & Row, 1960.

Firestone, Reuven. "Holy War in Modern Judaism? 'Mitzvah War' and the Problem of the 'Three Vows'." *Journal of the American Academy of Religion*, vol. 74, no. 4 (2006): 954 – 982.

Flanagan, Owen. "Where in the World is the Mind?" *New Scientist*, January 17, 2009.

Flavius, Josephus. "Against Apion." In *The New Complete Works of Josephus*, translated by William Whiston and Paul L. Maier. Grand Rapids, MI: Kregel Academic, 1999.

—. "Jewish Antiquities." In *The New Complete Works of Josephus*, translated by William Whiston and Paul L. Maier. Grand Rapids, MI: Kregel Academic, 1999.

—. "The Jewish War." In *The New Complete Works of Josephus*, translated by William Whiston and Paul L. Maier. Grand Rapids, MI: Kregel Academic, 1999.

—. *The New Complete Works of Josephus*. Translated by William Whiston and Paul L Maier. Grand Rapids, MI: Kregel Academic, 1999.

Florida, Richard. *The Rise of the Creative Class: And How It's Transforming Work, Leisure, Community and Everyday Life*. New York: Basic Books, 2002.

Flusser, David. "Jossipon." *Encyclopaedia Judaica*. Jerusalem: Keter Publishing House, 1971.

—. *Jesus*. 3rd ed. Jerusalem: Magnes Press, 2001.

Freud, Sigmund. *Totem and Taboo: Some Points of Agreement between the Mental Lives of Savages and Neurotics*. Great Britain: W.W. Norton & Co., 1950. [German original]

Friedländer, Saul. *Nazi Germany and the Jews 1939 – 1945: The Years of Extermination*. New York: Harper Collins, 2007.

Friedman, Isaiah. *The Question of Palestine: British-Jewish-Arab Relations 1914 –1918*. 2nd expanded ed. New Brunswick: Transaction Publishers, 1992.

Friedman, Ron. "Israel Urged to 'Act Now' or Face Global Warming Disaster." *Jerusalem Post*, July 6, 2007.

Fromkin, David. *A Peace to End All Peace: The Fall of the Ottoman Empire and the Creation of the Modern Middle East*. New York: Avon Books, 1989.

—. *Europe's Last Summer: Who Started the Great War in 1914?* New York: Vintage, 2005.

Fukuyama, Francis. *The End of History and the Last Man.* UK: Penguin Books, 1992.

Gans, David. *Sefer Tsemah David* (The Offspring of David). First printing Prague, 1592. Jerusalem: Magnes, 1983. [Hebrew original]

Geiger, Abraham. "A History of Spiritual Achievements." In *Ideas of Jewish History*, edited by Michael A. Meyer. Detroit: Wayne State University Press, 1974.

Genetic Testing: Policy Issues for the New Millenium. Paris: OECD, 2000.

Gibbon, Edward. *The History of the Decline and Fall of the Roman Empire.* 3 vols. Edited by John Bagnell Bury. New York: Heritage Press, 1946.

Gernet, Jacques. *Le monde Chinois* (The Chinese World). Paris: Armand Colin, 1999. [French original]

Gilbert, Martin. *Churchill and the Jews: A Lifelong Friendship.* London: Henry Holt, 2008.

—. *Israel: A History.* Rev. and updated. London: Black Swan, 2008.

Gitelman, Zvi Y. *A Century of Ambivalence: The Jews of Russia and the Soviet Union 1881 to the Present*, 2nd ed. Bloomington: Indiana University Press, 2001.

Glick, David, and Hermona Soreq. "Ethics, Public Policy and Behavioral Genetics." *Israel Medical Association Journal*, vol. 5 (2003): 83–86.

Goetschel, Roland. *Isaac Abravanel, Conseiller des princes et philosophe* (Isaac Abravanel, Adviser of Princes and Philosopher). Paris: Albin Michel, Presences du Judaisme-poche edition, 1996. [French original]

Goitein, S. D. *Jews and Arabs: Their Contacts through the Ages.* New York: Schocken Books, 1974; first ed., 1955.

—. *A Mediterranean Society: The Jewish Communities of the Arab World as Portrayed in the Documents of the Cairo Geniza.* 5 vols. Los Angeles: University of California Press, 1967–1988.

Golb, Norman. "Obadiah the Proselyte: Scribe of a Unique Twelfth-Century Manuscript Containing Lombardic 'Neumes'." *The Journal of Religion*, vol. 45, no. 2 (1965): 153–156.

Goodman, Martin. *Rome and Jerusalem: The Clash of Ancient Civilizations.* London: Alfred A. Knopf, 2007.

—, ed. *The Oxford Handbook of Jewish Studies.* Oxford: Oxford University Press, 2002.

Goodnick, J. Westenholz, ed. *The Jewish Presence in Ancient Rome.* Jerusalem: Bible Lands Museum, 1994.

Grabbe, Lester L., ed. *"Like a Bird in a Cage": The Invasion of Sennacherib in 701 BCE.* Sheffield: Continuum International Publishing Group, 2003.

Graetz, Heinrich. *Geschichte der Juden von den ältesten Zeiten bis auf die Gegenwart, 1853 – 1875* (History of the Jews from the Earliest Times to the Present, 1853 – 1875). 11 vols. Leipzig: Leiner, 1902. [German original]

—. *Volkstümliche Geschichte der Juden* (Popular History of the Jews). 3 vols. Berlin-Wien: B. Harz, 1923. [German original]

Grayzel, Solomon. *A History of the Jews from the Babylonian Exile to the Present*. Philadelphia: Jewish Publication Society of America, 1968 (earlier ed., 1947).

Greif, Avner. "Contract Enforceability and Economic Institutions in Early Trade: The Maghribi Traders' Coalition." *The American Economic Review*, vol. 83, no. 3 (1993): 525 – 548.

—, Paul Milgrom, and Barry R. Weingast. "Coordination, Commitment and Enforcement: The Case of the Merchant Guild." *The Journal of Political Economy*, vol. 102, no. 4 (1994): 745 – 776.

—. "Cultural Beliefs and the Organisation of Society: A Historical and Theoretical Reflection on Collectivist and Individualist Societies." *The Journal of Political Economy*, vol. 102, no. 5 (1994): 912 – 950.

Gross, Nachum T. "Enterpreneurship of Religious and Ethnic Minorities." *Jüdische Unternehmer in Deutschland im 19. und 20. Jahrhundert*, 11 – 23. Stuttgart: F. Steiner, 1992.

Grossman, Vassily. *A Writer at War: With the Red Army 1941 – 1945*. Edited by Antony Beevor and Luba Vinogradova. London: Pimlico, 2006. [Russian original]

Gruen, Erich S. *Diaspora: Jews amidst Greeks*. Cambridge, MA: Harvard University Press, 2002.

Guttmann, Julius. *Die Philosophie des Judentums* (The Philosophy of Judaism). München: Ernst Reinhardt, 1933. [German original]

Hadas-Lebel, Mireille. *L'Hébreu: 3000 ans d'histoire* (Hebrew: 3000 Years of History). Paris: Albin Michel, 1992. [French original]

—. *Philo d'Alexandrie, un penseur en diaspora* (Philo of Alexandria, a Diaspora Thinker). Paris: Fayard, 2003. [French original]

—. *Rome, la Judée et les Juifs* (Rome, Judea and the Jews). Paris: Editions A & J Picard, 2009. [French original]

Halevi, Judah. *The Kuzari: An Argument for the Faith of Israel*. Revised edition, translated by Hartwig Hirschfeld. Jerusalem: Sefer Ve Sefel Publishing, 2003. [Hebrew/Arabic original]

Hazony, Yoram. *The Jewish State: The Struggle for Israel's Soul*. New York: Basic/New Republic Books, 2000.

Hammer, Michael F., Karl Skorecki, Sara Selig, et al. "Y-Chromosomes of Jewish Priests." *Nature*, vol. 385 (1997): 32.

Hanson, Victor Davis. *Carnage and Culture: Landmark Battles in the Rise of*

Western Power. New York: Doubleday, 2001.

Hecht, Jeff. "Fault Found for the Mediterranean 'Day of Horror'." *New Scientist*, March 15, 2008.

Hegel, Georg Wilhelm Friedrich. *Vorlesungen über die Philosophie der Geschichte* (Lectures on Philosophy of History). Leipzig: P. Reclam junior, 1924. [German original]

Herman, Arthur. *The Idea of Decline in Western History*. New York: Free Press, 1997.

Hesiod. "Works and Days." In *Hesiod: Theogony Works and Days Testimonia*, ed. Glenn W. Most. Cambridge, MA: Harvard University Press, 2006. [Greek original]

Heuck, Sigrid. *Der Elefant des Kaisers* (The Emperor's Elephant). Stuttgart, Wien: Thienemann, 2006. [German original]

Hobsbawm, Eric, and Terence Ranger. *The Invention of Tradition*. Cambridge: Cambridge University Press, 1992.

Hodgson, Marshall G. S. *The Venture of Islam: Conscience and History in a World Civilization*; *vol. 1: The Classical Age of Islam*; *vol. 2: The Expansion of Islam in the Middle Periods*; *vol. 3: The Gunpowder Empires and Modern Times*. Chicago and London: University of Chicago Press, 1974.

Homer-Dixon, Thomas. *The Upside of Down: Catastrophe, Creativity and the Renewal of Civilization*. Toronto: Knopf Canada, 2006.

Hooper, Rowan. "Men Inherit Hidden Costs of Dad's Vices." *New Scientist*, January 7, 2006.

—. "Inheriting a Heresy." *New Scientist*, March 4, 2006.

Hourani, Albert. *Islam in European Thought*. Cambridge: Cambridge University Press, 1991.

Horowitz, Elliott. "Days of Gladness or Days of Madness: Modern Discussions of the Ancient Sabbath." In *The Jewish Contribution to Civilization: Reassessing an Idea*, ed. Jeremy Cohen and Richard I. Cohen. Oxford: Littman Library of Jewish Civilization, 2012.

Huizinga, Johan. *Herbst des Mittelalters: Studien über Lebens—und Geistesformen des 14. und 15. Jahrhunderts in Frankreich und in der Niederlanden* (Autumn of the Middle Ages: A Study of the Forms of Life and Thought in 14th and 15th Century, France and the Netherlands). 7th ed. Edited by K. Köster. Stuttgart: Alfred Kroner, 1953. Translated into German from the original Dutch, Herfstij der middeleeuwen, published in Leiden, 1923. [Dutch original]

—. *Homo Ludens: vom Ursprung der Kultur im Spiel* (Man the Player). Leiden, 1938, translated by H. Nachod, Reinbek bei. Hamburg: Rowohlt, 1956. [Dutch original]

—. *Holländische Kultur im Siebzehnten Jahrhundert* (Dutch Culture in the

Seventeenth Century). Edited by W. Kaegi. Basel: B. Schwabe, 1961. Originally written in German in 1932 and published in Dutch in 1941 as Nederlands's beschaving in de zeventiende eeuw. [German and Dutch original]

Huntington, Samuel P. *The Clash of Civilizations and the Remaking of World Order*. London: Simon & Schuster, 1998.

Ibn Daud, Abraham. *Seder Ha'chachamim Ve'Korot Ha'itim* (Chronicle of Sages and Periods). Edited by A. Neubauer. Oxford: Clarendon, 1887. [Hebrew original]

—. *Sefer Ha-Qabbalah* (The Book of Tradition). Critical Edition with a Translation and Notes by Gerson D. Cohen. Philadelphia: Jewish Publication Society, 1967. [Hebrew original]

Ibn Khaldun. *The Muqaddimah: An Introduction to History (1381)*. Translated by Franz Rosenthal. 3 vols. Princeton: Princeton University Press, 1958. [Arabic original]

—. *The Muqaddimah: An Introduction to History*, reduced edition in 1 vol. Edited by N. J. Dawood. Princeton: Princeton University Press, 1967. [Arabic original]

Intergovernmental Panel on Climate Change (IPCC). *Fourth Assessment Report*, UNEP, 2007.

Isenberg, Shirley Berry. *India's Bene Israel: A Comprehensive Inquiry and Sourcebook*. Berkeley: Judah L. Magnes Museum, 1988.

Israel, Jonathan I. *The Dutch Republic: Its Rise, Greatness and Fall 1477-1806*. Oxford: Oxford University Press, 1995; paperback with corrections Oxford: Oxford University Press, 1998.

—. *European Jewry in the Age of Mercantilism 1550-1750*. 3rd ed. Portland, OR: Littman Library of Jewish Civilization, 1998.

—. *Radical Enlightenment: Philosophy and the Making of Modernity*. New York: Oxford University Press, 2002.

Israel, Rachael Rukmini. *The Jews of India: Their Story*. New Delhi: Mosaic Books, 2002.

Jablonka, Eva, and Marion J. Lamb. *Evolution in Four Dimensions: Genetic, Epigenetic, Behaviourial and Symbolic Variation in the History of Life*. Cambridge, MA: MIT Press, 2005.

Jaspers, Karl. *Vom Ursprung und Ziel der Geschichte* (On Origin and Goal of History). Frankfurt am Main: Fischer Bücherei, 1955. [German original]

—. *Allgemeine Psychopathologie* (General Psychopathology). 9. Aufl. Berlin: Springer-Verlag, 1973 (1st ed. 1913). [German original]

Jastrow, Marcus. *A Dictionary of the Targumim, the Talmud Babli and Yerushalmi, and the Midrashic Literature*. London: Luzak & Co., 1903.

Jewish Peoplehood and Identity: The Peoplehood Papers. United Jewish Communities. General Assembly, Nashville TN, 2007.

Jewish People Policy Planning Institute Annual Assessment 2004 - 2005: The Jewish People between Thriving and Decline. Jerusalem: JPPI, 2005.

JINFO.org. *Jews in Computer and Information Science*, *2004 - 2013*. http://www.jinfo. org/Computer_Info_Science.html.

Johnson, Paul. *A History of the Jews*. New York: Weidenfeld and Nicolson, 1987.

Kaegi, Werner. *Jacob Burckhardt: Eine Biographie* (Jacob Burckhardt: Biography). *1947 - 1982*. 7 vols. Basel: Schwabe, 1947. [German original]

Kahn, Herman, and Anthony Wiener. *The Year 2000: A Framework for Speculation on the Next Thirty-Three Years*. New York and London: Macmillan, 1967.

Kandel, Eric R. *In Search of Memory: The Emergence of a New Science of Mind*. New York and London: W. W. Norton & Company, 2006.

Kaplan, Mordecai M. *Judaism as a Civilization: Towards a Reconstruction of American Jewish Life*. Philadelphia and Jerusalem: Jewish Publication Society of America, 1994.

Karady, Victor. "Jewish Entrepreneurship and Identity under Capitalism and Socialism in Central Europe: The Unresolved Dilemmas of Hungarian Jewry." In *Chirot and Reid*, *Essential Outsiders: Chinese and Jews in the Modern Transformation of Southeast Asia and Central Europe*. Seattle: University of Washington Press, 1997.

Karpin, Michael. *The Bomb in the Basement*. New York: Simon and Schuster, 2006.

Katz, Jacob. *Exclusiveness and Tolerance: Jewish-Gentile Relations in Medieval and Modern Times*. New York: Schocken Books, 1962. [Hebrew original]

—. *The "Shabbes Goy": A Study in Halakhic Flexibility*. Philadelphia: The Jewish Publication Society, 1989. [Hebrew original]

—. *Tradition and Crisis: Jewish Society at the End of the Middle Ages*. New York: New York University Press, 1993. [Hebrew original]

Kaufmann, Yehezkel. *Golah ve-Nekhar* (Diaspora and Foreign Countries). Tel-Aviv: Dvir, 1929. [Hebrew original]

—. "On the Fate and Survival of the Jews." In *Ideas of Jewish History*, ed. Michael A. Meyer. Detroit: Wayne State University Press, 1974. [Hebrew original]

—. *History of the Religion of Israel*, vol. IV. New York: Ktav Publisher House, 1977. [Hebrew original]

Kehimkar, Haeem Samuel. *The History of the Bene Israel of India*. Preface 1897. Tel-Aviv: Dayag Press, 1937.

Kendler, Kenneth. "Toward a Philosophical Structure for Psychiatry." *American Journal of Psychiatry*, vol. 162, no. 3 (2005): 433 - 440.

Kennedy, Paul. *The Rise and Fall of the Great Powers: Economic Change and Military Conflict from 1500 to 2000*. New York: Random House, 1987.

King, Alexander. *Let the Cat Turn Round: One Man's Traverse of the Twentieth*

Century. UK: CPTM, 2006.

King, Joe. *The Jewish Contribution to the Modern World*. Montreal: Montreal Jewish Publication Society, 2004.

Kissinger, Henry. *Diplomacy*. New York and London: Simon & Schuster, 1994.

Klausner, Joseph. *History of the Second Temple*, vol. 5. Tel-Aviv: Achiasaf, 1952. [Hebrew original]

Kleiman, Yaakov. *DNA and Tradition: The Genetic Link to the Ancient Hebrews*. Jerusalem: Devora Publishing, 2004.

Kligsberg, Bernardo. *Social Justice: A Jewish Perspective*. Jerusalem: Gefen Books, 2003.

The Knowledge-Based Economy. Paris: OECD, 1996.

Köhler, Kaufmann, and Herman Rosenthal. "Caesar, Caius Julius." In *Jewish Encyclopedia*. New York: Funk and Wagnalls, 1901 – 1906. Online version http://jewishencyclopedia.com/articles/3886 – caesar-caius-julius.

Kriwaczek, Paul. *Yiddish Civilization: The Rise and Fall of a Forgotten Nation*. New York: Vintage, 2006.

Krochmal, Nachman. "Guide for the Perplexed of Our Time." In *Ideas of Jewish History*, ed. Michael A. Meyer. Detroit: Wayne State University Press, 1974. [Hebrew original]

Kupfer, Peter, ed. *Youtai: Presence and Perception of Jews and Judaism in China*. Frankfurt am Main: Peter Lang, 2008.

Kuznets, Simon. "Economic Structure and Life of the Jews." In *The Jews: Their History, Culture and Religion*, 1597 – 1666, vol. II. Philadelphia: Jewish Publication Society of America, 1960.

Kuznitz, Cecile E. "Yiddish Studies." In *The Oxford Handbook of Jewish Studies*, ed. Martin Goodman. Oxford and New York: Oxford University Press, 2002.

Laotse. *Laotse*. Edited by Lin Yutang. Frankfurt: Fischer Bücherei, 1955.

Laozi. *Daodejing* (numerous translations).

Laqueur, Walter. *The Terrible Secret: Suppression of the Truth about Hitler's "Final Solution"*. New York: Holt Paperbacks, 1998.

Lässig, Simone. "How German Jewry Turned Bourgeois: Religion, Culture and Social Mobility in the Age of Emancipation." *GHI Bulletin*, no. 37 (Fall 2005).

Leoni, Tommaso. "'Against Caesar's Wishes': Flavius Josephus as a Source for the Burning of the Temple." *Journal of Jewish Studies*, vol. 58, no. 1 (2007): 39 – 51.

Leroy-Beaulieu, Anatole. *Les Juifs et l'Antisémitisme: Israel chez les nations* (The Jews and Anti-Semitism: Israel among the Nations). Paris: Calmann Levy, 1893. [French original]

Leslie, Donald Daniel. *Jews and Judaism in Traditional China: A Comprehensive Bibliography*. Sankt Augustin: Monumenta Serica Institute, 1998.

Lewis, Bernard. *The Jews of Islam*. Princeton: Taylor &. Francis, 1984.

—. *Semites and Anti-Semites: An Inquiry into Conflict and Prejudice*. New York: W.W Norton, 1986.

—. *Islam and the West*. New York: Oxford University Press, 1993.

—. *The Middle East: A Brief History of the Last 2000 Years*. New York: Scribner, 1995.

—. *The Emergence of Modern Turkey*. 3rd ed. New York: Oxford University Press, 2002.

—. *What Went Wrong? Western Impact and Middle Eastern Response*. Oxford: Oxford University Press, 2002.

—. *The Crisis of Islam: Holy War and Unholy Terror*. New York: Random House Publishing Group, 2003.

—. *From Babel to Dragomans: Interpreting the Middle East*. London: Oxford University Press, 2004.

Lin Yutang. *The Wisdom of Confucius*. New York: Carlton House, 1938.

Livni, Abraham. *Le retour d'Israel et l'espérance du monde* (Israel's Return and the World's Hope). Monaco: Éditions du Rocher, 1984. [French original]

Lorito, S., et al. "Earth-quake Generated Tsunamis in the Mediterranean Sea: Scenarios of Potential Threats to Southern Italy." *Journal of Geophysical Research*, vol. 113 (2008): 113.

Lukacs, John. *Five Days in London May 1940*. New Haven: Yale University Press, 2001.

Machiavelli, Niccolò. "Discourses on the First Ten Books of Titus Livius." In *The Essential Writings of Machiavelli*, ed. Peter Constantine. New York: The Modern Library, 2007. [Italian original]

—. *The Essential Writings of Machiavelli*. Edited by Peter Constantine. New York: The Modern Library, 2007. [Italian original]

—. "The Prince." In *The Essential Writings of Machiavelli*, ed. Peter Constantine. New York: The Modern Library, 2007. [Italian original]

McNeill, William H. *The Rise of the West: A History of the Human Community*. Chicago: University of Chicago Press, 1963.

Mahler, Raphael. "The Modern Era in Marxist-Zionist Perspective." In *Ideas of Jewish History*, ed. Michael A. Meyer. Detroit: Wayne State University Press, 1974.

—. *Chronicles of the Jewish People: The Last Generations from the Late 18th Century until Today*. Tel Aviv: Ha-Kibuts ha-Me'uhad, 1976. [Hebrew original]

Maimonides, Moses. *The Guide of the Perplexed*. Translated by M. Friedländer. 2nd ed. New York: Dover Publications, 1956. [Arabic original]

Malamat, A. "Part I: Origins and the Formative Period." In *A History of the Jewish People*, ed. Ben-Sasson. Cambridge: Weidenfeld &. Nicolson, 1976.

Margolis, Max L., and Alexander Marx. *A History of the Jewish People*. Philadelphia: Jewish Publication Society of America, 1927.

Marx, Karl. *Zur Judenfrage* (On the Jewish Question). Paris: Au bureau des annales, 1844. [German original]

—, and Friedrich Engels. *Das Manifest der Kommunistischen Partei* (The Communist Manifesto). Berlin: Dietz Verlag, 1848. [German original]

Meadows, Dennis, et al. *The Limits to Growth*. Club of Rome. New York: New American Library, 1972.

Meyer, Michael E., ed. *Ideas of Jewish History*. Detroit: Wayne State University Press, 1974.

Mirsky, Jehudah. "Tikkun Olam: Basic Questions and Policy Directions." In *Facing Tomorrow: Background Policy Documents*, provisional ed. Jerusalem: JPPI, 2008.

"Monash, Sir John." *Encyclopaedia Judaica*, second edition, vol. 14. New York: Macmillan Reference, 2007.

Montefiore, Simon Sebag. *Stalin: The Court of the Red Tzar*. New York: Knopf, 2004.

Morag, Shlomo. *Studies in Biblical Hebrew*. Jerusalem: Magnes Press, 1994. [Hebrew original]

Morris, Benny. *1948: The First Arab-Israeli War*. New Haven: Yale University Press, 2008.

Moshe Ben Jacob, Rabbi of Coucy. *SMAG: Sefer Mitzvoth Ha-Gadol* (The Great Book of Commandments). Venice, 1574. [Hebrew original]

Murray, Charles. *Human Accomplishment: The Pursuit of Excellence in the Arts and Sciences, 800 BC to 1950*. New York: Harper Perennial, 2004.

Myers, David N. "Discourses of Civilisation: The Shifting Course of a Modern Jewish Motive." In *The Jewish Contribution to Civilization: Reassessing an Idea*, ed. Jeremy Cohen and Richard I. Cohen. Oxford and Portland, OR: Littman Library of Jewish Civilization, 2012.

Myers, Jacob B., ed. *The Anchor Bible, Ezra-Nehemiah*. New York: Doubleday, 1965.

Na'aman, Nadav. *Ancient Israel and Its Neighbours: Interaction and Counteraction. Collected Essays*, vol. 1. Winona Lake, IN: Eisenbrauns, 2005.

Najman, H. "Introduction to Ezra and Nehemiah and Commentaries." In *The Jewish Study Bible: Jewish Publication Society Tanakh Translation*, ed. Berlin, Brettler, and Fishbane. New York: Oxford University Press, 2004.

Needham, Joseph. *Science and Civilization in China*. 10 vols. Cambridge: Cambridge University Press, 1954.

"Nehemia." In *Encyclopaedia Judaica*, 2nd edition. New York: Macmillan, 2007.

Netanyahu, Benzion. *Don Isaac Abrabanel: Statesman and Philosopher*. New York: Varda Books, 2001.

Neusner, Jacob. *The Making of the Mind of Judaism: The Formative Age*. Atlanta: Scholars Press, 1987.

——. *Why Does Judaism Have an Economics?* New London, CT: Connecticut College, 1988.

——. *Introduction to Rabbinic Literature*. New York: Doubleday, 1994.

Nisbett, Richard. *Intelligence and How to Get It: Why Schools and Cultures Count*. New York and London: W.W. Norton, 2009.

Nye, Joseph S. *Soft Power: The Means to Succeed in World Politics*. New York: Public Affairs, 2004.

——. "Picking a President." *Democracy: A Journal of Ideas*, no. 10 (2008): 19 - 28.

Olson, Mancur. *The Rise and Decline of Nations: Economic Growth, Stagflation and Social Rigidities*. New Haven: Yale University Press, 1982.

Oren, Michael. *Six Days of War: June 1967 and the Making of the Modern Middle East*. Oxford: Oxford University Press, 2002.

——. *Power, Faith and Fantasy: America and the Middle East 1776 to the Present*. New York and London: W.W. Norton, 2007.

Paludan, Ann. *Chronicle of the Chinese Emperors: The Reign-by-Reign Record of the Rulers of Imperial China*. London: Thames & Hudson, 2003.

Pan Guang, ed. *The Jews in Asia: Comparative Perspectives*. CJSS Jewish & Israeli Studies Series, vol. I. Shanghai: Shanghai Sanlian, 2007.

Parfitt, Tudor. *The Lost Tribes of Israel: The History of a Myth*. London: Weidenfeld & Nicolson, 2002.

Perdue, Peter D. *China Marches West: The Qing Conquest of Central Eurasia*. Cambridge, MA: Harvard University Press, 2005.

Phillips, Helen. "How Life Shapes the Brainscape." *New Scientist*, November 23, 2005.

Pico della Mirandola, Giovanni. *Oratio de hominis dignitate: De la dignité de l'homme* (A Speech about the Dignity of Man). Translated by Y. Hersant. Paris: Éd. de l'Éclat, 2005. [Latin original]

Pinker, Steven. *How the Mind Works*. New York: W.W. Norton, 1997.

——. *The Blank Slate: The Modern Denial of Human Nature*. New York: Viking, 2002.

Plutarch. "Artaxerxes." 75 BCE. Translated by John Dryden. The Internet Classics Archive. http://classics.mit.edu/Plutarch/artaxerx.html.

Pollak, Michael. *Mandarins, Jews and Missionaries: The Jewish Experience in the Chinese Empire*. Philadelphia: Jewish Publication Society of America, 1980.

Polliack, Meira. "Medieval Karaism." In *The Oxford Handbook of Jewish*

Studies, ed. Martin Goodman. Oxford and New York: Oxford University Press, 2002.

Preston, D.L. "Science, Society and the German Jews: 1870 – 1933." PhD diss., University of Illinois, 1971.

Rabkin, Yakov, and Ira Robinson, eds. *The Interaction of Scientific and Jewish Cultures in Modern Times*. Lewiston and New York: Edwin Mellen Press, 1995.

Radosh, Allis, and Ronald Radosh. *A Safe Heaven: Harry S. Truman and the Founding of Israel*. New York: Harper Collins, 2009.

Rainey, Anson F. "Stones for Bread: Archeology versus History." *Near Eastern Journal of Archaeology*, vol. 64, no. 3 (2001): 140 – 149.

—. *Ranking Port Cities with High Exposure and Vulnerability to Climate Extremes: Exposure Estimates*. OECD. Environment Working Papers No.1, ENV/WKP, 2007.

Ravilious, Kate. "Major Quake, Tsunami Likely in Middle East, Study Finds." *National Geographic News*, July 26, 2007.

Rees, Martin J. *Our Final Hour—A Scientist's Warning: How Terror, Error and Environmental Disaster Threaten Humankind's Future in this Century on Earth and Beyond*. London: Basic Books, 2003.

Reinharz, Jehuda. "Chaim Weizmann, Acetone and the Balfour Declaration." In *The Interaction of Scientific and Jewish Cultures in Modern Times*, ed. Yakov Rabkin and Ira Robinson. New York: Edwin Mellen Press, 1995.

Rinat, Zafrir. "Report: Israel Unprepared for Global Climate Crisis." *Haaretz*, May 8, 2008.

Rising Above the Gathering Storm: Energizing and Employing America for a Brighter Economic Future. National Academy of Sciences, National Academy of Engineering and Institute of Medicine, Washington, 2007.

Robinson, Ira. "Hayyim Selig Slonimsky and the Diffusion of Science among Russian Jewry in the Nineteens Century." In *The Interaction of Scientific and Jewish Cultures in Modern Times*, ed. Yakov M. Rabkin and Ira Robinson. New York: Edwin Mellen Press, 1995.

Rodrigue, Aron. "The Ottoman Diaspora: The Rise and Fall of Ladino Literary Culture." In *Cultures of the Jews: A New History*, ed. David Biale. New York: Schocken, 2002.

Rofé, Alexander. *Introduction to the Literature of the Hebrew Bible*. Jerusalem: Simore, 2009. [Hebrew original]

Romilly, Jacqueline de. *Alcibiade*. Paris: De Fallois, 1995.

Rosenberg, Stephen G. "The Jewish Temple at Elephantine." *Near Eastern Archaeology*, vol. 67, no. 1 (2004): 4 – 13.

Rosman, Moshe. *Founder of Hassidism: A Quest for the Historical Ba'al Shem Tov*. Berkeley, CA: University of California Press, 1996.

Roth, Cecil. *A Life of Menasseh Ben Israel: Rabbi, Printer and Diplomat.* Philadelphia: Jewish Publication Society of America, 1934.

——. *The Jewish Contribution to Civilization.* London: Macmillan, 1938.

Rubin, Alexis, ed. *Scattered Among the Nations: Documents Affecting Jewish History 49 to 1975.* Northvale, NJ: J. Aronson, 1995.

Rudermann, David D. *Jewish Thought and Scientific Discovery in Early Modern Europe.* Detroit: Wayne State University Press, 2001.

Sachar, Howard. *The Course of Modern Jewish History.* New Revised Edition. New York: Vintage, 1990.

Sacks, Jonathan. *Radical Then, Radical Now: The Legacy of the World's Oldest Religion.* London: HarperCollins, 2000.

Saey, Tina Hesman. "Dad's Hidden Influence: A Father's Legacy to a Child's Health May Start before Conception and Last Generations." *Science News*, March 29, 2008.

——. "Epic Genetics." *Science News*, May 24, 2008.

——. "DNA Packaging Runs in Families: Epigenetic Shifts Also Continue Throughout Life." *Science News*, July 19, 2008.

——. "Genome Maps Trace Jewish Origins: Roots of Far-flung Populations Reach Back to the Levant." *Science News*, July 3, 2010.

Safrai, Shmuel. "Elementary Education, Its Religious and Social Significance in the Talmudic Period." In *Social Life and Social Values of the Jewish People*, *Journal of World History*, ed. UNESCO, vol. XI, 1 – 2. Neuchatel, 1968.

Salin, Edgar. *Politische Ökonomie: Geschichte der Witschaftspolitischen Ideen von Platon bis zur Gegenwart* (Political Economy: A History of Economic Policy Theories from Platon to the Present). 5th ed. Tübingen: Mohr Siebeck, 1967. [German original]

Salomon, Jean-Jacques. *Une civilisation à hauts risques* (Civilization at high Risks). Paris: Éditions Charles Léopold Meyer, 2006.

Sarton, George. "Arabic Science and Learning in the Fifteenth Century: Their Decadence and Fall." In *Consejo Superior de Investigaciones Científicas*, *Homenaje a Millás-Vallicrosa*, vol. II, Barcelona: Consejo Superior de Investigaciones Científicas, 1956.

Schalit, Abraham. "Antipater II, or Antipas." *Encyclopedia Judaica.* 2nd edition, vol. 2. New York: Macmillan Reference, 2007.

Scheindlin, Raymond P. "Merchants and Intellectuals, Rabbis and Poets." In *Cultures of the Jews: A New History*, ed. David Biale. New York: Schocken, 2002.

Schmelzer, Menachem H. *Studies in Jewish Bibliography and Medieval Jewish Poetry.* New York: Jewish Theological Seminary of America, 2006.

Schoenfeld, Andrew J. "Sons of Israel in Caesar's Service: Jewish Soldiers in the Roman Military." *Shofar: An Interdisciplinary Journal of Jewish Studies*, vol. 24, no. 3 (2006): 115 – 126.

Scholem, Gershom. *Die Jüdische Mystik in ihren Hauptströmungen* (Major Trends in Jewish Mysticism). Zürich: Suhrkamp, 1957. [German original]

—. *Sabbatai Sevi: The Mystical Messiah*, 1626 – 1676. Princeton: Princeton University Press, 1973.

Schwarzbach, Bertram Eugene. "Nicolas-Sylvestre Bergier: Historien révisioniste de Judaisme" (A Revisionist Historian of Judaism). In *La république des lettres et l'histoire de Judaisme antique*, XVIe – XVIII siècles, ed. C. Grell, Paris: Presses de l'Universite Paris-Sorbonne, 1992. [French original]

Segrè, Cesare, and Sara Ferrari, eds. *Forte come la morte è l'amore: Tremila anni di poesia d'amore ebraica* (Strong like the Death and Love: Three Thousand Years of Hebrew Love Poetry). Livorno: Belforte, 2007. [Italian and Hebrew original]

Seitz, Christopher R. "Account A and the Annals of Sennacherib." *Journal of the Study of the Old Testament (JSOD)*, no. 58 (1993).

Shea, Christopher. "The Nature-Nurture Debate, Redux: Genetic Research Finally Makes Its Way into the Thinking of Sociologists." *The Chronicle of Higher Education: The Chronicle Review*, September 1, 2009.

Shterenshis, Michael. *Tamerlane and the Jews*. London: Routledge, 2002.

Silverstein, Adam. "From Markets to Marvels: Jews on the Maritime Route to China ca. 850 – ca. 950 CE." *Journal of Jewish Studies*, vol. LVIII, no. 1 (2007): 91 – 104.

Simes, Dimitri. "Losing Russia: The Costs of Renewed Confrontation." *Foreign Affairs* (2007): 36 – 52.

Singer, D., and D. Grossman, eds. *American Jewish Yearbook*. New York: AJC, 2008.

Sivan, Emmanuel. *Mythes Politiques Arabes* (Arab Political Mythmaking). Paris: Fayard, 1995. [Hebrew original]

Slezkine, Yuri. *The Jewish Century*. New York: Princeton University Press, 2004.

Sofer, Moshe Ben Shmuel. *Responsa of the Chasam Sofer*. Bratislava, 1841. [Hebrew original]

Solomon, Norman. "The Ethics of War: Judaism." In *The Ethics of War: Shared Problems in Different Traditions*, ed. Richard Sorabji and David Rodin, Hampshire: Ashgate Publisher, 2006.

Soloveitchik, Haym. "Rupture and Reconstruction: The Transformation of Contemporary Orthodoxy." In *Jews in America: A Contemporary Reader*, ed. Roberta R. Farber and Chaim I. Waxman, Hanover and London: University Press of New England for Brandeis University Press, 1999.

Soloveitchik, Joseph B. *Fate and Destiny: From the Holocaust to the State of Israel*. Hoboken, NJ: Ktav, 1992.

Sombart, Werner. *Die Juden und das Wirtschaftsleben* (The Jews and the Economy). Leipzig: Duncker und Humblot, 1911. [German original]

Sorabji, Richard, and David Rodin, eds. *The Ethics of War: Shared Problems in Different Traditions*. Hampshire: Ashgate Publishers, 2006.

Sorokin, Pitirim Aleksandrovič. *Social and Cultural Dynamics: A Study of Change in Major Systems of Art, Truth, Ethics, Law and Social Relationships*, 4 vols. 1937 – 1941; rev. and abridged in 1 vol. by the author. Boston: Transaction Publishers, 1957.

Spengler, Oswald. *Der Untergang des Abendlandes: Umrisse einer Morphologie der Weltgeschichte* (The Decline of the Occident: A Morphology of World History). 1922, 16. Ausg. München: Deutscher Taschenbuch Verlag, 2003. [German original]

Spinoza, Benedictus de. *Spinoza: Complete Works*. Translated by S. Shirley. Edited by M. L. Morgan. Indianapolis: Hackett, 2002. [Latin original]

—. "Ethics." In *Spinoza: Complete Works*, translated by S. Shirley, edited by M. L. Morgan. Indianapolis: Hackett, 2002. [Latin original]

—. "Theological-Political Treatise." In *Spinoza: Complete Works*, translated by S. Shirley, edited by M. L. Morgan. Indianapolis: Hackett, 2002. [Latin original]

Spiro, Ken. WorldPerfect: *The Jewish Impact on Civilization*. Deerfield Beech/ Florida: Simcha Press, 2002.

Ssu-ma Ch'ien [Sima Qian, Se-Ma Ts'ien]. *Records of the Grand Historian of China*, *vol. I: Early Years of the Han Dynasty 209 to 141 B.C.* Translated from the Shih chi of Ssu-ma Ch'ien by Burton Watson. New York: Columbia University Press, 1961. [Chinese original]

—. *Les Mémoires Historiques de Se-Ma Ts'ien*. Trad. et annotés par Edouard Chavannes, 6 vols., 1895 – 1905. New print: Paris: Librairie d'Amérique et d'Orient Adrien Maisonneuve, 1967. [Chinese original]

—. *Records of the Grand Historian. Han Dynasty II*. Translated by Burton Watson. Rev. ed. Hong Kong: Renditions Press, 1993. [Chinese original]

Steiner, George. *My Unwritten Books*. New York: New Directions Publishing, 2008.

Steinsalz, Adin. *We Jews: Who Are We and What Should We Do?* San Francisco: Jossey-Bass, 2005.

Stern, Menahem. "The Period of the Second Temple." In *A History of the Jewish People*, ed. Ben-Sasson. Cambridge: Weidenfeld &. Nicolson, 1976.

Stern, Selma. *Josel von Rosheim: Befehlshaber der Judenschaft im Heiligen Römischen Reich Deutscher Nation* (Commander of Jewry in the Holy Roman Empire of German Nation). Stuttgart: Deutsche Verlags-Anstalt, 1959. [German original]

—. *L'Avocat des Juifs: Les tribulations de Yossel de Rosheim dans l'Europe de Charles Quint* (Attorney of the Jews: The Tribulations of Yossel of Rosheim in the

Europe of Charles Quint). Edited by F. Raphaël and M. Ebstein. Strasbourg: La Nuée bleue, 2008. [German original]

Stewart, Matthew. *The Courtier and the Heretic: Leibniz, Spinoza and the Fate of God in the Modern World*. New York: W.W. Norton, 2006.

Strassler, R., R. Thomas, and A. Purvis, eds. *The Landmark Herodotus: The Histories*. New York: Pantheon, 2007.

Sun Tzu. *The Art of War*. Translated by Thomas Cleary. Boston: Shambhala, 1991. [Chinese original]

Tadmor, H. "The Period of the First Temple, the Babylonian Exile and the Restoration." In *A History of the Jewish People*, ed. Ben-Sasson. Cambridge: Weidenfeld & Nicolson, 1976.

Tainter, Joseph A. *The Collapse of Complex Societies*. Cambridge: Cambridge University Press, 1988.

Thomas, Mark G., Karl Skorecki, Haim Ben-Ami, et al. "Origins of Old Testament priests." *Nature*, vol. 394 (1998): 138 – 140.

Thorstein, Veblen. "The Intellectual Pre-Eminence of Jews in Modern Europe." *Political Science Quarterly*, vol. 34, no. 1 (1919): 33 – 42.

Thucydides, *History of the Peloponnesian War*. Translated by R. Warner. London: Penguin Books, 1972. [Greek original]

——. *Hobbes' Thucydides*. Edited by R. Schlatter. New Brunswick, 1975. [Greek original]

Thukydides. *Geschichte des Peloponnesischen Krieges* (History of the Peloponnesian War). Translated by G. P. Landmann. Zürich, 1960. [Greek original]

Toch, Michael. *Juden im mittelalterlichen Reich* (Jews in the Medieval Empire). München: R. Oldenbourg, 1999.

Toynbee, Arnold. *A Study of History*, 12 vols. London and New York: Oxford University Press, 1934 – 1961.

Trigano, Shmuel. *L'Avenir des Juifs de France* (The Future of the Jews in France). Paris: Grasset, 2006. [French original]

Trotsky, Leon. "On the 'Jewish Problem'." *Class Struggle*, vol. 4, no. 2 (February 1934), available at The Albert and Vera Weisbrod Internet Archives, www.weisbord.org.

Tuchman, Barbara. *Bible and Sword: How the British Came to Palestine*. London: Macmillan, 1957.

——. *The Zimmermann Telegram*. New York: Ballantine Books, 1958.

Turchin, Peter. *Historical Dynamics: Why States Rise and Fall*. Princeton and Oxford: Princeton University Press, 2003.

Tylor, Edward Burnett. *Primitive Culture: Researches into the Development of Mythology, Philosophy, Religion, Art, and Custom*. Cambridge: J. Murray, 1871.

Unz, Ron, "The Myth of American Meritocracy: How Corrupt are Ivy League Admissions?", *The American Conservative*, November 28, 2012.

Urbach, Ephraim E. *The Sages, Their Concepts and Beliefs*, 2 vols. Translated by Israel Abrahams. Jerusalem: Magnes Press, 1975. [Hebrew original]

—. *The Halakhah, Its Sources and Development*. Translated by Raphael Posner. Ben Sheman: Modan, 1986. [Hebrew original]

Vana, Liliane. "La birkat ha-minim est-elle une prière contre les Judéo-Chrétiens?" (Is the birkat ha-minim a prayer against Judeo-Christians?), In *Les Communaut réligieuses dans le monde Gréco-Romain: Essai de définition*, ed. N. Belayche et al. Turnhout: Brepols, 2003. [French original]

Vasari, Giorgio. *Vies des artistes: Vies des plus excellents peintres, sculpteurs et architects* (Life of the Artists: Lives of the Most Excellent Painters, Sculptors and Architects). Trad. L. Leclanché et Ch. Weiss. Paris: Grasset, 2007. [Italian original]

Verband der Deutschen, Juden, ed. *Soziale Ethik im Judentum* (Social Ethics in Judaism). Frankfurt am Main: J. Kauffmann, 1914.

Vico, Giambattista. *New Science: Principles of the New Science Concerning the Common Nature of Nations*. 3rd ed., 1744. Translated by D. Marsh. New York: Penguin, 2001. [Italian original]

Voltaire. "Sermon des cinquante." (1752) In *Mélanges*, Paris: Gallimard, 1961. [French original]

—. *Essai sur les moeurs et l'esprit des nations* (An Essay about National Customs and Mentalities) (*1756*). Edited by R. Pomeau. Paris: Garnier, impr., 1963. [French original]

Volkman, Ernst. *Science Goes to War: The Search for the Ultimate Weapon, from Greek Fire to Star Wars*. New York: Wiley, 2002.

Wald, Shalom Salomon. *Geschichte und Gegenwart im Denken Alfred Webers: Ein Versuch über seine soziologischen und universalhistorischen Gesichtspunkte* (History and the Present in the Reflexion of Alfred Weber: An Essay about his Historical and Sociological Perspectives). Zürich: Polygraphischer Verlag, 1964. [German original]

—. *China and the Jewish People: Old Civilizations in a New Era*. Jerusalem and New York: Gefen Publishing House Ltd, 2004.

—. "'Studies on the Confucianisation of the Kaifeng Jewish Community': A Critical Commentary." *Journal of Jewish Studies*, vol. 62, no. 2 (2006).

—. "Chinese Jews in European Thought." In *Youtai: Presence and Perception of Jews and Judaism in China*, ed. Peter Kupfer. Frankfurt am Main: Peter Lang, 2008.

Ward-Perkins, Bryan. *The Fall of Rome and the End of Civilization*. New York: Oxford University Press, 2005.

Warhaftig, Zorach. *Refugee and Remnant: Rescue Efforts during the Holocaust*. Jerusalem: Yad Va'Shem, 1984. [Hebrew original]

Watson, Burton. *Ssu-ma Ch'ien*, *Grand Historian of China*. New York: Columbia University Press, 1958.

Weber, Alfred. *Kulturgeschichte als Kultursoziologie* (History of Culture as Sociology of Culture). München: Piper, 1951. [German original]

Weber, Max. *Die Wirtschaftsethik der Weltreligionen* (The Economic Ethics of World Religions). Teil 1: *Konfuzianismus und Taoismus*; Bd. 2, Teil 2: *Hinduismus und Buddhismus*; Bd. 3, Teil 3: *Das Antike Judentum*, 4. Aufl. Tübingen: J. C. B. Mohr, 1947.

——. *Gesammelte Aufsätze zur Religionssoziologie*, Bd. 1: *Die Protestantische Ethik und der Geist des Kapitalismus* (Collected Essays on the Sociology of Religion). Edited by Dirk Kaesler. München: Verlag C. H. Beck, 2006. [German original]

Weiser, R., and R. Plesser, eds. *Treasures Revealed: From the Collections of the Jewish National and University Library in Honor of the 75th Anniversary of the Hebrew University of Jerusalem 1925 – 2000*. Jerusalem: R. Plesser, 2000.

Weizmann, Chaim. *Trial and Error: The Autobiography of Chaim Weizmann*. Westport, CT: Greenwood Publishing Group, 1972.

Wellhausen, Julius. *Geschichte Israels* (Prolegomena about the History of Israel). Berlin: Reimer, 1878. [German original]

Westenholz, J. Goodnick, ed. *The Jewish Presence in Ancient Rome*. Jerusalem: Bible Lands Museum, 1994.

Wildavsky, Aaron. *Moses as Political Leader*. Jerusalem: Shalem Press, 2005.

Wilson, David Sloan, and Edward O. Wilson. "Survival of the Selfless." *New Scientist*, October 31, 2007.

Wisse, Ruth R. *Jews and Power*. New York: Knopf Group, 2008.

Wolfe, Irving. "Velikovsky and Catastrophism: A Hidden Agenda?" In *The Interaction of Scientific and Jewish Cultures in Modern Times*, ed. Yaakov Rabkin and Ira Robinson. New York: Edwin Mellen Press, 1995.

Wouk, Herman. *The Language God Talks: On Science and Religion*. New York: Little Brown, 2010.

Yassif, Eli. "The 'Other' Israel." In *Cultures of the Jews: A New History*, ed. David Biale, New York: Schocken 2002.

Yehuda, Rachel, W. Blair, E. Labinsky, and L. M. Bierer. "Effects of Parental PTSD on the Cortisal Response to Dexamethasone Administration in Their Adult Offspring." *American Journal of Psychiatry*, vol. 164, no. 1 (2007).

Yerushalmi, Yoseph Hayim. *Zakhor: Jewish History and Jewish Memory*. Seattle and London: University of Washington Press, 1996.

Zerubavel, Yael. *Recovered Roots: Collective Memory and the Making of Israeli National Tradition*. Chicago and London: University of Chicago Press, 1997.

Zhang Ligang. "The Understanding and Attitude of Chinese Society Towards the

Kaifeng Jews." In *Youtai: Presence and Perception of Jews and Judaism in China*, ed. Peter Kupfer. Frankfurt am Main: Peter Lang, 2008.

Zlotogora, Joel, Gideon Bach, and Arnold Munnich. "Molecular Basis of Mendelian Disorders among Jews." *Molecular Genetics and Metabolism*, vol. 69, no. 3 (2000): 169 – 180.

Zobel, Moritz. *Gottes Gesalbter: Der Messias and die Messianische Zeit in Talmud und Midrasch* (God's Anointed: The Messiah and Messianic Times in Talmud and Midrash). Berlin: Im Schocken Verlag/Judischer Buchverlag, 1938. [German original]

附录一　供决策者参考的框架

　　本书为那些相信可以从历史中吸取教训的人提供了一个知识框架。历史可以成为做出影响未来的复杂决定的重要因素。写作本书前，我心里并没有一份政策目录，但本书支持许多基础广泛的政策优先事项，以实现一个繁荣的犹太民族的未来。犹太民族和以色列的决策者可能会将此作为一个平衡而全面的起点，以提出更具体的政策建议。

术语界定

犹太文明

　　今天，无论是"宗教"还是"国族"（nation）都不能全面描述犹太人的方方面面，因此我们称犹太教为"文明"。"文明"一词假定了犹太历史某种程度的统一性。在犹太文明中，我们囊括了古代以色列和犹太民族的整个历史："文明"是一条穿越时间和跨越空间的纽带。"犹太民族"，或"民族性"（peoplehood，这是个新词），是犹太文明的载体。"犹太文化"一词在时间和空间上有较大的局限性，是指犹太民族的某个分支在某个时期内的生活方式和思想方式。"文化"包括一切与犹太身份相关的言论、文字或行为，哪怕只是在松散的意义上相关。在各犹太社群与各自环境中的文化、语言和宗教的互动过程中，出现了各种各样的犹太文化。

兴起与衰落

将一个时期说成是"兴起"或"衰落"，以及介于两者之间的"繁荣"，可以是一种与政治议程相联系的价值判断。然而，在许多情况下，兴衰可以通过目击者、统计数据或考古发掘来证实。对兴衰的印象式定义与经验论的、基于数据的定义可以重叠和互补。一切历史都可以从兴衰的角度审视，几千年来，文明、宗教、民族、国家、城市都在兴衰、消亡。我们已经从这个角度审视了犹太人的历史。《圣经》和拉比传统认为有些时期在兴起，有些时期在衰落。对于许多文明和国家来说，衰落和消亡是终局。而对其他民族来说，比如对犹太人来说，过去的衰落引发了深刻的变革，确保了新的崛起。

"繁荣"的文明

在理想情况下，"繁荣"的文明是政治力量和军事力量、经济繁荣和文化创造力相吻合的文明。这样的时期通常称为"黄金时代"。黄金时代是罕见的，不会持续很长时间，往往以内部衰败、动乱或战争而告终。生活在这样一个时代的人极少认识到他们的时代是"黄金般的"。有些人一直渴望神话般的黄金时代，但仔细观察，其实并没有那么黄金。今天，许多迹象表明，犹太人（至少是绝大多数犹太人）在1948年之后进入了一个新的"黄金时代"。

驱动力

驱动力是影响或决定文明兴衰的一个因素。这是从信息学中借用的一个术语。

犹太文明兴衰的十二大驱动力

基于对23位古代和近现代文明史学家的回顾，本书确定了12个重要的兴衰驱动力。虽然其中许多在人类历史上很重要,但这 12 个驱动力组合起来对今天的犹太人特别重要,因为它直接针对他们目前的优势和劣势。除了可能丧失身份和大规模杀伤性武器带来的巨大危险外,没有一个驱动力会在孤立于所有其他驱动力的情况下起决定性作用。正是这些驱动力的协同作用,以及它们受到刻意政策影响的方式,将决定犹太民族的未来。

1. 身份与传统

全球化的世纪使许多文明的特性和传统受到质疑。在过去,犹太人的身份是由宗教确保的,亦即由宗教仪式、信仰和每年对重大历史事件的庆祝纪念活动的混合体来确保。对大多数犹太人来说,现在已经不是这样了。

如何界定和维护身份和传统,同时有效地适应世界不断变化的现实,这一问题不仅当前而且将在很长一段时间内都是对犹太政策最重要的挑战。在以色列(犹太身份在此不是可以自动确保的)和散居地维持犹太人的身份,需要采取各种政策措施,有些类似,有些则不尽相同。加强以色列和犹太世界之间的联系将有助于维护双方的身份。皈依犹太教的问题,例如宗教正统观念所施加的限制以及与异族通婚可能对身份构成的危险,将变得越来越重要。

2. 政治领导力与治理的质量

许多历史学家断言,文明和国家的命运掌握在领导人手中。正如 20 世纪的历史再次揭示的那样,领导人对兴衰负有很大的责任。这在犹太历史上也经常如此,不管结果是好是坏。

今天,犹太民族政治领导人的素质和执政能力令人担忧。以色列和犹太民族承受不起不合格或无能的领导人,因为犹太人面临的外部局势仍然岌岌可危。在政治选拔过程、选举制度、杰出领导人获得和掌握权力的能力、治理的总体质量、腐败的普遍存在以及基本的长远政策的落实方面都存在严重问题。

3. 教育、科学与技术方面的领导力

世界的未来将在很大程度上取决于那些拥有最高教育水平和掌握科学技术进步的国家的发展。犹太人自古以来就是受过最良好教育的民族之一，他们在 20 世纪是科学技术的引领者。他们的相对优势现在可能正在缩小。然而，以色列在科技创新方面的成就将影响其未来在地缘政治力量组合中的地位。以诺贝尔奖获得者的数量来衡量，世界各地犹太人的成就将极大地影响他们的全球地位。

提高犹太人各阶层的普通教育水平，特别是他们在以色列的普通教育水平，并保持在科学和技术方面的引领作用，应该是一项主要的优先政策。以色列的政策应该加强科学技术对年轻人的吸引力。

4. 朋友、盟友与全球视野

处境艰难的小民族需要朋友和盟友。犹太人过去有朋友，从波斯国王居鲁士到英国的贝尔福勋爵。他们和其他人在关键时刻支持了犹太人。犹太人今天也有强大的朋友，但如同过去一样，他们的政治观点往往仍然过于局限、局部和短视。

随着全球力量平衡的转变，犹太人和以色列必须在传统的朋友和盟友之外寻找新的朋友和盟友，例如在亚洲新兴大国中寻找。除其他资源外，文化资产（"软实力"）可用于这一目的。

5. 经济繁荣

经济繁荣是许多驱动力如人口、军事霸权和科学技术的重要基

础。它也有助于维持犹太人的宗教和文化创造力。过去的繁荣往往基于高水平的知识和技能、国际网络和创新创业的天赋。教育维持了经济繁荣，经济繁荣又资助了教育。今天，经济繁荣既是教育、科学和技术繁荣的原因，又是其结果。世界各地的教育水平不断提高，国际网络也越来越普及，这将影响并可能削弱犹太人和以色列的竞争优势。

经济和教育政策必须以保持和提高竞争优势为目标。如果缺少必须尽快开始的大规模教育改革，以色列的长期经济增长就无法得到保证。

6. 人口：数量的力量

以色列的犹太人口正在缓慢增长，而散居地犹太人口似乎在减少。最终结果是停滞。犹太人更需要临界数量，这在以色列是为了国防和维持多数，而在世界各地是为了文化创造力和政治影响力。

人口停滞是一个可以解决的关键弱点。以色列应设立一个高级别政府职位，以表明这一问题的紧迫性。今天的人口统计不仅限于统计人数，还要包括定性标准，如身份和精神意义。

7. 团结与情感纽带

历史哲学家奥斯瓦尔德·斯宾格勒认为犹太人具有"默契共识"。他说，犹太人是通过情感纽带联系在一起的，而这种纽带不能用诸如共同语言或领土等纯粹的理性因素来解释。他认为，随着欧洲启蒙运动的发展，这类情感纽带开始减弱，并将完全消失，因为犹太人与正在走向没落的西方世界有着千丝万缕的联系。到目前为止，犹太人的历史还没有证实他的预言。有许多教育、心理、进化和生物的因素可以形成"默契共识"。

强化情感或超理性的纽带将大大有助于确保犹太人的身份（见驱动力1），但我们还不知道如何做到这一点，甚至不知道如何解释这种纽带。决策者必须对这一领域的新科学发现保持开放态度。

8. 军事优势

军事优势与以色列的生存休戚相关，而对散居地犹太人来说只有间接的重要性。犹太人在整个上古时代都表现出了军事实力，在现代以色列也有同样的表现。在犹太人没有军事力量的漫长时期里，他们经常面临巨大的威胁，这些威胁的高潮是纳粹大屠杀。鉴于当今世界的状况，以色列不可能很快放弃其军事素质。在备战的同时争取和平是许多国家的命运。

以色列必须继续生活在渴望和平和准备战争之间的紧张局势中，必须加强其社会的复原能力。在需要不断研究和创新以应对国防技术挑战的同时，还必须应对两个更广泛的挑战：实际上有利于非国家行为者的国际战争法和不足以阻止大规模杀伤性武器扩散的全球安全框架。

9. 不可预见的事件

马基雅维利说，不可预见的"命运"，或偶然事件，主导了一半的历史。因此，他补充道，更重要的是要为另一半做好准备，即为可预见和可控的部分做好准备。和其他许多民族一样，犹太人经常对不可预见的事件感到惊讶。他们已经习惯了短期的见风使舵，以至于有些犹太人认为这是值得称赞的民族才能，而不是缺点。

一个处境危险的民族（例如犹太人）应该寻找方法，以减少他们暴露在不可预见的事件之中的风险。犹太人的政治习惯和组织能力不足以应付这些事件和危机。

10. 内部分歧

内部的异议对许多文明的毁灭具有推波助澜的作用，但不包括犹太文明。从早期《圣经》时代开始,犹太人的历史就伴随着异议和争论。异议一直是宗教和文化创造力的源泉。其原因是,与基督徒和穆斯林相比,犹太宗教领袖普遍缺乏摧毁内部分歧的政治权力和司法权力。但是,在危机时期,如果异议妨碍了联合行动,那么它也可能具有破坏性。

目前,异议的表现形式多种多样。一是以色列宗教与非宗教力量之间的紧张关系。二是以色列和美国犹太群体(特别是年轻人)可能会越来越疏远,我们必须面对其政治后果以及其他后果。

11. 妇女地位

人们越来越认识到,一个文明的未来力量和影响将在很大程度上取决于妇女在社会中的地位。由于没有明确的历史先例,目前正在进行的性别革命究竟将如何影响文明的兴衰尚不得而知。

许多人同意,必须提高妇女在犹太社会中的等级和地位。这可能包括政治代表权、宗教权利、劳动力市场参与度、教育程度等。

12. 自然的力量: 灾难预防

这一驱动力对以色列至关重要,但对整个犹太民族来说却不是那么重要。目前还没有重大的自然灾害影响到犹太人的历史,但这种情况可能会改变。以色列处在地质不稳定的地区,可能会面对大地震甚至海啸。海平面上升会影响到地中海东岸。预计中东地区将面临日益严重的水资源短缺,环境战或生物战疫情也有可能出现。

必须提高与完善对自然灾害的预测能力和应对准备工作,特别是要预防地震。

像所有其他文明一样,犹太文明已经并将继续受到全球问题和危险的制约，而它无法对此施加直接影响。全球危险的出现，并不意味着加强个别文明的措施将是无效的因而也就不用急着加强这些措施。相反，在全球危机和动荡的情况下，加强认同、团结、军事力量、教育、科技等方面的政策将变得更加重要。

如何评估目前的兴衰状态

"犹太人是在兴起还是在衰落？"这个问题没有简单的答案。他们在中东的政治、经济和军事实力达到了历史的最高点，他们在美国还有重要的政治实力和强大的文化影响力，在其他许多国家也有影响力。鉴于历史上的兴衰交替，决不能忽视犹太人可能从目前的高峰滑落的危险，这种危险在一定程度上是可以预见和限制的，但不能不加以预防。朝着这个目标努力的起点，取决于每个驱动力之于其他驱动力的相对重要性，以及每个驱动力各自的优势或劣势。相对重要性以及优势、劣势都在不断变化，它们也取决于决策者和专家的不同评价。因此，我们不可能按重要程度对驱动力进行客观、长期的排名。12 个驱动力应被解读为一个从宏观历史方法中衍生出来的通用模型，应该能为决策者自行评估提供一个全面的视角。

原则上是否有可能客观地评估每个驱动力的现状和可能的趋势？对于其中的三个驱动力（科学技术、经济和人口），随着时间的推移，精确的统计测量和比较是可能的。有三个驱动力（政治领导力、盟友和军事优势）可以通过合格的专家和国际比较来评估，尽管不总是同样精确。对于另外两个驱动力（身份和团结），民意调查提供了一些答案。剩下的四个驱动力极难评估：不可预见的事件在定义上就是不可预测的；内部分歧既包含了创造性的趋势，也包含了破坏性的趋势；灾难同样如此，有些可以预测，有些无法预测；而妇女对文明日益增长的影响，可供借鉴的历史先例太少。一个所有 12 个驱动力都在其中呈现出"正面影响"的文明很可能从未实际存在过,只在乌托邦中才有。一个所有 12 个驱动力都在其中呈现出"消极影响"的文明可能存在过,但只存在了很短时间,因为这样的文明必然走向立即崩溃。至于犹太文明目前和未来可能的状况,决策者和专家不妨通过反思这一模型来评估每个驱动力的趋势,得出自己的结论。

附录二 犹太人的创造力贯穿了各个时代——那么在"新冠"时代呢？（2021）

创造力意味着改变和创新,产生新的产品和想法。在近现代,犹太人的创造力伴随着歧视的结束而爆发,但其创造力甚至在《圣经》时代就已存在了。焦虑、教育和多元文化观是创造力的驱动力。新型冠状病毒的大流行和反犹主义正在加剧人们的焦虑,因此可能会激发犹太人的创造力。

什么是创造力？

新冠病毒的危机可能对整个世界以及犹太人民和以色列产生重大的、变革性的影响。如果以犹太史为鉴,这场流行病可能会在许多领域激发犹太人的创造力,自第二次世界大战和纳粹大屠杀以来,还没有其他任何事件能够这样。

什么是创造力？定义比比皆是。创造力是改变和创新之母,是组合来自许多不同来源的知识以产生新想法和新产品的意志。在最基本的层面上,创造力是一个生物学概念。所有的生命形式都追求长寿,无论是个体的长寿还是群体的长寿。环境总在变化,生命必须不断地适应。动物在5亿多年里不断变化着,不仅是为了适应新气候,也是为了避免被其他动物吃掉。生物学家认为弱肉强食（predation）

是动物进化的一个关键原因。牵强吗? 更广泛意义上的"弱肉强食"也可以解释许多人类的创造力。

然而,在有些例子中,创造力也意味着静止不动。只要环境非常稳定,而且敌人在大多数时候都很遥远,拒绝改变有时可以保证长寿。法老时代的埃及就是一个显著的例子。它历时将近 3300 年,在宗教、语言、文字、艺术、经济以及统治方面都没有发生革命。但是当古埃及遇到完全不同的世界文明,即希腊文明、罗马文明、基督教文明时,它很快就崩溃了,没有留下鲜活的痕迹,只有令人印象深刻的废墟。部分极端正统派犹太教徒是另一个更贴近的例子。从 18 世纪开始,这些人就通过阻碍变革来追求永恒。但是当一个凶残的敌人到来后,他们却无法把握现实,许多人能逃跑时却没有逃跑。在纳粹占领的地区,几乎所有能辨认出来的正统派犹太人都被消灭了。今天以色列的极端正统派犹太人(Haredim)声称自己遵循了东欧模式,他们的拒绝改变是一种危险的生存策略。

犹太教总是"有创造力的"吗?

创造力是犹太人的一种历史属性吗? 对这个问题的争论自古就有,只不过是以不同的名义进行的。"创造力"是 20 世纪的术语,之前在英语词汇中并不存在。大约在公元 90 年,犹太历史学家弗拉维乌斯·约瑟夫斯反驳了埃及的反犹主义者阿庇安,争辩说犹太人的宗教优于所有其他宗教,说犹太人当中产生了世界上最伟大的哲学家。他称赞犹太人更有"创造力",但在他使用的阿拉姆语和希腊语中,"创造"仅限于神的行为,而非人的行为。

1919 年,美国社会学家托尔斯坦·韦布伦发表了一篇研究论文,题为《现代欧洲犹太人在智识上的卓越》。智力优势是创造力的关键条件。然而,断言犹太人比其他人拥有更多智识是不可取的。已兴起的一场广泛的讨论于是顶着一个无伤大雅的标题继续进行。"犹太人对文明的贡献"无论在学界还是民间都成了一个热点。

19世纪末，基督徒学者和犹太学者就希伯来《圣经》的"原创性"展开了一场争论。例如，安息日到底是谁发明的？究竟是像犹太人声称的那样是他们发明的？还是像德国和英国的基督教新教徒试图证明的那样，是犹太人从古巴比伦人那里拿来的？犹太人的思维方式或基因里是否有某种与生俱来的东西，可以解释其长期的创造力？还是几个世纪以来相似的外部条件产生了相似的结果？回答这些问题是困难的，因为创造力的定义灵活多变，且以价值观为基础。今天，每个人都看重第七天的休息日。但历史上并非人人都这么想。罗马哲学家塞涅卡就对犹太人的宗教不屑一顾，嘲笑他们因此浪费了七分之一的生命。

可以相对客观地做出评估的，是一种文明的持续时间，它所忍受的种种灾难，以及信仰、宗教实践和语言的关键部分能否经过这些破坏而幸存。照这些标准看，古代以色列、犹太地和犹太人可以被称为一个持续的、"创造性"的文明。这个文明在经历了第一圣殿和第二圣殿毁灭的两次灾难性破坏之后，重新出现，并发生了深刻转变。今天，犹太教正处于第三次仍在进行的破坏之中，这次破坏在纳粹大屠杀和以色列国建立时达到了顶峰。

"犹太人对文明的贡献"的争论仍在继续

从20世纪中期开始，新一轮关于"犹太人的贡献"的出版物源源不断地问世，这些作品无论在总体上还是在具体领域都聚焦近现代。其中许多都是针对反犹主义的自我辩护性质的回应。它们反复引用的统计数据就包括四分之一或更多的诺贝尔奖得主是犹太人等等。尤里·斯廖兹金2004年的著作《犹太人的世纪》广受读者欢迎。关于

"犹太人的贡献"的书籍有个共同之处：它们都把犹太人的创造力视为一种特殊的近现代现象。

18世纪后半叶开始的犹太人的解放运动推动了犹太人在欧洲的创造力,当时对犹太人封闭的职业道路开始向他们敞开；犹太人在美国的创造力则始于1945年后,这时社会经济和教育领域内对犹太人的歧视被消除了。犹太人被压抑的对认可和成功的需求一旦得到释放,他们的创造力便在各个方面爆发出来。托尔斯坦·韦布伦的结论是,犹太人的"卓越"将随着对他们的歧视的消失而一起消失。一旦犹太人获得平等的权利,包括拥有自己的国家,他们便不再需要出类拔萃,而变得泯然众人矣。犹太复国主义的胜利将终结犹太人的创造力(此文写于1919年!)。到目前为止,犹太人的创造力还没有结束,推动创造力的压力也没有结束。

创造力的驱动力和条件

创造力是得到公众或统治者支持的出类拔萃者的天赋。它通过与其他有创造力的人接触而激发出来。"有创造力的国家"就是拥有一些有创造力的人的国家。这些人往往出现在重大历史性变化之前、期间和之后。研究他们的传记,古时难,现时易。许多心理和社会条件鼓励了创造力的产生。

(1) **焦虑**是犹太人创造力的主要驱动力。它产生于压力、压迫、边缘化、排斥、歧视、迫害、驱逐、逃亡、战争、种族灭绝,以及对所有这些的持久、跨代的记忆。诺曼·莱布雷希特最近一本书的书名精炼概括了这点:《天才与焦虑——犹太人如何改变了世界1847—1947》(2019)。

(2) **好奇心**是第二个驱动力,是焦虑的必然结果。英国18世纪著名作家约翰逊博士曾说:"慷慨而高尚的心灵……以高度的好奇心为特征。这种好奇心……在研究外国的法律和习俗时用得最多。"不问问题的焦虑是没有创造力的。犹太人很好奇。所有预言、目睹了第一圣殿被毁，或者在圣殿被毁后幸存下来的伟大的以色列先知都不断在问为什么，为什么。纳粹大屠杀幸存者普里莫·莱维写的最著名的书《这是不是个人？》(1947)提出了一个又一个问题，甚至它的标题也是一个问题。

（3）**教育**是使创造力成为可能的首要条件。正如创造力的定义所说，"组合来自许多不同来源的知识"，需要接受大量的教育。1933年前德国犹太人和1945年后美国犹太人的数据显示，通过对科学、经济、艺术和文学等方面的贡献来衡量，教育表现和创造力之间存在关联。教育是创造力的必要条件，但仅有教育还不够。

（4）**文化多样性**是使创造力成为可能的第二个条件。这意味着要熟悉不止一种文化、语言和传统，能意识到一个问题可以从不同角度看和不止一种解决方案。《塔木德》里的讨论鼓励人们为同一个问题给出不同的答案，而犹太人历史上无数次的迁移把来自多种语言和文化的知识赋予了犹太文化。

以上四个因素并不能穷尽创造力的全部驱动力和条件。并非所有知识都来自课堂，有些来自潜意识，可以随着**灵感**而闪现。文艺复兴时期的传记作家瓦萨里描述了列奥纳多·达·芬奇如何在作画前等上几个小时以获取灵感。此外，我也没有把**智力**作为创造力的一个条件。这个问题在政治上具有爆炸性。显然，人的一半智力依靠遗传，超过40个基因与遗传相关。对犹太人和以色列人来说，焦虑这个因素——其症状是可见的——已经作为创造力的一种强大的潜在驱动力重新出现了。与当前的新冠疫情一道，全球反犹主义的抬头正在危及散居地犹太人的和平与安全，而对以色列生存的威胁从未消失。此外，就业危机将让教育的重要性更加突出，教育是使创造力成为可能的首要条件。危机四伏能激发创造力。这已经在医疗和制药领域显示出来,以色列和犹太人在疫情中对科学、创新和卫生保健的新贡献得到了广泛认可。在 2020 年这个灾难年,新冠病毒的挑战也能对以色列高科技行业的显著扩张以及以色列高科技产品出口的持续增长发挥作用。科学、技术和金融领域的联动与合作在全球以及犹太世界持续增长——这对高科技是利好的。但文化却遭了殃。这场危机对文学、艺术、音乐和电影的创造性影响要过很多年后才能显现,而政治后果的显现可能需要更长时间。公众对政治的不满正在加剧。以色列创造力的最终胜利将是对其政治体制的迟到的改革。

制定创造力的政策?

真正的创造力是一个谜。如果它不存在,就无法制定政策来产生它,但如果它存在,政策就可以识别、鼓励和奖励它。以色列人在进入大学学习前要服兵役,以色列军方有一项政策,能在大学预科阶段识别出擅长数学和物理学的学生,并引导他们进入国家的国防部门。军队里的高科技毕业生正在建设以色列经济的未来。这是一项实打实的与创造力有关的政策,虽然名义上并非如此。为了加强犹太人/以色列的硬实力和软实力,以色列需要制定一个广泛的创造力政策,而不仅仅局限于技术创新。这里要面对两个问题:在评估创造力时,我们必须衡量什么? 我们又如何衡量它? 答案可以证明我们的观点,即新冠病毒引发的焦虑大大提高了犹太人的创造力。但这是一个得到证实的事实还是一个令人信服的假设?

（陈小艺、宋立宏译）

后　记

　　本书的写作始于 2004—2005 年,初稿完成于 2009 年末,持续了五年时间,但它也有一段“史前史”。事实上,这本书已经酝酿了很长一段时间,它仿佛由很多层构成,每一层都建在另一层之上,就像一些著名的古老城市如耶利哥或特洛伊那样。

　　从我出生在意大利的那一刻起,历史——世界历史和犹太历史——就成了我生活的一部分,只不过到了很晚的时候,它才成为我研究的首选领域。在我出生的时候,墨索里尼通过电台向意大利人民发表讲话,吹嘘他们的国家赢得了他挑起的对埃塞俄比亚的战争。又过了几年,我才有意识地观察历史。1944 年或 1945 年初,我还是小男孩的时候,曾兴奋地看着美国空军轰炸机中队的 F-17“飞行堡垒”穿越阴云密布的天空进入纳粹德国。很多年来,我一直能在梦中听到它们引擎的轰鸣声。

　　但这些记忆和其他战争记忆仍然有点模糊。同样模糊和奇怪的是,我在 1945 年就理解到,我几乎没有家人了——他们几乎都消失了,湮灭了。在我的记忆中仍然栩栩如生的是犹太历史第一次撞击我的那一刻,那一刻从未离我而去。

　　那是在 1946 年 7 月 22 日,梅纳赫姆·贝京(Menachem Begin)的“伊尔贡”(Irgun)组织炸毁了耶路撒冷大卫王酒店的一座翼楼,那里是托管巴勒斯坦的英国当局的军事和民政总部。我从难民营跑到城里，想看一眼公共橱窗里陈列的日报，但我太小了，挤不进读者群。我向住在附近的一名瑞士男子提起爆炸案的话题，希望能够从他那里知道更多细节。我告诉他，有朝一日我想定居在巴勒斯坦，他强烈建议我不要这样做。他说这个想法非常糟糕，还说："他们"没有生存的机会，"他们"试图在那里做的事情注定将失败。那个国家"臭不可闻"——我忘不了他用的那个词。

因此，在犹太国家建立的两年前，在任何人都不知道它的名字之前，我就听说了它将不可避免地衰落和灭亡。这是未兴而衰吗？60年后，在以西结·德罗尔（Yehezkel Dror）教授的催促下，我写了这本书，但与此同时，我已经发现，只有犹太人建立了一种文明，这种文明在3200年前就已经开始有了国际死亡证明讣告。在《圣经》之外，"以色列"一词最早出现在拉美西斯二世之子麦伦普塔赫（Merneptah，公元前1213—前1203年在位）法老的胜利纪念碑上。麦伦普塔赫庆祝了他的胜利，特别是在迦南的胜利，我们在他的碑上读到"以色列荒芜，其种无存"。所以，我的瑞士邻居只是遵循着一个古老的传统，尽管他并不知道这一点！听过这些关于以色列或犹太教灭亡的错误报道后，当我不断听到以色列或犹太教即将衰落和终结的消息时，我有两种反应。一种反应是，"又来了，我们听过多少次这样的话了"；另一种反应是，"可能有危险，我们该怎么办"。

我在2009年完成了本书初稿，指出犹太人生活在一个史无前例的"黄金时代"，他们在中东的势力和繁荣是前所未有的，他们对世界主要超级大国和其他国家的影响也是前所未有的。然而，历史告诉我们，所有的"黄金时代"总有一天会结束的。

内部因素如内乱或同化，或外部因素如重大军事失败、美国的严重衰落或全球反犹主义的兴起，都可能会削弱犹太民族和以色列的力量。如果这是历史的"正常"过程，我补充一句，那么就不能让历史走上"正常"的道路。如果我在本书中叩问过的许多已故和在世的伟大历史学家关于兴衰的观点能给犹太人一些启发，那就是他们必须集中精力解决四个优先问题：(1)保持他们的身份认同和历史。(2)确保高质量的政治领导和治理。(3)站在世界知识革命的前沿，特别是在教育、科学和技术领域。(4)通过更好地了解世界、积极主动地与世界接轨以及长远的地缘政治眼光，提高他们的国际地位。

这就是 2009 年的结论。一年后，犹太民族政策研究所（Jewish People Policy Institute）在《犹太民族的年度形势和动态评估》（*Annual Assessment of the Situation and Dynamics of the Jewish People*）中开宗明义地发表了以下重要声明：

> 2010 年，犹太民族开始面临的挑战似乎与迄今为止所面临的挑战有质的不同。

消极的事态发展开始累积。其中一些之前已经投下了阴影，或者有所传言，但现在大家都明白了。美国是以色列不可或缺的支持者，全球40％的犹太人以美国为家。自越南战争以来，所谓的美国衰落问题一直是嫉妒美国的欧洲专家、失业的政客和愤世嫉俗的美国左翼知识分子最喜闻乐见的话题，而现在每个人都开始讨论这个问题，因为它似乎太真实了。

随着 2008 年美国陷入金融和经济危机，可以预见，美国的国防开支将不得不削减。美国并没有按照它自己设定的条件赢得伊拉克和阿富汗战争的胜利，美国将削减它在中东的军事力量。最糟糕的是，美国人民的意志力和国际承诺正在减弱，美国的分裂程度比过去 40年任何时候都要严重。巴拉克·奥巴马的当选曾引起短暂的兴奋，但很快它只证实了人们的一个印象，即美国是一个由软弱的总统统治的衰落的大国,这一印象普遍存在,特别是在中东和亚洲。

美国和以色列之间出现了疏远的迹象,部分是由于这些事态的发展,但也基于很早就出现的政治趋势。这些疏远的迹象被人们热烈讨论和放大,特别是那些一直主张美国减少了对以色列的支持,并在中东变得更加"公平公正"的人。尤其让以色列官方感到不安的是,犹太公关人士也参与了"疏远"运动,后者宣称他们代表了美国犹太人特别是美国年轻犹太人日益增长的共识,这些人据说对以色列越来越漠不关心,或者越来越持批评态度。但这种说辞已饱受质疑。

每个人的头脑中都在思考的问题是,是否有一个国家可以取代美国。所有目光都集中到中国这个崛起的国家身上。但大家很快明白,虽然中国有意愿利用美国的衰落,但它无意承担美国在中东或世界其他地方维持稳定与和平的角色。中国的这种全球政策对以色列非常不利,尽管中国对以色列没有恶意。

另外,中国与伊朗的关系也使以色列成为"附带损害者",这是自2009年以来又一个负面趋势。中国对伊朗的支持不是针对以色列,而是针对美国:中国认为伊朗是美国的主要弱点,强大的伊朗符合中国的国家利益,因为中国没有意图在远东直接与美国对抗。

受到更加广泛关注的是,针对以色列和部分西方犹太人的去合法化、诽谤和抵制的运动正在迅速发展,特别是在欧洲,甚至在拉丁美洲、南非和其他地方也有迹象。这些运动名义上是针对以色列占领巴勒斯坦领土和以色列对加沙地区的军事行动,但越来越明显的是,对许多活动家来说,他们提出的不是1967年以色列占领这些领土的问题,而是1948年以色列建国的问题。

这场运动是由阿拉伯和伊斯兰地区,特别是巴勒斯坦领导人推动的,对他们中的大多数人来说,以色列本身就是非法的,而不仅仅是非法占领。在许多伊斯兰国家,对犹太民族和国家的仇恨已经达到了狂热的程度。这是继 1948 年、1967 年和 1973 年失败的军事战争，20 世纪 50—70 年代的经济抵制战争以及同样失败的恐怖主义战争之后，阿拉伯世界对以色列发动的又一场战争；这场战争在 21 世纪头十年达到顶峰。这场新的战争有个新颖之处，它得到了部分国际舆论的支持，有人认为得到了很大一部分国际舆论的支持，已经开始损害以色列的地位及其外交、文化、科学和经济利益。最为不祥的是，这场运动的力量来自对犹太人及其国家日益增长的反感。这种反感，以及为证明其正当性而提出的双重标准，在世界各地都能找到。由于这种双重标准没有被应用于世界上除以色列之外的任何其他国家，因此很明显，它们的根源就是由来已久的反犹主义。这种反犹主义从未在西方世界完全消失；而在伊斯兰世界，只要提到以色列，反犹主义就会以公开而粗暴的形式出现。对于来自政治人物、文化人士或媒体人士的公开攻击或侮辱，犹太人和以色列已经习以为常，那些人事后通常会表示"遗憾"，或抱怨自己的观点被"断章取义地"引用。

在 20 年、30 年或 50 年前的西方，许多这种敌意是不可想象的。这些小火山的喷发，是由一个仍然隐藏着的上升熔岩流推动的吗？或者，这些不过是受媒体宣传活动的煽动而迅速变化的公众情绪的肤浅表现，只要以色列做出一些明显迟到的让步，这些媒体就会安静下来吗？

继美国的衰落和以色列的去合法化之后，第三个也是最重要的负面趋势是自 2010 年以来席卷阿拉伯世界的动荡。与其他两种趋势相比，几乎没有人预见到这一点。熟悉的中东已经崩溃。一个新的、更加敌对、更加不稳定和不可预测的中东正在慢慢形成。与巴勒斯坦的直接对话充其量只是断断续续的。土耳其至少暂时削弱了与以色列长达数十年的政治和战略联系。穆斯林兄弟会短暂统治了埃及，其创始人曾从纳粹德国汲取灵感并支持过纳粹德国，但埃及的未来仍然不确定。当叙利亚的主要支持者伊朗继续努力开发核武器时,叙利亚正在分崩离析。没有人知道中东的走向。这些麻烦可能持续几十年,可能不仅包括不对称战争,还包括国家间的战争。

这是犹太民族和以色列"黄金时代"的终结吗?历史并不存在一个过了预定的年数就必然结束的"自动"序列。正如上文提到的繁荣的犹太文明的四个条件所解释的那样,犹太人和以色列的反应才有很大的决定性。2009—2013年的四年时间太短,无法就犹太人和以色列对新挑战的反应得出明确结论,但有几点可以说。身份和传统并没有受到威胁;相反,在以色列有一种更宗教化的趋势,在美国,与一些批评者所说的相反,年轻一代犹太人对以色列的依恋(这并不一定意味着同意以色列的政策)比老一辈强。另一方面,不可否认的是,对以色列和正统派犹太教的不认同正在使一些犹太人远离犹太教和以色列。然而,目前的平衡似乎是正面的。

关于犹太人和以色列在全球知识革命中的地位,即上述第三个繁荣的条件,各种迹象喜忧参半。以色列仍在生产一流的科学技术,但平均教育水平低于一个先进的高科技国家应有的水平。各方权威都意识到了这个问题,正在寻求补救办法。在美国,在只凭成绩录取的精英学校里,犹太人的地位不如前几十年那么突出。这暂时还没有影响犹太人的财富或在科学技术上的显赫地位,但从长远来看,它会产生影响的。犹太文明繁荣的第四个条件是它的全球地位,而这一地位似乎由于上述原因而有所下降。

以色列长期生存的第二个不可或缺的条件,即良好的领导和治理,仍然存在问题。这方面似乎没有什么大的进展。在以色列和世界犹太人那里,"政治一如既往",不受政治家、专家和记者笔下源源不断的批评和改革建议的影响。

本书有一章是关于领导力的,分析了四位杰出的犹太领袖的素质，一位来自《圣经》时期，三位来自中世纪晚期和近代早期。它指出了作为优秀犹太领袖的四个典型特征中的共同特质：在困难时期为自己的民族献身；对经济利益完全不感兴趣；对非犹太世界的复杂性有很好的理解；流利掌握多种语言，能够用当时统治者的母语与他们交谈；等等。

有人会批评我的书没有分析早期犹太复国主义的领导力——这个主题的内容极为丰富，足够专门写本书了。犹太复国主义领导人的历史，从西奥多·赫茨尔和他的支持者到哈伊姆·魏茨曼、纳胡姆·索科洛夫（Nahum Sokolow）、泽夫·雅博廷斯基（Ze'ev Jabotinsky）等，直到大卫·本-古里安，都是历史上独一无二的一章。在不到两代人的时间里涌现出这么多杰出的人物，是罕见的，不易被模仿。也许1776 年以乔治·华盛顿为中心的美利坚合众国的创立者提供了一个类似的例子。

犹太人 2000 多年来没有国家的传统，有些人仍然不明白一个民族如果想管理和维持国家的正常运转，到底需要做什么。这解释了以色列糟糕的治理状况和众多政客的行为。他们渴求权力（如果不是经济利益的话），在琐事上争风吃醋，却往往缺乏爱国主义高风亮节或非凡的远见。当然，在这方面，以色列的情况并不比其他许多民主国家差，但问题是其他任何一个国家不会每天受到邻国毁灭的威胁。2013年新当选的以色列议会是否会带来重大变革，明显改善以色列的治理？对此，政治评论家仍持怀疑态度。我们拭目以待。

2009—2013 年，我跟踪了一些事件，修改了本书的文本，并在这里或那里添加了新的发现或见解。然而，我对确保本书内容跟上最新形势的关切带来一个根本问题和一个矛盾。20 世纪法国著名历史学家费尔南·布罗代尔说，历史学家的任务是揭示"长时段的历史"，即"历史的长波"，并将其与随波逐流的大量旁证事件和每日新闻分开。我的目标是确定犹太历史的"长波",直到我们自己的时代。以色列是一场真正的革命,但也是一种延续。克劳塞维茨可能会说,"以色列是通过其他手段来延续犹太历史的",但如果我写的历史是"长时段的",那为什么需要跟踪事件和更新书中内容?因为我们常常不知道哪个事件预示着深刻而持久的趋势,哪一个是暂时的且很快会被遗忘。

布罗代尔本人根据他对历史长波的理解做出了一些长期预测,但今天我们知道,他的大部分预测都错了。政治家们也需要能够在自己的时代做出区分,看清哪些事件预示着深刻而持久的变化,哪些事件在历史长波中只是"泡沫"——这里借用布罗代尔另一个形象的比喻。只有对现实最敏锐、直觉最深刻的政治家才有能力这样做,但他们为数不多。也许俾斯麦是其中之一,本-古里安也是其中之一。

看来,美国作为超级大国的衰落,以及亚洲的崛起,是一个不可阻挡的"长波",但我们能否确定,任何意想不到的政治、技术或生态的发展都不会减缓,甚至不会逆转这一个或两个趋势?同样,伊斯兰中东地区似乎注定要经历几十年的动荡、暴力和分裂,但谁说这是一条任何人、任何事物都无法缓和的铁律?至于针对以色列的去合法化趋势,似乎非常普遍,根源于旧的偏见,反制措施已经取得了一些成功。难道再过几年,这种趋势就会失去动力吗?

一些最伟大的历史学家都知道历史不容易预测。"明道若昧……大音希声。"[①]中国第一位历史学家司马迁如是说。19世纪的雅各布·布克哈特反复强调,许多历史趋势"从不可逾越的深渊中汲取了本质力量,无法从前人的情况中推论出来";这些人的智慧应该会缓和我们想要迅速将"划时代的"事件与"过去的"事件区分开来并将各种趋势推断成长远的未来的倾向。据报道,当修正主义犹太复国主义的

---

① 转引自《道德经》。——译注

创始人泽夫·雅博廷斯基听说1917年俄国革命爆发时，他曾评论说：
"这只俄国熊侧向右面睡了几百年。现在醒了，很快会转向左侧再次
入睡。"我们能判定他是对是错吗，还是部分对部分错？

这种不确定性是本书没有谈到阿以冲突，特别是巴以冲突的原因
之一。这种沉默很可能招致对这本书的一个更明显的批评。我已经
听到了这种评论："你怎么能忘记与巴勒斯坦人的冲突，这可是对以色
列和犹太人未来最重要的问题啊？"我不这么认为。这场冲突没有必
然的长期趋势，它将根据双方领导人的决定而发展。这就是为什么第
一流的、务实的、前瞻性的领导是解决这个问题的前提，一流的知识、
科学和技术也是如此。然后，虽然每个理智的人都应该热切地希望看
到这一冲突可以和平解决，但每个有思想的人都必须记住历史的告
诫：战争和持久的紧张局势不一定会摧毁一个文明，持久的和平也并
不能保证一个文明的繁荣。反之亦然。

我们不能确定未来，但我们可以希望，对未来的切实的信心有可
能带来好的结果。正如撒母耳先知所说（《撒母耳记上》15∶29），"以色
列永恒的上帝必不让人失望"。①

---

① 和合本译文为"以色列的大能者必不致说谎，也不致后悔"。这里按作者建议译出。作
者告诉笔者，他的意思是："没有理性的方法可以预测犹太人或以色列的未来，更不用说保证
他们的未来了，但一个民族的主观信念即他们得到了永恒的承诺，尽管可能是非理性的，其本
身能够成为维持长期未来的客观因素。"——校注

致　谢

本书的问世要归功于许多人。首先,我要感谢犹太民族政策研究所(JPPI)的创始主席、希伯来大学教授以西结·德罗尔(以下我将忽略来自中国、法国、以色列、瑞士和美国的众多学术朋友的各种主要头衔)。德罗尔的创造性建议是从"兴与衰"的角度来看待犹太历史,并为此咨询世界各国的重要历史学家。正是他提出了本书的构想,但如果没有德罗尔的继任者艾维诺阿姆·巴尔·约瑟夫(Avinoam Bar Yosef)和犹太民族政策研究所的项目协调员伊塔·阿尔卡雷(Ita Alcalay)多年以来的浓厚兴趣和积极支持,就不会有本书的出版发行。

随着我工作的慢慢推进,犹太民族政策研究所的高级决策者和顾问的支持与建议变得越来越重要。我收到了犹太民族政策研究所董事会的两位联席主席——斯图亚特·埃森斯塔特(Stuart Eizenstat)大使和丹尼斯·罗斯(Dennis Ross)大使,以及副主席利昂尼德·内兹林(Leonid Nevzlin)的鼓励和有价值的评论。以色列犹太建国会(Jewish Agency for Israel)前任主席萨利·梅里多尔(Sallai Meridor)和现任主席拿单·沙兰斯基(Natan Sharansky)所表达的重要关注同样很有价值。

在美国的怀伊种植园(Wye Plantation)、格伦湾(Glen Cove)和以色列耶路撒冷举行的犹太民族政策研究所一系列旨在集思广益的会议上,我的工作也同样受到了启发和鼓励。

如果没有我在犹太民族政策研究所的同事们的积极合作,本书的出版就得不到高水平的支持。漫长的出版之路通常会使一本书的初版迥异于交给出版商的草稿。有几位朋友和我一起走过了这条路，或者更确切地说是把我拖了过去，他们是：内容编辑拉米·塔尔（Rami Tal）、英语编辑巴瑞·戈尔特曼（Barry Geltman）；希伯来语翻译伊曼纽尔·罗腾（Emanuel Lottem），还有约盖夫·卡拉森提，他帮助我辨识了书中提到的希伯来文原文来源。这四个人修订了语言，发现了错误，他们对以色列历史和时事的深刻了解也极大地丰富了本书。

犹太民族政策研究所的其他现任和前任同事也做出了重要贡献，有的对整本书，有的则对特定章节做出了贡献。我要特别提到塞尔吉奥·德拉佩戈拉、迈克尔·费伊尔（Michael Feuer）、阿维·吉尔（Avi Gil）、多夫·迈蒙、耶胡达·米尔斯基、史蒂文·波普尔（Steven Popper）、艾曼纽·希万（Emmanuel Sivan）、诺亚·斯莱普科夫（Noah Slepkov）和哈依姆·韦克斯曼（Chaim Waxman）。如果不在这份名单上加上那些提出具体建议帮助我或鼓励我继续工作的同事，那将是不公平的，他们分别是：纳法塔利·埃利梅莱赫（Naftali Elimelech）、什洛莫·菲舍尔（Shlomo Fischer）、英巴尔·哈克曼（Inbal Hakman）、什穆尔·罗斯纳（Shmuel Rosner）和埃纳特·威尔夫（Einat Wilf）。

除了犹太民族政策研究所之外，我还非常感谢帮助过我的来自五个国家的学者。在 20 世纪所有的政治家中，亨利·基辛格堪称对世界历史的理解最深刻，他阅读并评论了本书的关键部分。我还必须提到一位不幸未能看到这项工作完成的人：我已故的朋友、备受尊敬的巴尔伊兰大学教授大卫·索尔伯格（David Sohlberg），一位对希腊与罗马古代文化和语言有着丰富知识的学者，他于 2012 年去世。我还要特别感谢历史学家西蒙·艾尔兰格（Simon Erlanger），他阅读了本书的每一行，消除了一些错误，并增加了他自己的一些精彩见解。接下来是犹太教与《塔木德》学者莉莲·瓦纳，她对本书的认可弥足珍贵，很少有错误（如果有的话）能逃脱她的锐利眼光。还有美国犹太神学院(Jewish Theological Seminary)的梅纳赫姆·施梅尔泽(Menachem Schmelzer),他为本书的《塔木德》引文提供了宝贵的帮助。

本书中最敏感、最具争议的问题是在"超理性纽带"一章中关于生物学和遗传学的讨论。如果没有美国医学和生物学方面专家的积极的、批判性的帮助,如大卫·阿德勒、罗恩·阿特拉斯(Ron Atlas)、马克(Marc)和巴贝特·韦克斯勒(Babette Weksler),我完成不了这一章。

还有其他许多人在个别章节或问题上提供了不可或缺的批评性建议,包括奥佛·布兰德(Ofer Brand)、伊爱莲、曼弗雷德·戈尔斯特菲尔德(Manfred Gerstenfeld)、约纳森·戈尔德斯坦(Jonathan Goldstein)、纳胡姆·格罗斯(Nahum Gross)、安托瓦内·哈尔夫(Antoine Halff)、彼得·科恩斯、阿雅·梅尔策·阿什尔(Aya Meltzer Asher)、哈加尔·梅尔策(Hagar Meltzer)、纳胡姆·梅尔策(Nahum Meltzer)、斯特凡·米哈洛夫斯基(Stefan Michalowski)、肯·罗宾斯(Ken Robbins)、贝蒂·罗伊特曼(Betty Roitman)、瓦尔特·罗森鲍姆(Walter Rosenbaum)、贝尔特拉姆·施瓦茨巴赫(Bertram Schwarzbach)、贝纳尔多·索里(Bernardo Sorj)、让·雅克·瓦尔(Jean Jacques Wahl)、菲利普王(Philip Wang)和张倩红。除了佩塔提科瓦安排经学院(Yeshivat Hesder Petach Tikva)的负责人尤瓦尔·赫洛夫(Yuval Cherlow)拉比之外,还有三位不愿被引用名字致谢的正统派拉比,他们帮助我更好地理解了犹太教律法和传统的一些问题。

以上所有这些专家都帮助我完成了本书,但他们都不必对作者的观点或任何可能的错误承担任何责任。

沙洛姆·萨洛蒙·瓦尔德

2013 年 7 月于耶路撒冷

中译本跋

关于犹太史的著作可谓汗牛充栋，探讨文明兴衰的著作自爱德华·吉本发表《罗马帝国衰亡史》以来在西方也一直不绝如缕。但把犹太史与文明兴衰理论结合起来，通过两者的互鉴以展望犹太民族的未来，为以色列和犹太世界的决策者提供参考的著作却只有本书。

其中的主要原因不难理解。以往探讨人类文明的学者，致力于建构一个宏大而自洽的理论框架，希望人类的各种文明一旦摆进这个框架，其特质和意义就能豁然呈现。不过，犹太人自古就被"连根拔起"而散居世界各地，致使各地犹太人的文化习俗千差万别；另一方面，他们的人数始终不多，却总能在宗教、文化、经济和科技领域对世界文明产生持续而显著的影响，与所寄生的文明交相辉映、一荣俱荣。光这两点就足以使犹太文明难以纳入各种已有的分类和理论框架，连它究竟属于东方还是西方，甚至能不能算作拥有某种共性的"文明"都存在争议。一言以蔽之，犹太文明向来是各种文明理论模型中的"另类"或"灰色地带"，从汤因比到塞缪尔·亨廷顿，几乎概莫能外。

因此，本书确实堪称一次前所未有的"思想实验"。作者考察了古今 23 位历史学家如何解释文明的兴起与衰亡，并用犹太史上的例子来验证他们的思想结晶。在作者看来，当前世界上的犹太人正经历千年难遇的"黄金时代"，虽说任何"黄金时代"终将散场，但如果犹太人主观上愿意，并能及时未雨绸缪，他们就有办法阻止衰落。

尽管体现了渊博的犹太史知识，但本书并非出自专业历史学家之手。作者沙洛姆·萨洛蒙·瓦尔德 1936 年生于意大利一个东欧犹太移民家庭,因为纳粹大屠杀,作者很早经历了家破人亡。他长在瑞士,在学习了经济学、社会学和历史学之后,于 1962 年在巴塞尔大学获得博士学位。随后,他加入了总部设在巴黎的经济合作与发展组织(OECD),这是西方世界最大的智库和政策咨询机构,他在那里专门研究科学和技术政策,重点关注成员国之间的技术差距以及先进研究和技术之间的联系,2001 年以 OECD 生物技术部门负责人的身份退休。

2002 年,瓦尔德加入总部设在耶路撒冷的犹太民族政策研究所(JPPI),担任高级研究员。该研究所是一个独立的、非营利性的专业政策机构,旨在促进全世界犹太民族和犹太文明的繁荣。它每年出版一份《犹太民族的年度形势和动态评估》(*Annual Assessment of the Situation and Dynamics of the Jewish People*),以及各种具体的政策报告,主要涵盖以色列、美国犹太人和美国之间的"三角"关系,以色列安全面临的外部威胁,以色列的内部趋势、成就和冲突,反犹太主义/反犹太复国主义在西方世界的兴起,犹太人口统计学、物质资源和社群纽带,极端正统派犹太社群迅速发展带来的紧张局势,等等。瓦尔德在这里专门研究犹太文明史、以色列科技政策,以及以色列与中国和印度的关系。在最后一个领域,他已分别撰写、出版了两份战略咨询报告:《中国和犹太民族——新时代中的古文明》(2004,中文版2014)和《印度、以色列和犹太民族——以印建交 25 年后的回顾与前瞻》(2017)。他曾多次应邀访问中国。最近一次是 2019 年 5 月来北京参加亚洲文明对话大会。

本书出版于 2013 年,是作者用一个顶级智库专家的战略眼光对犹太文明做的回顾与前瞻,作者毕生关注的各种主题在这本代表作中得到了充分展示。尤可注意的是,作者虽然长期研究科技政策,但他在解释文明兴衰的原因时并不主张科技决定论,而是同样强调甚至更加强调政治领导力以及群体凝聚力的作用。值国别区域研究(area studies)和智库建设在我国蓬勃发展之际,翻译出版这样一本著作,无疑有助于我们借他山之石琢己身之玉,并为我们审视当今世界所处的"百年未有之大变局"提供了一个历史哲学的视角。

正如作者在为中国读者写的序中所说,本书一个独到之处是常以中国为背景,通过对比犹太文明与中国文明来揭示犹太文明的特点。这种互鉴使他对中国文明抱有同情的理解。他在给笔者的电邮中说,中文的"文明"一词令他惊奇:

> "文"的意思是"写作、教育、文化","明"则是"光辉、灿烂"。何谓"文明"? 是大理石宫殿? 非也,"光辉的写作"在中国人眼中才是"文明"! 而"明"字由"日""月"构成——当太阳和月亮一起照耀的时候,我们才会获得最耀眼的光辉。

这种理解当然也是以犹太文明为背景的。在犹太传统中,月亮象征犹太人,因为犹太人的命运也如月亮般渐盈渐亏。据说,在创世之初,月亮与太阳一样明亮,但天空中容不下两道大光,月光便黯淡下去,不过,月光会在弥赛亚来临时代重新像阳光那样耀眼。同样,犹太人的故事也不会结束于黑暗,他们终将恢复昔日的荣光。在瓦尔德看来,犹太人的兴盛并不意味着象征非犹太人的太阳之蚀,而最终应该是个美美与共的世界。

犹太文明与中国文明一样,也以文本为中心,文本在这两种文明中都构成各种思想与实践的共同背景,故两种文明都看重"光辉的写作"。不过,与中国文明不同,历史书写在 19 世纪以前从未在犹太文本传统中占据重要地位,犹太传统中所谓的历史几乎都是对宗教真理即神意的演绎,这带来的一个后果是犹太人特别善于捕捉历史中的神意,善于古为今用,诚如已故哥伦比亚大学犹太历史学家耶鲁沙尔米所说,"如果希罗多德是历史之父,那么历史意义之父就是犹太人"。

瓦尔德的"思想实验"是对这句话的生动演绎,理应能够在推崇"以史为鉴可以知兴替"的中文世界引起共鸣。

　　本书由我与卢彦名合作,我在他译稿的基础上校对定稿。感谢作者对我的信任,将此书中文版权转让给我所在的南京大学犹太和以色列研究所。中译本另将作者 2021 年所写的一篇文章作为附录二收入,此文可以看作是作者在本书基础上对当下犹太创造力的反思。陈小艺、高霞通读了译稿,对译文提出建议,在此一并致谢。

宋立宏

2021 年 3 月

写于南京大学